Werner Schäfke

Köln

Zwei Jahrtausende Kunst, Geschichte und Kultur

DuMont Buchverlag Köln

Umschlagvorderseite: Rheinpanorama
Umschlaginnenklappe: Altstadtbummel
Hintere Umschlaginnenklappe: Stefan Lochner, Dreikönigsaltar (sog. Dombild), um 1440, Dom
Umschlagrückseite: Altstadt-Panorama aus der Vogelperspektive mit Dom und Hohenzollernbrücke

Über den Autor: Dr. Werner Schäfke, 1944 in Hildesheim geboren, studierte Geschichte, Kunstgeschichte, katholische Theologie und Geographie in Köln, Bonn und Mainz. Er ist Direktor des Kölnischen Stadtmuseums. Im DuMont Buchverlag erschienen von ihm die Kunst-Reiseführer *Englische Kathedralen, Frankreichs gotische Kathedralen, Kölns romanische Kirchen, Nordwestspanien, Die Normandie* und *Der Rhein von Mainz bis Köln.* Weitere Veröffentlichungen erschienen zu Kölner Themen, dazu Ausstellungskataloge, Aufsätze, Artikel für Lexika und Handbücher.

© 1988 DuMont Buchverlag, Köln
3. Auflage 1993
Alle Rechte vorbehalten
Satz und Druck: Rasch, Bramsche
Buchbinderische Verarbeitung: Bramscher Buchbinder Betriebe

Printed in Germany   ISBN 3-7701-2219-4

Kunst-Reiseführer in der Reihe DuMont Dokumente

Zur schnellen Orientierung – die wichtigsten Sehenswürdigkeiten Kölns und seiner Umgebung auf einen Blick:

(Auszug aus dem ausführlichen Register S. 389–398)

In der vorderen Umschlagklappe: Plan der Kölner Innenstadt

In der hinteren Umschlagklappe: Übersichtskarte Köln und Umgebung

Ausschnitt aus dem Stadtpanorama von Anton Woensam, Holzschnitt, 1531

Inhalt

Vorwort

Wunder des Nebeneinanders, Wunder des Übereinánders, Wunder des Miteinanders; Wunder, die sich nur ahnen lassen, wie sich das wahre Gesicht dieser Stadt nur ahnen läßt.

Paul Schallück

Köln fasziniert mich seit Jahrzehnten. Den Dom hatte ich längst bestiegen und war mit dem Fahrstuhl in die Römerzeit gefahren, bevor ich amtlich als Einwohner Kölns gemeldet war. Die Stadt hat mich nicht mehr losgelassen. Ihre Vielfältigkeit, ihre aus langer Tradition gewachsene Gelassenheit, die auch rasche Entwicklungen auffängt und einbindet, ihr Reichtum an Menschen, Kunst und Kultur geben immer wieder neue Ansichten frei.

Aus den Erfahrungen vieler Jahre ist dieser Führer entstanden. Er schildert das Bild Kölns für die Bürger und Besucher der Stadt. Ein umfassendes, ein vollständiges Bild kann ein solches Buch nicht vermitteln. Aber es berichtet von dem, was Köln gestaltete und von der Gestalt der Stadt – fast eine öffentliche Liebeserklärung.

Gleichzeitig ist diese Veröffentlichung ein Zeichen des Dankes an alle, die mir im Laufe der Jahre neue Seiten Kölns zeigten, Kenntnisse vermittelten und bei den Vorarbeiten und während der Arbeit am Buch zur Seite standen. Widmen aber möchte ich den Band meiner Frau, die es mir möglich machte, das Buch zu schreiben.

Dom, Karneval und Kölnisch Wasser

Die Namen großer Städte rufen uns Bilder ins Gedächtnis, die spontan den unverwechselbaren Reichtum der Metropolen in Erinnerung bringen. Dafür müssen wir nicht einmal dort gewesen sein. Die ständig wachsende Flut der Bilder hat seit dem vergangenen Jahrhundert rasch die Motive herausgearbeitet, die für uns den Charakter einer Stadt formen.

Für Köln ist das der Dom. Das gilt aus allen Blickwinkeln. Vom Bahnhof her tritt er mit seiner immer im Schatten liegenden Nordseite auf, während er dem Bahnreisenden bei der Fahrt über den Rhein, auf Wunsch des preußischen Königs Friedrich Wilhelm IV., noch seine unvergleichliche Choransicht bot. Seit mehr als 600 Jahren schwebt nun dieses Zitat des himmlischen Jerusalem über den Mauern und Dächern des Heiligen Köln, gibt zusammen mit dem romanischen Bau von Groß St. Martin der Stadtfassade am Rhein ihren unverwechselbaren Klang. Die reiche Südseite, lebend im täglichen Wandel von Licht und Schatten, öffnet sich zur Stadt, der die Westfassade mit ihren Türmen stolz gegenübertritt.

Der Dom öffnet zugleich den Weg in die historischen Dimensionen der Stadt. Noch unter römischer Herrschaft wurde hier erstmals die Bischofskathedrale erbaut, oft erneuert und vergrößert, bis dann 1248 der Grundstein für die gotische Kathedrale gelegt wurde. Auf deutschem Boden wurde damit die Summe der gotischen Architektur Frankreichs gezogen. Das Mittelalter kann den großen Wurf nicht zu Ende führen. Erst 1842 nimmt man – romantisch begeistert – die Arbeiten am Bauwerk wieder auf und vollendet sie 1880 im zweiten Kaiserreich. Seitdem überragen die beiden Türme, von denen das späte Mittelalter träumte, die Häuser der Stadt und wurden zum Markenzeichen Kölns. Ein Zeichen, das selbst noch nach den Verwüstungen des Zweiten Weltkrieges wie unversehrt die Trümmer Kölns überragte. Beim Gang durch die Stadt tritt immer wieder, oft unvermutet, die Architektur des Domes über den Dächern der Häuser, in unverbauten Durchblicken oder am Ende von Straßenräumen in unsere Sicht. Kontrastierend zu allem anderen bringt er dominierend seine Grundstimmung ins Stadtbild. Unverwechselbar und auch für den Kölner immer wieder ein Bild, das innehalten läßt.

Eine Stadt lebt, um eine weitere Kölner Grundmelodie anzuschlagen, nicht nur in ihren Bauten, so faszinierend und bedeutend sie auch sein mögen, lebt nicht nur aus dem Glanz gesammelter Schätze. Sie lebt in den Menschen, die ihre Bauten lieben und bewahren und ihre Reichtümer zu schätzen wissen. Das sind die Bürger Kölns, seit mehr als 700 Jahren Herren ihrer Stadt, die seit der Schlacht bei Worringen am 5. Juni 1288 nicht mehr Residenz

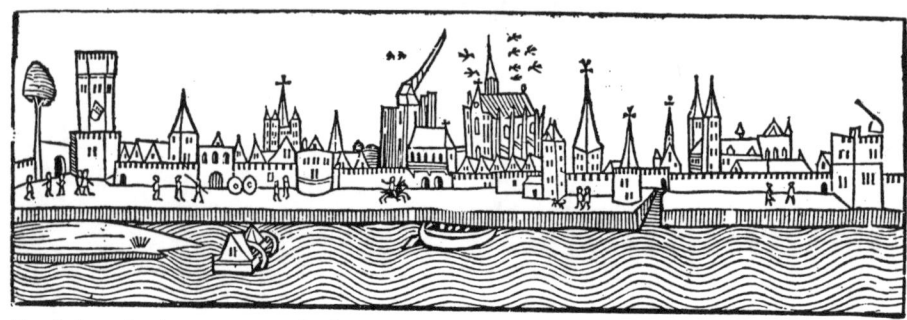

Das früheste Stadtpanorama, Holzschnitt, 1474

der Erzbischöfe war, nicht den glanzvollen Hof eines Fürsten spiegelt. Die Stadt gehört sich selbst, den Bürgern, ruht in sich.

Im Kölner Karneval hat man ›Spaß an der Freud‹. Nicht nur Unsinn, der Methode hat, ist dabei in den Köpfen, sondern auch Nachsinnen über Unsinn, der Tradition hat. Ob im Karneval noch die römischen Saturnalien nachklingen? Die verkehrte Welt noch fortlebt, die Sklaven und Herren die Rollen tauschen ließ? Ein Schiffskarren, Nachfolger des carrus navalis, des Schiffswagens der Göttin Isis, Zeichen eines anderen rauschenden Festes, begegnet uns noch im 12. Jahrhundert als germanisch-heidnische Frühlingsvorfreude. Aber der fastavent, der ausgelassene Abschied vom Wohlleben vor Beginn der vierzigtägigen vorösterlichen Fastenzeit, wenn dem Fleisch Lebewohl gesagt wird – carne vale –, ist die greifbarere Wurzel des vaterstädtischen Festes. Erwähnung findet das Fest, bei Selbstverständlichem nicht ungewöhnlich, erst im Jahre 1341 – bei der Diskussion städtischer Subventionen. Im Eidbuch dieses Jahres wird als Grundregel für die Beschlüsse des Rates notiert, daß keine Gesellschaft zu vastavende städtische Zuschüsse erhalten soll. Aber es gab ja auch noch keinen Rosenmontagszug, der ohne solche Gelder nicht stattfinden könnte.

Er zieht erstmals 1823 durch Köln, gibt dem Fest seinen Höhepunkt. Ein Fest, das am 11.11. jeden Jahres beginnt, das nach dem Jahreswechsel mit Sitzungen in den Sälen gefeiert wird und mit Weiberfastnacht, am Donnerstag vor Aschermittwoch, den Straßenkarneval eröffnet. Zu diesem Zeitpunkt haben sich die Einheimischen entschieden, entweder zu feiern – denn der eigentlich unbeschreibbaren Stimmung, die nun die Stadt ergreift, vermag man sich nicht zu entziehen – oder in die Eifel zu fliehen. Die Entscheidung fällt längst nicht in jedem Jahre gleich aus. Offizieller Höhepunkt ist der Rosenmontagszug. Von Rosen ist dabei nicht die Rede. An Rasen, an Raserei dachte man, als das Wort die Atmosphäre dieses Tages einfangen sollte. Man muß in den Reihen am Straßenrand gestanden haben oder gar im Zug mitgegangen sein, um das dem Alltag enthobene, das rasend Festliche des Ereignisses zu spüren, zu verstehen.

Der Kölner Karneval hat seinen eigenen, bürgerlichen Charakter. Er ist kein höfisches Fest, wie es der Kölner Kurfürst in Bonn feierte, keine Bühne für intellektuelle Kunststücke, kein Jahrmarkt gesellschaftlicher Eitelkeiten, auf dem man seinen Reichtum zeigt. Schwerelose Fröhlichkeit wird dem Alltag entgegengesetzt. Das große Fest lebt aus der Geschichte der Stadt, die bis 1794 ihr eigener Herr war. Im Dreigestirn, in Prinz, Bauer und Jungfrau, erinnert die von einem Mann verkörperte Jungfrau an die nie vom Feind überwundene Stadt, der Bauer an die unverbrüchliche Treue Kölns zum Reich. Zwei Gestalten, die kein anderes Karnevalsfest kennt. Der Prinz tritt 1823 zuerst als Held Carneval den Kölnern entgegen. Den höfischen Prinzentitel nimmt er erst später an.

Seine heutigen Formen, immer wieder vor Entgleisungen bewahrt, dankt das Fest der gleichen romantischen Begeisterung, die die ersten Bestände der Kölner Museen zusammentrug oder die Vollendung des Domes forderte und förderte. In der ›Olympischen Gesellschaft‹, deren Geist der große Sammler Ferdinand Franz Wallraf ebenso formte wie Matthias Joseph de Noel, der erste Verwalter seiner Schätze, oder Marcus J. Dumont, entstand 1822 der Gedanke, das durch Pöbeleien entartete Fest neu zu gestalten. Ein thematisch gestalteter Festzug am Rosenmontag sollte dem fröhlichen Unternehmen neue Formen geben. Daraus erwuchs das ›Festordnende Komitee‹, das heutige ›Festkomitee des Kölner Karnevals e. V.‹, das neben Tausenden von Kostümen für den Zug auch ein sehenswertes Museum sein eigen nennt.

Bei der Wiederbelebung alter Traditionen in romantischer Begeisterung für die eigene Stadt schloß man neue Gedanken nicht aus. Trotz allen Spottes, den die neuen Herren der Stadt, nach den Franzosen seit 1794, dann nach dem Wiener Kongreß 1815 der preußische

Kommandant der Roten Funken, 1824

Der Rosenmontagszug von 1846 auf dem Neumarkt

König, zu ertragen hatten – eines der wichtigsten Kleidungsstücke des Karnevals hat seine Existenz einem preußischen General zu verdanken. Die bunte Narrenkappe geht auf den begeistert begrüßten Vorschlag des Generalmajors Baron von Czettritz und Neuhauß zurück. Seit dem 14. Januar 1827 heißt es nun: »Gleiche Brüder, gleiche Kappen«, und es läßt sich mit Leichtigkeit feststellen, wer dazugehört und wer nicht... Aber so einfach und äußerlich, wie es der preußische General sich vorstellte, ist es nicht. Erfreulicherweise. Nicht die Kappe macht den Narren, sondern das (auch erlernbare) Talent mitzufeiern und der ansteckende Frohsinn der fünften Kölner Jahreszeit.

Köln hat, um die dritte Grundmelodie der Einführung anzuschlagen, auch noch in anderer Form unverwechselbaren Klang – in diesem Falle besser Duft: ›Kölnisch Wasser‹. Genauer gesagt: ›Echt‹ oder ›Original Kölnisch Wasser‹, denn diese Bezeichnung dürfen nur die Duftwässer führen, die auf Kölner Boden hergestellt werden. Der Begriff ist so selbstverständlich geworden, daß man die Ortsbezeichnung, den Hinweis auf die Herkunft nicht mehr wahrnimmt. Sie war einst wichtig, Hinweis auf die gesicherte Qualität des Produkts. Ebenso achtlos gehen wir mit Begriffen wie ›Kölner Zucker‹ oder ›Kölner Brett‹ um, das der

Kölner Fabrikant Hugo Bohn in den dreißiger Jahren unseres Jahrhunderts mit seiner verdeckten Vorhangleiste erfolgreich entwickelte.

Der Ruhm der Stadt als ›Wirtschaftszentrum West‹ – wie es zur Zeit wirksam formuliert wird – war bereits im hohen Mittelalter so groß, daß jeder Sagenheld, der auf sich hielt, ein Kölner Schwert führte. In großen Stückzahlen produziert, wird es als besonders lang und scharf geschildert. Friedlicheres, das neben der Rüstungsproduktion den Kölner Namen trug, waren Stoffe, Färbemittel oder gefärbte Garne, Heringe, Keramik und vieles andere. Nicht zuletzt war es die Kölner Mark als Gewichtseinheit von knapp einem halben Pfund, von 233,856 Gramm, die als Gewichtseinheit von Skandinavien bis nach Oberitalien oder Spanien galt. Seit 1524 wird sie als Reichsmünzgewicht aufgegriffen... und auch wenn unsere Mark kein halbes Pfund Silber mehr aufwiegt, schön wäre es doch, wenn jedes Markstück in Erinnerung an die Herkunft seiner Bezeichnung ein Kölner Wappen trüge. Aber damit wäre man schon bei einem vierten Thema, dem fast grenzenlosen, aber gelassen zur Schau getragenen Selbstbewußtsein der Kölner. Aber das ist ein Thema, über das wir uns besser am Ende unserer Gänge durch die Stadt, ihre Geschichte, Kunst und Kultur wieder unterhalten könnten.

Die großen Epochen

Colonia Claudia Ara Agrippinensium – von Römern und Barbaren

Köln – im Namen der Stadt klingt die römische Vergangenheit bis heute nach. Im Jahre 50 n. Chr. wurde der Hauptort der Ubier zur römischen Colonia erhoben, Veteranen wurden nach Ende ihres Dienstes in den Legionen hier angesiedelt. Damit beginnt antike Stadtkultur am Rhein.

Die manchmal schon etwas pikanten Hintergründe berichtet Tacitus. Um ihre Macht auch den verbündeten Völkern zu demonstrieren, setzte Agrippina die Jüngere bei ihrem Onkel und angetrauten Ehemann, Kaiser Claudius, durch, daß ihr Geburtsort den hohen Rang einer Colonia erhielt, daß Veteranen mit römischem Bürgerrecht an der fernen und gefährlichen Rheingrenze angesiedelt wurden. Von Kaiser Claudius nahm man den Namensbestandteil Claudia, seiner Nichte Agrippina (?) danken die Bewohner mit der Bezeichnung Agrippinenser für die Initiative zur Stadtgründung. Ara, der Altar der Provinz Niedergermanien, an dem wohl Roma und Augustus als Götter verehrt wurden, betont den Vorrang vor allen anderen Siedlungen der Region. Als gerade noch lesbare Abkürzung CCAA finden wir die Kurzform des langatmigen Titels mitten auf dem Bogen des römischen Nordtores, der uns im Obergeschoß des Römisch-Germanischen Museums begrüßt.

Die Anfänge Kölns sind noch enger mit der Familiengeschichte der julisch-claudischen Dynastie verbunden als nur durch die Erhebung zur Stadt – der ersten Siedlung auf deutschem Boden, die de jure zur Stadt erhoben wurde. (Gesiedelt wurde auf heutigem Kölner Boden schon seit Jahrtausenden, seit der Steinzeit. Berühmt ist das Dorf der Bandkeramiker, das im Gebiet des Stadtteils Lindenthal lag, durch den Reichtum an Informationen, den die Grabungen erbrachten.)

Aber ganz am Anfang der Stadt steht natürlich Caesar. Im Laufe seiner gallischen Kriegszüge hatte er den germanischen Stamm der Eburonen, der hier auf linksrheinischem Gebiet siedelte, vernichtend geschlagen. So vernichtend, daß in den menschenleer gewordenen Raum nun die römerfreundlichen Ubier, die ursprünglich auf der anderen Rheinseite lebten, einzogen. In diese wirren Verhältnisse bringt Marcus Vipsanius Agrippa, Schwiegersohn und Feldherr des eleganten Politikers Kaiser Augustus, römische Ordnung. Das Land wird vermessen, und die Ubier erhalten mit dem Oppidum Ubiorum im Bereich der späteren Colonia eine zentrale Siedlung. Agrippa hat sich zweimal, 39/38 und 19/18 v. Chr., am

Niederrhein aufgehalten. Die Gründung der Siedlung wurde bei einer dieser Gelegenheiten auch mit der Anlage der Ara Ubiorum verbunden. Ähnlich wie für Gallien mit einer Altaranlage in Lyon sollte die geplante Provinz Germanien, die bis zur Elbe reichen sollte, hiermit einen religiösen Mittelpunkt erhalten. Aber nach der vernichtenden Niederlage der Legionen des Varus 9 n. Chr. im Teutoburger Wald gab man diese Pläne auf.

In diesen Jahren der Sicherung der Rheingrenze residierte Germanicus als Oberbefehlshaber der Truppen am Rhein. Dieser Enkel der Livia, der Gemahlin des Kaisers Augustus, die dem ersten Kaiser des römischen Weltreiches zwei Söhne in die Ehe eingebracht hatte, war nun – um das genealogische Durcheinander zu bereichern – mit einer Enkelin des Augustus verheiratet. Agrippina die Ältere war das Ergebnis der Ehe der Julia, Tochter des Augustus, und des Agrippa. Aber dieser verworrene Hintergrund konzentrierte die gesamte Begeisterung der Truppen für das Herrscherhaus auf die Kinder des Paares: Caligula und Agrippina die Jüngere. Und diese junge Dame war es, 15 oder 16 n. Chr. im Oppidum Ubiorum geboren, die später ihre Macht nutzte, um ihren Geburtsort 50 n. Chr. zur Colonia erheben zu lassen. Ihren Onkel hatte sie geheiratet, um ihrem Sohn die Nachfolge als Kaiser zu sichern: Nero. Dieser wiederum trachtete seiner Mutter nach dem Leben ...

Römisches Nordtor, Rekonstruktionszeichnung, erhalten sind die kleine Fußgängerpforte und die Steine des großen Torbogens

Am Ende dieses mehr als kläglich gescheiterten ersten Versuchs, statt der erfolglosen und blutigen Machtkämpfe der späten Republik, es mit erblicher Herrschaft im römischen Reich zu versuchen, steht der elende Selbstmord des ersten Christenverfolgers Nero. Er ist für uns nur von Interesse, weil Köln in der ungewohnten Nachfolgediskussion eine wichtige Rolle spielt. Das niedergermanische Heer ruft seinen populären Feldherrn Vitellius zum Kaiser aus.

Der Geschichtsschreiber Sueton, der auf Vitellius nicht gut zu sprechen ist und angibt, dieser habe sich mit plumpen Vertraulichkeiten bei seinem Heere angebiedert, berichtet auch von seiner Erhebung zum Kaiser. Überraschend, ohne formale Vorbereitungen sei der Umzug durch die Stadt abgelaufen, der Kaiser im Hauskleid, aber mit dem Schwert Caesars in der Hand. Diese Reliquie bewahrte man sonst im Marstempel der jungen Colonia. Von seinem Zug nach Rom sandte Vitellius später den Dolch, mit dem sein Rivale Otho Selbstmord begangen hatte, als Weihegabe für den gleichen Tempel nach Köln.

Seit Agrippa wohl 39/38 v. Chr. die Ubier zu Verbündeten gemacht hatte, seit dem Wachstum des Oppidum Ubiorum zum städtischen Zentrum war nun bereits mehr als ein Jahrhundert vergangen. Fast eine Generation lag nun schon die Erhebung zur Colonia zurück. Eine Stadtmauer war erbaut worden, etwa 7,80 m hoch und massiv angelegt, fast 4 km lang mit 9 Toren und 22 Türmen. Mit geometrischen Mustern, mit der Darstellung von Tempelfronten geschmückt, trat mit der fast unüberwindlichen Mauer die römische Herrschaft zugleich elegant den Germanen gegenüber. Ebenso fremd – wenn man nicht selbst Rom in römischem Militärdienst gesehen hatte – waren die befestigten Straßen, die ersten steinernen Häuser, meist allerdings aus Fachwerk, unglaublich die Wasserleitung für fließendes Wasser aus der fernen Eifel, die Kanalanlagen für das Abwasser, erstaunlich der Luxus, fremd manches an Nahrung, aufregend das Bevölkerungsgemisch aus Rom, aus Italien, aus Griechenland, Kleinasien...

Ein Kulturschock, der durch Germanen, die als Veteranen Bürger, Agrippinenses, der jungen Stadt wurden oder das Bürgerrecht, das ius Italicum verliehen erhielten, um die führenden Familien für die römische Zivilisation zu gewinnen, nur noch verstärkt wurde. Bei der bäuerlichen Bevölkerung auf dem Lande, bei den Stämmen auf der gegenüberliegenden Rheinseite lehnte man sich gegen das Neue auf, lehnte die Herrschaft Roms ab.

Die unruhige Zeit des Vier-Kaiser-Jahres nach dem Tode Neros bot die Gelegenheit, und die verbreitete Ablehnung römischer Herrschaft die Nahrung für den Bataveraufstand, den Julius Civilis 69/70 n. Chr. anführte. Ein eigenständiges gallisches Reich sollte entstehen. Vorsichtig, mehr gezwungen als willig, schlossen sich die Kölner der alles ergreifenden Bewegung an – weigerten sich aber, ihre Mauern zu zerstören, ihre römischen Mitbürger zu töten. Die Bindungen waren eng: »Wir trauen euch nicht eine solche Unbilligkeit zu, von uns zu verlangen, unsere Väter, Geschwister und Kinder zu töten.« Vorsichtig beobachtet man die Entwicklung der Lage, immer auf das Wohl der Stadt bedacht. Auch die neuen Bundesgenossen läßt man möglichst nur unbewaffnet in die Stadt, und als sich das Scheitern des Aufstands abzeichnet, tötet man die in Köln untergebrachten ehemaligen Bundesgenossen rasch, und einen bedrohlichen Trupp Germanen lädt man bei Zülpich zum Festmahl – und zündet während der Feier die Halle an...

Schon die Ubier hatten zu Caesars Zeiten die Kollaboration mit dem übermächtigen römischen Gegner der blutigen Auseinandersetzung mit den rauhen Sugambrern vorgezogen. Zu diesem Zeitpunkt, keine Generation nach der Gründung der Colonia, zeigen sich das Instrumentarium und das Ziel Kölner Politik der kommenden Jahrhunderte bereits voll ausgebildet. Man vertraut auf die Mauern der Stadt, die auch nur selten einmal von Feinden überwunden werden, und bemüht sich, meist erfolgreich, ohne Verluste an Leben, Hab und Gut rechtzeitig auf der Seite des Siegers zu stehen.

Für Köln beginnen nun ruhige Jahrhunderte. Nachrichten aus den Schlagzeilen, die meist von gefährlichen Situationen berichten, fehlen. Für die auch zu römischen Zeiten gepflegte Hofberichterstattung ist natürlich wichtig, daß Trajan am 27. Januar des Jahres 98 in Köln die Nachricht erhält, daß er den Cäsarenthron als Nachfolger seines Adoptivvaters besteigen wird. Trajan, ursprünglich Statthalter von Obergermanien, hatte nach der Adoption durch Nerva auch das Amt des Statthalters für Niedergermanien übernommen. Geschah das nur aus politischen Gründen? Oder vielleicht auch, weil entgegen sonstigen Gepflogenheiten der Statthalter am Niederrhein nicht im Militärlager, sondern in Köln residierte, inmitten städtischer Annehmlichkeiten? Soweit diese im wilden Osten des römischen Reiches überhaupt möglich waren. Eine Tatsache macht die Hofberichterstattung natürlich bis heute besonders glücklich: Der stolze Überbringer der Thronbesteigungsnachricht an Trajan war kein anderer als sein – noch nicht adoptierter – Nachfolger Hadrian.

Danach schweigen die schriftlichen Quellen zur Geschichte Kölns für anderthalb Jahrhunderte. Für Hofberichterstatter und Kriegstagebuchschreiber gibt es in Köln nichts zu notieren. Das sind für die normale Bevölkerung glückliche Zeiten, auch für Köln. Die Stadt blüht auf. Grabsteine, Altäre und Bauinschriften berichten vom bunten Leben in der Stadt. Die archäologische Forschung hat in den letzten Jahrzehnten das Bild mit Details gefüllt.

Das regelmäßige Straßennetz der geplanten Stadt, des Oppidum Ubiorum und der darauf aufbauenden CCAA ist an manchen Stellen des Stadtzentrums bis heute wirksam. Der cardo maximus, die Nord-Süd-Achse der antiken Stadt, ist als Hohe Straße noch immer geschäftiger Mittelpunkt der City. Hier durch das Gewühl zu schlendern, Menschen zu beobachten, Geschäfte aller Art zu besehen, die ihre Kunden aus der Menge fischen, sich dabei zu erinnern, daß dies hier seit mehr als zwei Jahrtausenden – wenn auch in unterschiedlicher Intensität – das gewohnte Bild ist, das ist ein Erlebnis von Urbanität, wie es sonst nur der Mittelmeerraum bietet. Quer durch die Stadt, weit in die Landschaft hinaus, war diese Straße von der Antike bis in unser Jahrhundert die Hauptschlagader des städtischen Lebens.

Über diese Straße, über die außerdem in Köln zusammentreffenden römischen Fernstraßen von Nordwesten, Westen und Südwesten lief der Warenstrom im römischen Köln zusammen. Am Rhein, noch heute die belebteste Wasserverkehrsader Europas, nutzte man einen alten Rheinarm als Hafen und Umschlagzentrum. Der Versorgungs- und Verwaltungsmittelpunkt der Provinz mit guten Verbindungen nach Rom war zugleich Durchgangsstation für den Handel mit den Germanen. Über die dabei erhobenen Zölle hatten sich schon die Tenkterer im Bataveraufstand 69/70 n. Chr. beklagt. Große Lagerhallen, horrea, die eine ausgedehnte Sportanlage ersetzten, hat man unter und neben Groß St. Martin freigelegt. Die Freizeitgestaltung mußte dem wachsenden Umschlag des Hafens weichen.

Agrippa hatte die Lage des Oppidum Ubiorum mit sicherem Blick gewählt. Ein hochwasserfreies Plateau – im Bereich von Alter Markt und Heumarkt befand sich das der römischen Stadt vorgelagerte Hafenbecken – wurde im Süden vom heute unterirdisch verlaufenden Duffesbach geschützt. Der Straßenzug Mühlenbach, Blaubach, Rothgerberbach markiert diese Linie noch heute und läßt den Höhenunterschied zur römischen Stadt gut erkennen. Aber auch nach Westen und Norden wurde die Linie der Befestigung nicht gradlinig durchgezogen. Abgeschrägte Ecken und Einbuchtungen im Mauerzug erleichterten ebenso die Verteidigung wie die vor die Mauerlinie ragende Rundung der Türme.

Gut gewählt war auch die Lage in den größeren geographischen Zusammenhängen. Der Rhein wurde zwar nur Grenze des Römischen Reiches, war aber und blieb bis heute Handelslinie. Seinem Lauf folgt der Verkehr zu Lande in Nord-Süd-Richtung. Der Verkehr über den Rhein hinweg, in Ost-West-Richtung, vor den unwegsamen Erhebungen der Mittelgebirge trifft und traf in Köln auf die andere Handelsachse. Dieser Schnittpunkt ist bis heute das offene Geheimnis des Kölner Erfolges. Daher der erste geschlossene Autobahnring Europas um Köln herum, daher die meist etwa 1200 Personenzüge, die täglich in Köln über den Rhein fahren – ohne die Güterzüge zu rechnen, die die Südbrücke nutzen, daher auch der hohe Frachtumsatz, den der Flughafen Köln-Wahn zu verzeichnen hat.

Aber zurück ins römische Köln, wo noch niemand mit Luftverkehr oder Verbrennungsmotoren und ihren Folgen rechnete. Was nicht heißt, daß man nicht angenehm zu leben verstand oder keine weiten Reisen unternahm. Der weite, fast zollfreie Binnenmarkt des römischen Reiches machte Handelsbeziehungen möglich, die sich in der EG erst in kommenden Jahren verwirklichen lassen werden, und neben den weiten Reisen der Kaufleute und Militärs belegen die Inschriften der Grabsteine, welche Entfernungen Kölner hinter sich gebracht hatten, um Kölner zu werden. Die zivilisatorischen Grundlagen des Lebens in der Stadt waren – wir erinnern uns – gut. Fließend, allerdings kaltes Wasser aus der Eifel, Abwasserkanalisation, ordentliche Straßen, oft von Laubengängen gesäumt, die im Süden gegen die Sonne Schutz boten, hier in Köln höchstens bei Regen als sinnvoll erscheinen mochten. Aber man brachte eben, wie es bei Kolonisten üblich ist, seine Lebensart bis in die Grundrisse der Häuser hinein mit. Und die besseren Kreise der Ubier nahmen die Vorbilder an, lebten wie die Römer, dachten bald wie Römer. Bis heute ist dies die erfolgreichste Kolonialpolitik, die die Weltgeschichte kennt, und wir sind auch noch stolz darauf.

Im Export über den Rhein hinweg lieferte Köln den begehrten Wein, damit man auf der Bärenhaut auch mal etwas Besseres zu trinken hatte als Met, und mancher Germane hatte sich vielleicht in römischen Diensten daran gewöhnt. Man lieferte den Luxus der Zivilisation gegen die Naturprodukte des freien Germaniens. Kostbare Keramiken, wie sie die einheimischen Töpfer nicht herzustellen vermochten, Glas, das man jenseits des Rhein nur bestaunen konnte. Kein Wunder also, daß Köln für diese Industriezweige, für die man mit gutem Ton und sauberem Sand die wichtigen Rohstoffe in der Nähe fand, bald zum Produktionszentrum wurde. Am heutigen Rudolfplatz hat man Töpfereien ergraben, am Eigelstein Glas-

Diatretglas, Römisch-Germanisches Museum

öfen freigelegt. Jeweils außerhalb der römischen Stadt, um die feuergefährdeten Fachwerkbauten mit dieser Industrie nicht noch mehr zu bedrohen.

Im Bereich der Keramik fällt dabei die ungewöhnliche grünglasierte Ware auf – neben der Massenproduktion von kleinen Figuren aus weißem Ton. Und neben der Massenware in grünlichem und bläulichem Glas scheinen in Köln auch Kostbarkeiten produziert worden zu sein. Das orientalisch bunte Dekor der Schlangenfäden, locker und noch heiß auf die warme Glasoberfläche aufgebracht, war eine Kölner Spezialität (Abb. 8). Von ›stiller Einfalt und edler Größe‹ ist dabei keine Rede. Aber fast barbarische Pracht und technisches Raffinement entsprachen dem Lebensgefühl. Mit den Diatretgläsern, von denen drei im Kölner Boden gefunden wurden und eines im Römisch-Germanischen Museum zu sehen ist, erreichen Luxus und Technik der Spätantike einen Höhepunkt. Ein dickwandiger Rohling aus klarem Glas wurde dabei mit farbigem Glas überfangen. Mit kleinen Metallrädchen, Sand und Wasser wurden dann das zarte Netz und die Inschrift »Trinke und lebe wohl auf immer« herausgeschliffen. Ein unglaublich arbeitsaufwendiger Vorgang, der auch heute noch mit unseren technischen Hilfsmitteln Monate in Anspruch nimmt. So konnte man die hochbezahlte Arbeitskraft seltener und gesuchter Spezialisten in Luxus verwandeln, sich daran erfreuen und sie sich ins Grab mitgeben lassen – denn sonst wären uns die Gläser dieser Art wohl nur aus der schriftlichen Überlieferung bekannt geworden. Was muß das für ein Gefühl gewesen sein, aus solchen Gläsern zu trinken.

Trotz der für die Antike und auch noch für das Mittelalter üblichen sparsamen Möblierung der Räume verstand man sich aufs ›Schöner Wohnen‹. Großzügig angelegte Villen gab es mitten in der Stadt. Eine Anlage wie der Besitz mit dem 70 m² großen Dionysosmosaik im

Speisesaal, über dem das Römisch-Germanische Museum errichtet wurde, war kein Einzel-fall. Teile solcher großen Mosaiken hat man mehrfach entdeckt. Albertus Magnus berichtet bereits von ähnlichen Funden für die Anfänge des Dombaus in seiner Zeit. Das (stark ergänzte) Philosophenmosaik oder das Fragment des Gladiatorenmosaiks sprechen neben einfacheren geometrischen Beispielen eine deutliche Sprache. Und der Wandschmuck, in geschnittenen und polierten Marmorplatten oder mit großflächigen Wandmalereien, konnte sich ebenfalls sehen lassen. Mit den mehrfach nachweisbaren Fußbodenheizungen konnten dann auch verwöhnte Südländer das Kölner Klima ertragen. Kostbare Stoffe als Vorhänge, Teppiche und weiche Kissen ergänzten und rundeten die Annehmlichkeiten des Daseins in Köln ab.

Auch kostbare Felle werden dabei gewesen sein. Wenn der Centurio Restitutus der Göttin Diana im 2. Jahrhundert einen Altarstein weiht, weil binnen sechs Monaten 50 Bären gefan-gen wurden, dann wird die Zahl der Bärenfelle, die als Handelsgut den Rhein überquerten, noch größer gewesen sein. Die Angebotspalette in Pelzen war natürlich erheblich breiter, der Umsatz sicher beachtlich. Importiert wurden daneben Bernstein und Honig, blonde Haare für die Perücken eitler Römerinnen oder blonde Sklaven und Sklavinnen. Überhaupt stellten Sklaven auch im römischen Köln einen wichtigen Wirtschaftsfaktor dar. Neben manchem ehemaligen Sklaven, der sich am Ende seines Lebens als Freigelassener sogar einen Grabstein leisten konnte, begegnet man auf den Grabsteinen im Römisch-Germanischen Museum auch einem mango, einem Sklavenhändler.

Die 50 lebend gefangenen Bären, die den Centurio so erfreuten, daß er der Göttin der Jagd einen Weihestein setzte, waren für eine andere vom johlenden Publikum als angenehm empfundene Seite des Lebens vorgesehen. Viele davon werden für den weiteren Transport ins Innere des römischen Reiches bestimmt gewesen sein. Köln war Durchgangsstation für diese Art Luxusimporte. Einige der Bären werden aber ihr Ende im Kölner Amphitheater erlebt haben. Vielleicht greift auch das Fragment des Gladiatorenmosaiks der späten Antike auf Szenen aus dem Kölner Theater zurück, dessen Standort bis heute nicht geklärt ist. Für den Geistlichen Salvian von Marseille ist es schließlich Mitte des 5. Jahrhunderts Zeichen des Endes, daß keine Spiele mehr durchgeführt werden. (Wobei für Salvian die Gier nach Spielen auch Ursache des Untergangs gewesen ist.) So vergnügungssüchtig waren die Kölner.

Aber sie waren auch fromm. Die Fülle der Weihesteine als Dank und Lösung erfolgreich gegebener Gelübde spricht für sich selbst. Kleine Götterfiguren in Keramik schildern einen reich bevölkerten Götterhimmel, in dem alle Kulte des Imperiums ihre Spuren hinterlassen haben. So ist in der Tiefgarage am Dom auch der Kultkeller eines Mithräums aufgestellt, den man an der Südseite des Domes ergraben hat. Die Mysterien des Gottes Mithras waren im 3. Jahrhundert eine bedeutende Konkurrenz für das aufblühende Christentum. Aber das galt ebenso für Isis und Serapis oder für den einheimischen Matronenkult, dessen Dreier-gruppe von Frauen in einheimischer Tracht auf Weihesteinen und in Tonfiguren immer wieder auftritt. Außerdem kennen wir eine kleinere Tempelanlage für Mercurius Augustus unter dem Südquerhaus des Domes, wo die Freigelassenen Augustus in der Gestalt des Gottes Merkur verehrten, des Gottes der Kaufleute und der Diebe. Unter der Kirche

St. Maria im Kapitol im Südosten der römischen Stadt verbirgt sich tatsächlich der aufwendige Tempelbezirk der kapitolinischen Trias, der Staatsgötter Jupiter, Juno und Minerva. Dagegen sucht man bis heute vergebens den Standort der Ara Ubiorum, der sicher großzügigen Altaranlage, die Mittelpunkt einer großen Provinz Germanien werden sollte und wohl nach dem Scheitern der Expansionspläne ihre Bedeutung verlor. Bilder des Kultes dringen bis ins Alltägliche hinein. So bleibt bis heute umstritten, ob die Szenen aus dem trunkenen Festzug des Gottes Dionysos den erhofften Beginn des goldenen Zeitalters verkünden oder nur eine Schar angesehener Gäste eines der vornehmsten Kölner des späten 3. Jahrhunderts auf das Festmahl einstimmen sollten. Wer war Gastgeber und Hausherr dieses großen Baus in bester Kölner Lage? Gehörte er zum Hofstaat der Kaiser des gallischen Sonderreiches? Könnte es sein, daß der eine oder andere dieser Herren, die nun wieder von Köln aus Geschichte für Kriegsberichterstatter und Hofklatsch liefern, hier ein und aus ging? Zumindest die Fragen sollte man sich vor dem Prunkstück des Museums stellen.

Unter dem dramatischen Titel einer ›Weltkrise des 3. Jahrhunderts‹ notiert die abendländische Geschichtsschreibung mit starrem Blick auf Rom und seine patriotischen Geschichtsschreiber, daß Mitte des 3. Jahrhunderts das römische Weltbild andauernder politischer Konjunktur ins Wanken gerät. Randgebiete lösen sich von der geschwächten Zentralgewalt. Palmyra unter seiner Königin Zenobia ist das farbenprächtige orientalische Beispiel.

Erschreckendes Symptom der Schwäche des Reiches war die seit 260 andauernde entwürdigende Gefangenschaft des Kaisers Valerian in der Hand der Perser – in ignobili servitute. Das bedeutete nicht nur das Ende der valerianischen Christenverfolgung und die Übernahme der Position des ersten Augustus durch seinen Mitherrscher Gallienus. Es bedeutete auch, daß Gallienus nun seinen Sohn Saloninus als Caesar im Knabenalter an der bedrohten Rheingrenze zurücklassen mußte. Einen Einfall von Germanen, die bei Plünderungen reiche Beute zusammentragen, können weder Vater noch Sohn und dessen militärische Berater verhindern. Erst auf dem Rückweg gelingt es Postumus, einem der militärischen Berater des jungen Caesar, und seinen Truppen, den wohl fränkischen Germanen die beachtliche Beute abzujagen. Nicht legal, aber verständlich ist, daß die Beute an die Sieger verteilt wird.

Saloninus oder besser sein anderer Berater Silvanus verlangt die Rückgabe der Beute – für den Fiskus, nicht zur Rückerstattung an die beraubten Opfer. Vor den Toren Kölns kommt es zur Empörung der Soldaten, und Postumus läßt sich zum Augustus ausrufen. Die Kölner liefern ihm Saloninus und Silvanus ans Messer, und Postumus nutzt Köln nun als Residenz seines neuen Kaiserreiches. Am Hauptbogen des römischen Nordtores, der heute im Obergeschoß des Römisch-Germanischen Museums steht, der auch die Kurzform des Namens CCAA trägt, wird daraufhin der Hinweis auf die Vorgänger und Gegner (Valeria)NA GALLIENA ausgelöscht. Aber für uns ist es immer noch gut genug zu entziffern.

Postumus war auch nach dieser ersten spontanen Aktion erfolgreich. Er sicherte seit seiner Usurpation im Jahre 260 auf Jahre die Rheingrenze gegen Germanen, die nur zu gerne die Schwäche des Imperiums zu weiteren Plünderungszügen genutzt hätten. Es gelingt ihm, sich ein weites Hinterland zu schaffen, sein Herrschaftsbereich reicht schließlich von Spanien über Gallien bis nach Britannien. Das heißt nicht, daß ein gallisches Sonderreich der

Postumus, Aureus, Vorder- und Rückseite, 263 n. Chr.

stille Traum des in Köln residierenden Postumus war. Er schuf sich, schon zu seiner persönlichen Sicherheit, eine Prätorianergarde und ernannte Konsuln. Das war schon notwendig, um den nach Konsuln benannten Jahren die eigene Datierung zu geben. Er bildete nicht, wie man einige Zeit aus Münzen zu erschließen müssen glaubte, einen eigenen gallischen Staat. Das wäre Konkurrenz zu Rom gewesen. Die Auseinandersetzungen an der Grenze mit den unruhigen Germanen hinderten ihn, die Kämpfe in Gallien mit Gallienus zu einem Kampf um Rom werden zu lassen. Aber auch Gallienus hatte andere Probleme genug, als sich auf den Kampf gegen den Mörder seines Sohnes konzentrieren zu können.

Postumus fällt schließlich dem gleichen Problem zum Opfer, dem er seinen Aufstieg zu verdanken hatte. Im Frühjahr 269 muß er eine Rebellion unter den Soldaten an der Rheingrenze unterdrücken. Der von den revoltierenden Truppen erhobene Usurpator Laelianus verschanzt sich in Mainz und fällt, als die Truppen des Postumus die Stadt im Sturm nehmen. Als der Sieger nun seinen Soldaten die Plünderung der Stadt untersagt, wird er von der aufgebrachten Menge erschlagen. Rasch wird der ehemalige Lagerschmied Marius zum neuen Augustus erhoben, der nach wenigen Monaten durch Victorinus ersetzt wird. Dieser war schon neben Postumus Konsul gewesen, einer der mächtigsten Männer des Sonderreiches. Aber auch er wird bereits 271 ermordet und durch Tetricus, den Gouverneur der Provinz Aquitania, ersetzt.

Mit dem Aufstieg der Zentralgewalt unter Kaiser Claudius II. Gothicus und seinem Nachfolger Aurelian läßt sich jedoch der Zerfall des Sonderreiches, die Rückkehr der Provinzen ins Imperium nicht mehr aufhalten. Nach einem geheimen Briefwechsel, der Aurelian nach Gallien ruft, wechselt Tetricus mitten in der Schlacht bei Châlon-sur-Marne die Front und gibt sich in die Hand Aurelians. Dieser läßt ihm Leben und senatorischen Rang, setzt ihn sogar in seinen Diensten wieder als hohen Beamten ein. Ein historisches Zwischenspiel, das die bedrohte Rheingrenze für das Imperium sicherte, fand damit sein Ende. Köln war für Jahre Kaiserresidenz gewesen, was für uns nur wenig Spuren hinterlassen hat.

Diese Spuren, die Münzen, die Kaiser Postumus in Auftrag gab, gehören allerdings zu den schönsten Prägungen des Römischen Reiches überhaupt. Höhepunkte sind dabei die Goldstücke, die aurei, die als Gabe für das immer Geschenken zugeneigte Heer Politik und Bild des Herrschers populär machen sollten. Dabei gelingt sogar der schwierige Versuch, das Porträt des Herrschers nicht im Profil, sondern en face, von vorne zu zeigen.

Das Rheinland sollte auch nach dem Ende des gallischen Sonderreiches keine Ruhe mehr finden. Rasch traten Nachahmer auf. Unter Kaiser Probus ließ sich Proculus in Lyon oder in Köln zum Kaiser ausrufen. Aber die Franken, bei denen er verräterisch Unterstützung gesucht hatte, verrieten ihn. Und als wenig später Germanen römische Wachschiffe der Rheinflotte in Flammen aufgehen ließen, rettete sich Admiral Bonosus aus der Peinlichkeit, für diesen Verlust verantwortlich zu sein, in die Usurpation. Ihm gelang es wieder, Gallien, Spanien und Britannien unter seiner Herrschaft zu vereinen.

Eine Wende kündet sich an. Nach der Reichskrise des 3. Jahrhunderts beginnt eine neue Zeit. Manchmal sind dafür Kleinigkeiten die klarsten Anzeichen. Die CCAA verliert im 4. und 5. Jahrhundert Teile ihres Namens. Rasch verflüchtigt sich der längst inhaltslose Bestandteil Ara, nach dem Ende des Sonderreiches auch Claudia, manchmal verzichtet man sogar auf den Titel der Colonia oder läßt ihn allein auftreten. Ein Schwanken zwischen Colonia und Agrippina begegnet uns bis ins 9. Jahrhundert. Erst dann, mit der Sancta Colonia, liegt der Name wieder fest.

In den Wirren des 3. Jahrhunderts hatten die einstigen Vorrechte des ius Italicum der Bürger der Veteranenkolonie ihre Wirkung verloren. Immer mehr Einwohner des Reiches waren in den Besitz des Bürgerrechtes gelangt. Vor den Nöten des Staates im Überlebenskampf, der nun einsetzt, werden alle gleich – fast alle. Der senatorische Adel, dem Tetricus entstammte, bereitet mit seinen großen Ländereien und ausgedehnten Villenanlagen das Mittelalter vor. Manche Städte und Siedlungen beginnen bereits zu schrumpfen.

Um für die Bevölkerungsverluste auch auf dem Lande Ersatz zu finden, beginnt man unter Konstantin dem Großen zu Anfang des 4. Jahrhunderts Franken in Gallien anzusiedeln. So wurden sie dem Römischen Reich dienstbar, bildeten aber auch die Grundlage für den späteren Aufstieg des Frankenreichs. Die Barbarisierung beginnt.

Konstantin hatte seinen Siegeszug zur Schlacht an der Milvischen Brücke vor den Toren Roms im Nordosten des Reiches, nämlich in Britannien und im Rheinland, angetreten. Hier hatte er die Grundlagen seiner Herrschaft gelegt, seine Fähigkeiten gezeigt. So rühmt die Gründungsinschrift des Kastells Deutz, Köln gegenüber auf der rechten Rheinseite gegründet, daß er die Franken niedergedrückt und gebändigt habe. Der gewaltige Brückenkopf im Feindesland mit seiner Besatzung von bis zu 1000 Mann sollte den Franken eine ständige Mahnung sein. Die Festung schützte zugleich den vor 310 begonnenen Brückenbau, der bei einer Lobrede im Jahre 310 in Trier Konstantin als eine seiner Großtaten vorgeführt wird. Auf Pfahlrosten – einige der eisenbewehrten Pfähle sind im Römisch-Germanischen Museum zu sehen – setzte man 15 steinerne Pfeiler über eine Gesamtlänge von 420 m. Diese trugen dann die Holzkonstruktion der eigentlichen Brücke mit ihrer ca. 10 m breiten Fahrbahn. Sie wird kaum ein Jahrhundert Bestand gehabt haben. Als zu Beginn des 5. Jahrhunderts die Truppen aus dem Rheinland abgezogen werden, wird man den Franken kaum einen so leichten Zugang nach Gallien überlassen haben.

Einer der Vertreter des Christentums, die Konstantin schon vor der Vision des Christogramms am Vorabend der entscheidenden Schlacht an der Milvischen Brücke im Jahre 313 beeindruckt hatten, war der Kölner Bischof Maternus. Christen hat es sicher, christliche

Gemeinden vielleicht, wie Irenäus von Lyon andeutet, bereits Ende des 2. Jahrhunderts in Köln gegeben. Archäologisch ist das Christentum allerdings erst nach der historischen Wende des Toleranzedikts des gleichen Jahres 313 nachweisbar. Die Kölner Gemeinde, der Kölner Bischof erschienen Konstantin bedeutend genug, um ihn zu einer ersten Lateransynode noch 313 im Donatistenstreit nach Rom zu rufen. Auch an der Synode in Arles, die sich noch einmal mit dem gleichen Thema beschäftigen mußte, nahm Maternus teil, diesmal gemeinsam mit seinem Diakon Macrinus. Die Bischofskirche des Maternus lag wohl bereits dort, wo sich heute der gotische Dom erhebt. Hier, am Rand der römischen Stadt, wird es zuerst möglich gewesen sein, Christen zu versammeln.

Der heidnische Geschichtsschreiber Ammianus Marcellinus, eifriger Verehrer des Kaisers Julian Apostata, der noch einmal die Rückkehr des Reiches zu den alten Göttern durchsetzen wollte, bezeichnet diese erste bescheidene Kathedrale nach seiner spöttischen Gewohnheit als ›conventiculum ritus Christiani‹. Es ist wieder ein Stück Hofberichterstattung, dem wir diese Notiz zur Kölner Geschichte zum Jahre 355 verdanken. Noch war Julian Caesar unter Constantius II.

Der Franke Silvanus, dessen Vater bereits Konstantin als General gedient hatte, diente dem Sohne Constantius II. erfolgreich, hielt die Rheingrenze gegen die Germanen. Gegen Hofintrigen aber, die ihn verdächtigten, nach dem Purpur zu streben, vermochte er sich nicht zu verteidigen – und ist schließlich gezwungen, tatsächlich zu diesem letzten Mittel zu greifen. Eine Verzweiflungstat, die sein Ende nur um wenige Wochen hinausschiebt. Ein Stoßtrupp, zu dem auch unser Berichterstatter Ammianus Marcellinus gehört, schreckt ihn im Morgengrauen im Prätorium auf. Er versucht – vergeblich – ins conventiculum ritus Christiani, ein ›Kirchlein des christlichen Kults‹, zu fliehen. Eine präzisere Schilderung bleibt uns der Augenzeuge und Mittäter leider schuldig.

Glasschale mit der Darstellung der Susanna zwischen den beiden Ältesten, Durchmesser 24,5 cm, Römisch-Germanisches Museum

Nun, des gefährlichen Heerführers ledig, bricht ein Frankensturm los. Nach hartnäckiger Belagerung fällt ihnen Ende 355 auch Köln in die Hände, wird geplündert und verwüstet. Erst dem vom Kaiser ausgesandten Caesar Julian gelingt es im kommenden Jahr, die Grenze wieder zu sichern, Köln wieder zu befreien, den Wiederaufbau in Gang zu setzen. Eine Flotte wird aufgestellt, die Getreidetransporte sind wieder gesichert. Rings um Köln wandelt sich inzwischen die Landschaft. Die bedrohte Lage an der Grenze zeigt Folgen. Die ersten der großen Villen mit ihren ausgedehnten Ländereien werden aufgegeben. Julian siedelt wiederum Franken, einen Teil der Salier, an, die Schutz und Verteidigung gegen ihre beutegierigen Stammesgenossen gewähren sollen. Die Wurzeln des Frankenreiches, das erst ein Jahrhundert später verwirklicht wird, breiten sich aus.

Köln wird unter diesen Umständen ein unbeliebter Aufenthaltsort. Der Gegenpapst Ursinus wird 378/79 nach Köln ins Exil geschickt. Mancher Bau mag wie das Prätorium auf Befehl Julians wiederhergestellt worden sein. Aber Stadt und Grenze bleiben in Gefahr. Auch die letzte offizielle Inschrift Kölns berichtet von der Erneuerung eines öffentlichen Gebäudes. Etwa 393 findet der fränkische Comes Arbogast Zeit (und Geld), einen solchen Auftrag im Namen des von ihm gelenkten Kaisers zu erteilen. War es ein Tempel, an dem Arbogast Interesse fand? Sein Kaiser, Eugenius, der in der Rückkehr zum Heidentum die Rettung des Reiches sieht, unterliegt kurz darauf Kaiser Theodosius. Arbogast begeht Selbstmord. Theodosius erhebt das Christentum zur alleinigen Religion des Reiches. Wenige Jahre später zieht Stilicho, Chef des Militärs im Westen des Reiches, die letzten Truppen aus dem Rheinland ab. Köln steht den Franken offen.

Die reiche Oberschicht, die ihre Landsitze bereits aufgegeben und sich in die Stadt zurückgezogen hatte, folgt nun dem militärischen Schutz nach Südfrankreich und nach Oberitalien.

Nicht alle gehen. Manche bauen auf ihren Ländereien Privatarmeen auf, die es mit den kleinen plündernden fränkischen Räuberhäuptlingen aufnehmen können. Römer wie Aegidius oder sein Sohn Syagrius bringen es dabei zum Titel eines Rex Romanorum, eines Königs der Römer. Aber nur eine kurze Epoche lang können sie den Frankenkönigen Widerpart bieten. Die Ärmeren, ohne Beziehungen oder große Besitzungen, bleiben allen Mißgeschicken der unruhigen Zeiten wehrlos ausgeliefert. Längst ist, wie Salvian von Marseille ja berichtet, Köln voll von Feinden – im Gegensatz zu Trier oder Mainz aber nicht zerstört. Romanische Bevölkerung ist im Raum Köln und am Mittelrhein bis ins 7. Jahrhundert hinein nachweisbar, nimmt nur langsam fränkische Sprache und Gebräuche auf. Und sie bringt auch vieles in das wachsende Frankenreich mit ein.

Ein Detail kann auch hier wieder ein Schlaglicht auf die Lage werfen. Unser Wort Kirche greift auf Griechisches zurück, auf κυριχόν, auf das ›Haus des Herrn‹, wie es in den griechisch beeinflußten Gemeinden des Mittelrheingebietes bezeichnet wurde. Erst mit den romanischen Bischofsnamen Solatius und Remedius in den Kölner Bischofslisten für das frühe 7. Jahrhundert läuft dieser Einfluß aus. So wandert der zentrale Begriff mittelalterlicher Kultur in diesen Jahrhunderten von hier aus in die germanischen Sprachen, bleibt eigenständig gegenüber dem Süden Europas.

Von den Schicksalen der romanischen Bevölkerung berichtet wieder Salvian, diesmal in einem Bettelbrief und nicht freudestrahlend über das Strafgericht, das zu Recht seine verkommenen Zeitgenossen getroffen habe, ein viel zitiertes Beispiel. Die Mutter eines Schützlings, für den er nun um Unterstützung bittet, aus guter (also reicher) Familie ist nach dem Einzug der Franken in Köln dort mittellos zurückgeblieben. Die Not zwingt sie in die Dienste der fränkischen Herren zu treten, die nun Köln übernommen haben. Auch auf diesem Wege wird Zivilisation weitergegeben. Es scheint keine bedeutende Gruppe Franken gewesen zu sein, die es sich Mitte des 5. Jahrhunderts da in Köln bequem machte. Nicht einmal der Name des Anführers wird erwähnt. Sang- und klanglos endet die römische Herrschaft.

Sancta Colonia – von Heiligen und Bischöfen

Heiliges Köln – ein Begriff, der in unserem Bild dieser Stadt noch immer nachklingt. Ende des 8. Jahrhunderts begann er populär zu werden. Seit dem frühen 10. Jahrhundert verbreiten ihn Münzen mit der Aufschrift S(ancta) COLONIA A(grippina) hunderttausendfach in alle Welt. In den Nibelungenhorten skandinavischer Normannen, aus Handel und Beute zusammengetragen, kennen wir noch heute Zehntausende davon. Bis ins 12. Jahrhundert wird der Ruf des Heiligen Köln auf diese Weise verkündet. Anfang des 12. Jahrhunderts nimmt das Siegel der Stadt diese Selbstdarstellung auf. Der gotische Nachfolger des romanischen Siegels mit der gleichen Umschrift SANCTA COLONIA DEI GRACIA ROMANE ECCLESIE FIDELIS FILIA – Heiliges Köln von Gottes Gnaden der römischen Kirche getreue Tochter – blieb bis zum Einzug der Franzosen in Köln 1794 in amtlichem Gebrauch, verkündete das Heil der Stadt. Neben Jerusalem, Rom und Byzanz war Köln die vierte Stadt im christlichen Kulturkreis, die so vehement diesen Anspruch vertrat.

Das Heilige Köln war das, was nach dem Abzug der römischen Oberschicht, des Militärs und der Verwaltung noch blieb. Diese von Schrecken und Gefahren erfüllte Epoche verbindet sich in Köln mit der Gestalt des Bischofs Severin. Wie so oft in der Spätantike wird der Bischof die letzte verbleibende Autorität, Zuflucht der zurückbleibenden Bevölkerung. An Severin erinnert in Köln eine Kirche, ein ganzes Stadtviertel trägt seinen Namen. In der Kirche bewahrt ein Schrein, noch so aufgestellt, wie es das Mittelalter zu inszenieren liebte, seine Gebeine. Sein Amtskollege Gregor von Tours erzählt von Severin in seinem Bericht über die Tugenden seines eigenen Amtsvorgängers Martin, dem großen Heiligen der Franken, daß Severin sonntags mit seinen Klerikern die heiligen Stätten Kölns aufzusuchen pflegte. Am Todestage des heiligen Martin hört er bei dieser Gelegenheit den Empfangschor der Engel singen.

Die loca sancta, die heiligen Stätten Severins, müssen die Orte der Martyrien, die Gräber der Märtyrer gewesen sein. Die Gewohnheit, die heiligen Stätten aufzusuchen, guter Brauch auch ringsum im spätantiken Christentum, hält Erinnerungen wach, aus denen in kommenden Jahrhunderten der Ruhm der Stadt aufblüht. Oft aber scheint von dem, was Severin und

S(ancta) COLONIA A(grippina), Denar des 10. Jh.

seine Gemeinde noch wußten, wenig geblieben zu sein. Meist liegt nur der Ort fest, an dem zu verehren ist, teils fehlt selbst der Name. Keine der Geschichten wurde überliefert. Erst im 9. und 10. Jahrhundert wird begonnen, die Legenden zu erzählen. Das gilt für den erstaunlichen Bau von St. Gereon wie für die inschriftlich belegten Märtyrerjungfrauen von St. Ursula oder für das Kirchlein selbst, das später Severins Gebeine bewahren sollte.

Nach Severin bleibt eine Lücke von anderthalb Jahrhunderten in der Kölner Bischofsliste. Erst Bischof Carentinus wird durch ein Lobgedicht des Venantius Fortunatus für uns wieder bekannt – allerdings ist ein solches Gedicht, wenn es der Amtskollege in Reims in leicht abgewandelter Form gewidmet erhält, nicht von größter Aussagekraft. Gab es in den Jahrzehnten zuvor keine Kölner Bischöfe? Die Lücke in der Überlieferung der Märtyrergeschichten spricht zumindest für eine einschneidende Unterbrechung der Gemeindetradition. Die Franken, die Mitte des 5. Jahrhunderts Köln besetzten, waren noch Heiden. Ebenso der rheinfränkische König Sigibert, der mit seiner Gefolgschaft um 480 Köln zu seiner Residenz machte und seinen Sitz im Praetorium nahm. Er kämpfte 497 in der Schlacht bei Zülpich an der Seite Chlodwigs gegen die Alemannen, in der dadurch bedeutsamen Schlacht, daß Chlodwig für deren siegreichen Ausgang gelobt hatte, sich taufen zu lassen. Chlodwig siegt, Remigius tauft ihn in Reims. Eine Entscheidung, die die Religionsbarrieren zwischen Franken und Romanen fallenließ, die das von Chlodwig vereinte und vergrößerte Frankenreich katholisch werden ließ.

Sigibert war in der Schlacht verletzt und dadurch lahm geworden. Das nahm Chlodwig einige Jahre später im Rahmen seiner Aktion zur Einverleibung kleinerer Königreiche seiner Verwandtschaft zum Anlaß, auch Köln und die ripuarischen Franken unter seine Herrschaft zu bringen. Tückisch legte er Sigiberts Sohn Chloderich um 508 nahe, daß es doch besser wäre, wenn der gesunde Sohn statt des behinderten Vaters regieren würde. Chloderich ermordet seinen Vater und lädt, um sich nach Chlodwigs Rat auch dessen Freundschaft zu sichern, eine Gesandtschaft des Ratgebers ein, um einen Anteil am Königsschatz abzuholen. Als er dessen Fülle demonstriert, sich über eine Truhe voll Gold beugt, schlägt ihn einer der Gesandten mit seiner Axt nieder. Der Mord am Verwandten, und miteinander verwandt waren die fränkischen Könige alle, war gesühnt. Köln aber verliert seine kurzfristige Funktion als Residenz und wird nur noch von Zeit zu Zeit von den Königen besucht.

25

Bei einem dieser Besuche, den Chlodwigs Sohn Theuderich I. Köln abstattet, wird er vom heiligen Gallus, dem späteren Bischof von Clermont-Ferrand, begleitet. Dieser ist gebührend empört, als er in Köln einen gutbesuchten heidnischen Tempel entdeckt. Er legt in brennendem Eifer Feuer und sucht beim König vor seinen wutentbrannten Verfolgern Schutz. Heidnisches Brauchtum wird sich aber auch nach der Zerstörung der letzten Tempel für Jahrhunderte halten.

Theudebert I., Enkel Chlodwigs, nimmt sich in Köln sogar das Recht heraus, Goldmünzen wie die byzantinischen Kaiser zu schlagen. Das Selbstbewußtsein der Nachfolger Roms wächst. Wohl zu seiner Zeit werden die edle Dame und ihr kleiner Sohn in einer kleinen Grabkapelle im Bereich des Domes beerdigt, deren Grabbeigaben zu den kostbarsten Schätzen des Diözesan-Museums gehören. Aber kein Hinweis in den Quellen oder der Grabfunde selbst gibt bekannt, um wen es sich hier handelte, welche vornehme Familie vor der Kathedrale eine Grabkapelle errichtete.

Der frühen Begeisterung der Kölner Bischöfe für die Heiligen ihrer Stadt verdanken wir auch noch einen weiteren Namen. Im Jahre 590 wird Bischof Eberigisil wie andere fränkische Bischöfe nach Poitiers ins Kloster der hl. Radegunde gerufen, um in den heftigen Streitigkeiten zu richten, die unter den Nonnen aus besten Familien dort ausgebrochen waren. Bei dieser Gelegenheit wird er seinem Kollegen Gregor von Tours von der wundersamen Heilung seiner Kopfschmerzen berichtet haben. Auf einem Landgut nahe Köln lebend, quälten ihn die Schmerzen unerträglich. Da ließ er von seinem Diakon Staub für sein Haupt aus dem Brunnen holen, in den einst fünfzig Märtyrer der thebäischen Legion gestürzt worden waren – inmitten der Kirche Sanctos Aureos – Die Goldenen Heiligen, die wir heute St. Gereon nennen. Noch wird Gereons Name nicht genannt, und seine Legende wird uns erstmals im 10. Jahrhundert ausführlich erzählt. Aber der Ursprung wird sichtbar, auch wenn die Archäologen den Brunnen in den letzten Jahren nicht haben finden können.

Sonst sind es wieder nur Hofgeschichten, in denen uns Köln begegnet. Im blutigen Bruderkampf des Jahres 612 zwischen Theuderich II. und Theudebert II. flieht der unterlegene Theudebert bei Köln über den Rhein. Vergeblich sucht er bei seinen rechtsrheinischen Verbündeten Zuflucht. Als Gefangener wird er seinem Bruder vorgeführt und getötet. Theuderich bemächtigt sich der Stadt und des königlichen Schatzes seines Bruders. In St. Gereon – nun wird der Name erstmals erwähnt – schwören die fränkischen Großen Theuderich Treue. Gegen die Tücke seiner Großmutter Brunichild hilft dies nicht. Sie vergiftet ihn ein Jahr später.

Der Niedergang des Merowingergeschlechtes wird durch Chlotar II. und seinen Sohn Dagobert I., die das Reich wieder einen, noch einmal aufgehalten. Bischof Kunibert von Köln wird neben dem Hausmeier Pippin dem Älteren zum Berater Dagoberts. Er soll auch der Gründer der Kirche St. Clemens vor der Stadt sein, die später seinen Namen trägt. Er ist auch der glückliche Finder des Grabes der heiligen Ursula in ihrer Kirche. Eine Taube erscheint und zeigt die Stelle. Das heilige Köln wächst dank der Aktivitäten seiner Bischöfe. Aber beides wird erst von jüngeren Quellen berichtet. Die Zeitgenossen interessiert nur die Reichsgeschichte mit ihren Intrigen.

Hier ist Köln bald wieder Schauplatz einer wichtigen Szene. Karl Martell (um 689–741), Sohn Pippins des Mittleren von einer Nebenfrau, setzt sich nach langen Kämpfen endlich in Köln zu Beginn des 8. Jahrhunderts gegen seine Stiefmutter Plektrudis durch. Recht stiefmütterlich hatte sie versucht, ihn gefangenzuhalten und die Regentschaft für ihren Sohn auszuüben. Karl Martell weist ihr Köln als Exil zu und übernimmt ihre reichen Schätze. Im Südosten der römischen Stadt, im Bereich des Tempels der kapitolinischen Trias, könnten die Hausmeier ihren Kölner Sitz gehabt haben. Jedenfalls verwandelt Plektrudis die Bauten in die Anfänge des späteren hochedlen Damenstifts St. Maria im Kapitol.

Karl Martell hält sich noch einen Merowingerkönig, in dessen Namen er als Hausmeier regiert. Noch, so scheint es, kann man ohne das Königsheil, das der königlichen Sippe eigen ist, nicht als König herrschen. Erst der Sohn Karl Martells, Pippin (741–68), findet in der Krönungssalbung das Mittel, selbst mit Hilfe der päpstlichen Autorität den Thron zu besteigen. Das Zeitalter der Karolinger hat begonnen, das für Köln eine neue Rolle bereithält.

Karl der Große (742–814), der das Frankenreich einigt und weit über die alten Grenzen ausgreift, der Weihnachten des Jahres 800 das Kaisertum erneuert, zieht während einer Generation, von 772 bis 804, fast jährlich über den Rhein, um Sachsen zu erobern. Zwar hatten im Rechtsrheinischen schon lange Franken gesiedelt, aber weit reichte ihr Einfluß nicht. Immer noch war der Rhein eigentlich Grenze. Nun, nach der Unterwerfung Sachsens Ende des 8. Jahrhunderts, wurde Köln, das bisher am Rande des Frankenreiches lag, Metropole. Die Stadt wurde Mittelpunkt von Handel und Verkehr, geistiges, wirtschaftliches und geistliches Zentrum eines weiten Missionsgebietes. Damit beginnt der mittelalterliche Aufstieg Kölns.

Vor 787 war Hildebald, der archicapellanus Karls des Großen, Erster der fränkischen Geistlichkeit, Bischof in Köln geworden. Wahrscheinlich wählte man Köln, damit der Berater des Herrschers als Bischof keinen weiten Weg zur Lieblingspfalz Karls in Aachen hatte. Wenige Jahre danach, 794, wird er sogar von der Aufenthaltspflicht am Bischofssitz befreit. Oft wird er kaum in Köln gewesen sein. Aber am Hofe konnte er Entscheidendes für seine Stadt bewirken. Er führt noch vor Ende des Jahrhunderts als erster Kölner Bischof den Titel eines Erzbischofs. Die Suffraganbistümer nehmen weite Teile des neuen Missionsgebietes im Osten in Anspruch. Köln tritt damit im Rheinland neben Mainz und Trier. Hildebald beginnt, wohl um entsprechend repräsentieren zu können, einen neuen Dombau.

Es könnte allerdings sein, daß erst einer seiner Nachfolger, und dann vielleicht Gunthar (850–63), der vom Papst wegen seiner Zustimmung zur Ehescheidung Kaiser Lothars II. seines Amtes enthoben wurde, tatkräftig den Neubau in Angriff nahm. Geweiht wird er erst von Gunthars Nachfolger Willibert (870–89), gleich im Jahre seines Amtsantrittes. Genaue Angaben besitzen wir nicht, und die Ergebnisse der Bodenforschung im Vergleich zur schriftlichen Überlieferung werden heftig diskutiert. Sicher ist aber, daß die ältesten Bände der Dombibliothek Hildebalds Namen tragen. Und vom Engagement des Erzbistums in der Mission unter seiner Leitung zeugen Fragmente eines althochdeutschen Taufgelöbnisses, das 811 in Köln nachweisbar ist. »Siniu gelp ando sinen uuillon« – Der eitlen Pracht und dem Willen des Teufels zu widersagen... Der geistige Mittelpunkt der Suffraganbistümer, des angestammten Lüttich, des jungen Utrecht und der neuen Missionsbistümer Münster, Osnabrück, Minden und bis 864 auch Bremen, taucht auf. Das ist zugleich die Wurzel wirtschaftlichen Aufstiegs. Auch dessen ist man sich stolz bewußt: »Hir maht thu lernan guld beuueruan – uuelog inde uuisdom, siginuft inde ruom« – hier kannst Du lernen, Gold zu erwerben, Reichtum und Weisheit, Sieg und Ruhm. Diese vollmundige Inschrift zierte noch bis 1521 die wahrscheinlich unter Erzbischof Gunthar so gerühmte Domschule. Heute könnte so das Motto der Wirtschaftswissenschaftlichen Fakultät der Kölner Universität lauten, der größten der Bundesrepublik. Händler, Herrscher und Missionare gehen oft die gleichen Wege.

Der Zerfall des Reiches Karls des Großen, die Erbteilungen und Streitigkeiten, die Einfälle der Normannen können den Aufbruch Kölns nicht hemmen. 863 lassen die Normannen das reiche Xanten in Flammen aufgehen und kehren fast jedes Jahr auf der Suche nach leichter Beute wieder zurück. 881/82 werden Neuss, Zülpich, Jülich und trotz der beachtlichen Reste der römischen Mauern auch Köln Opfer der beutelüsternen Wikinger. Welches Ausmaß die Zerstörungen und Plünderungen hatten, ist heute umstritten. Archäologische Spuren fanden sich nicht. Die Dombibliothek besitzt noch einen reichen Bestand an Codices aus den Jahren vor dem Normannensturm, und das Wichtigste, die Heiligen des Heiligen Köln, ihre Reliquien blieben unangetastet.

Im Laufe der Teilungen des Karolingerreiches zwischen den Söhnen Ludwigs des Frommen gehörte Köln nach dem Vertrag von Verdun 843 zum Lotharingischen Mittelreich Kaiser Lothars I. Der Nordteil dieses Reiches mit Köln und mit dem Tradition bewahrenden Lieblingssitz Karls des Großen in Aachen gelangt 870 im Vertrag von Meerssen und erneut im Vertrag von Ribemont 880 an das Ostreich unter die Herrschaft Ludwigs des Deutschen und seines gleichnamigen Sohnes. Zwar gelingt es Karl III. dem Dicken noch einmal 885–87, das Reich zu einen, aber der Zerfall in kleinere Herrschaftsgebiete, die sich nun auch sprachlich voneinander lösen, ist nicht mehr aufzuhalten. König Heinrich I. (919–36), dem ersten Herrscher der neuen sächsischen Dynastie, gelingt es 925, den Norden des Lotharingischen Reichsteils, der nun vorerst als Lotharingen bezeichnet wird – mit Köln –, für das deutsche Reich zu sichern. Das Heilige Römische Reich Deutscher Nation beginnt Gestalt anzunehmen, in dem Köln bald zur größten und reichsten Stadt nördlich der Alpen aufsteigt. Hier stellen die Raubzüge der Ungarn, vor denen 923 die Damen des Stiftes Gerresheim, nahe dem späteren Düsseldorf, nach Köln fliehen, keine Bedrohung mehr dar. Längst hat man die römischen Mauern wieder gesichert und instand gesetzt, um die Metropole zu schützen.

Eine erste Stadterweiterung läßt uns das Wachstum Kölns erkennen. Um 950 wird die römische Stadtmauer im Nordosten und im Südosten zum Rhein hinunter verlängert. Die Siedlung der Kaufleute, mehr an Ufernähe als an hochwassersicherer Lage interessiert, hat längst den Bereich von Alter Markt und Heumarkt in Beschlag gelegt. Das Siedlungsschwergewicht hat sich in den Bereich östlich der Hohe Straße ins Spannungsfeld zwischen Dom, Hafen, Markt und St. Maria im Kapitol verschoben. Die Grundstücksabgaben in der Altstadt, die so über den versandeten und zugeschütteten römischen Hafen hinweg das Rheinufer erreicht, stehen dem Erzbischof zu. In der Mitte der alten Rheininsel, inmitten der kaufmännischen Aktivitäten, wächst das wohl noch in merowingischer Zeit gegründete Kloster Groß St. Martin heran, das anfangs noch die Mauern und Pfeilersockel der römischen Lagerhalle für seine Zwecke nutzt.

Aus dem Umkreis des Erzbischofs, aus seiner familia, aus ihm dienenden Kaufleuten und zugewanderten Fremden wachsen die Bewohner dieser Häuser zu reichen Handelsherren heran. Ein langsamer Prozeß. Aber Generation für Generation verändert sich das Bild. Im Dienst, im Auftrag des Erzbischofs haben sie ihre Handelsfahrten begonnen. Die Versorgung seiner Umgebung, seines Hofes stand im Vordergrund. Aber mit zunehmender Sicherheit des Alltags, mit der Verbesserung des Ackerbaus wächst die landwirtschaftliche Produktion, wächst der Überschuß und damit das Vermögen, das in Handel investiert und im Handel vermehrt werden kann. Nachdem man während langer Jahrhunderte seit dem Ende des Römischen Reiches bald nur noch Luxusgüter wie Seide, Wein und Gewürze, Edelsteine oder Elfenbein importierte und transportierte – Sklaven, Bernstein, Pelzwaren und das wenige Gold, das man noch besaß, waren die Gegengabe –, blüht nun dazu der Austausch von Produkten der Handwerker und der Landwirtschaft auf. Wollstoffe und Leinen, Färbemittel und Schmiedeerzeugnisse, Zinn, Bronze oder rheinische Keramik treten neben die Luxuswaren, deren Umsatz nicht nachläßt.

Noch immer aber bestimmen die Erzbischöfe das Bild und die Geschicke der Stadt. Mitte des 10. Jahrhunderts besetzt einer der mächtigsten Männer des Reiches diese Position. Erzbischof Bruno (953–65) erhält als Bruder Kaiser Ottos des Großen zugleich die Herzogsgewalt über Lothringen – den Nordteil des einstigen Lotharingischen Mittelreichs. Während seiner kurzen Herrschaft greift er mehrfach entscheidend in die Geschicke des Reiches ein, unterstützt seinen Bruder, vertritt ihn während dessen Abwesenheit in Italien. Als archidux, als Erzherzog, übt er konsequent weltliche Macht aus, als Erzbischof fordert und fördert er Gerechtigkeit, Reform und auch selbst mit Eifer gepflegte Gelehrsamkeit. Trotz allen Widerspruchs und Widerstands, den seine Tätigkeit, wie sein Biograph Ruotger berichtet, immer wieder hervorruft, gelangt er mühelos in den Stand der Heiligkeit, wird er der bedeutendste der bisher acht Heiligen auf dem Kölner Bischofsthron.

Die Heiligkeit des Heiligen Köln mehrt er aber nicht nur durch seine eigene Person. Aus Metz erwirbt er den Stab und die Ketten Petri. Die Legende macht aus diesem Unterpfand apostolischer Gegenwart und apostolischer Sukzession, aus hölzernem Unterteil und gedrechseltem Elfenbeinknauf, den Stab, mit dem einst im Auftrage Petri an das Grab seines voreilig im Elsaß verstorbenen Schülers Maternus geklopft wurde – der daraufhin wieder auferstand und seinen langjährigen Dienst als Bischof von Tongeren, Trier und Köln antrat. Noch in der Schreinsprozession zur Hundertjahrfeier der Vollendung des Domes im Jahre 1980 wurden allen Heiligen in ihren Schreinen voran Stab und Kette Petri mitgeführt.

Allerdings ist der Stab inzwischen etwas kürzer als zur Zeit Brunos. Noch vor dem Ende des 10. Jahrhunderts hat sich der Trierer Erzbischof Egbert ein großes Stück des hölzernen Unterteils des Stabs gesichert. Dies kann man mit seiner kostbaren Hülle heute im Limburger Domschatz besichtigen. In Köln blieben der Elfenbeinknauf und die (untere) Hälfte des hölzernen Unterteils. Nach Trierer Meinung hatte man damit einen Verlust des einst nach

Metz vor den Hunnen geretteten Stabes zumindest teilweise wieder gutgemacht, schließlich war Maternus ja auch Trierer Erzbischof gewesen. Ein kleineres Stück des Stabes sicherte sich endlich Mitte des 14. Jahrhunderts Kaiser Karl IV. für das Erzbistum Prag, für den Stab des heiligen Adalbert.

Auch darüber hinaus hat Bruno die Zahl der Heiligen des Heiligen Köln eifrig gemehrt. Für den Dom bringt er den heiligen Gregor von Spoleto, für Groß St. Martin den heiligen Eliphius, sein Amtsvorgänger Eberigisil, angeblich in Termogne begraben, gelangt nach St. Cäcilien, und die Reliquien des heiligen Pantaleon für seine Klostergründung erwirbt er aus Rom.

Schon als er 954 im kleinen Kirchlein St. Pantaleon vor den römischen Mauern der Stadt und nicht im Dom das aus Rom überbrachte Pallium entgegennimmt, zeichnet sich sein Interesse ab. Hier läßt Bruno in den nächsten Jahren ein Benediktinerkloster errichten, in das zwei Jahre vor seinem Tode 963 mit Christian aus dem Reformkloster St. Maximin in Trier der erste Abt einziehen kann. Der stolze, erst nach Brunos Tode erweiterte und vollendete Kirchenbau gehört zu den ottonischen Anfängen mittelalterlicher Architektur.

Mit den Aktivitäten Erzbischof Brunos wird für uns zugleich die erzbischöfliche Stadtplanung sichtbar, die bis heute die Stadtgestalt bestimmt. Bruno läßt nicht nur an seiner Klostergründung bauen. Er reorganisiert die Geistlichkeit seiner Bischofsstadt, nicht ohne Widerspruch hervorzurufen, und verwandelt Köln in eine Baustelle. Die Kanoniker des Damenstifts St. Maria im Kapitol werden an St. Andreas versetzt, das damit Herrenstift wird, und in St. Maria im Kapitol werden Benediktinerinnen eingesetzt. Ein Vorgang, mit dem Bruno, wie sein Biograph Ruotger berichtet, »keine geringen Bedenken hinterlassen« hat. Groß St. Martin, das die Gebeine des hl. Eliphius erhält, wird von iroschottischen Mönchen genutzt. Gebaut wird dort, wird am Dom, der mit zwei zusätzlichen Seitenschif-

Groß St. Martin, Nachzeichnung einer Miniatur des frühen 12. Jh.

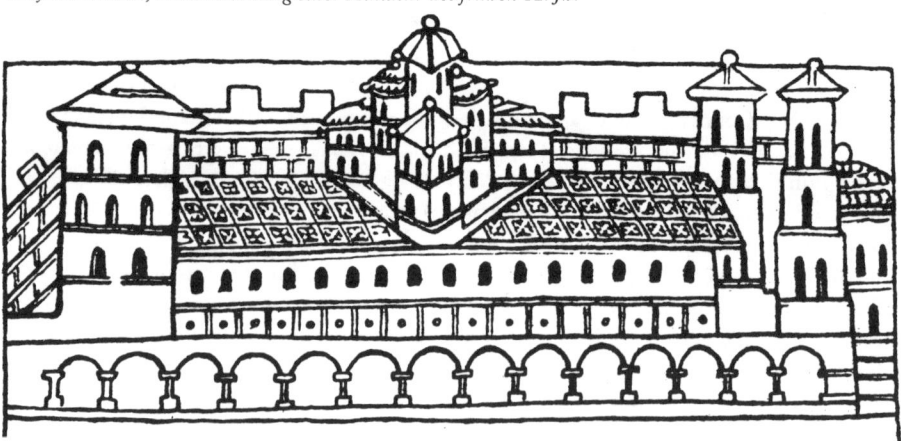

fen auf römische Form gebracht wird, gebaut wird an St. Maria im Kapitol, an St. Andreas, an St. Cäcilien und natürlich an St. Pantaleon.

Damit wird eine Stadtplanung erkennbar, die wir z. B. auch in Hildesheim, Lüttich oder Konstanz in dieser Epoche beobachten können. Es entsteht sowohl ein Kranz von Kirchen, der die Stadt außerhalb der römischen Mauer umgibt, als auch ein Kreuz, das die Verbindungslinien zwischen den Kirchen über die Stadt legt. Von St. Severin im Süden über St. Pantaleon – auf St. Aposteln kommen wir noch zurück –, dann St. Gereon, St. Ursula zu St. Kunibert im Norden am Rhein formiert sich der Kirchenkranz. Wer sich von außen Köln näherte, dem wurde vieltürmig ein Bild des Himmlischen Jerusalem präsentiert, das nach dem Jüngsten Gericht sich auf eine neue Erde herabsenken wird. Die passenden Einwohner, Mönche oder Nonnen, leben bereits dort.

Eine zweite theologische Befestigungslinie folgt der zu Brunos Zeit und noch lange danach entscheidenden Stadtgrenze der römischen Stadtmauer: St. Maria im Kapitol, St. Cäcilien, St. Aposteln, St. Andreas, der Dom St. Peter und wiederum Groß St. Martin.

Das Kreuz folgt. Bruno regt es an, bereitet es für seine Nachfolger vor. Geht es auf seinen, so zu verstehenden Wunsch zurück, daß er, der 965 nur noch als Toter aus Reims nach Köln zurückkehrt, zuerst im kleinen, damit erstmals erwähnten Kirchlein St. Aposteln aufgebahrt wird? Eine klare Linie zieht sich quer zur Nord-Süd-Achse zwischen St. Severin und St. Kunibert hier von West nach Ost zu Groß St. Martin. Erzbischof Heribert greift die verlängerte Kreuzeslinie über den Rhein hinweg auf mit seiner Gründung eines Benediktinerklosters um die Jahrtausendwende inmitten des römischen Kastells in Deutz. Die Überlegung, St. Aposteln zum Stift zu erheben, wird bereits ihm zugeschrieben. Erst sein Nachfolger Pilgrim (1021–36) verwirklicht den Gedanken und läßt sich als Stifter prunkvoll im Westbau der neuen Kirche beisetzen.

Erzbischof Anno II. (1056–75) schließlich, der gerne ähnlich theologisch plant, gibt St. Andreas am Nordende der Hohe Straße, vor der römischen Mauer, ein entsprechendes Gegengewicht mit dem Stift St. Georg an der Verlängerung der Hohe Straße nach Süden, füllt noch eine Lücke im Stadtplan. Er greift auch einen anderen Gedanken Brunos auf. St. Peter in Rom stand als Vorbild hinter der neuen Fünfschiffigkeit des Domes St. Peter, hinter den Ringkrypten in den Chören des Domes nach ebenso römischem Vorbild. Annos zweite Kölner Gründung, das Stift St. Maria ad Gradus, wiederholt den Titel einer römischen Kirche, der auch in Mainz aufgegriffen wird. Und lange glaubte man, daß St. Maria im Kapitol nur dem römischen Vorbild seinen klangvollen Namen zu verdanken hätte – Köln als Rom des Nordens. Hier gilt im Kleinen, wovon im Großen die Kaiser bei der Erneuerung des römischen Weltreiches träumten.

Bis jetzt haben wir nur von den Bischöfen gesprochen, von den Herren der Stadt. Das sind sie allerdings auch nur Schritt für Schritt geworden. Ursprünglich, in fränkischer und auch in karolingischer Zeit, war der König, der Kaiser Herr der Stadt. Der Wandel beginnt damit, daß durch Stiftungen und Schenkungen immer mehr Grund und Boden in geistlichen Besitz gelangt. Bereits das verstärkt den Einfluß des Erzbischofs, und mit immer mehr Händlern und Handwerkern in der Stadt wächst auch sein Einkommen aus Abgaben und Zöllen.

Erzbischof Anno II., Miniatur
aus der Vita Annonis, Siegburg, um 1183

Unauffällig schildern die Münzen eine andere Seite der Geschichte von Herrschaft. Fränkische Könige prägten in Köln, prägten Gold, wenn auch selten. Karl der Große prägte in Köln, in Silber, Zeichen einer neuen Zeit der Wirtschaft. Ein einziger Denar ist erhalten, der dies belegt. Danach wächst der Umsatz, wächst der Umschlag an Münzen, immer mehr davon sind für die nächsten Jahrhunderte erhalten. Beim Schlagen der Münzen und beim pflichtgemäßen Umtausch alter gegen neue Prägungen erhält nicht nur der Münzmeister, sondern vor allem der Münzherr einen beachtlichen Gewinn. Erzbischof Bruno war der erste, der auch im eigenen Namen prägte, als Bruder des Königs. Erst zu Beginn des 11. Jahrhunderts gelangt das Münzrecht in den Besitz der Erzbischöfe. Solche Rechte, die regelmäßige Einkünfte bedeuten, sind beliebte Wahlgeschenke und Wahlversprechen zukünftiger Könige. Das gilt auch für Zölle und Marktrechte.

Die aufblühende Wirtschaft bringt Reichtum, aber nicht nur für die Fürsten. Den dienstbaren Händlern gelingt es, einen Teil der Gewinne in eigenes Vermögen zu verwandeln. Und schon dies wenige ist für die Landbevölkerung und die Mönche mancher Klöster, die diesen Vorgang aus der Ferne aus fast gleichbleibenden Verhältnissen beobachten, ein unglaublicher Vorgang.

In den reichen Familien Kölns wächst ein Drang zu Unabhängigkeit. Über lange Jahrzehnte wird von dieser Entwicklung nichts notiert. Keiner der berichtenden Geistlichen hält die zuarbeitenden Handwerker, selbst wenn es Goldschmiede oder große Künstler sind, hält die Kaufleute, selbst wenn sie Vermögen ansammeln, mit denen sie Zölle pachten können, für erwähnenswert. In der Gesellschaftsordnung von Bauern, Priestern und Adel hat das Bürgertum lange keine Berücksichtigung gefunden. Die Verhältnisse waren auch nicht danach. Ein paar Prozent der Bevölkerung lebte überhaupt in Städten, ein paar Prozent davon wieder konnte man als reich bezeichnen. (Anders heute. Da sind es nur noch ein paar Prozent der Bevölkerung, die überhaupt Landwirtschaft betreiben.) Das Geld, das bare Geld, das in ihren Händen zusammenfloß, im Gegensatz zu den spärlichen Einkünften aus immobilem Besitz, aber war faszinierend. Es bot auch Möglichkeiten für erfolgreichen politischen Einsatz, wurde den Fürsten, den Königen geliehen. Diese neue Situation bringt seit der Mitte des 11. Jahrhunderts auch ein neues bürgerliches Selbstbewußtsein.

Dessen erste Äußerungen stoßen auf Unverständnis, Mißtrauen und Unterdrückung, so wie ringsum in Europa auch in Köln. Das gilt für den einzelnen Bürger ebenso wie für die Gemeinschaft der Bürger der Städte, die oft genug als coniuratio, als Verschwörung bezeichnet wird. Es ist die berühmte Stadtluft, die den einzelnen von der Zugehörigkeit zu einem Herrn befreit, und es sind die Gemeinschaften der reichen Bürger, die geradezu epidemisch zu dieser Zeit vom Freiheitsdurst befallen werden. Am Hofe Erzbischof Annos löst sich einer seiner reichsten Diener aus seiner familia, aus seiner Verfügungsgewalt. Wir erfahren nicht, wie der Vorgang ablief, spüren aber die tiefe persönliche Enttäuschung Annos. Ihm fehlt jedes Verständnis für die Bedürfnisse und Vorstellungen, die zu diesem schmerzlich empfundenen Bruch führen.

Ähnlich abrupt und unerwartet, wohl für alle Beteiligten, bricht im Jahre 1074 in der Stadt ein Aufruhr gegen die gewohnte Herrschaft des Erzbischofs los. Diener Annos hatten nach altem Brauch das Schiff eines Kaufmanns für einen Gast ihres Herrn requiriert. Der Sohn des Kaufmanns empört sich, ein Tumult bricht aus, Anno wird im Palast belagert, entkommt durch ein jüngst geöffnetes Loch in der römischen Mauer. Das historisch bedeutsame Loch ist in der Tiefgarage am Dom zu besichtigen.

Der Rest der Geschichte ist rasch erzählt. Den Reichen gelingt es nicht, den Aufruhr zu organisieren. Der Kontakt zum König als Gegenspieler des Bischofs kommt nicht zustande. Anno sammelt ein Heer, vom Land, das der Stadt nun gerne einmal zeigt, wo es lang geht. Einige der Reichen fliehen rechtzeitig aus der Stadt, andere werden bestraft, Rädelsführer werden geblendet, es wird geplündert, und im Jahr darauf verzeiht Anno allen. Oberflächlich ist der Friede wiederhergestellt. Aber nur oberflächlich. Erstmals mußte der geistliche Berichterstatter, in diesem Fall Lampert von Hersfeld, von Bürgern Notiz nehmen. Bisher galten Bürger als Publikum, höchstens als Statisten, denen die Großmut und die Almosen des Adels, der auch die Sprechrollen der Geistlichkeit besetzte, zugute kam. Die Bewohner des Landes und der Städte stellten bisher die Armen, Kranken und Hilfsbedürftigen für die Bühne der Geschichte. Und nun lassen sich die neuen Ansprüche, einmal formuliert, nicht mehr aus der Welt schaffen. Der viel ältere, unausrottbare Traum der Gleichheit aller hat einen neuen Ausdruck gefunden. Von nun an ist auch in den immer noch von Geistlichen geschriebenen Quellen von Bürgern die Rede.

Aus dem gescheiterten Aufstand des Jahres 1074 haben sie rasch gelernt. Wer sich damals in jugendlichem Übermut gegen Anno empört hatte, gehörte vielleicht im Jahr 1106 zu denen, die die Stadt auf die Seite Kaiser Heinrichs IV. führten. Sein Sohn, König Heinrich V., hatte den Kaiser zur Abdankung gezwungen, hatte den Kölner Erzbischof Friedrich I. (1100–31) als Verbündeten gewonnen, verlor aber eine Schlacht gegen den Vater. Freudig empfingen die Kölner Bürger den Kaiser, nutzten die Gelegenheit, nun endlich sich dem Herrscher anzuschließen, der 1074 nicht rasch genug handeln konnte, um der Empörung zum Erfolg zu verhelfen. Der Schritt bringt den Patriziern Verantwortung, Aufgaben und hohe Kosten. Im Auftrage des Kaisers werden jetzt die Vororte an den Römerstraßen nach Süden (Airsbach), noch Norden (Niederich) und nach Westen mit Wall und Graben gesichert. Das wirkt noch heute in Straßenbild und Straßennamen der Innenstadt nach. Wir erfahren nichts darüber, wie und von wem diese Großbaustelle organisiert und finanziert wurde. Als aber am 7. August Heinrich IV. in Lüttich stirbt, unterwerfen sich die Kölner Heinrich V., zahlen 5000 Mark Buße, mehr als eine Tonne Silber – behalten aber ihre Befestigung. Einen Monat lang hatte Heinrich V. zuvor erfolglos Köln belagert.

Erzbischof Friedrich I. wird mit den neuen Verhältnissen in seiner Stadt nicht sofort glücklich gewesen sein. Aber seine Stadt, eben noch Gegner, wird 1114 treue Verbündete in der Fürstenverschwörung nun gegen Heinrich V. Das klassische Dreiecksverhältnis, das sich bereits 1074 abzeichnete, Stadt, Herrscher und Erzbischof, ist nun voll ausgebildet und bleibt bis zum Ende von Reich, Reichsstadt und Erzbistum wirksam. Die Bürger nutzen die Möglichkeiten dieser Konstellation immer wieder für ihre Vorteile. Diesmal scheint ein rundes Stück Messing von 11,2 cm Durchmesser der Lohn gewesen zu sein. Die Kölner führen seit dieser Zeit nämlich als erste Stadt, als erste Gemeinde im Deutschen Reich ein Siegel, natürlich gleich größer als das des Erzbischofs oder des Königs.

Bei all diesen städtischen Aktivitäten hat sich langsam ein Führungskreis herausgebildet, die Ersten der Stadt, die ›primores‹ des Jahres 1074, die ein Jahrhundert später als Richerzeche organisiert, als Patriziat in Erscheinung treten. Bisher hatte es als auszeichnendes Amt nur die Tätigkeit als Schöffe im Hochgericht des Erzbischofs gegeben. Die Zahl der Honoratioren, die hier tätig werden konnte, war beschränkt. Es gab mehr ›Bürger‹, Männer von Reichtum und Ansehen, die bei den Entscheidungen über die Geschicke der Stadt mitsprachen, Gemeinde bildeten. Sie sammeln sich nun in der Richerzeche, der Zechgemeinschaft der Reichen, an deren Spitze zwei ›Bürgermeister‹ wie die Brudermeister stehen, die man in anderen Bruderschaften findet. Um 1130 besitzt man bereits ein Clubhaus, domus civitum oder divitum, Haus der Bürger oder der Reichen, das älteste und erste Rathaus auf deutschem Boden.

Die Selbstverwaltung greift aus. Aus der Selbstorganisation der Bürger erwächst das Grundbuch. Erfunden wird es als Schreinskarte, später als Schreinsbuch, den knappen schriftlichen Eintragungen auf Pergamentblättern, auf der im Schrein, in der Kiste verwahrten carta. Die mündlich überlieferte Erinnerung von Zeugen beim raschen Umschlag von Grundstücken und Häusern unter den Handelsherren reichte einfach nicht mehr aus. Noch anderes war den Handelsherren wichtig. Die Qualität der Waren, die man seiner Kundschaft liefern wollte, mußte, um den Absatz zu sichern, gleichmäßig und hoch sein. Sonst blieb die Kundschaft weg. Die 1149 gegründete Zunft der Bettziechenweber ist ein Beispiel dafür. Die

Groß St. Martin, Ansicht von Nordwesten, J. A. H. Oedenthal, lavierte Federzeichnung, 1843

Urkunde trägt das erste erhaltene Stadtsiegel. Die Handelsherren ordneten einen auf Bett-tücher spezialisierten Gewerbezweig und hatten damit das Handwerk unter obrigkeitliche Aufsicht genommen. Nur mit so funktionaler Aufgabenteilung und gleichmäßiger Qualität konnte man Märkte erobern und halten. ›Kölner‹ Waren, von denen es im Laufe der Jahrhunderte mehr als 200 gab, verdankten ihren Ruf ihrer Qualität. Das galt für die Waffen ebenso wie für die teuren Textilien, deren Handel das vornehmste Gewerbe der Patrizier war. Wolle dafür holte man aus England, dorthin brachte man bereits seit Jahrzehnten Wein vom Mittelrhein und aus Frankreich. 1157 wird erstmals die von Kölner Kaufleuten begründete Guildhall in London erwähnt. Sie wird zum Mittelpunkt des Kölner Englandhandels, zum Ansatzpunkt der Hanse der Kaufleute aus dem deutschen Reich. Hier wird städtische Wirtschaft in den kommenden Jahrhunderten zur politischen Kraft auch im überregionalen Bereich.

Vor der wachsenden Stärke des Bürgertums weichen die Bischöfe nicht zurück. Ihre Stadt, deren Herr sie sind, ist ihnen ebenso oft Bündnispartner wie Widerpart. Die Einkünfte aus der Stadt, aus den Zolleinkünften, die mit dem wachsenden Handel Kölns angenehm steigende Erträge bringen, sind den Erzbischöfen eine wichtige Grundlage ihrer politischen Stellung. Genauere Zahlen kennen wir erst aus dem 13. Jahrhundert. Das jährliche Einkommen des Kölner Erzbischofs schätzt man dann auf 50000 Mark (zu 238 g Silber!) gegenüber 7000 Mark des Mainzer Erzbischofs oder 5000 Mark für den Trierer. Und etwa 12 Tonnen Silber im Jahr geben den Absichten und Plänen des jeweiligen Kölner Erzbischofs ein beachtliches Gewicht.

Aber auch der Reichtum der Kölner Bürger kann sich daneben sehen lassen. Um 1140 kann es sich der reiche Hermann vom Neumarkt leisten, ein Kloster zu gründen und dafür die Kirche St. Mauritius bauen zu lassen. Das Kloster war für die Töchter der reichen Kölner Familien bestimmt, die Kirche aber wurde nach Auseinandersetzungen mit dem Abt von St. Pantaleon, auf dessen Gebiet das Kloster stand, auch als Pfarrkirche genutzt. Hermann und andere Kölner Patrizier sind vermögend genug, die Zölle des Erzbischofs zu pachten. Dabei werden die jährlichen Einkünfte im voraus an den Erzbischof abgeführt, und der Pächter darf versuchen, wohl meist erfolgreich, auf mehr als seine Kosten zu kommen. So können es sich die reichen Kölner Familien leisten, als Stifter für die Kirchen der Klöster und Stifte der Stadt aufzutreten.

Das große Jahrhundert der Kölner Kirchenbaukunst beginnt. Aber es sind nicht nur Kirchenbauten, die die Stadt prägen. Zumindest achtzig aufwendige Bürgerhäuser entstehen zur gleichen Zeit, in Stein statt des sonst üblichen Fachwerks. Und neben den Stiften und Klöstern wird ja auch an mehr als einem Dutzend Pfarrkirchen gebaut. Nur die bescheidenen Ausmaße und die reichen Wandmalereien von St. Maria Lyskirchen legen von dieser Seite des Aufschwungs Zeugnis ab, wie allein das Overstolzenhaus vom verlorenen Glanz der Patriziersitze. Und im Bauvolumen wird alles von der großen Stadtmauer, mit ihren fast 8 km Länge von Rheinufer zu Rheinufer die größte Festung Europas nördlich der Alpen, übertroffen. 1179 beginnt man ohne kaiserlichen Auftrag, wie er 1106 vorlag, und ohne Genehmigung des Erzbischofs den weiten Halbkreis zu schlagen. Nun erst werden die reichen Stifte St. Severin und St. Gereon und das Kloster St. Pantaleon von der Stadtbefestigung erfaßt. Der Unmut über die Eigenmächtigkeit der Bürger wird bei Kaiser und Erzbischof mit finanziellen Trostpflastern besänftigt. Die Bauarbeiten ziehen sich noch bis ins 14. Jahrhundert hinein – eigentlich hören sie nie auf. Modernisierungen und Verstärkungen lassen die Bauarbeiten bis ins 18. Jahrhundert kaum zum Erliegen kommen.

Dabei scheuten die Bürger beim Mauerbau auch vor Ausgaben nicht zurück, die uns heute als unzumutbar erscheinen würden. Es werden mehr Tore gebaut, als für den Verkehr erforderlich. Zwei, drei Generationen später werden sie sogar zugemauert, wohl um die Bewachungskosten zu senken. Aber erst einmal werden zwölf Tore gebaut, damit – wie im gleichzeitigen Barbarossaleuchter im Aachener Münster – mit dem Halbrund der Stadtmauer und ihren zwölf Toren das Himmlische Jerusalem erneut in Erscheinung tritt. Auf diesen Aspekt des Heiligen Köln wollten auch die Patrizier, die großen Fernhandelskaufleute, nicht verzichten.

Eine einmalige Steigerung des Ruhms des Heiligen Köln war noch 1164 Erzbischof Rainald von Dassel gelungen. Nun endlich besaß der Dom, die Kirche des Erzbischofs und des Kapitels, Reliquien, die ihn im Ansehen der Pilger im Rang vor die Märtyrerkirchen der Stadt treten ließ. Wir sprechen vom Einzug der Heiligen Drei Könige in Köln. Ihre Gebeine hatte man wenige Jahre zuvor in Mailand entdeckt. Die Legende berichtete, daß die hl. Helena, Mutter Kaiser Konstantins des Großen, ihre Reliquien gesammelt hätte. Rainald von Dassel, Kanzler Kaiser Friedrich Barbarossas für Italien, bat sich diesen kostbaren Besitz der Stadt Mailand als Geschenk aus, als die widerspenstige Stadt 1162 erobert wurde. In triumphalem Zug den Rhein hinunter wurde der Schatz nach Köln übertragen. Ringsum in Europa horchten die Chronisten auf. Die ersten Zeugen der Menschwerdung Gottes, die ersten Könige, die Christus huldigten, waren nun in Köln zu sehen, zu verehren. Es setzte ein Pilgerstrom ein, der Köln zeitweise neben Rom, Jerusalem und Santiago de Compostela stellte.

Das Selbstbewußtsein der Kölner empfand das als angemessen. Das Selbstgefühl der Kölner Erzbischöfe stand dem nicht nach. Ihrem Wirken hatte ihre Stadt Köln Größe, Ansehen und Reichtum zu danken. Aber Herrschaftsanspruch der Erzbischöfe und Anspruch der Bürger, ihre Angelegenheiten selbst zu regeln, waren immer schwerer miteinander zu vereinbaren. Das Jahrhundert zwischen Mauerbau und der Schlacht bei Worringen am 5. Juni 1288 ist erfüllt von diesen Spannungen.

Das altgewohnte Dreiecksverhältnis Kaiser, Erzbischof und Bürger, in dem die Kölner geübt und geschickt seit 1074 sich manchen Vorteil und manches Recht gesichert hatten, wird im staufisch-welfischen Thronstreit um eine Person erweitert. Nach dem vorzeitigen Tod Kaiser Heinrichs VI. im Jahre 1197 ringen Philipp von Schwaben und der Welfe Otto IV. um die Krone. Gemeinsam mit Erzbischof Adolf von Altena (1193–1216) wird in Köln Otto IV. als Gegenkönig erhoben. Als vierter König begegnet er uns noch heute auf der Frontseite des Dreikönigenschreins. Er reiht sich mit seiner großzügigen Gabe aus der Beute des vierten Kreuzzuges für den Schrein in die Reihe der Könige ein, die Christus huldigen und von ihm, Dei gratia, von Gottes Gnaden im Amte bestätigt werden. Die

Köln von Westen, Ansicht aus der Koelhoffschen Chronik, 1499

Kölner Bürger sicherten bei dieser Aktion ihren Englandhandel, stand doch der englische König hinter dem Welfen. Adolf dagegen wechselt bald die Front. Vergeblich belagert Philipp mehrfach Köln. Die Festung hält, erweist sich als uneinnehmbar. Doch schließlich, als alle Otto verlassen, schließt auch Köln sich Philipp an. An den Mauern, deren Stärke

Philipp kennengelernt hatte, darf weiter gebaut werden. Ein Zollprivileg des Königs 1207 und ein Treueid der Bürger beenden die Auseinandersetzung, erfolgreich und ertragreich für die Bürger, deren Eigenständigkeit anerkannt wird. Zwar gelingt es Erzbischof Engelbert I. von Berg (1216–25), den Herrschaftsrechten des Erzbischofs noch einmal Geltung zu verschaffen, aber nach seiner Ermordung verbrennen die Kölner seine für sie ungünstigen Urkunden. Und der Nachfolger Heinrich von Müllenark (1225–38) bestätigt den Bürgern »alle ihre Rechte und Freiheiten sowie ihre guten Gewohnheiten«, wie sie sie vor Engelberts Eingriffen besaßen.

Sein Nachfolger wiederum macht sich die innerstädtischen Spannungen zunutze. Die Auseinandersetzungen brechen auf, als mit dem Ende der Staufer »die schreckliche, die kaiserlose Zeit« beginnt. Erzbischof Konrad von Hochstaden prägt 1252 gegen alle Gewohnheit neues Geld, um mit dem Münzgewinn seine Kassen zu füllen. Der später heiliggesprochene Albertus Magnus (um 1193–1280) ist einer der beiden Schiedsrichter, die den daraus erwachsenden Streit zwischen Bürgern und Erzbischof mit dem ›Kleinen Schied‹ schlichten. Wenige Jahre später brechen die Zwistigkeiten erneut aus. Klage und Antwort der Schiedsrichter, unter denen wieder Albertus Magnus ist, gehen auf keine Kuhhaut. Der ›Große Schied‹ des Jahres 1258 ist mannshoch, aus zwei Pergamenten zusammengesetzt, 177 cm × 44 cm. Alles wird im Detail geregelt. Die Bürger sichern ihre gewohnten Rechte, dem Erzbischof bleibt sein Anspruch, Stadtherr zu sein.

Die Urkunde war für Konrad von Hochstaden das Papier bzw. das Pergament nicht wert, auf dem sie geschrieben stand. In einem Staatsstreich von oben beseitigt er die Vormacht der Patrizier in der Stadt. Als Schöffen des Hochgerichtes, die auch darüber hinaus die wichtigsten städtischen Entscheidungen berieten, setzte er mit einer Ausnahme neue, ihm ergebene Männer ein, die nicht aus den patrizischen Geschlechtern kamen. Der nur noch mit Gewalt beherrschten Stadt verleiht Konrad im gleichen Jahr 1259 das Stapelrecht, das Handelsmonopol, das die Patrizier immer schon erstrebten. Kaum aber hatte sein Nachfolger Engel-

Konrad von Hochstaden, Detail der Grabplatte im Dom

bert II. von Falkenburg (1261–74) sein Amt angetreten, gelang es diesem streitlustigen Prälaten, auch die Zünfte gegen sich aufzubringen. Erzbischöfliche Mannschaften besetzten die Endpunkte der Stadtmauer am Rheinufer, den Riehler Turm im Norden und den Bayenturm im Süden der Stadt. Gemeinsam mit den zurückgekehrten Patriziern werden 1262 die Zwingburgen von den Bürgern gestürmt. Engelbert II. muß den ›Großen Schied‹ anerkennen.

Aber auch ihm gelingt es noch einmal, innerstädtische Zwietracht, diesmal unter den Patriziern selbst, zu nutzen. Die zu den ›Weisen‹ zusammengeschlossene Gruppe der Patrizier findet in ihrem Streit mit den von Matthias Overstolz geführten ›Freunden‹ Unterstützung am Hof des Erzbischofs – der selbst zu dieser Zeit als Gefangener des Grafen von Jülich auf Burg Nideggen einsitzt. In ›Der heiligen Mohren Nacht‹, der Nacht vom 14. auf den 15. Oktober 1268, dem Tag der in St. Gereon verehrten Märtyrer im Gefolge des heiligen Gregor Maurus, dringen Bewaffnete, darunter Graf Dietrich VII. von Kleve und Herzog Adolf V. von Limburg, durch ein Loch in der Stadtmauer in die Stadt ein – werden aber sofort, dank der Unterstützung der Heiligen des Heiligen Köln, zurückgeschlagen. Die perfide Tat des Schusters Havenit, der sein kostengünstig an die Mauer angebautes Haus verräterisch zur Vorbereitung des Durchbruchs genutzt hatte, blieb erfolglos und blieb für Jahrhunderte bis 1794 der einzige gelungene Versuch, feindlich in Köln einzudringen. Gut ein Jahrhundert später fügte man am Tatort ein Denkmal in die Stadtmauer ein. Außen, als Mahnung für jeden, der sich hier der Stadt zu nahen wagte, gut zu sehen: das früheste historische Denkmal auf deutschem Boden.

Mit Engelberts Nachfolger und ehemaligem Kampfgenossen, Siegfried von Westerburg (1274–97), beruhigen sich die Verhältnisse erst einmal. Das Interdikt, das im uneinsichtigen und widerspenstigen Köln das Spenden von Sakramenten, das Lesen der Messe untersagte, wurde aufgehoben. Ein ausgleichender Friede, der auf der Grundlage des ›Großen Schieds‹ die Ansprüche der Bürger sicherte, wurde als Vertrag zwischen gleichberechtigten Partnern geschlossen. Aber die Ruhe war trügerisch. Es scheint, daß sich Siegfried erst einmal eine stärkere Position verschaffen wollte, bevor er sich der Unterwerfung Kölns zuwandte. Neue Zölle sollten ihm Geld bringen, neue Verbündete zusätzliche Unterstützung. Und als der letzte Herzog von Limburg – heute teils Belgien, teils Niederlande, teils Bundesrepublik Deutschland – starb, sah der Erzbischof im aufbrechenden Erbstreit eine Chance mehr, seine Vorherrschaft am Niederrhein zu sichern.

Am 5. Juni 1288 setzten seine Gegner, geführt von Herzog Johann I. von Brabant, der sich selbst das Herzogtum Limburg sichern wollte, in der Schlacht bei Worringen den Träumen Siegfrieds ein jähes Ende. Gefangen auf Schloß Burg an der Wupper, dem Sitz der Grafen von Berg – übrigens nach den Rekonstruktionsarbeiten des 19. Jahrhunderts ein lohnendes Ausflugsziel –, mußte der Kölner Erzbischof schmähliche Friedensbedingungen unterzeichnen. Zuletzt auch gegenüber seiner Stadt Köln, die noch kurz vor der Schlacht nach langem

Die Schlacht bei Worringen 1288, Holzschnitt aus der Koelhoffschen Chronik, 1499 ▷

Zögern auf die Seite seiner Gegner getreten war. Und wenn auch bis zum Einmarsch der Franzosen im Jahre 1794 der jeweilige Erzbischof de jure höchster Gerichtsherr Kölns blieb und ein auf Dauer angelegter Prozeß zwischen Stadt und Erzbischof vor dem Reichskammergericht unglaubliche Schätze an Akten für das Stadtarchiv erarbeitete, Köln blieb für die Erzbischöfe verloren.

Damit war eine sich seit Generationen abzeichnende Entwicklung abgeschlossen, eine Grundbedingung für die kommenden Jahrhunderte Kölner Stadtgeschichte festgelegt. Köln wurde eine Stadt der Bürger, freie Reichsstadt, Freistadt sogar, die dem Kaiser zwar huldigte, aber wenig regelmäßige Abgaben zahlen mußte. Feierlich beurkundet wurden die Freiheiten der freien Reichsstadt erst 1475 von Kaiser Friedrich III. Darauf kommen wir noch einmal zurück.

Zuvor müssen wir noch einen Blick auf dieses Köln des 12. und 13. Jahrhunderts werfen, das es sich leistet, seinen Erzbischof vor die Tür zu setzen. Die Folgen hat Köln schließlich bis heute zu tragen. Die Konkurrenz Düsseldorf wurde noch 1288 gegründet, und Bonn wurde endlich die wichtigste Residenz der Erzbischöfe. Wäre nicht heute ein erzbischöflich gewordenes Köln viel größer? 5 Millionen Einwohner? 10 Millionen vielleicht? Landeshauptstadt? Bundeshauptstadt? Und wäre dann nicht auch manche Entwicklung in den Niederlanden, in Belgien, in Deutschland anders verlaufen, wenn der Tag bei Worringen ein anderes Ende genommen hätte? Die Kölner zumindest ziehen die bürgerliche der höfischen Entwicklung vor. Der Charakter, die Atmosphäre der Stadt ist mit Stolz nicht-hauptstädtisch – aber man fühlt sich trotzdem als Zentrum des Rheinlandes.

Dieses Gefühl war im Mittelalter noch ausgeprägter. Und das auch damals nicht nur aus wirtschaftlichen Gründen. Beispielhaft für viele andere ist uns Albertus Magnus bereits in seiner Rolle als Schiedsrichter in den Streitigkeiten zwischen Erzbischof und Stadt in seiner politischen Rolle begegnet. Unter den zahllosen Gelehrten, die Köln zu einem Zentrum von geistiger Brillanz machen, ist er der bedeutendste, heute Patron der Kölner Universität.

Mit den aufblühenden Niederlassungen der Bettelorden, mit den Dominikanern seit 1221 und den Franziskanern im Jahre darauf erhält das wissenschaftliche Leben in Köln bald eine neue Intensität, und das nicht nur bei theologischen Fragen. Für ihre Aufgabe der Erneuerung des Glaubens in der städtischen Gesellschaft ist den Bettelorden wissenschaftliche Ausbildung unentbehrlich. Und da man nicht alle jungen Mönche nach Paris senden kann, gründen die Orden in rascher Folge eigene Ordenshochschulen, Generalstudien nannte man sie. Albertus wurde 1248 Lektor des neugegründeten Generalstudiums der Dominikaner in Köln und wirkte dort mit Unterbrechungen bis zu seinem Tode im Jahre 1280 und ließ sich in der Sterbestunde ein letztes Mal in seinen Lehrstuhl setzen. Wenige Jahre nach dem der Dominikaner, im Jahre 1260, wird das Generalstudium der Franziskaner erwähnt, an dem 1306/07 Johannes Duns Scotus lehrt und dann sein Grab in der Kölner Minoritenkirche im Jahre 1308 findet. Ende des 13. Jahrhunderts folgen die Generalstudien der Karmeliter und der Augustiner-Eremiten. Ein vielversprechender Aufbruch.

Aber bleiben wir noch einen Moment bei Albertus Magnus, dem Lehrer des noch bedeutenderen Thomas von Aquin – wohl der berühmteste Student, den Köln je beherbergte. Die

Albertus Magnus (1193–1280),
Skulptur von Gerhard Marcks
auf dem Campus der Universität

Neugier des großen Gelehrten, dessen Aristoteles-Interpretation der Scholastik eine neue Weite des Horizontes gab, der endlich 1931 heiliggesprochen und zum Kirchenlehrer erhoben wurde, führte ihn in manchen Kölner Winkel, wo wir nicht mit der Anwesenheit des Heiligen rechnen würden. Die tiefen Baugruben für die Fundamente des 1248 begonnenen Domes waren ebensowenig sicher vor ihm wie die Verkaufstricks der Fischhändlerinnen auf dem Fischmarkt am Rheinufer vor dem Chorturm von Groß St. Martin. Mit Bewunderung sah er »wie man sehr tiefe Gruben ausgehoben hat. Auf ihrem Grunde fand man Fußböden von verwunderungswürdiger Gestalt und Schmuck, die offenbar von Menschen in alter Zeit gemacht wurden und nach der Zerstörung der Gebäude von Erde überdeckt wurden.« Nicht immer sind seine Vermutungen so treffend wie hier zur römischen Archäologie Kölns. So gibt Albertus zwar in einer Abhandlung zur Gesteinskunde eine gute Beschreibung des Ptolemäerkameos am Dreikönigenschrein, der dann lange nach seinem Raub im Jahre 1574 in den Sammlungen der Habsburger wieder auftauchte. Aber er glaubte ihn als wundersames Erzeugnis der Natur, nicht von Menschenhand gefertigt, ansehen zu müssen.

Dagegen hat er scharfen Auges einen Verkaufstrick der Kölner Fischhändlerinnen erkannt und überliefert. Sie legten die noch lange zuckenden Herzen frischer Fische auf die Ware von gestern und versuchten so, die verehrte Kundschaft zu düpieren. Hat er seinen Bruder Küchenmeister gewarnt? In einer Zeit, die viele Fastentage mit Fischspeisen kannte, wäre das angebracht gewesen. Wir aber erkennen in Albertus Magnus den Geist wissenschaftlicher Neugier, der der eigenen Erfahrung Autorität zuspricht, das Experiment sucht – selbst im Widerspruch zu den überlieferten Autoritäten –, die Grundstruktur der Entwicklung und des Aufstiegs der westlichen Zivilisation.

Albertus fand sein Grab im Chor der Dominikanerkirche. Das Kloster stand dort, wo sich heute die Hauptpost ausbreitet, und nur noch die Straßenbezeichnung ›An den Dominikanern‹ erinnert daran. Seine Gebeine ruhen wieder unter dominikanischer Obhut in St. Andreas, in einem römischen Sarkophag in der Krypta. Papst Johannes Paul II. suchte sie 1980 im 700. Todesjahr des Gelehrten auf, um dort zu beten.

Des Reiches freie Stadt – von Handelsherren und Handwerkern

Für mehr als ein halbes Jahrtausend, von der Schlacht bei Worringen am 5. Juni 1288 bis zum klugerweise widerstandslos erduldeten Einmarsch französischer Truppen am 6. Oktober 1794, waren die Bürger Kölns fast unangefochten Herr im eigenen Haus. Vorsichtig mußten sie trotzdem sein. Im eigenen Haus drohte ebenso Gefahr wie von den Erzbischöfen, die nie ihren Traum von der Residenz Köln vergaßen. Der Wunschtraum der Erzbischöfe war Alptraum der Bürger.

In einer Sage, die immer wieder erzählt wurde und oft als Gemälde, als Kupferstich oder als Relief an den öffentlichen Bauten Kölns erscheint, gaben sie ihrer Angst und ihrem Widerstandswillen Ausdruck. Als strahlender Held tritt Bürgermeister Hermann Grin auf –

Herakles im Kampf mit dem nemäischen Löwen, das Vorbild für Bürgermeister Hermann Grins Kampf mit dem Löwen, Römisch-Germanisches Museum

Bürgermeister Grins Löwenkampf und die Schlacht bei Worringen, Ölgemälde, zweite Hälfte 16. Jh.,
Kölnisches Stadtmuseum

ihn hat es zwar nicht gegeben, aber die Familie hatte Rang und Namen im hohen Mittelalter. Und sie führte drei gekrönte maulsperrende Löwenköpfe im Wappen.

Zwei Domherren, so hieß es, luden Bürgermeister Hermann Grin im Jahre 1262 (als die Kölner tatsächlich die erzbischöfliche Besatzung aus Bayenturm und Riehler Turm vertrieben) zum geselligen Frühstück ein. Die Einladung war unpräzise formuliert. Der wackere Held sollte vom ausgehungerten Löwen der Prälaten zum Frühstück verzehrt werden. Hermann Grin, unversehens mit dem brüllenden Löwen konfrontiert, nahm seinen wallenden gotischen Mantel, wand ihn um den linken Arm und stieß ihn in den dräuenden Rachen und sein Schwert mit der Rechten in den Leib des unglückseligen Tieres. Die beiden Domherren werden endlich allen zur Warnung an der Pfaffenpforte aufgeknüpft.

Die Pfaffenpforte war die umgebaute Durchfahrt des römischen Nordtores, für Jahrhunderte Zugang zur Domimmunität. Mit der erhaltenen Inschrift CCAA ist der römische Torbogen heute im Obergeschoß des Römisch-Germanischen Museums aufgestellt. Er stand ursprünglich etwa dort, wo heute das Verkehrsamt die Tradition der Kölner Öffentlichkeitsarbeit mit Erfolg fortsetzt, die Hermann Grin hier begann. Gegenüber dem Verkehrsamt erinnert noch die Fußgängerpforte auf der Domplattform an das römische Stadttor und seine mittelalterlichen Folgen (Abb. 5).

Zwei Generationen nach der Schlacht bei Worringen hat man die Story vom tapferen Hermann Grin erstmals niedergeschrieben, danach ist sie nicht mehr in Vergessenheit geraten. Hier fand das freiheitsbewußte Selbstgefühl der Bürger seinen sagenhaften Ausdruck. Man mußte auf der Hut bleiben.

45

Dabei hatte man in der Stadt selbst bereits genug Probleme. Sie hatten immer die gleiche Wurzel. Die vornehmen Familien der Patrizier waren nicht bereit, andere an der Herrschaft teilhaben zu lassen. Und das war wohlbegründet. Hatte doch, so erzählte man sich, bereits Kaiser Trajan fünfzehn edle Senatorenfamilien nach Köln entsandt, die dort die Stadt regieren sollten. Bis in diese ferne Antike führten die überstolzen Overstolz, die gestrengen Hardefust, die gierigen Gir, die undankbaren Kleingedank, die Aducht, die Lyskirchen, Birklin, Hirzlin, Jude und andere ihre Abkunft zurück. Früh im 13. Jahrhundert strebten die Familien nach dem Ritterschlag, wollten als adelsgleich angesehen werden. ›Der gute Gerhard‹, der mehr als edle Kaufmann, dessen christlicher Edelmut ein ganzes Königreich rettet, dessen Krone er dann verschmäht, um Kaufmann zu bleiben, umschreibt als Auftragsdichtung des Rudolf von Ems das Selbstgefühl dieser Handelsherren zu Beginn des 13. Jahrhunderts. Gab es auch eine größere Erfolgsstory als die der Kaufleute? Noch im 18. Jahrhundert hielt man in Köln begeistert an der so romantischen Abkunft aus antiker Vergangenheit fest, die so viel Sozialprestige brachte.

Längst waren aber inzwischen auch andere reich geworden und hatten Geschmack an politischer Betätigung gewonnen. Im weiten Rat, Auffangbecken für unzufriedene Neureiche und Feigenblatt für den engen Rat der Patrizier, in dem die eigentlichen Entscheidungen fielen, sammelte man erste Erfahrungen. Und die hohen Ämter hatte man bereits einmal unter Konrad von Hochstaden kosten dürfen, der die Patrizier mit Hilfe der unzufriedenen Kaufleute und Zünfte für kurze Zeit aus ihren Ämtern verdrängt hatte. Es gärte immer, Unruhe breitete sich aus. Aber für mehr als ein Jahrhundert nach Worringen, bis zur Revolution von 1396, hielten die Patrizier die Zügel in der Hand.

1364 stand man sich erstmals mit den Waffen in der Hand gegenüber, zum offenen Aufruhr der von den Webern geführten Zünfte und Kaufleute kam es dann im Frühjahr 1370. Ein Auflauf vor dem Rathaus setzte den Rat unter Druck. Die Richerzeche wurde aufgelöst, und im neuen weiten Rat, der am 2. Juli 1370 zusammentrat und die Kompetenzen des von Patriziern besetzten engen Rates erheblich beschränkte, waren zahlreiche Zünfte (die man in Köln als Ämter zu bezeichnen pflegte) vertreten.

Die Weber, die stärkste, reichste und führende Zunft, wurden übermütig. Es kam zum Kampf. In der für sie überraschenden blutigen Auseinandersetzung unterlagen die Weber. Viele verließen die Stadt. Noch einmal gelang es den Geschlechtern, ihre Herrschaft zu sichern. Aber nicht für lange Zeit.

Bald, seit 1391, teilten sich die Patrizier in zwei Parteien, die in heftiger Fehde miteinander stritten. Unter der Führung des stolzen Ritters Hilger Quattermart von der Stessen reformierten die ›Greifen‹ die Verfassung. Die Macht der Schöffen wurde eingeschränkt. Die Richerzeche verlor ihren Einfluß, selbst das Recht der Bürgermeisterwahl. Die Macht des weiten Rates wuchs. Der Unmut der ›Freunde‹ wuchs, und am 4. Januar 1396 stellte diese konservative Schöffenpartei die alten Verhältnisse wieder her. Ämter und Kaufleute sahen überrascht und abwartend zu. Aber als am 18. Juni des gleichen Jahres der hochmütige Führer der ›Freunde‹, Constantin von Lyskirchen, von Zunfthaus zu Zunfthaus ritt, um die wieder einmal aufgeregt tagenden Meister zu fragen, »ob sie nicht schlafen gehen wollten«, schuf sich die Empörung Raum. Bewaffnet trat man den Geschlechtern entgegen, die, überrascht und ungläubig, kaum Widerstand leisteten.

Am 24. Juni 1396 trat ein provisorischer Rat zusammen, und aus langen Beratungen erwuchs eine neue Verfassung, der Verbundbrief – in dem sich die Bürger miteinander verbündeten. Am 14. September trat er in Kraft und bestimmte von nun an für vier Jahrhunderte das politische Leben Kölns.

Wenn man die Verfassung des antiken Athens als demokratisch bezeichnet – und die alten Griechen taten das ja tatsächlich –, kann man auch den Verbundbrief als demokratisch bezeichnen. Tatsächlich hatte sich gegenüber der Patrizierherrschaft einiges geändert. Die Ämter, teils mehrere zusammen unter der Führung eines größeren Amtes, wurden als Gaffeln zusammengeschlossen, als politische Organisationen, wie sie die Kaufleute schon seit mehr als einer Generation für sich entwickelt hatten. 22 Gaffeln – nach der großen Fleischgabel für den Braten beim gemeinsamen Essen – wählten 36 Ratsherren. Viele Gaffeln wählten nur einen Ratsherrn, wenige zwei, und nur das Wollenamt, die immer noch einflußreichen Weber, wählte vier. Diese 36 wählten weitere 13 hinzu, kooptierten Honoratioren,

Ratssitzung im Rathausturm, darunter der Löwenkampf des Bürgermeisters Grin mit den Vorbildern, des Alten Testaments, Samson links und Daniel in der Löwengrube rechts, Kupferstich, 17. Jh.

die das unhöfliche Wählervolk vernachlässigt hatte. Alle 49 wählten die beiden Bürgermeister. Die Amtszeit betrug ein Jahr, und nach zwei Jahren durfte man wiedergewählt werden. Der Wechsel war fließend. Eine Hälfte des Rates wurde im Sommer, eine im Winter ausgewechselt. Soweit hört sich das alles gut an.

Aber Mißbrauch trat rasch auf. Natürlich konnte man als Ratsherr von mündigen Bürgern erwarten, daß man nach zweijähriger Pause wiedergewählt wurde. Sie hätten ja sonst zugegeben, sich beim ersten Mal getäuscht zu haben. Und wer gibt so etwas schon gerne zu? Und für den Rat selbst gilt das um so mehr bei der Wahl der Bürgermeister. Im Laufe der Jahrzehnte bildete sich die Gewohnheit heraus, daß es »sechs Herren der Stadt« gibt, die sich im Bürgermeisteramt abwechseln. Und wenn sie nicht Bürgermeister sind, verwalten sie halt das Amt des Stadtkämmerers oder ähnlich einflußreiche Posten. Und im Kreis dieser sechs Herren fallen die eigentlichen Entscheidungen – nicht immer zur Freude der Bürger.

Richtige Bürger, mit aktivem und passivem Wahlrecht, waren nur wenige: nur Männer, wohlhabend, als Sohn eines Kölner Bürgers in Köln geboren oder mit teuer erkauftem Bürgerrecht. Neben denen, die am Bürgerrecht nicht interessiert waren, neben Knechten und Tagelöhnern, den Bettlern, waren die Frauen, die dafür sorgten, daß ihre Männer richtig regierten, war die zahlreiche Geistlichkeit und waren die Juden von den Entscheidungen über die städtische Politik ausgeschlossen. Aber wenn man für die athenische Demokratie mit 10 Prozent der Einwohner rechnet, die als Bürger an den Entscheidungen beteiligt waren – dann war auch der Verbundbrief eine demokratische Verfassung; ein Erfolg, der den Bürgern vieler anderer Städte versagt blieb. Eine Tradition und Vergangenheit, auf die Köln zu Recht stolz sein kann.

Tagelöhner und Knechte hätten sich bei den bescheidenen Diäten des Rates – es gab ein ›Ratszeichen‹ als Sitzungsgeld, für das man 2,7 Liter allerdings guten Weins aus dem Ratskeller erhielt – die politische Tätigkeit an meist drei Tagen in der Woche nicht leisten können. Andere ›Eingesessene‹ waren reich genug, aber nicht interessiert oder bedurften für ihre Tätigkeit nicht des Bürgerrechtes.

Die Geistlichkeit war eigenen Rechtes, verantwortete sich vor dem Offizial des geistlichen Gerichtes, zahlte keine Abgaben auf Grundbesitz, keine Abgaben auf den eigenen Wein, der in der Stadt wuchs oder eingeführt wurde, zahlte auch keine Abgaben auf das selbstgebraute Bier – mit einem Wort, man hielt sich raus, und selbst die städtischen Büttel durften nur mit Genehmigung des Abtes oder des Dekans das Gebiet eines Klosters oder eines Stiftes betreten. Man genoß seine wirtschaftlichen Privilegien, um die es immer wieder Auseinandersetzungen mit Bürgern und Rat der Stadt gab, und ging seinen eigenen Interessen nach.

Frauen beteiligten sich indirekt an der Regierung. Ihr Bürgerrecht galt nur für wirtschaftliche Rechte, gab ihnen weder aktives noch passives Wahlrecht. Daß sie Einfluß auf ihre Männer und damit auf die Politik ausübten, ist gesichert. Ein spätes Beispiel mag an dieser Stelle genügen. Im Rahmen des Aufruhrs unter Nikolaus Gülich kam am 28. 9. 1680 in einem Verhör auch die Käuflichkeit städtischer Ämter zur Sprache. Im dabei erwähnten Fall wurden nicht nur erhebliche Summen an die beiden Bürgermeister, sondern auch Gelder an ihre Frauen fällig. Diese mußten in feinen französischen Beuteln überreicht werden.

1   Stefan Lochner, hl. Ursula, Detail vom Flügel des ›Dombildes‹, um 1445, Dom

2   Dom, Mittelschiff zum Chor ▷

3   Heinrich-Böll-Platz mit Wallraf-Richartz-Museum/Museum Ludwig (Peter Busmann, Godfrid Haberer) und Choransicht des Domes

4   Dom, Südportal, nach Entwurf von Ernst Friedrich Zwirner, 1842–55 ▷

6 Römische Grabkammer, 3./4. Jh., Weiden
◁ 5 Fußgängerpforte des römischen Nordtors auf der Domplatte
7 Römisches Prätorium unter dem Spanischen Bau des Rathauses

8 Kölner Schlangenfadenglas, Zweihenkelflasche,
Höhe 27,5 cm, Römisch-Germanisches Museum

9 Glasköpfchen des Kaisers Augustus,
Höhe 4,7 cm, Römisch-Germanisches Museum

10 St. Severin, Ausgrabungen

11 Publiciusdenkmal, Römisch-Germanisches Museum ▷

13   St. Cäcilien, Chor

◁ 12   Römerturm, um 50 n. Chr., und neugotisches Wohnhaus

14   St. Gereon, Dekagon nach Osten ▷

15 St. Gereon, Dekagon

SAMVEL OLEO · VNGIT DAVID

SAMVEL

16 St. Gereon, Fußbodenmosaik in der Krypta

  17 Kamm des hl. Heribert, ›Kreuzigung‹, 2. Hälfte 9. Jh., Höhe 19,5 cm, Schnütgen-Museum ▷

In keiner Stadt des deutschen Reiches besaßen Frauen eine solche Selbständigkeit in Handel und Gewerbe wie in Köln. Eigene Vertragsfähigkeit war selbstverständlich, was in anderen Städten immer wieder Verwunderung hervorrief. In fast allen Zünften lassen sie sich als Mitglieder nachweisen, aber die meisten Freiheiten und wirtschaftlichen Möglichkeiten abseits der eigentlichen Handelsgeschäfte, in denen man immer wieder erfolgreichen Frauen begegnet, besaßen sie in den Frauenzünften, denen andere Städte nichts Entsprechendes entgegenzusetzen haben: die Garnmacherinnen, die den Markenartikel Kölner Garn produzierten, der bis nach England exportiert wurde; die Goldspinnerinnen, die das kostbare, bis nach Italien exportierte, mit Blattgold oder Blattsilber umwickelte Garn herstellten; die Seidmacherinnen, die einen der finanziell bedeutendsten Kölner Handels- und Gewerbezweige betrieben. Neben dieser wirtschaftlichen Selbständigkeit sollte man auch festhalten, daß Ehefrauen ihren Namen in der Ehe beibehielten.

Juden werden für Köln das erste Mal im Jahre 321 in einem Dekret Kaiser Konstantins des Großen an die Kölner Dekurionen erwähnt. Ihre Befreiung von städtischen Ämtern wird aufgehoben. Nun durften sie an der kostspieligen Last teilhaben. Unsere Quellen berichten erst im 11. Jahrhundert wieder von Juden in Köln, die spätestens seit 1040 eine eigene Synagoge besitzen. Viele fielen dem Pogrom vor dem ersten Kreuzzug im Jahre 1096 zum Opfer, obwohl christliche Nachbarn und der Erzbischof versuchten, die Juden zu beschützen. Ein halbes Jahrhundert später, vor dem zweiten Kreuzzug, wiederholt sich das schreckliche Bild. Der Schutz des Erzbischofs und des Königs, die auch um ihre Einkünfte aus den Sonderabgaben ihrer Kammerknechte bangen, reichte nicht aus. Nach den großen Pogromen wurde die Lage ruhiger, aber der Druck ließ kaum nach. Auf Fernhandel mit Luxusgütern und Geldgeschäfte spezialisiert, waren die Juden unentbehrlich und wurden widerwillig geduldet.

Die Gemeinden am Rhein aber blühten, und die Gelehrsamkeit ihrer Rabbiner genoß internationalen Ruf. Aber mit der Pestepidemie, die 1349 Köln erreicht, breitet sich auch das Gerücht aus, die Juden hätten die Brunnen vergiftet. Pogrom, Plünderung, Mord und Brand verwüsten das Kölner Judenviertel am Rathaus. Die Gemeinde wird ausgelöscht. Eine Generation später leben wieder Juden in Köln, geduldet, seit 1404 mit einer detaillierten Judenordnung reglementiert. Aber man bedarf ihrer nicht mehr. Geldgeschäfte betreiben inzwischen Christen mit dem gleichen Erfolg und Können. 1424 wird die Aufenthaltsgenehmigung trotz der Initiativen von Erzbischof und Kaiser, die eine Verminderung ihres Einflusses und ihrer Einkünfte befürchten, nicht mehr verlängert. An der Stelle der Synagoge wird die Ratskapelle errichtet, für die Stefan Lochner um 1445 den Flügelaltar mit den Heiligen des Heiligen Kölns malt, den wir heute als ›Dombild‹ bewundern (Umschlaginnenklappe; Abb. 1).

Trotz der innerstädtischen Unruhe, die dann zu Revolution und Verbundbrief führte, hatte sich in Köln unter der Herrschaft der Patrizier einiges getan. Verständlich, daß die Generation nach Worringen den großen Saal des Rathauses erneuerte. Maßwerk der Nordwand und Skulpturen der Südwand verraten die Nachbarschaft des Domes. Dort selbst konnte man am 27. September 1322 unter Erzbischof Heinrich II. von Virneburg (1304–32) den inzwischen vollendeten Chor weihen. Die Pfarrkirche des hohen Adels des Rheinlandes war in neuer Gestalt benutzbar geworden, der Schrein der Heiligen Drei Könige hatte endlich ein angemessenes Gehäuse erhalten, das vornehme Domkapitel konnte international mithalten – und bei einem solchen Objekt wollten Stadt und Patrizier natürlich nicht abseits stehen. Farbige Glasfenster hatten sich inzwischen zu einem rheinischen Exportschlager entwickelt. Im Rund des Chores, die beste Werbefläche, finanzierten Erzbischof und Domkapitel die aufwendigen Farbfenster – aber die anschließenden Fenster zeigen auch die Wappen der Stadt und ihrer Patrizier.

Es ist eine der frühesten Stellen, an denen das Wappen Kölns überhaupt auftritt. Die drei Kronen der drei Könige werden nach der Schlacht bei Worringen im rot-weiß geteilten Schild zum Zeichen der Stadt. Mit der neuen Stadtherrschaft wechselt auch der Patron. Auf dem 1268 erneuerten Stadtsiegel, das romanische war in Streitigkeiten unter den Patriziern verlorengegangen, thront noch der erzbischöfliche Apostel Petrus als Patron auch der Bürger. Erst Ende des 15. Jahrhunderts entwickeln sich dann aus dem Zierat der unteren Schildhälfte die elf Flammen, eigentlich Hermelinschwänze, die die hl. Ursula und ihr Gefolge in Erinnerung rufen sollen.

In den Jahren nach der Vollendung des Domchores erlebt Köln noch einmal einen geistigen Glanz, der in seiner Art bis heute nachwirkt. Meister Eckart, der große Mystiker und Prediger der Dominikaner, lehrt in Köln. Nicht unangefochten. Heinrich Seuse studiert bei ihm, und auch Johannes Tauler hält sich in Köln auf. Meister Eckarts Tätigkeit endet mit einem Inquisitionsprozeß 1326/27, den Erzbischof Heinrich II. von Virneburg gegen ihn in Gang setzt. Unter den Hörern seiner Predigten werden zahlreich auch Beginen vertreten gewesen sein, eine neue städtische Form geistlichen Lebens, die nie ›ordentliche‹ kirchliche Gestalt angenommen hat. Eine entsprechend beschauliche Form männlichen Ordenslebens bringen seit 1334 die Kartäuser nach Köln, begeistert gefördert vom vornehmen Bürgertum, das hier einen geistlichen Mittelpunkt fand.

Höhepunkt und Abschluß der Entwicklung geistigen Lebens war die Gründung der Universität im Jahre 1388. Das Große Abendländische Schisma der Kirche seit 1378 zwischen Urban VI. in Rom und Clemens VII. in Avignon hatte die zahlreiche Pariser Professorenschaft gespalten und in Bewegung gesetzt. Wer den vom französischen König unterstützten Papst in Avignon nicht anerkennen wollte, mußte ausweichen. Die Universität in Wien blühte unter dem Zustrom auf, Heidelberg wird 1386 gegründet, und Erfurt folgt im Jahr nach Köln.

Am 21. Mai 1388 wurde der Stiftungsbrief für Köln ausgefertigt, am 22. Dezember des gleichen Jahres ließ der Rat die päpstliche Bulle verkünden und verpflichtete sich, die Universität zu finanzieren und zu schützen. Das fiel nicht zu schwer, da fast alle der Kölner Magister vom Niederrhein stammten und bereits eine Pfründe in Köln innehatten. Diese Versorgung wurde auch für die kommenden Jahrhunderte die Grundlage der Finanzierung. Und der unter eigenem Recht stehenden Gemeinschaft von Studenten und Professoren Schutz zu bieten, fiel der größten Stadt auf deutschem Boden nicht schwer, auch wenn es später manches Mal zu heftigen Auseinandersetzungen mit unruhigen Studenten kam, die auch schon mal ihre Professoren verprügelten. Aber die Vorteile für das Ansehen der Stadt und auch die wirtschaftliche Stellung wogen sicher auch in den Augen des Rates alles auf, was im Laufe der Jahrhunderte an Problemen auftrat.

Die Patrizier, der Rat war in die Rolle des Landesherrn getreten, auch wenn die Initiative für die Gründung wohl von den Leitern der Generalstudien der Bettelorden ausging, die ihren Studenten den langen Weg über die Alpen an die romtreuen Universitäten Italiens ersparen wollten. Köln sicherte sich eine typische Funktion einer Residenzstadt. Aber das Selbstgefühl der großen Patrizierfamilien, das hier einen fast fürstlichen Ausdruck fand, entsprach längst nicht mehr der eigentlichen politischen Wirklichkeit. Wenige Jahre später zeigte sich das in der Revolution von 1396. Aber der neue Rat wuchs rasch in die angenehme Rolle einer Obrigkeit hinein, die sich gerne von Gottes Gnaden gefühlt hätte.

Ein erstes Zeichen setzte man mit dem Rathausturm (Farbabb. 21; Abb. 39). Ein Jahrzehnt nachdem man Kaiser und Erzbischof mit gewichtigen und klingenden Argumenten aus den Strafgeldern der Patrizier davon überzeugt hatte, daß der Verbundbrief die richtige Verfassung für Köln sei, war man bereits reich genug, den Turmbau in Auftrag zu geben. Ähnlich den Rathaustürmen niederländischer und flämischer Städte war auch er ein Zeichen städtischen Selbstbewußtseins, das auch auf Stadtansichten späterer Jahrhunderte ostentativ hervorgehoben wurde.

Nach der Vertreibung der Juden im Jahre 1424 folgte mit dem Bau der Ratskapelle St. Maria in Jerusalem am Platz der Synagoge der nächste Repräsentationsbau, der Rathausplatz schließt sich zum städtischen Versammlungssaal. Hier traf sich schon vor 1396 und bis zum Ende der freien Reichsstadt die Gemeinde, um Beschlüsse des Rates zu hören oder in Auflauf, Aufruhr oder Empörung ihrem Unmut Luft zu machen.

Aber wir sollten nicht immer nur von Empörung sprechen. In Köln wurde und wird auch gerne gefeiert. Und man verstand und versteht sich darauf. Der nächste große Bauauftrag war daher auch fürs Feiern bestimmt. 1437–44 entstand unweit des Rathauses nach Plänen des Stadtbaumeisters Johann von Bueren der Gürzenich. Ein Rittergeschlecht, das hier vorher sein Stadthaus führte, gab den Namen für ›der Herren Tanzhaus‹. Ein großer zweischiffiger Saal im Obergeschoß sah in den nächsten Jahrzehnten manchen Empfang, manchen großen Auftritt.

Der Höhepunkt wird für Köln und den Gürzenich nach der Belagerung von Neuss vom 29. Juli 1474 bis zum 5. Juni 1475 durch Karl den Kühnen von Burgund erreicht. Für einen historischen Augenblick trägt unsere Stadt fast das Gewand einer Hauptstadt des Reiches. Karl, der eigentlich le Téméraire, der Tollkühne heißt, scheitert vor Neuss nach bald einem Jahr manchmal recht fröhlichen Lagerlebens. Er vermag das kleine Neuss nicht zu bezwingen. Es wird von vielen unterstützt, von Kaiser Friedrich III., besonders aber von der Stadt Köln. Fürchtete man, daß nach Neuss, wohin der Kölner Erzbischof den kühnen Herzog als Unterstützung gerufen hatte, dann Köln an der Reihe wäre? Scheute man vor dem Burgundertraum eines Reiches von den Niederlanden bis zu den Alpen zurück? Dort erlebte Karl schließlich im Kampf gegen die Eidgenossen das Ende seiner Träume und fand 1477 in Lothringen den Tod, wenige Monate bevor die langwierigen Verhandlungen zwischen

Habsburg und Burgund endlich mit der Hochzeit von Maximilian und Maria einen erfolgreichen Abschluß fanden.

Mit Kaiser Friedrich III. hatte Köln seit seiner Thronbesteigung im Jahre 1442 guten Kontakt gepflegt. Ein festlicher Besuch zu Beginn des Jahres 1474 war der letzte Höhepunkt dieser Beziehungen vor dem Neusser Krieg. Zusammen mit seinem Sohn Maximilian, begleitet von zahlreichen Fürsten, wurde im Gürzenich gefeiert, »was auch der Kaiser begehrt hatte, um die schönen Frauen von Köln zu besehen. Und des Kaisers Sohn, Herzog Maximilian, hatte den ersten Tanz mit einer Jungfrau von Sankt Ursulen-Stift...« So beschreibt es die 1499 beim Drucker Koelhoff erschienene ›Cronica van der hilliger stat Coellen‹. Reiche Geschenke und die hohen Ehren, die man Seiner Majestät erwies, brachten die Verbriefung des Münzrechtes, das Köln bisher noch nicht besessen hatte. Es brachte Ehre und eine bessere Verhandlungsposition bei den Münzverträgen, die Köln mit den rheinischen Fürsten und Erzbischöfen immer wieder aushandelte, um einheitliche Münzen für seinen Handel zu sichern.

Öffentlicher Höhepunkt des Besuches war die große Sportveranstaltung der Fürsten auf dem Alter Markt. Man ließ reichlich Mist auf dem gepflasterten Platz ausbreiten und trug ein Turnier aus. Die Sensation des Tages war, daß Pfalzgraf Philipp den ›letzten Ritter‹ Maximilian aus dem Sattel hob. Das war recht ungehörig, aber Philipp erbat anschließend gehörig bei Ihrer Majestät Friedrich III., »das nicht für übel zu nehmen«. Abends tanzte man bereits wieder.

1475, im Jahr darauf, nach dem Neusser Krieg, residierte Kaiser Friedrich III. für Wochen in Köln, um die Folgen des burgundischen Abenteuers zu regeln. Für Köln, das unglaubliche Summen in städtisches Militär zur Unterstützung der Stadt Neuss investiert hatte, wurde ein Rheinzoll bewilligt. Seine Erträge sollten die städtischen Finanzen sanieren. Aber Proteste der Betroffenen, Boykott und Blockaden zwangen Köln bald zur Aufgabe der Vergünstigung.

Und das hatte Folgen. Eine Zwangsanleihe über 100 000 Gulden empörte bereits 1475 die Gemüter der geschröpften Bürger. Nach wenigen Jahren ist der Rat kaum in der Lage, seinen Bürgern die Zinsen zu zahlen. Wirtschaft und Handel liegen danieder. Die Unruhe führt schließlich zum Aufstand, und am Rosenmontag 1482 setzen Aufrührer die beiden Bürgermeister und einige der Ratsherren gefangen. Das war dann doch zu weit gegangen. Die Mehrzahl der Bürger folgt nicht, und die Häupter der Rädelsführer fallen bereits Aschermittwoch auf dem Heumarkt.

Nach drei tollen Tagen kehren Ruhe und öffentlicher Glanz zurück – für wenige Jahre. Friedrich III. und Maximilian lassen sich auf dem Weg in die Niederlande, die mühsam bewahrte Erbschaft aus Maximilians Ehe mit Maria von Burgund, für Tage und Wochen in Köln nieder: 1486, 1488 und erneut 1494. Köln sonnt sich in kaiserlicher Huld und feiert.

◁ ›Agrippina of Coellen‹, Stadtansicht aus der Koelhoffschen Chronik, 1499

Köln, Ausschnitt aus dem Vogelschauplan von Köln, Arnold Mercator, Kupferstich, 1571 ▷

Man baut und stiftet. Der kaiserliche Hofrat Nicasius Hackeney aus Kölner Familie baut mit eigenen, kaiserlichen und städtischen Mitteln am Neumarkt eine angemessene Residenz für kaiserliche Aufenthalte. Das Hackeneysche Wappen wird uns mit der daran anknüpfenden Richmodissage bei unserem Rundgang dort dann wieder an diesen Bau erinnern. Der Hakkeneysche oder Kaiserliche Hof wird 1507–10 errichtet, nachdem ein erster Reichstag bereits 1505 in Köln abgehalten wurde. Ein zweiter findet 1512 statt. Es ist zugleich der letzte.

Aber da stehen auch schon wieder innerstädtische Probleme im Vordergrund. 1505 hatte man einen Mordanschlag auf die beiden Bürgermeister noch vereiteln können. 1507 wiederholt sich das Spiel – Zeichen der inneren Unruhe, die sich Ende des Jahres 1512 Bahn bricht. Anfang Januar wählen die Zünfte eine Gegenregierung. Zehn der einflußreichsten Honoratioren fallen unter dem Schwert des Henkers, auch die beiden Bürgermeister des Jahres 1512. Ein neuer Rat übernimmt die Macht, und mit dem Transfixbrief, der als Zusatz zum Verbundbrief von 1396 gedacht ist, versucht man, die Verfassung gegen Mißbrauch zu sichern und die bürgerlichen Freiheiten zu erweitern. Die kaiserliche Gnade Maximilians für diese Vorgänge erwirbt sich der neue Rat mit über 10 000 Gulden . . .

Anders liegen die Dinge 1525. »Teilen mit den Geistlichen und Reichen« heißt die Parole. Die Unruhe der Reformation und der Bauernkriege vermag sich aber in Köln nicht durchzusetzen. Als die Bauern in Süddeutschland besiegt werden, bricht auch der Kölner Aufruhr zusammen, und die Rädelsführer finden Anfang 1526 das uns bereits geläufige Ende.

Die Unruhen sind nur eine Seite dieser faszinierenden Jahrzehnte um 1500, Spiegel der schwierigen politischen, geistigen und wirtschaftlichen Lage. Es sind zugleich die Jahre, in denen der Humanismus der Renaissance an der Kölner Universität etwas Fuß faßt. Aber die Auseinandersetzungen um die geforderte Vernichtung der jüdischen Schriften und die Stellungnahme der theologischen Fakultät gegen die Reformation, gegen die Schriften Luthers, zeigen auch schon die Gefährdung der Stellung Kölns auf. Fast unfreiwillig wird Köln, denn andere Universitäten traten nicht weniger konservativ auf, zum offiziellen Hort der Feinde jeglichen Fortschritts erklärt. In den ›Dunkelmännerbriefen‹ als unfähig und rückschrittlich verspottet, werden die Universität mit der Verbrennung der Schriften Luthers 1520 auf dem Domhof und die Stadt selbst mit den Todesurteilen für Peter Fliesteden und Adolf Clarenbach den Vorurteilen gerecht.

Am 28. September 1528 werden beide zu Melaten vor den Toren der Stadt verbrannt. Das erregt weithin Aufsehen und legt auch die Politik des Rates, trotz aller protestantischen Neigungen in der Bevölkerung, trotz aller protestantischen Einwanderer, für die nächsten Jahrzehnte fest. Die Versuche der Erzbischöfe Hermann V. von Wied (1515–47) und Gebhard Truchseß von Waldburg (1577–82), das Erzbistum in ein protestantisches Fürstentum zu verwandeln, bestärken die Stadt nur noch in ihrer Haltung. Gegenüber einer protestantischen Dynastie als Nachbar hätte sie kaum auf Dauer Widerstand leisten können. Köln hätte doch noch das Schicksal ereilt, Residenzstadt zu sein. Wieder könnte man das interessante Spiel des »was wäre gewesen wenn?« betreiben. Köln jedenfalls blieb kaisertreu und katholisch, freie Stadt des Reiches.

Die große Begeisterung des Stiftens aber ging mit dem religiösen Umbruch zu Ende. Das späte 15. Jahrhundert hatte in der Kölner Malerschule noch einmal große Gestalten aufgeboten. Kölner Bürger, wie der Kaufmannssohn Peter Rinck (um 1429–1501), Jurist und Rektor der Kölner Universität, konnten Maler wie den Meister des Bartholomäusaltares mit Altären beauftragen, der in den Meistern von St. Severin, der Heiligen Sippe, des Georgsaltares, des Marienlebens oder der Ursulalegende fast gleichrangige Kollegen hatte. Diese Blüte endet um 1525. Mit den Gemälden Barthel Bruyns des Älteren oder des Anton Woensam von Worms dringt die Renaissance ein, und die Porträtmalerei der neuen individualistischen Gesellschaft tritt in den Vordergrund. Peter Rincks Stiftung des Thomasaltares und des Kreuzaltares für das Kartäuserkloster, in dessen Glaubenseifer die vornehme Bürgerschaft ihre Hoffnungen setzte, oder Nicasius Hackeneys und seiner Verwandtschaft Stiftung des Renaissancelettners für St. Maria im Kapitol, des Sakristeineubaus für die Kartause, sind nur zwei Beispiele aus der Fülle dieser Jahrzehnte, die uns in den Museen zu München, Köln oder Darmstadt und in den Kölner Kirchen selbst begegnet. Das bedeutet kein abruptes Ende für Kunst oder Architektur in Köln, aber der reiche Strom versiegt fast.

Die Bautätigkeit am Dom, die schon immer geringer geworden war, wird 1560 eingestellt – die Hoffnung auf Vollendung aber geben die Kölner in den folgenden Jahrhunderten nicht auf. Die Obrigkeit leistet sich den neuen Glanz der 1573 vollendeten Rathausvorhalle des Wilhelm Vernukken (Farbabb. 21; Abb. 39). Ein Jahrzehnt zuvor hatte man 1558–61 für

St. Severin, Kupferstich von Wenzel Hollar, 1643, Kölnisches Stadtmuseum

Wirtschaft und Handel am Rheinufer das neue Stapelhaus errichtet, und für die wachsende Sammlung teuren Verteidigungsgerätes baut man in den Jahren um 1600 des Zeughaus (Abb. 50) mit dem prunkvollen Portal von Petrus Cronenborch im Geschmack der niederländischen Renaissance. Den eigenen Sitzungssaal im Turm des Rathauses stattet zur gleichen Zeit Melchior Rheidt mit reichen Intarsienarbeiten aus.

Neben der mehr in sich gekehrten Gelehrsamkeit der Kartäuser, die der Reform der Kirche Rüstzeug lieferten, entwickeln sich die Jesuiten zur entscheidenden Kraft der Gegenreformation in Köln. Ihren Namen, ursprünglich ein Schimpfwort für Betbrüder, erhielten sie übrigens zuerst in Köln. Petrus Canisius tritt hier sein Theologiestudium an, lehrt an der Montanerburse und erhält 1546 die Priesterweihe. Der Rat der Stadt bot gegenüber den Jesuiten ein exemplarisches Beispiel kölnischer Verwaltungstaktik. 1544 wird der Gesellschaft Jesu der Aufenthalt in Köln untersagt. Aber einzeln dürfen sie bleiben und tun dies auch. Ähnlich gelingt es ihnen, das Tricoronatum, eines der Collegien der Kölner Universität, zu übernehmen. Den Jesuiten ist eine solche Aktion untersagt. Aber einer der Ihren, Johannes Rhetius, Sohn des Kölner Bürgermeisters Johann von Rheidt, darf Rektor des Tricoronatum werden. Seine guten Beziehungen wirken sich aus. Und natürlich gelangt damit schließlich ein wichtiger Teil der Universität in die Hände der Jesuiten, die bis zum Ende der alten Universität eine richtungweisende Rolle spielen.

1582 kaufen die Jesuiten das Achatiuskloster in der Marzellenstraße, und nun sind sie inzwischen so in Köln verwurzelt und einflußreich, daß sich auch der Rat entschließen kann, die Gesellschaft Jesu anzuerkennen. Erst 1618 beginnt man mit dem Bau einer Kirche, mit St. Mariä Himmelfahrt, die man 1629 in Gebrauch nehmen kann, aber erst 1678 weihen läßt. Mit der Ausstattung unter der Leitung von Jeremias Geißelbrunn setzen die Einflüsse des Barocks in Köln ein. Im 18. Jahrhundert sind dann eigentlich alle der großen Kirchen Kölns mit einer modernisierten, barocken Ausstattung versehen. Der historisierenden Romantik des 19. Jahrhunderts sind diese Arbeiten mit der Ausnahme des Chores von St. Pantaleon alle wieder zum Opfer gefallen. Aber an eigenen Bauten oder bedeutenden Gemälden hat diese späte Zeit der Reichsstadt wenig hervorgebracht. Bei den Goldschmieden sieht das, wie ein Blick in die Schatzkammer des Domes lehrt, schon anders aus.

Neben den Jesuiten waren es aus den protestantisch regierten Niederlanden vertriebene Unbeschuhte Karmelitinnen und die Ursulinen, die sich im 17. Jh. in Köln niederlassen und in den ersten Jahren des 18. Jahrhunderts ihre Kirchen vollenden – St. Maria vom Frieden (Abb. 45) in der Schnurgasse, St. Maria in der Kupfergasse mit dem Gnadenbild der ›Schwarzen Muttergottes‹ in einem Nachbau des Hl. Hauses von Loreto und die Ursulinenkirche St. Corpus Christi in der Machabäerstraße. Die Nonnen bevorzugen aber, im Gegensatz zu den Jesuiten, Baulagen am Rande des Zentrums, vorsichtig und zurückgezogen in Seitenstraßen.

Die Jahrzehnte nach dem Ende des Dreißigjährigen Krieges, der den Rat zu neuen Investitionen in Verteidigungsanlagen anregte, der aber mit Waffenhandel und Truppenversorgung auch die Wirtschaft anregte und mit dem Reitergeneral Jan von Werth dem Kölner Karneval eine populäre Gestalt schenkte, diese Generationen des späten 17. und dann des 18. Jahrhunderts waren vom Niedergang der Reichsstadt geprägt. Durch die Niederlande, durch den

Alter Markt, Kupferstich, um 1660

Aufstieg der Territorien ringsum mehr und mehr vom internationalen Handel abgeschnitten, sorgten die Bürger der Stadt mit selbstgenügsamer Engstirnigkeit dafür, daß auch Handwerk und Produktion ihre Konkurrenzfähigkeit verlieren. Technische Neuerungen werden von den Zünften bekämpft und verboten. Das wirtschaftliche Denken protestantischer Kaufleute, die sich trotz aller Beschränkungen in der Ausübung ihrer Religion im Wirtschaftszentrum Köln niederlassen, vermag sich nicht auszuwirken.

Auch die alten Auseinandersetzungen zwischen Bürgern und Rat bleiben bei den gleichen Themen. Zwar wird der Begriff des Kölner Klüngels Ende des 18. Jahrhunderts erstmals aktenkundig formuliert, aber der Mißbrauch von Amt und Beziehungen, Mißwirtschaft von Bürgermeistern, Rat und Verwaltung ist in jeder Generation – damals – ein beliebtes Thema. In den wirtschaftlich schwierigen Jahren des späten 17. Jahrhunderts macht sich Empörung vieler (kleiner) Bürger im Aufstand des Nikolaus Gülich Luft. Von 1680 bis 1686 beschäftigt der von seinen vermeintlichen und tatsächlichen Rechtsansprüchen besessene, juristisch gescheite, aber gescheiterte Kaufmann Gerichte, Rat und Stadt. Es gelingt ihm mit Hilfe der allgemeinen Empörung, einen neuen Rat und neue Bürgermeister ins Amt zu bringen. Er selbst wird Leiter einer Untersuchungskommission, die sich mit der Verwaltung der bisherigen Herren der Stadt beschäftigt. Aber man vermag weder Ordnung in die städtischen

*Schandsäule mit Kopf des Nikolaus Gülich,
Radierung von B. Beckenkamp, 1797*

Finanzen zu bringen, noch sich Vertrauen für das neue Regiment zu sichern, noch die Zustimmung des Kaisers im fernen Wien zu den Vorgängen zu gewinnen.

Die Macht Gülichs und seiner Genossen zerfällt vor ihren Augen. Der Prozeß in Düsseldorf ist kurz, und am 23. Februar 1686 fällt Gülichs Haupt auf der Mülheimer Heide in Blickweite der Heimatstadt, wo sich keine Hand zu seinem Schutz rührt. Sein Kopf wird auf dem Bayenturm aufgespießt, sein Haus gegenüber dem Rathaus abgerissen. Kein Haus soll je mehr dort stehen. Eine Schandsäule wird errichtet, die sein in Bronze gegossenes Haupt trägt und den Mitbürgern mit einer ausführlichen Inschrift von seiner angeblichen Schande kündet. Obrigkeit ist eben – damals – etwas, woran nicht gerührt werden darf. Unter französischer Besatzung hat man 1797 die Schandsäule des Vorkämpfers der Revolution zerstört. Das Bronzehaupt gehört heute zu den Kostbarkeiten des Stadtmuseums. Auf dem Gülichplatz wurde 1913 dort, wo kein Haus zu ewigem Andenken mehr erbaut werden sollte, Georg Graseggers Fastnachtsbrunnen aufgestellt (Abb. 63). War das Absicht, Ironie oder Zufall? Zumindest kann man sich kaum eine kölnischere Lösung vorstellen.

Im Herzen Europas – von Franzosen, Preußen und Kölnern

»Die Soldaten, vorzüglich die Infanterie, die durchgehends Freiwillige sind, sehen erbärmlich aus. Keine Schuhe, keine Strümpfe, zerrissene Beinkleider, Röcke, die wegen der vielen Risse kaum noch aneinanderhängen, keine Hemden...« Erstaunt notiert ein Augenzeuge seine Eindrücke vom Einzug der siegreichen französischen Armee in Köln. Damit ging die Freiheit der freien Reichsstadt am Nachmittag des 6. Oktober des Jahres 1794 zu Ende. Am Vormittag waren der Bürgermeister von Klespé und seine Begleiter – darunter Juristen und Ratsherren, dabei auch Johann Nikolaus von Dumont, der noch Ende des gleichen Jahres 1794 Bürgermeister werden sollte – den Franzosen entgegengefahren. Zwischen Melaten und Müngersdorf trafen sie auf der Aachener Straße französische Truppen unter General Championet, dem sie dann nach gemeinsamer Rückkehr auf städtisches Gebiet am Schlagbaum vor dem Hahnentor die Stadtschlüssel überreichten. Die Bürger Kölns waren nicht mehr Herren ihrer Selbst. Die große Zeit der eigenständig gestalteten Geschichte der Stadt ging zu Ende.

Die Stadtschlüssel wurden trotz aller Wirren der Zeit sorgsam verwaltet. Das Zeichen der Unterwerfung gelangte ins Nationalarchiv in Paris und war jüngst in Köln anläßlich einer Ausstellung im Jahre 1988 noch einmal zu bewundern.

Mancher mag geahnt haben, was nun folgte. Einquartierung und Requisitionen, Ausplünderung der Vorräte mit wertlosen Assignaten, das Ende der Institutionen, der Zünfte, des Magistrates, der Verfassung, der Stifte und Klöster. Das erfolgte nicht von einem Tag auf den anderen, und die erste Begeisterung ließ die Ernüchterung nur langsam folgen.

Bereits am 9. Oktober 1794 wurde auf dem Neumarkt ein erster Freiheitsbaum gepflanzt. Mit bunten Fahnen behängt, mit einer roten Jakobinermütze gekrönt, wurde er zum Mittelpunkt des Revolutionsfestes, an dem wohl etwas widerwillig die Bürgermeister und der Rat teilnahmen. Andere tanzten begeistert, darunter entlaufene Mönche und Nonnen, während ein anderer der Kölner Geistlichen im Deckel seines Meßbuches eine kurze Notiz des

Undurch wird allgemein bekannt gemacht/ daß von dem französischen Volks-Vertretter so wie auch von der französischen GENERALITÄT an die abgeschickte Städtische Deputation die Versicherung ertheilet worden: daß jeder Bürger und Einwohner und selbsten auch die gesammte Geistlichkeit nicht nur bei ihrem Gottes-Dienste verbleiben/ und wie zeithero geschehen/ darinn fortfahren/ sondern auch in Ansehung ihrer Personen und Privat-Eigenthums alle Sicherheit genießen/ und dabei geschützt werden sollen; Wogegen aber auch von allen und jeden Einwohnern ein ferner ruhig und stilles Betragen erwartet wird.

Zugleich geschieht hiemit der Expeditions-Kanzlei der Auftrag: Gegenwärtiges durch den Trommelschlag verkünden/ auch an den gewöhnlichen Orten im Druck öffentlich affigiren zu laßen.

Also beschlossen im Rath den 7ten Octobris 1794.

Ratsedikt vom 7. Oktober 1794   J.J. CARDAUNS, Dr Secret. mpp.

Vorganges mit der Bemerkung: »O tempora! O mores!« beschließt. Aber schon bevor Cicero diese vollendete Formulierung für alle schuf, die sich über den Wandel der Zeiten beklagen wollen, wird man Umbruchzeiten ähnlich begrüßt haben.

Der Rat und viele Bürger stemmen sich dem Wandel entgegen. Bürgermeister Dumont wird 1795 nach Paris entsandt, um Köln seine angestammte Verfassung zu sichern. Vergeblich. Schließlich ist nach mehr als vier Jahrhunderten die Wirkung des Verbundbriefes beendet, und die französische Magistratsverfassung wird eingeführt. Andere, die die Entwicklung in Frankreich bereits seit Jahren mit Begeisterung verfolgen, sehen das mit Freude, und lange Listen mit Unterschriften begleiten 1798 eine Réunionsadresse nach Paris, betonen den Wunsch, daß Köln doch zu Frankreich gehören möge. Aber es sind wenige hundert, die davon träumen.

Zwanzig Jahre dauert die französische Herrschaft und hinterläßt tiefe Spuren. Der ›Code Civil‹ Napoleons gilt im Rheinland noch bis zum Ende des 19. Jahrhunderts. Er bringt Sicherheit, Rechte und Freiheiten für alle Bürger. Stifte und Klöster aber werden aufgehoben, aufgelöst und die Schätze, die im Laufe von Jahrhunderten gewachsen sind, werden

St. Gereon, Ansicht von Südosten, im Hintergrund St. Christoph, Ölgemälde von Job Adriaensz Berckheyde, um 1670

Domhof 1820 mit der alten Bebauung, Lithographie von P. Schieffer

zerstreut, geplündert, zerstört. Es ist kaum zu zählen, was an kostbaren Schreinen oder Gemälden nach der Säkularisation verlorenging. Für die Protestanten und Juden wurde in Köln nun die freie Religionsausübung möglich. 1802 konnte mit der umgewandelten Antoniterkirche an der Schildergasse die erste protestantische Kirche Kölns in Gebrauch genommen werden. Und bereits 1798 hatte sich erstmals wieder seit mehr als drei Jahrhunderten eine jüdische Gemeinde in Köln versammelt.

Auch in Wirtschaft und Handel werden neue Wege beschritten. Die Zünfte werden aufgehoben. Neue Industrien können nun aufgebaut werden. Der Handel aber muß sich nun nach Frankreich orientieren. Der Rhein wird zur Grenze. Die Kontinentalsperre gegen England zeigt schließlich auch in Köln Folgen. Schmuggel blüht auf. Neue Handelswege müssen gesucht werden. Tabak wird in großen Mengen vor den Toren der Stadt angebaut. Die Kölner erleben einen Umbruch von Wirtschaft und Gesellschaft, wie ihn kein Jahrhundert zuvor kannte.

Das organisch gewachsene Stadtbild gerät von nun an in immer raschere Bewegung. Die Zahl der Bevölkerung, die seit dem 12. Jahrhundert nur noch leichte Schwankungen kannte, wächst immer schneller. Vor den großen Eingemeindungen des Jahres 1888 werden innerhalb der alten Mauern fast 200 000 Menschen gezählt, wo zu Beginn des Jahrhunderts, wie seit Jahrhunderten, etwa 40 000 Einwohner lebten. Rings um die Stadt wachsen seit der Mitte des Jahrhunderts die Trabantensiedlungen, die an Fabriken und Arbeitern aufnehmen, was in den Mauern der Altstadt keinen Raum findet. So sind dann mit den Eingemeindungen noch vor dem Ersten Weltkrieg etwa 650 000 Einwohner zu zählen, und heute, nach den jüngsten Eingemeindungen des Jahres 1975, die Köln mit über 400 km² zur flächengrößten Stadt der Bundesrepublik machten, rechnet man mit einer knappen Million.

Damit haben wir weit vorgegriffen. Bleiben wir noch einen Moment beim Wandel des Stadtbildes. Vor der Säkularisation, die 1802/03 das Ende fast aller geistlichen Gemeinschaften in Köln bedeutete, braucht man zwar nicht – wie die legendenhafte Übertreibung gerne will – mit einer Kirche in Köln für jeden Tag des Jahres zu rechnen, aber weit über hundert Kirchen und Kapellen waren es doch. Die 36 Kapellen gehen fast ausnahmslos unter, und manche der Pfarrkirchen oder Klosterkirchen verschwinden rasch im Laufe der nächsten Jahre. St. Gertrud 1802, St. Apern 1803, die Kirchen des Dominikanerklosters und des Kreuzbrüderklosters 1804, St. Brigida, Herrenleichnam und das Augustinerkloster 1805, St. Christoph, St. Clara und das Maximinenkloster 1806, St. Paul, die Deutschordenskommende St. Johann und Cordula und St. Katharinen 1807, St. Lupus und die Maria Ablaßkirche bis auf den Chor im Jahre 1808, St. Jakob, St. Maria in Syon und das Kapuzinerkloster im Jahre 1809... Für das Stadtbild einschneidende Verluste waren St. Laurenz oder St. Maria ad Gradus unterhalb des Domchores 1817 oder der Abriß von Klein St. Martin bis auf den Turm im Jahre 1824.

Die bedeutenden Kirchen allerdings bleiben fast alle erhalten. Die zuvor bescheiden untergebrachten Pfarrgemeinden gehen das Wagnis ein, die großen Bauten der Stifte und Klöster zu übernehmen. Nur St. Maria ad Gradus und St. Laurenz, die 1817 zerstört wurden, und die Kirche St. Mauritius, die 1859 für baufällig erklärt wurde, um einem neugotischen Bau nach den Plänen von Vincenz Statz zu weichen, würde der Architekturhistoriker gerne bewahrt gesehen haben. Und jeder der verschwundenen Bauten hinterläßt natürlich eine Narbe im Stadtbild. So wie den großen Kirchen der Stifte und Klöster heute ihr Umfeld mit Kreuzgang, Kloster- oder Stiftsbauten fehlt, so fehlt den Straßen der Altstadt die Fülle der Akzente kirchlicher Architektur, die das Erscheinungsbild bestimmten. Ein für Köln einst typisches Bild, das einträchtige und oft auch zwiträchtige Nebeneinander von Pfarrkirche und Kloster- oder Stiftskirche geht bis auf ein letztes Beispiel in diesen Jahren verloren. Nur St. Peter als Pfarrkirche neben St. Cäcilien als Klosterkirche bietet noch diesen Anblick, da St. Cäcilien als Kirche des Bürgerhospitals vom Abriß verschont blieb und heute dem Schnütgen-Museum eine Heimat bietet (Farbabb. 19).

Den schnellen Zerfall der alten Stadt in diesen Jahren empfindet mancher mit Wehmut, und einige versuchen zu retten, was noch zu retten ist. Den französischen Truppen waren bald die Fachleute gefolgt, die kostbare Handschriften requirierten und die Kirchenschätze überprüften. Manches wanderte rasch in die Schmelztiegel, um die Kontributionen aufbringen zu können. Weit über ein Dutzend der prachtvollen Schreine für die Reliquien Kölner Kirchen verlor damals den in Silber getriebenen Figurenschmuck. Manche, wie der kostbare Severinusschrein, an den nur noch ein Goldemailmedaillon im Diözesan-Museum erinnert (Farbabb. 6), gingen unter. Andere bewahrten zumindest ihren Schmuck an kupfernen, nur leicht vergoldeten Emailplatten. Der Dreikönigenschrein und große Teile des Domschatzes wurden rechtzeitig über den Rhein hinweg gerettet. Aber insgesamt müssen die Verluste Kölns an liturgischem Gerät, Gewändern, Skulpturen, Kirchenmobiliar, Handschriften und Büchern, Gemälden, Wandmalereien, Bildhauerarbeiten, wertvollen Fußböden oder Glocken immens gewesen sein.

Aber Männer wie der skurrile, aber kenntnisreiche (vorgebliche) Baron von Hüpsch oder der gelehrte letzte Rektor der Kölner Universität und Kanonikus Ferdinand Franz Wallraf (1748–1824), die ihre Laufbahn als erfolgreiche Sammler von naturkundlichen Kabinetten der Aufklärung begannen, wurden bald zu eifrigen Hütern von Kulturgütern aller Art, reaktionär und romantisch. Die Begeisterung für alte Handschriften war in Europa seit den Forschern der Renaissance, seit den bücherhortenden Prälaten und Fürsten des Mittelalters nicht mehr erloschen. Auch das Sammeln von Gemälden war, wenn auch lange ein mehr fürstliches Hobby, längst ein gewohntes Bild. Ungewohnt waren zunächst die Themen der Bilder und ihr Alter. Aber auch der Handel griff das Material rasch auf, und bereits nach wenigen Jahren folgt auch die hoffnungsvolle Jugend dem Vorbild der ersten Sammler. Hier lauten die großen Namen für Köln Sulpiz und Melchior Boisserée. Nur die umfangreiche Sammlung Wallrafs blieb Köln erhalten, wurde mit ihren Reichtümern an Büchern und Graphik, Gemälden, römischen und mittelalterlichen Altertümern Grundstock der Kölner Museen, als der bedeutende Mann 1824 starb, nachdem er seine Sammlung seiner Vaterstadt vermacht hatte. Die wichtige Sammlung des Barons von Hüpsch war als Erbe an den Landgrafen von Hessen-Darmstadt gegangen – zur Enttäuschung der Kölner. Ihre Reichtümer – darunter auch eine ägyptische Mumie mit Sarkophag, die lange im städtischen Zeughaus neugierigen Besuchern gezeigt wurde – gehören nun zum Bestand der Bibliothek und des Landesmuseums in Darmstadt.

Die Gebrüder Boisserée verkauften. 1827 ging ihre vorzüglich gewählte und konzentriert erarbeitete Sammlung von 216 Gemälden für einen Preis von 240000 Gulden in den Besitz Ludwigs I., des bayerischen Königs, über – heute einer der wichtigsten Bestände der Alten Pinakothek in München. Andere Sammlungen wie die des Kaufmanns und Stadtrats Jakob Johann Lyversberg oder später die des Stadtbaumeisters Johann Peter Weyer, die manches wichtige Gemälde enthielten, wurden über Auktionen und Teilverkäufe verstreut. Aber Großartiges konnte man im Bereich des Kunstgewerbes noch um die Jahrhundertwende zusammentragen. Was Domkapitular Alexander Schnütgen (1843–1918) mit seiner Sammlung bewies, die zur Grundlage des Schnütgen-Museums wurde, einer der schönsten Sammlungen mittelalterlicher Kunst in Europa.

In romantischer Begeisterung sammelte und hortete man so die Schätze der Vergangenheit. Das gilt ebenso für die Kunstwerke wie für das überlieferte Brauchtum im Karneval (s. S. 8ff.) oder die eigene Mundart, die nun zu Beginn des 19. Jahrhunderts Schriftform erhält. (Seit einigen Jahren gibt es sogar eine ›Akademie för uns kölsche Sproch‹.)

Mit noch mehr Begeisterung stürzt man sich in die nun von vielen Zwängen befreite Wirtschaft. Besonders die protestantischen Kaufleute und Bankiers nutzen die Chancen. Köln steht ihnen offen, gewährt ihnen Bürgerrecht in einer Stadt, die nun ihrer Initiative Raum geben kann. Das Ende des Stapelrechtes im Jahre 1831, das Köln für Jahrhunderte eine wirtschaftliche Monopolstellung gesichert hatte, traf eine sich bereits lebendig entwickelnde Wirtschaft, die die Verluste an Handelsgeschäften und an Abgaben für die Stadt rasch ausgleichen konnte.

Der Verkehr nimmt unter diesen Umständen in erstaunlichem Umfang zu. 1827 wird als eine erste Erleichterung die Schiffsbrücke angelegt, deren Mittelstück in regelmäßigen Abständen für den Flußverkehr beiseite gefahren werden kann. Nun ist der Rhein kein großes Hindernis mehr im Verkehr von West nach Ost oder umgekehrt. Seit 1825 befährt ein fahrplanmäßiger Dampfer die Strecke Köln – Rotterdam – Antwerpen, nachdem James Watt 1816 erstmals mit einem Dampfschiff in Köln angelegt hatte. Peter Heinrich Merkens (1778–1854) gründet 1831 die Preußisch-Rheinische Dampfschiffahrtsgesellschaft, Ursprung der heutigen Weißen Flotte der ›KD‹, der Köln-Düsseldorfer. 1839 fährt der erste Zug von Köln ins damals noch nicht eingemeindete Müngersdorf. Man sucht über Aachen den Anschluß an das belgische Netz. Auf der rechten Rheinseite beginnen 1843 die Köln-Mindener Eisenbahngesellschaft und 1844 die Bergisch-Märkische Eisenbahngesellschaft ihre Tätigkeit.

Abbruch der Stadtmauer am Thürmchenswall 1889, Aquarell von Jakob Scheiner, 1891, Kölnisches Stadtmuseum

Neues Stadttheater (Opernhaus) am Habsburgerring, 1902

Höhepunkte dieser Entwicklung sind der Bau des Hauptbahnhofs und die Vollendung der ersten festen Rheinbrücke seit Kölns römischer Zeit im Jahre 1859. Auf ausdrücklichen Wunsch Ihrer Majestät, König Friedrich Wilhelms IV., wird die Straßen- und Eisenbahnbrücke exakt auf den Chor des Domes ausgerichtet, und so opfert man für den zentralen Hauptbahnhof auch den traditionsreichen Botanischen Garten an der Nordseite des Domes. Neben Verkehr, Industrie und Banken blüht in diesen Jahren das Versicherungswesen auf. Ein Gang über den Kaiser-Wilhelm-Ring und die Christophstraße führt noch heute durch das größte Versicherungsviertel der Bundesrepublik.

Höhepunkt romantischer Begeisterung ist 1842 die Grundsteinlegung der Vollendung des Domes. 1880 wurden dann die Arbeiten abgeschlossen. Und für kurze Zeit waren die Domtürme die höchsten Bauten der Welt. Ein Bau, zu dem neben der Begeisterung des Königs und den höheren finanziellen Beiträgen des Dombauvereins die moderne Technik bereits das Ihre beiträgt. Für den Dachstuhl des Schiffes liefert Krupp die Träger, und die Baugerüste der Türme locken die Architekten der Wolkenkratzer Amerikas an. Aber noch während der ersten Bauzeit steht der Dom inmitten eines revolutionär bewegten Kölns, statt zum Mittelpunkt eines romantisch von Einheit schwärmenden deutschen Reiches zu werden, wie es sich König Friedrich Wilhelm IV. erträumte.

Den Hoffnungen, in den Freiheitskriegen gegen Napoleon aufgeblüht, folgt in der Reaktion die erneute Herrschaft der alten Herrscherhäuser. Auch in Köln, in dieser Stadt, die seit 1794 Geschichte nur noch miterlebt, nicht mehr für sich selbst gestaltet, bewegt dann die Revolution die Menschen. Köln ist ein wichtiges Zentrum. 1842/43 war Karl Marx der führende Kopf der ›Rheinischen Zeitung‹. 1848/49 hatten die führenden Vereine, die Demokratische Gesellschaft und der Arbeiterverein, zusammen mehr als 10 000 Mitglieder in einem Köln, das keine 100 000 Einwohner zählte. Die Kölner Barrikaden gelten zwar als solide, aber es fallen keine Schüsse. Die Bürgerwehr gibt friedlich ihre Waffen zurück. Die Revolution wird nach einigem Siechtum erfolglos beendet. Die Reaktion erhebt wieder stolz ihr Haupt.

Manche der Waffen bewahrt man sorgsam fürs künftige Historische Museum. Sonst hinterläßt die Revolution noch weniger Spuren als der Aufruhr um die Verhaftung des Kölner Erzbischofs Clemens August von Droste zu Vischering im Jahre 1837. Er hatte sich geweigert, bei Mischehen den Vorstellungen der preußischen Regierung in Berlin zu folgen. Josef Görres, den schon Napoleon mehr fürchtete als manche Armee, entzündete mit seinem ›Athanasius‹ das politische Bewußtsein der Katholiken mit Folgen bis weit in unser Jahrhundert. Das ›Kölner Ereignis‹ weckte die Gemüter und das Interesse an Politik.

Flora, Palmenhaus, um 1880

Hohenstaufenbad, Postkarte um 1900

Das Wachstum der Stadt setzt sich nach der Revolution unberührt davon fort. Bald spürt man, daß die mittelalterlichen Mauern der Stadt den Atem nehmen. Industrieanlagen und Arbeiter weichen in die wachsenden Vororte aus, jenseits des freien Schußfeldes, auf dem das Militär rings um die Stadt und rings um die vor der Mauer erbauten Forts besteht. Die ersten Verhandlungen um den Ankauf der Mauern und des Geländes davor setzen bereits 1861 ein. Aber erst 1881 wird für 11 794 000 Mark das erworben, was die Stadt bis zum Einmarsch der französischen Truppen als Eigentum besaß. Am 11. Juni 1881 wird in feierlichem Akt die erste Bresche in die Stadtmauer gesprengt. Nach langen Auseinandersetzungen und Diskussionen und nachdrücklichem Eingreifen der Berliner Regierung bleiben immerhin drei Torburgen erhalten: das Severinstor (Farbabb. 22) im Süden, das Hahnentor (Abb. 42) im Westen und das Eigelsteintor (Abb. 43) im Norden. Außerdem bewahrte man den rheinseitigen Bayenturm im Süden der Stadt, den Anschluß der Mauer an den Rhein, die dekorative Bottmühle, die Ulrepforte mit Teilen der anschließenden Stadtmauer und ein Stück Stadtmauer am Hansaring, das bereits in Privatbesitz gelangt war.

Auf dem so teuer erworbenen Gelände wuchs die Neustadt nach den Plänen des Stadtbaumeisters Hermann Josef Stübben (1845–1931), der in leichtem Abstand zum Verlauf der mittelalterlichen Stadtmauer mit einem Vieleck kurzer und langer, breiterer und schmalerer Prachtstraßen den Halbkreis nachzeichnete. Radial, tangential und parallel erschließen weitere Straßen den halbmondförmigen Zuwachs zum Stadtgebiet, den bald die Eisenbahnlinien umspannten. Die Kölner Neustadt, geplant vor dem Siegeszug des Autos, wuchs mit Prachtbauten heran, von denen nur noch wenig geblieben ist. Ganz zu schweigen von den öffentlichen Bauten, dem für Festspiele geeigneten Opernhaus, dem für Opern fast geeigneten Hohenstaufenbad, den aufwendigen Museumsbauten oder den Palästen der Versicherungen.

Ein Jahr vor dem Beginn des Mauerabbruchs, im Jahre 1880, feierte man die Vollendung des Domes. Noch waren die Türme von Gerüsten umspannt. Mitten im Kulturkampf, der Erzbischof im Exil, gab es einen kühlen Empfang durch den Weihbischof, nur ein Tedeum für Kaiser Wilhelm I. und seine Gemahlin Augusta. Den historischen Festzug dagegen ließ sich Ihre Majestät gleich zweimal vorführen. Und nachdem man 1878 den ersten preußischen König, Friedrich Wilhelm III., noch mit reichlich reformerisch gesinnten Bürgertum am Sockel seines Reiterdenkmals konfrontiert hatte, werden die Nachfolger widerstandslos von den besseren Kreisen gefeiert. Alle bekommen sie ihre Denkmäler. Teils am Ring, wo sie untergegangen sind, teils wiederholt als Reiterstandbild an den Hohenzollernbrücke. Ein wirtschaftlich erfolgreiches Bürgertum in Köln hatte sich mit der Monarchie ausgesöhnt.

Das zwanzigste Jahrhundert

Der Erste Weltkrieg bringt einen ersten Bombenangriff mit geringen Schäden, bringt aber bittere Not und Hunger. Hier bemüht sich der Erste Beigeordnete der Stadt Konrad Adenauer um Abhilfe. Das Ende des Krieges bringt sogar in Köln die Revolution. Aber man arrangiert sich damit. Besser gesagt, Konrad Adenauer, inzwischen seit 1917 Oberbürgermeister, fängt gemeinsam mit dem Sozialdemokraten Wilhelm Sollmann den Schwung des Arbeiter- und Soldatenrates auf. Man stellt Büros im Rathaus zur Verfügung, vermeidet unnötige Auseinandersetzungen, und da die englische Besatzung schließlich die Zusammenarbeit mit dem Rat ablehnt, löst sich das Problem von selbst.

Der Aufstieg nach dem Krieg ist mühselig. Köln gehört bis 1925 zur englischen Besatzungszone. Aber das hindert Konrad Adenauer nicht an der Verwirklichung großer Pläne. 1919 gelingt ihm die Neugründung der 1798 von den Franzosen geschlossenen Universität. Inzwischen ist sie mit meist 50000 Studenten eine der größten der Bundesrepublik. Die Handelshochschule, die aus der Initiative und den finanziellen Stiftungen Gustav von Mevissens (1815–99), des großen Mannes der rheinischen Wirtschaft, zu Beginn des Jahrhunderts entstand, wurde zum Kern der Neugründung. 1923 folgten die großen Sportanlagen des Müngersdorfer Stadions.

Diese großzügigen Anlagen gehören bereits zu Konrad Adenauers Bemühungen um die Stadtplanung, mit der Fritz Schumacher beauftragt wurde. Das Gelände der preußischen Festungsringe stand nun mit dem äußeren und inneren Festungsrayon zur Debatte. Die nur zu geringen Teilen baulich verwirklichten Planungen sicherten Köln aber die großzügigen

Anlagen des äußeren und inneren Grüngürtels, entlang der am Rande des eigentlichen Ballungszentrums verlaufenden Militärringstraße und jenseits des die Neustadt begrenzenden Eisenbahnrings. Sie boten Raum für großzügige Landschaftsgestaltung und für die Plazierung wichtiger öffentlicher Bauten. Dazu gehört das Gelände der Universität, wo am 26. Oktober 1929, am Tag nach dem ›Schwarzen Freitag‹ der New Yorker Börse, der Grundstein für das neue Universitätshauptgebäude des Stadtbaumeisters Adolf Abel gelegt wurde. Es wurde zum Kern des seit den 60er Jahren ausgebauten Universitätsviertels. Konsequent und weitblickend war ebenso die Errichtung der Messebauten am rechten Rheinufer zwischen Hohenzollernbrücke und Mülheimer Hafen.

Im Mai 1924 konnte die erste Kölner Messe eröffnet werden. Die Messebauten erhielten ihre Gestalt, die heute noch diesen Bereich des Stadtbildes prägt, erst 1928 nach den Plänen Adolf Abels (Abb. 65). Im Stil der Zeit, expressionistisch noch in der Verwendung dunkelroten Backsteins, präzise gereiht und gegliedert im Sinne der neuen Monumentalität, erstrecken sich die Hallen. Der hohe Messeturm setzt dazu den optisch wirksamen Akzent. Anlaß des Umbaus und der zusätzlichen Errichtung des Staatenhauses war die Internationale Presse-Ausstellung, kurz Pressa, im Frühjahr 1928. Es gelang, mit diesem Thema fünf Millionen Besucher ins Messegelände zu bringen. Damit war noch der Erfolg der Jahrtausend-Ausstellung zur Geschichte der Rheinlande im Messegelände im Jahre 1925 übertroffen worden.

Mit den Großausstellungen und der großzügigen Stadtplanung waren mitten in der Inflation, unter englischer Besatzung und in den Wirren der Weimarer Republik Ansätze der Vorkriegszeit aufgenommen worden. Unter Stadtbaumeister Carl Rehorst hatte der Ausbau des Stadtzentrums zur großstädtischen City begonnen. Straßendurchbrüche wie Zeppelinstraße oder Gürzenichstraße erschließen das neugeformte Geschäftszentrum mit Schildergasse und Hohe Straße. Im Anschluß an den neuen Hauptbahnhof (1890–94), dessen grandiose Halle von 255 m Länge erhalten blieb, werden damals die Straßen An den Dominikanern und Unter Sachsenhausen zu Geschäftsstraßen. Große Bauten mit wuchtigen Werksteinfassaden, Banken, Kaufhäuser und Verwaltungsbauten entstanden in dieser Zeit. In der Gürzenichstraße, der neuangelegten Fortsetzung der Schildergasse, zeugen das Geschäftshaus Palatium oder der Kaufhof, damals Warenhaus Tietz, mit seinen römischen Formen, von diesem Aufbruch der Stadt. Beide Bauten entwarf Wilhelm Kreis. Mit Großausstellungen hatte Köln in den Jahren vor dem Ersten Weltkrieg im Bereich von Kunst und Kunsthandwerk begonnen. Aufsehen hatte der Auftritt der modernen Kunst in der Sonderbund-Ausstellung des Jahres 1912 und für das Kunsthandwerk die Werkbund-Ausstellung des Jahres 1914 auf dem späteren Messegelände erregt. Damit waren die Weichen gestellt für die erfolgreiche Messe- und Ausstellungspolitik Kölns bis zum heutigen Tag.

Nach der großen Eingemeindung des Jahres 1888 waren 1910 rechtsrheinisch noch Kalk und Vingst zu Köln gelangt. 1914 dehnte sich Köln rechtsrheinisch erneut weit aus, verdoppelte fast das Stadtgebiet. 1922 folgte der Bereich von Worringen im Norden des linksrheinischen Stadtgebietes. Erst 1975 brachte die kommunale Neuordnung weiteren Zuwachs auf gut 405 km² mit inzwischen knapp einer Million Einwohnern. Der Bereich der mittelalter-

Köln nach Kriegsende, Foto von Hugo Schmölz

lichen Stadt, in dem man sich als Besucher Kölns meist bewegt, nimmt mit 4 km² nur noch
1 % des heutigen Stadtgebietes ein.

Auch der Verkehr wuchs. 1910 war die Südbrücke für die Eisenbahn, für den Güterver-
kehr, vollendet. Eine zusätzliche Straßenbrücke folgte mit der Hindenburgbrücke im Jahre
1915, an deren Stelle nach dem Zweiten Weltkrieg die Deutzer Brücke trat. 1929 wurde die
Mülheimer Brücke eröffnet. Auch nach der Kriegszerstörung hat man sie als Kabelhängebrücke wiederaufgebaut. Die Stadtverordnetenversammlung hatte bereits eine billigere
Bogenbrücke, ähnlich der Hohenzollernbrücke, beschlossen, wonach der Oberbürgermeister einen neuen Beschluß für die von ihm gewünschte Kabelhängebrücke durchsetzte.
Ästhetische Gründe mögen eine Rolle gespielt haben, entscheidend war sicher der Gedanke
an das traditionsreiche Unternehmen Felten & Guilleaume, deren Kabel ins Spiel zu bringen
waren. Förderung der eigenen Industrie, Sicherung der Arbeitsplätze sind keine neuen
Gedanken. Den Kommunisten in der Stadtverordnetenversammlung soll Konrad Adenauer

die teurere Brücke mit dem Hinweis nahegebracht haben, daß sich unter den modernen Brücken Moskaus oder Leningrads keine einzige Bogenbrücke befände.

Noch vor der Machtergreifung Adolf Hitlers zeigte sich die zentrale Verkehrsstellung Kölns auch im Straßenverkehr mit der Eröffnung der Autobahn Köln – Bonn im Jahre 1932, die als Arbeitsbeschaffungsmaßnahme entstanden war. In der Reichstagswahl am 5. März 1933 schnitt die NSDAP zwar mit 33,1 % gut 10 % schlechter in Köln ab als im Reichsdurchschnitt, aber in der Kommunalwahl am 12. März wurde sie mit nun 39,6 % zur stärksten Partei in der Stadtverordnetenversammlung. Der 13. März brachte den Umsturz: »Die nationale Revolution braust über Köln.« Die Partei übernahm die Herrschaft. Große Pläne aber, die mit einem ›Gauforum‹ in Deutz und Paradestraßen das Stadtbild Kölns erschreckend verändert hätten, verhinderte der Zweite Weltkrieg. Zeugnis der Herrschaft des Schreckens in der Gauhauptstadt sind die erhaltenen Zellen im Keller des damaligen Gestapohauptquartiers. Hier, im EL-DE-Haus, ist inzwischen das Dokumentationszentrum eingerichtet worden, das sich seit Jahren bemüht, das Material zur Geschichte Kölns im Dritten Reich zu sammeln. Die Inschriften in den Zellen legen ein erschütterndes Zeugnis ab. Mancher, der von hier aus zu grausamen Foltern und Verhören geführt wurde, wurde schließlich ermordet. Von der großen jüdischen Gemeinde Kölns wanderten viele rechtzeitig aus, viele aber wurden auch in die Konzentrationslager und in den Tod transportiert. Die Synagogen wurden zerstört, Besitz enteignet. Köln verlor einen wichtigen Teil seiner Bürger, seiner wirtschaftlichen Kraft, seines geistigen Lebens.

In der Nacht des 1. März 1941 kam es zum ersten großen Luftangriff auf Köln. Viele sollten noch folgen. Schrecken verbreitete der erste 1000-Bomber-Angriff in den ersten Morgenstunden des 31. Mai 1942. Über 5000 Häuser wurden total oder schwer zerstört, fast 500 Menschen fanden den Tod. Als am 6. März 1945 amerikanische Truppen ins linksrheinische Köln einrückten, trafen sie auf eine entvölkerte Stadt, eine Ruinenlandschaft. Linksrheinisch lebten vielleicht noch 10 000 Menschen in der Trümmerwüste. Die anderen waren evakuiert, geflüchtet, noch im Feld. 20 000 Tote rechnet man für Köln im Bombenkrieg. Die Altstadt war zu 90 %, die Neustadt zu 80 % zerstört. Die Brücken waren vernichtet.

Trotz aller Mahnungen und Warnungen war die Kölner Bevölkerung Ende des Jahres 1945 bereits wieder auf über 400 000 Menschen angestiegen. Provisorisch richtete man sich ein, behalf sich wie es eben ging, organisierte. Aus den mehr als 22 Millionen m³ Schutt – das entspricht etwa fünfzigmal dem Volumen des Domes – wurden sanfte Hügel in den Grünflächen der Stadt. Nur teilweise wurde die Stadtplanung des Wiederaufbaus, die Rudolf Schwarz am 1. August 1947 der Öffentlichkeit präsentierte, auch verwirklicht. Eigeninitiative und Beharrungswille der Kölner formten das Bild des Wiederaufbaus. Vielfältig war der Chor der Architekten, Planer, Bürger, Bauherren und Politiker, aus deren Stimmen, Wünschen und Hoffnungen heraus Köln nun eine Stadt der fünfziger Jahre wurde.

Viele Straßen sind davon geprägt. Große Bauten entstanden. Und damit sind nicht nur die Hochhäuser gemeint, die wie das Gerlinghochhaus zwischen Ring und St. Gereon mit ihren begleitenden Bauten versuchen, einem ganzen Viertel ihren Hoheitsträgercharakter aufzuzwingen. Dort wirkt bruchlos die klassizistische Architektur des späten 19. Jahrhunderts über das Dritte Reich hinweg, dessen hochverehrter Bildhauer Arno Breker mitwirkt. 1953 war der Bau nach dem Plan von Erich Hennes vollendet. Die Stadtplanung des Dritten Reiches hatte mit dem Durchbruch einer Ost-West-Achse, die auf das pompöse ›Gauforum‹ in Deutz zielte, zwischen Hahnentor und Neumarkt bereits begonnen. Diesen Durchbruch plant nun Wilhelm Riphahn um. Eine begrünte Straße mit eingeschossigen Ladenlokalen und Kulturbauten beginnt hier bereits vor der Währungsreform 1948 zu entstehen. Manches davon ist, wie Amerika-Haus und ›Die Brücke‹, sehenswert. Die Gesamtanlage hat inzwischen manchen Einbruch erlitten.

Qualitätvollen Einzelbauten begegnet man immer wieder. 1955 wurde der erneuerte Gürzenich, zwischen den alten Bauten des Gürzenich und der Ruine von Alt St. Alban, vollendet. Mit seinem Foyer, der schönsten Treppe Kölns (Abb. 83), und der feingliedrigen Decke des großen Saals von Ludwig Gies ist er der Höhepunkt dieser Jahre, gestaltet von den Architekten Rudolf Schwarz, Josef Bernhard, Karl Band und Hans Schilling. Fast ein Nach-

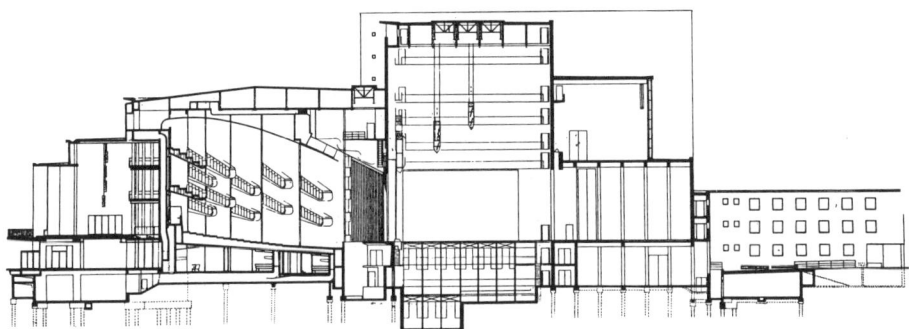

Opernhaus, Längsschnitt, Wilhelm Riphahn, 1957

bar ist der Spanische Bau, der vor der Vollendung des Alten Rathauses 1972 alle Rathausfunktionen übernehmen mußte. Der außen schlichte Backsteinbau Theodor Teichens, ebenfalls 1955 vollendet, birgt innen gestalterische Leistungen wie den Ratssaal oder die Treppe vor dem Fenster Georg Meistermanns. Architektonischer Akzent ist im Stadtbild auch der Bau des WDR am Wallrafplatz von Peter Friedrich Schneider, dessen erster schlichter Bau nach Westen später Anschluß erhalten hat. Darunter der Archivbau über der Nord-Süd-Fahrt und das Vier-Scheiben-Haus, die gemeinsam eine Schneise ins Stadtbild schlagen.

An der Nord-Süd-Fahrt, die über Jahre hinweg aus der Nachkriegsverkehrsplanung gewachsen ist, bieten Oper, 1957 von Wilhelm Riphahn, und Schauspielhaus mit vorgelagertem Platz die ansehnlichste Lösung. Es war der erste Opernhausneubau nach dem Kriege, wie auch der Neubau des Wallraf-Richartz-Museums, 1957 eröffnet, von Rudolf Schwarz und Josef Bernhard der erste Museumsneubau war. Inzwischen ist hier das Museum für Angewandte Kunst eingezogen. Die Architektur der fünfziger Jahre ist historisch geworden. Längst hat der Prozeß ihrer Verwandlung eingesetzt, sie werden ›modernisiert‹, renoviert, umgemodelt und verändert, aber an vielen Stellen hat man auch bereits den eigenständigen Wert dieser Bauten erkannt und pflegt sie.

Einschneidend hat sich in diesen Nachkriegsjahren das Straßenbild gewandelt. Der wachsende Verkehr zwang die Stadtplanung zur Verlängerung der Ost-West-Achse bis zum Heumarkt, bis zur Deutzer Brücke. Aus der Nachkriegsplanung entstand die neue Nord-Süd-Straße, die – da sie nur zum Fahren genutzt wird – konsequenterweise auch als Nord-Süd-Fahrt bezeichnet wird. Alle Versuche, die Schneise im Stadtgefüge mit Namen zu belegen, hatten nur in den gedruckten Stadtplänen einen gewissen Erfolg. Der ständig wachsende Verkehr erzeugte auch an anderen Stellen grundlegende Änderungen. Zum Symbol des Wiederaufstiegs wurde in Köln die Severinsbrücke. Der nicht in die Strommitte gesetzte, asymmetrisch angelegte A-förmige Pylon als Träger der seilverspannten Balkenbrücke war ein modemachender Erfolg des Jahres 1959. Entlang des Rheines begegnet man einigen Varianten jüngeren Datums. 1963 wurde mit dem Ausbau eines U-Bahn-Netzes begonnen, das mit normalen Straßenbahnwagen befahren wird. Die Geschwindigkeit blieb kölnisch angenehm.

Die Autobahnbrücke im Norden der Stadt (zwischen Merkenich und Leverkusen) schloß 1965 den Autobahnring um Köln, den ersten in Europa. Und als nördliches Gegenstück zur Severinsbrücke folgte 1966 die Zoobrücke für den innerstädtischen Bereich. Der Flughafen Köln-Wahn wurde mit neuen Bauten bis 1970 dem neuen Zeitalter des Luftverkehrs angepaßt...

Mit den Fußgängerzonen Hohe Straße und Schildergasse war Köln Vorreiter auch in diesem Bereich gewesen. Nach langen Jahren einer ruhigen Entwicklung ist nun – wenn man als Zeitgenosse und Bürger der Stadt überhaupt wagen kann, ohne historischen Abstand Entwicklungen zu benennen – ein neuer Umbruch zu konstatieren. Ein erster Paukenschlag war die Vollendung des Rheinufertunnels, der die alte Stadtfassade aus dem Verkehr hob, den Rheingarten zur Promenade davor legte. Dazu gehörte auch ›Der Neubau‹ mit der Kölner Philharmonie und den Räumen für das Wallraf-Richartz-Museum und das Museum Ludwig, entworfen von zwei Kölner Architekten (s. Farbabb. 1; Abb. 3). Er ist zu einem Kristallisationskern für Kölns Attraktivität als Kulturzentrum geworden.

Ganze Straßenzüge werden inzwischen umgebaut, erneuert, verschönert. Das gilt nicht nur für die Ringe, deren Neugestaltung nach Jahren des U-Bahnbaus 1988 mit einem großen Fest gefeiert wurde. Es gilt für zahlreiche Straßen der Innenstadt und in den Stadtteilen. Und ganz erstaunlich ist der Neubau großer Luxushotels, die oft an markanten Stellen im Stadtbild neue Akzente setzen. Zum Flanieren reizen die wachsenden Fußgängerzonen, zum Bummeln die Passagen und Galerien. Und für die Zukunft wird bereits geplant. Das Gelände des aufgegebenen Güterbahnhofs Gereon wird Mediapark – die erste Etappe ist mit Kölns nunmehr größtem Kino-Tempel, dem ›Cinedom‹ bereits erreicht –, und der alte Rheinauhafen im Süden des Stadtpanoramas wird in den kommenden Jahren – auch er wird verlegt – zum großen neuen Thema der Stadtentwicklung werden.

Die Stadt in vier Rundgängen

1 Vom Dom nach Norden (Plan auf S. 94)

Der immer wieder faszinierende Mittelpunkt des Stadtbildes und Ausgangspunkt unserer Rundgänge durch das alte Köln ist der Dom, die vollkommenste der gotischen Kathedralen. Bevor wir uns ihr selbst zuwenden, werfen wir einen Blick auf die Umgebung. Gegenüber der Westfassade bietet das **Verkehrsamt** (vom 1. Mai bis 31. Oktober mo–sa 8–22.30, so und feiertags 9–22.30 Uhr und vom 1. November bis 30. April mo–sa 8–21 Uhr, so und feiertags 9.30–19 Uhr) – in einem mit feinen Linien präzise formulierten Bau des Architekten Hans J. Lohmeyer aus dem Jahre 1955 ein gutes Beispiel der Architektur der Zeit – eine Fülle von Informationen und Publikationen, Stadtrundfahrten, Zimmervermittlung und Beratung an. Auf der Domplatte davor wird die **Fußgängerpforte des römischen Nordtores** (Abb. 5) als Treffpunkt und Lagerplatz in vielfältiger Form genutzt. Bei der Gestaltung der Domplatte 1968–70 nach den Plänen Fritz Schallers, deren Pilzschirme am Übergang zum Bahnhofsplatz uns heute irritieren, hat man die Fußgängerpforte fast an der gleichen Stelle, nur entsprechend höher, wieder aufgebaut. Der große Torbogen, der hier für Jahrhunderte den Zugang zur Domimmunität öffnete, befindet sich mit seiner Inschrift CCAA im nahe gelegenen Römisch-Germanischen Museum.

In der Domumgebung stehen – Folge der Zerstörungen durch den Zweiten Weltkrieg – noch weitere Bauten der fünfziger Jahre, die glänzend die Vielfalt der Architektur dieser Zeit spiegeln. Der Bau der **Bank für Gemeinwirtschaft** 1952/53 von Fritz Schaller kontrastiert in Material und Formen zum **Kuriengebäude** 1961–63 von Willy Weyres und Bernhardt Rotterdam. Als Nachbar des **Domhotels**, dem die fehlenden Dachkuppeln die Vollendung spätkaiserzeitlichen Prunkes rauben, ist das **Blau-Gold-Haus** ein Höhepunkt der dekorativen Baukunst der fünfziger Jahre. Eine Stahlskelettkonstruktion wurde hier von Wilhelm Koep 1952 mit einer vorgehängten Stahl-Aluminium-Glasfassade versehen. Entsprechend dem Image der auftraggebenden Firma 4711 entstand ein Bau, der dem ›Lustvollen und Duftigen‹ des Kölnisch Wasser Ausdruck geben soll. Abends, wenn die Fassadenbeleuchtung die Farben aufleben läßt und die gebogenen Scheiben der Schaufenstervitrinen schimmern, lebt der Bau als Kontrast zur Architektur des Domes auf. Verständlich, daß dieser Gegensatz bei der Vollendung des Blau-Gold-Hauses erst einmal heftige Diskussionen auslöste.

Vor einem Gang rings um und in den Dom, zum vorbereitenden Lesen und Schauen oder danach zum Nachlesen und zu besinnendem Blick auf die Westfassade empfiehlt sich das

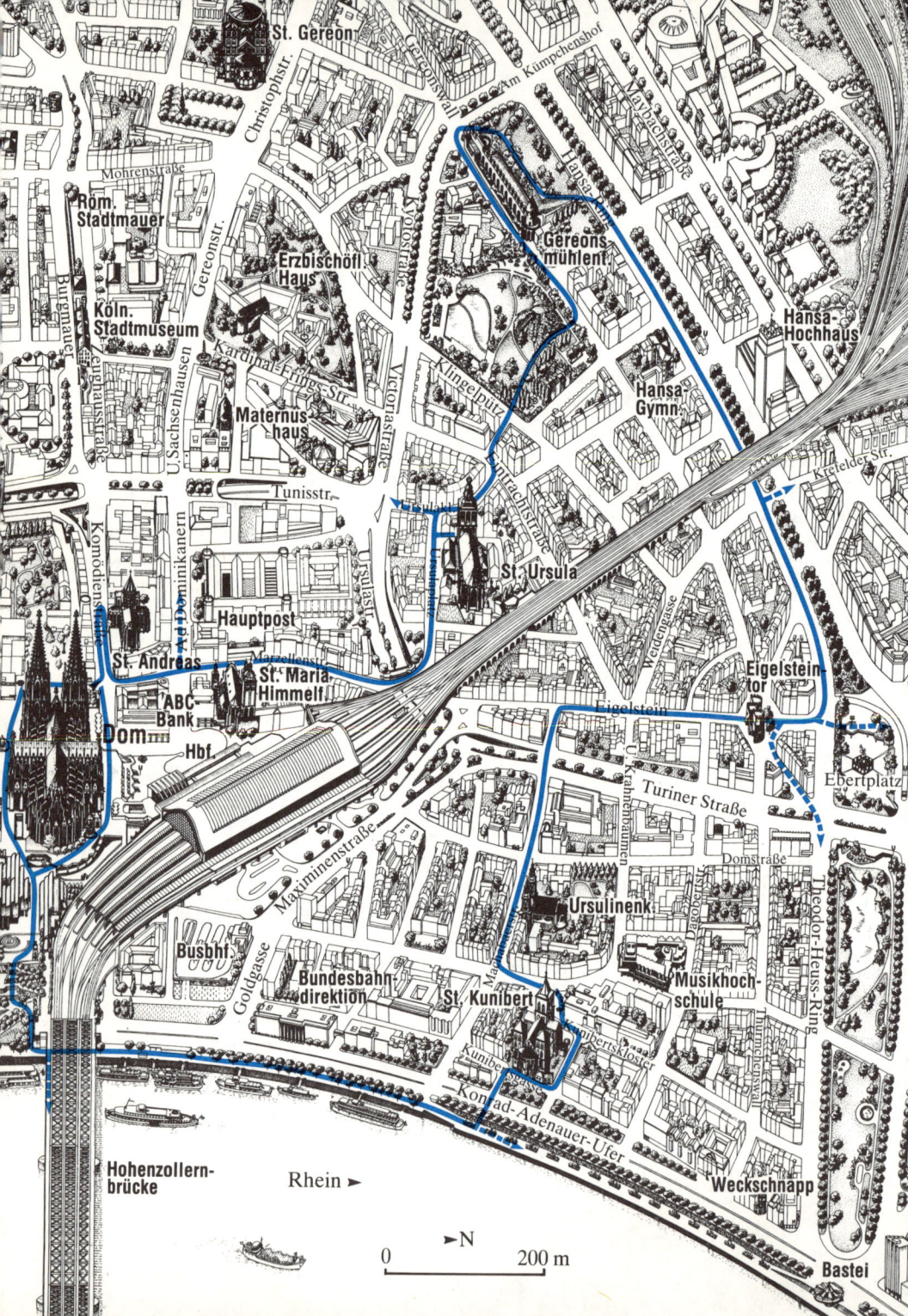

St. Gereon

Christophstr.

Gereonswall

Am Kümpchenshof

Maybachstraße

Hansa...

Gereons mühlent

Hansa-Hochhaus

Mohrenstraße

Röm. Stadtmauer

Gereonstr.

Erzbischöfl. Haus

Vytorstraße

Klingelpütz

Köln. Stadtmuseum

Kardinal-Frings-Str.

Victoriastraße

Hansa-Gymn.

Krefelder Str.

Burgmauer

Zeughausstraße

U.Sachsenhausen

Maternus haus

Eintrachtstraße

St. Ursula

Weidengasse

Tunisstr.

Ursulastr.

Eigelsteinstr.

Komödienstr.

An den Dominikanern

Hauptpost

Marzellenstr.

Eintrachtstraße

Eigelstein

Eigelsteintor

St. Andreas

St. Maria Himmelf.

U.Kranenbäumen

ABC-Bank

Turiner Straße

Ebertplatz

Dom

Hbf

Dagobertstr.

Domstraße

Maximinenstraße

Ursulinenk.

Theodor-Heuss-Ring

Busbhf.

Goldgasse

Bundesbahn-direktion

St. Kunibert

Musikhoch-schule

Kunibertsklos.

Kunibergsgasse

Hubertskloster

Hohenzollern-brücke

Rhein ▶

Konrad-Adenauer-Ufer

Weckschnapp

▶N

Bastei

0   200 m

Café Reichard. Es bietet bei gutem Wetter seine Terrasse, Erinnerung an die zu Beginn des Jahrhunderts geplante Kaiserstraße vom Dom nach Westen, aber auch eine verglaste Galerie bei weniger günstigen Wetterlagen. Der Bau selbst, 1903/04 in den Formen später Gotik errichtet, gibt nach dem Wiederaufbau bis in den letzten Winkel des überdimensionalen Dachaufbaus Büros des WDR Raum.

Die Vorbereitungen für den Bau der **Domplatte** – noch nach dem Zweiten Weltkrieg führten Treppen zum Dom hoch – gaben die Möglichkeit für umfangreiche Grabungen, bevor man die Arbeiten mit einer zweigeschossigen Tiefgarage unter der Platzanlage abschloß. Eine Eisentür neben dem U-Bahn-Eingang unterhalb der Fußgängerpforte des römischen Nordtores führt in diese Tiefgarage, die dem Autofahrer als zentral empfohlen sei. Und mit etwas Mühe könnte man hier auch wichtige Objekte vom Wagen aus besichtigen. Zu Fuß erblickt man einen **römischen Keller** der Zeit um 200 n. Chr., der 1969 neben dem Südturm des Domes ausgegraben worden war. Ob er, wie die sorgfältige Gestaltung vermuten ließ, für Kultzwecke genutzt worden ist, kann nicht sicher festgestellt werden. Jenseits der Zufahrt zur Domtiefgarage entdeckt man rasch die Überreste der **römischen Stadtmauer.** Bis tief über die Fundamentkante hinunter ist sie freigelegt worden. Fast schon vor den Fundamenten des gotischen Domes, die die römische Mauer einbeziehen, stößt man auf einen aus Ziegelsteinen errichteten Anbau an die Mauer. Hier führte ein Gang unter der Mauer hindurch, den wahrscheinlich Erzbischof Anno (1056–75) nutzte, als er im Jahre 1074 vor den aufrührerischen Kölnern flüchten mußte. Der nachträglich aufgemauerte Schacht war bis zum Ende des 19. Jahrhunderts wohl noch vom Keller der Domdechanei aus zugänglich. Wer weiß, wie der Kölner Aufstand verlaufen wäre, wenn es diesen Durchgang unter der Mauer nicht gegeben hätte?

Ein Stück von hier aus nach rechts, mitten vor den Fundamenten der Westfassade des Domes, ist der Brunnenschacht des **Atriumbrunnens des Alten Domes,** auf den man bei den Grabungen stieß, stehengeblieben. Da die Domgrabung selbst, mit der 1946 begonnen werden konnte und die unter dem Fußboden des Domes noch heute weitergeführt wird, selten zugänglich ist und in ihren Ergebnissen oft heftig diskutiert wird, ist der Brunnen eines der wenigen Zeugnisse des Alten Domes, die ständig zu sehen sind. Berühmter und aufsehenerregender sind natürlich die Grabfunde aus der kleinen Kapelle des 16. Jahrhunderts, die heute im Diözesan-Museum im Kuriengebäude gegenüber dem Südportal des Domes zu sehen sind (s. S. 129).

Dom St. Peter und Maria

Mitten im Trubel der spätromanischen Baustelle Köln hatten Domkapitel und Erzbischof von Köln schon seit Jahrzehnten gespürt, daß bei aller Ehrwürdigkeit der Alte Dom an Glanz und Größe gegenüber den großen Kirchen der Stifte und Klöster zurückstand. Aus den Anfängen, die für uns mit Bischof Maternus zu Beginn des 4. Jahrhunderts erkennbar werden, war im Laufe von bald einem Jahrtausend eine der stolzesten Kirchen des Reiches

◁ *Rundgang 1: Vom Dom nach Norden. Ausschnitt aus dem Luftbildplan von Günter Merkenich*

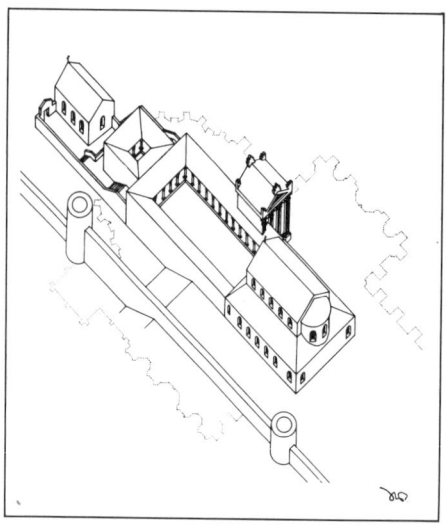 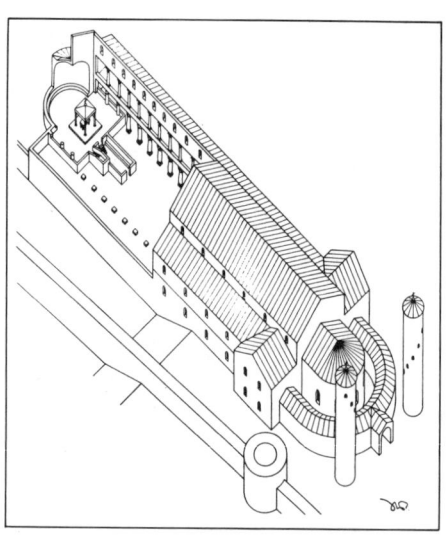

Die frühchristliche Bischofskirche am Ende des 4. Jahrhunderts. Die meisten Bauteile sind nur der Lage nach bekannt. Die Zeichnung kann deshalb nur als ein sehr vorsichtiger Versuch angesehen werden, der die Situation veranschaulichen soll.

Der Dom in frühkarolingischer Zeit (um 800 n. Chr.). Auch diese Zeichnung enthält noch viele Unsicherheiten.

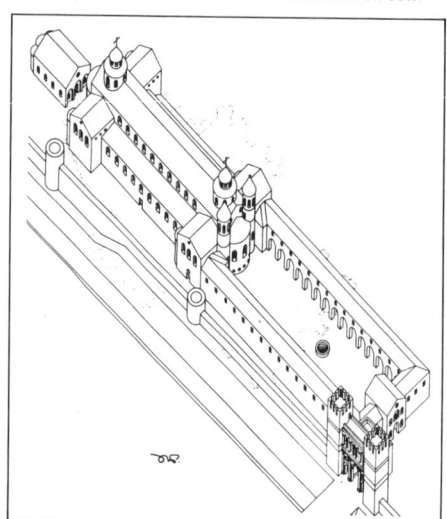 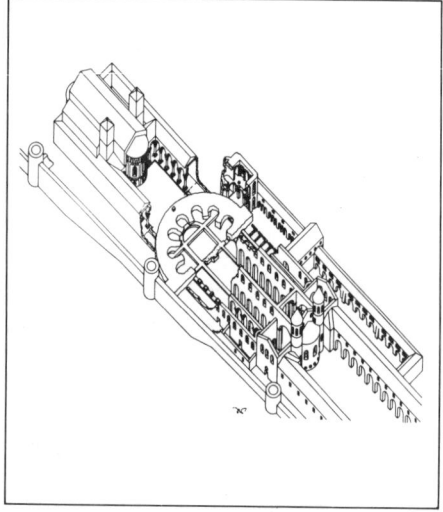

Der Alte Dom zur Zeit der Weihe (27. September 870). Dank der Ausgrabungen und der Abbildungen im Hillinuskodex gelingt die Rekonstruktion der Domkirche selbst recht gut.

Die Dombaustelle zur Zeit der Grundsteinlegung (15. August 1248)

Zeichnungen von Arnold Wolff, Stand 1988

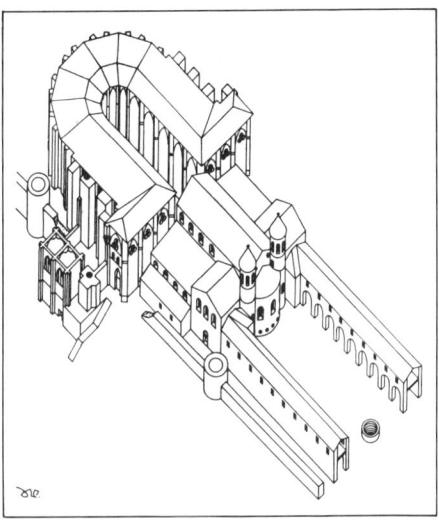

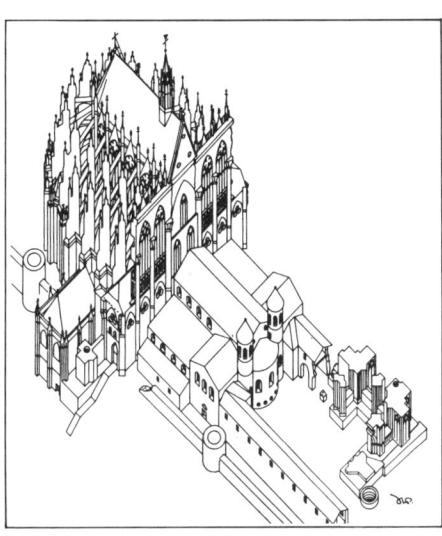

Der Dom um 1265. Seitenschiffe, Umgang und Kapellen werden für den Gottesdienst freigegeben und durch Treppen mit dem Rest des Alten Domes verbunden.

Der Dom zur Zeit der Weihe des Chores (27. September 1322). Westlich des Alten Domes hat bereits der Bau des Südturmes begonnen.

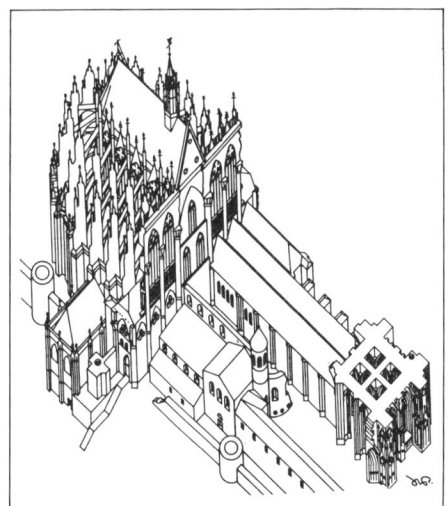

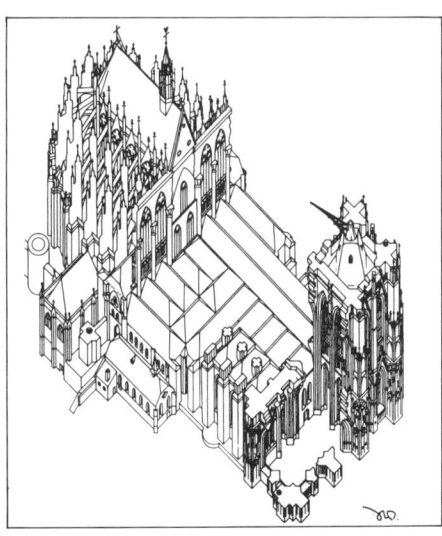

Der Dom zur Zeit der Gründung der Kölner Universität (7. Januar 1389)

Der Dom zur Zeit der Einstellung des Baubetriebes (1560)

geworden: »Omnium ecclesiarum, quae sunt in Allemannia, quasi mater et matrona« – als Mutter aller Kirchen Deutschlands, so bezeichnete Anfang des 13. Jahrhunderts der englische Chronist Matthäus Paris den Dom, der als bescheidener Nachbar eines römischen Tempels begonnen hatte. Unterhalb des Domherrenfriedhofes vor dem Domchor kann man durch eine Gittertür am Treppenabgang das achteckige Taufbecken des spätantiken Baptisteriums der Jahre um 400 sehen.

Von hier aus bis etwa zur Fußgängerpforte des römischen Nordtores reichte schließlich das Gelände der Bischofskirche, allerdings von immer wieder geänderten Baukomplexen mit Innenhöfen dazwischen oder einem weiten Atrium im Westen ausgefüllt, dessen Brunnen wir bereits aus der Tiefgarage kennen. In einem Innenhof, der sich inmitten des heutigen Chores befinden würde, ist Mitte des 6. Jahrhunderts die Kapelle erbaut worden, in deren Boden 1959 die Gräber der vornehmen Frau und des Knaben mit ihren reichen Ausstattungen gefunden wurden. Erst wohl Ende des 8. Jahrhunderts kommt es unter Erzbischof Hildebold (s. S. 27) zu einem Neubau, dessen Grundkonzeption und das berühmte Ringatrium sich auf dem St. Gallener Klosterplan wiederfinden. Dieser schildert zu Beginn des 9. Jahrhunderts die Idealkonzeption einer Klosteranlage der späten Karolingerzeit. Der Kölner Bau scheint hier als Vorbild gedient zu haben. Er wird aber bereits bald durch einen Neubau ersetzt, der 870 geweiht wird. Dieser ›Alte Dom‹ reichte von der Achskapelle im Osten des gotischen Chores bis zum zweiten Langhausjoch jenseits der Vierung mit einer Länge von 96 m bei 144 m der gotischen Kathedrale. Mitte des 10. Jahrhunderts erhält der für seine Zeit aufwendige Bau zwei zusätzliche Seitenschiffe, durch einen ›niedersächsischen‹ Stützenwechsel (zwei Säulen und ein Pfeiler) mit den anderen Seitenschiffen verbunden. Es scheint also, daß dieses vom Aachener Münster Karls des Großen übernommene Baumotiv hier unter Erzbischof Bruno (953–65) in die Architektur der Basilika eingeführt worden ist. Dem kaiserlichen Vorbild Aachen entsprechen auf der anderen Seite die neue Fünfschiffigkeit und die Ringkrypten nach dem Muster von Alt St. Peter in Rom. Ein Modell, das Bruno ja auch mit dem Stab und den Ketten Petri, die noch heute zu den Schätzen der Domschatzkammer gehören, aufnimmt.

In diesen prunkvoll geschmückten Bau, von dem wir uns durch die Miniatur des Hillinuskodex (Farbabb. 5) eine gewisse Vorstellung machen können, werden am 23. Juli des Jahres 1164 von Erzbischof Rainald von Dassel (1159–67) die kostbaren Reliquien der Heiligen Drei Könige gebracht. Wenig beachtet hatten sie bis zur Eroberung Mailands durch Friedrich Barbarossa im Jahre 1162 dort in der Kirche San Eustorgio geruht. Als Geschenk des Kaisers gelangten sie in den Besitz seines getreuen Kanzlers, der sie auf vorsichtigen Umwegen ins Reich und im Triumphzug den Rhein hinunter nach Köln brachte. Alle zeitgenössischen Chronisten ringsum in Europa, die auf sich hielten, nahmen von dem Ereignis gebührend Notiz. Die ersten Könige, die Christus gehuldigt hatten und von ihm damit im Amt bestätigt worden waren, »von Gottes Gnaden« waren, diese ersten Zeugen der Menschwerdung Gottes zugleich bewahrte nun der Kölner Dom. Spätestens Ende des 12. Jahrhunderts beginnt man aus den Spenden und Stiftungen der Pilger mit den Arbeiten am Schrein der Heiligen Drei Könige, der heute jenseits des Hochaltares im Hochchor steht (s. S. 107).

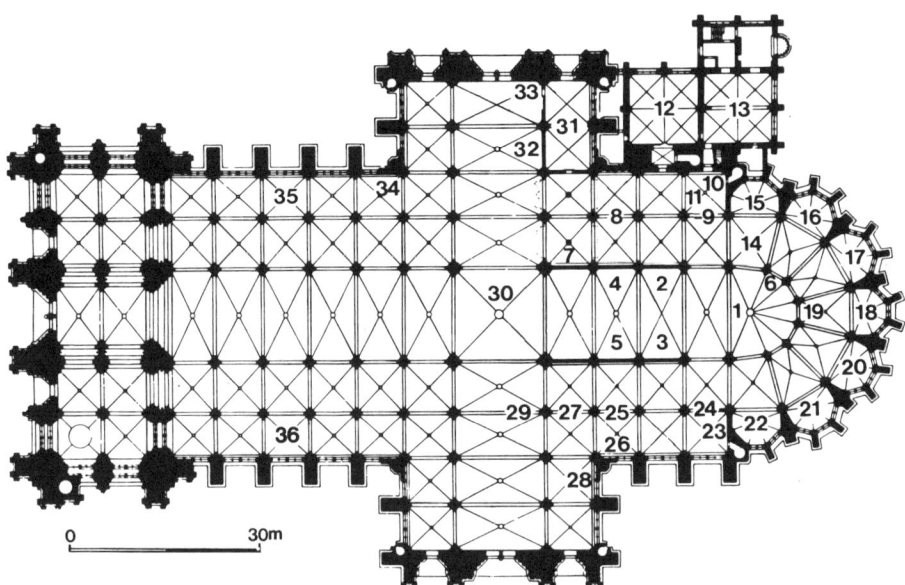

Dom, Grundriß

1 *Dreikönigenschrein (Farbabb. 8)*
2 *Chorschrankenmalereien, um 1332–40 (Farbabb. 4)*
3 *Chorgestühl, 1308–1311*
4 *Zwickelmalereien über den Arkaden. Eduard v. Steinle, 1843–45*
5 *Chorpfeilerfiguren, um 1280*
6 *Obergadenfenster, um 1310*
7 *Eingang zur Krypta*
8 *Hochgrab für Erzbischof Engelbert III. von der Mark († 1368)*
9 *Hochgrab für Erzbischof Wilhelm von Gennep († 1362)*
10 *Kreuzaltar (1683) mit Gerokreuz, um 970*
11 *Denkmal für Engelbert I. von Berg († 1225). Heribert Neuß, 1665*
12 *Sakramentskapelle mit Sakramentshäuschen von Dombaumeister Konrad Kuyn, um 1460; Glasfenster um 1460/70 aus dem Kreuzgang von St. Cäcilien*
13 *Sakristei*
14 *Fußbodenmosaik, entworfen von August Essenwein, ausgeführt und verändert von Fritz Geiges, 1892–99*

15 *Engelbertuskapelle mit Georgsaltar, Antwerpen um 1520, und Wandepitaph für Erzbischof Anton von Schauenburg († 1558)*
16 *Maternuskapelle mit Hochgrab für Erzbischof Philipp von Heinsberg († 1191). Die Miniaturausgabe der Stadtmauer erinnert bei dem am Ende des 14. Jahrhunderts entstandenen Grab an den Beginn des Mauerbaus im Jahre 1180 während der Regierungszeit des Erzbischofs.*
17 *Johanneskapelle mit Fenstern um 1320 und Hochgrab für Erzbischof Konrad von Hochstaden († 1261) mit Bronzegrabplatte des 13. Jahrhunderts und Fassadenplan*
18 *Dreikönigenkapelle mit dem älteren Bibelfenster in der Mitte um 1260, links Dreikönigenfenster um 1320, rechts Petrus- und Maternusfenster. Farbige Fassung der Wände 1892 erneuert. Dreikönigenaltar von Wilhelm Mengelberg 1908 mit der Füssenicher Madonna, Köln, Ende 13. Jh.; Wandepitaph für Erzbischof Ernst von Bayern (1612)*
19 *Grabmal für Erzbischof Dietrich von Moers († 1463), über der Inschrift eine Madonna, rechts die Heiligen Drei Könige, links Diet-*

rich mit dem Apostel Petrus, von Dombaumeister Konrad Kuyn

20 Agneskapelle mit Fenstern und Wandmalerei, um 1320; Sarkophag der Hl. Irmgardis, um 1280

21 Michaelskapelle mit Hochgrab für Erzbischof Walram von Jülich († 1349) und Flügelaltar von Barthel Bruyn d. Ä., 1548

22 Stephanuskapelle mit dem Jüngeren Bibelfenster (links), um 1280 aus der Dominikanerkirche; Hochgrab für Erzbischof Gero († 976) mit Deckplatte aus dem Fußbodenmosaik des Alten Domes und Wandepitaph für Erzbischof A. von Schauenburg († 1558)

23 ›Dombild‹ von Stephan Lochner, um 1445 (Umschlaginnenklappe, Abb. 1), daneben am Pfeiler die ›Mailänder Madonna‹, Köln um 1280

24 Hochgrab für Erzbischof Friedrich von Saarwerden († 1414) mit Bronzefigur

25 Hochgrab für Graf Konrad von Arnsberg

(† 1372) mit eisernem Gitter, laut Legende, um die Skulptur vor der Wut seiner Verwandten zu schützen, da Köln die Grafschaft erbte

26 Hochgrab für Erzbischof Rainald von Dassel († 1167), Kalksteinskulptur von A. Iven, 1905

27 St. Christophorus, Höhe 3,73 m, um 1470 von Tilman van der Burch

28 Agilolfusaltar, Antwerpen 1521

29 Madonna, um 1400

30 Vierung mit der Renaissancekanzel von 1544, Bischofsthron von W. Weyres 1952 und moderner Ausstattung von E. Hillebrand

31 Schatzkammer

32 Dreikönigenaltar mit Gnadenbild

33 ›Himmelfahrt Mariens‹ von Friedrich Overbeck, 1847–54

34 Klarenaltar, um 1350

35 Renaissancefenster von 1507–09

36 Bayernfenster, 1842 von König Ludwig I. von Bayern gestiftet, 1848 eingesetzt

Die wachsenden Pilgerströme verlangten aber auch mehr Raum. Erste Gedanken an einen Neubau hatten bereits Erzbischof Engelbert I. von Berg (1215–25) kurz vor seiner Ermordung in Familienstreitigkeiten zu erheblichen finanziellen Zuwendungen für einen Neubau veranlaßt. Wäre damals noch ein spätromanischer Bau geplant worden? Oder hätte man wie mit Liebfrauen in Trier oder der Elisabethkirche in Marburg in diesen Jahren erste deutsche Gehversuche mit gotischer Architektur gemacht?

Statt dessen kann Erzbischof Konrad von Hochstaden am 15. August 1248 den Grundstein für die vollkommenste ›französische‹ Kathedrale legen, die im Laufe der gotischen Architektur entstanden ist, Summe und Konsequenz der Überlegungen und Versuche, die das Errichten der französischen Kathedralen für die wagemutigen und experimentierfreudigen Architekten Frankreichs bedeutete. Sicher bedurfte es einiger diffiziler Verhandlungen mit dem Domkapitel, das eine gemeinsame Regelung für die Finanzierung des Unternehmens finden mußte. Es war aber für die Zeitgenossen nicht mehr ungewöhnlich, einen Bau zu beginnen, dessen Vollendung keiner mehr erleben würde, der bei der Grundsteinlegung anwesend war. Man vertraute auf die Zukunft der eigenen Institution. Bis zum Jahre 1560, mit einem gewandelten Geschmack, den nun die Renaissance beeinflußte, inmitten der Wirren von Reformation und Gegenreformation, war dies Vertrauen gerechtfertigt. Dann stellte man die Arbeiten an dem Bau, dessen Grundfläche bereits zu 90 % nutzbar war, ein.

Der erste Architekt des Kölner Domes, Meister Gerhard, vollendet in seinem Entwurf das Streben nach Vollkommenheit und Gleichmaß, das bereits in den Bauten der Jahrzehnte zuvor in Reims oder besonders in Amiens, dem nächsten Verwandten des Kölner Baues, zu

spüren ist. Die Fünfschiffigkeit der Chorjoche, die die ausstrahlenden Kapellen des Chorumgangs auffängt, wird über die Vierung mit dreischiffigem Querhaus im wieder fünfschif-
figen Langhaus fortgesetzt. Diese Gleichmäßigkeit des Grundrisses, aus dem Vierungsqua-
drat entwickelt, wird im Aufbau ebenso wirksam. Die Höhe der Arkaden entspricht der
Höhe der Obergadenfenster. Ein Drittel dieser Höhe wird dazwischen vom verglasten
Triforium eingenommen. Ein ausgewogenes Gleichmaß wird erreicht. Konsequent ist auch
das Detail durchgearbeitet. Bis zur Basis der Bündelpfeiler wird das ganze lineare System des
Gerüsts der Gewölberippen, bis zu den Schlußsteinen in 43,5 m Höhe, bis in die Profile der
Arkaden und Gurte durchgezogen.

Entsprechend perfekt ist auch die Durchgestaltung des Außenbaus. Die Wände bleiben
über dem Sockel schlicht, da sie hinter der Umbauung, die erst im 19. Jahrhundert abgerissen wird, verborgen blieben. Dann treten die Fenster in den Kapellen des Chorumgangs, im
Triforium und im Obergaden an die Stelle der Wand. Daneben und darüber, reicher auf der
stadtseitigen Südseite als auf der abgewandten Nordseite, werden die Strebepfeiler, turmhaft
massiv, reich gegliedert und mit Maßwerk überzogen. Zwei Strebebögen übereinander, im
Maßwerk aufgelöst, nimmt jeder Strebepfeiler auf. Eine solide Konstruktion. Das mah-
nende Beispiel manchen Einsturzes wirkt hier bei den Planungen Meister Gerhards wie bei
den bis zu 17 m tief reichenden Fundamenten nach. Im Jahre 1261 konnte Erzbischof
Konrad von Hochstaden bereits in der Achskapelle seine Grabstätte finden, unter einem
Grabdenkmal, das zu den schönsten Bronzegüssen des 13. Jahrhunderts gehört. (Die Platte
befindet sich heute in der Johanneskapelle.) Die Generation der Grundsteinlegung schwin-
det dahin. An die Stelle Meister Gerhards ist inzwischen Arnold als zweiter Dombaumeister
getreten, der den Obergaden des Chores ausführt. Am 27. September 1322 schließlich,
längst hatte Arnold sein Amt an seinen Sohn Johannes abgegeben, konnte das Domkapitel
vom neuen Chor Besitz ergreifen und Erzbischof Heinrich von Virneburg (1304–32) die
Weihe vornehmen. Bis 1331 etwa ist Johannes als Leiter des Dombaus nachweisbar.

Er hatte inzwischen schon, um 1300, mit den Arbeiten an der *Westfassade* begonnen. Es
war üblich, mit dem Chor für den regelmäßigen Gottesdienst des Kapitels zu beginnen.
Aber das Problem der Fassadenlösung wird schon Meister Gerhard beschäftigt haben, und
Meister Arnold wieder wird es mit seinem Sohn Johannes diskutiert haben. Mancher andere
wird an diesen Gesprächen beteiligt gewesen sein. Und man entwirft etwas bis heute
Unglaubliches, einen Traum, den dann auch erst die Begeisterung des 19. Jahrhunderts zu
verwirklichen wagte. Statt, wie gewohnt, über einem Joch jeweils der Seitenschiffe einen
Turm zu planen, plant man, da man nun – bei fünf Schiffen – über mehr Raum verfügt, die
Türme über je vier Jochen der südlichen und nördlichen Seitenschiffe. Sie dominieren die
Fassade. Zwei quadratischen Geschossen folgen zwei achtseitige. Die unteren davon werden
noch durch den Giebel über dem Hauptschiff verbunden. Erst das zweite achtseitige
Geschoß löst sich aus dem Block der Fassade und trägt den durchbrochenen Maßwerkhelm
mit der Höhe von wieder zwei Geschossen. Damit wird eine Gesamthöhe von 157 m
erreicht. (Der nördliche Helm ist mit 157,38 m 7 cm höher als der südliche, um ganz exakt zu
sein!) Mancher Gedanke der Fassade wird eher an anderer Stelle verwirklicht als in Köln. So

zeigt sich die wagemutige Kölner Erfindung des durchbrochenen Maßwerkhelmes, der die Wimperge, die Giebelelemente über den Fenstern und Blendmaßwerkfenstern der Fassade folgerichtig fortsetzt, längst in Freiburg oder Burgos, bevor sie in Köln im 19. Jahrhundert gebaut wurde. Daher hält sich hartnäckig die Legende, der Maßwerkhelm sei eine Freiburger Erfindung.

Ebenso ungewöhnlich wie die Konzeption der Fassade, die wohl noch auf Gedanken Meister Gerhards zurückgeht, ist der riesenhafte Fassadenplan, mit dem das für Jahrhunderte höchste Bauwerk der Welt – im Bau befindlich – den Bauherren und dem Publikum vorgestellt wurde. Gut 4 m hoch, halb so breit, ist er schon selbst, aus einer Vielzahl von Pergamenten zusammengesetzt, von erschreckender Mächtigkeit. Lange in der Sakristei dem staunenden Publikum vorgewiesen, ist er nach der Verschleuderung des Dombauarchivs in der Säkularisation auf abenteuerlichen Wegen wiederentdeckt worden und wurde zur Grundlage des Traums von der Vollendung des Domes. Heute hängt er, mit einem Vorhang vor Licht geschützt, in einem Eichenrahmen in der Johanneskapelle des Chorumgangs.

Mit der Fassade mußte schließlich auch aus statischen Gründen begonnen werden, bevor man an die Errichtung des Schiffes und seiner Gewölbe denken konnte. Ohne das Widerlager der Türme waren die Gewölbe vom Einsturz bedroht. So wurden auch, nachdem der Südturm die notwendige Höhe erreicht hatte, in der zweiten Hälfte des 14. Jahrhunderts die Pfeiler der Südseite gebaut und Holzdächer zwischen der Ostwand des Querhauses und dem Südturm ausgespannt. Den Festgottesdienst zur Eröffnung der Kölner Universität am 7. Januar 1389 konnte man bereits mit erheblich mehr zur Verfügung stehendem Raum feiern.

Zu diesem Zeitpunkt war auch das *Petersportal* vollendet. Es ist das einzige, das im Mittelalter seine Skulpturen erhielt. In den Jahren zwischen 1375 und 1380 entstanden die großen Standfiguren der Apostel Petrus, Andreas und Jakobus für das linke Portalgewände, Paulus und Johannes für das rechte Gewände. Die Arkadenbögen wurden mit Engeln, Propheten und Heiligen gefüllt. Das Tympanon erzählt das Martyrium des Patrons Petrus und des Apostels Paulus. Rechts erkennt man thronend Nero, links wird Paulus geköpft und Petrus kopfunter gekreuzigt. Darunter sind sechs Propheten aufgereiht. Darüber wird die Geschichte vom Magier Simon erzählt, der sich mit Zauberkräften in die Luft erhob, auf das Gebet der Apostel hin zu Tode stürzt. Nur das Tympanon ist noch im Original hier zu sehen. Die anderen Figuren, die erkennen lassen, daß parlerischer Einfluß auch in Köln zu spüren war, sind durch Abgüsse ersetzt und die Originale im Diözesan-Museum ausgestellt. Die übrigen Skulpturen entstanden erst mit der Vollendung des Domes in der Werkstatt des Dombildhauers Peter Fuchs. Es lohnt also, hier einen Moment zu verweilen.

Um 1410 erreicht der Südturm eine Höhe von immerhin 59 m und erhält den berühmten schiefergedeckten Kran, der bis zum Jahre 1869 zum markanten Punkt des Stadtbildes wird.

Im 15. Jahrhundert folgen nun die Pfeiler der Nordseite und die Ostwand des Nordturmes, die für die Gewölbe, die man hier – im Gegensatz zur Südseite – noch im frühen

Dom in antizipierter Vollendung, Gemälde von C. G. Hasenpflug, 1834/36, Kölnisches Stadtmuseum

16. Jahrhundert einzieht. Auch das Mittelschiff kann nun ein Holzdach erhalten. Als dann 1560 die Bauarbeiten eingestellt werden, können 90 % der Fläche des Domes genutzt werden. Nur die Fläche des Nordturmes und des Hauptportalbereiches liegen noch frei. Bewundernswert ist aber, wie weitgehend sich die Dombaumeister des späten Mittelalters und der frühen Neuzeit an den vorgegebenen Plan und die Details längst vergangener Generationen gehalten haben. An der Nordostseite des Nordturmes kann man allerdings bei genauem Hinsehen feststellen, daß in manchen Details Spätgotisches erscheint. Und am älteren Südturm gab es im 19. Jahrhundert sogar große Probleme, als man versuchte, die Vorgaben des großen Fassadenplanes nun in Stein umzusetzen.

Den Gedanken an den Weiterbau des Domes hat man auch nach 1560 nicht aufgegeben. Unter Erzbischof Clemens August (1723–61), dem Bauherrn des Brühler Schlosses, ließ man die offenen Dachstühle mit Scheingewölben versehen und den Dom modisch weiß tünchen. Der Chor erhielt einen aufwendigen Prunkaltar. 1794, nach der Flucht von Domkapitel und Domschatz, nach dem Einzug der französischen Truppen wird der Dom Magazin für Vorräte, und österreichische Kriegsgefangene verheizen im Winter 1797/98 die hölzerne Ausstattung außerhalb des Chorbereiches. Erst 1801 wird der Dom wieder Pfarrkirche, und der Dreikönigenschrein kann wenige Jahre danach zurückkehren. Aber erst unter preußischer Herrschaft wird Köln 1821 wieder Sitz eines Erzbischofs. Damit wurde der preußische Staat auch zuständig für die Erhaltung des Bauwerks, an dem romantische Begeisterung sich schon entzündet hatte, das Josef Görres bereits 1814 als Denkmal der Freiheitskriege zur Vollendung vorschlug.

Und am 16. Juli des gleichen Jahres, noch bevor Köln auf dem Wiener Kongreß an Preußen fiel, gelang es Sulpiz Boisserée (1783–1854), den Kronprinzen für die Erhaltung und Vollendung zu faszinieren. Sulpiz Boisserée, den wir gemeinsam mit seinem Bruder bereits als Sammler mittelalterlicher Gemälde kennen, begann schon 1808 mit den Vorarbeiten. Genaue zeichnerische Aufnahmen verschiedener Architekten und Zeichner wurden zur Grundlage seines nicht nur vom Format her monumentalen Kupferstichwerks. 1821 begannen die ersten Blätter zu erscheinen. 1823 setzten die dringend notwendigen Reparaturarbeiten am Dom ein. 1833 traf Ernst Friedrich Zwirner (1802–61) als Dombaumeister in Köln ein. Gemeinsam mit Friedrich Schinkel, seinem genialen Berliner Vorgesetzten, entwickelte er die Pläne für die Vollendung des Torsos. Die ringsum gewachsene Begeisterung für den Dombau, von Sulpiz Boisserée initiiert, brachte mit dem am 8. Dezember 1841 vom nunmehrigen König Friedrich Wilhelm IV. genehmigten Zentral-Dombauverein auch die finanzielle Potenz für das utopische Unterfangen. Der Verein verpflichtete sich, die gleiche Summe jährlich zur Verfügung zu stellen wie der König. Ein Zahlenverhältnis, das beim Ausbau der Türme ab 1869 dank der Dombaulotterie noch weit übertroffen werden konnte.

Bis zum Dombaufest des Revolutionsjahres 1848 hatte Zwirner die Gewölbe aller Seitenschiffe und das Triforium vollendet. Ein neues Holzdach schloß das Mittelschiff in 27 m Höhe. Am 15. Oktober 1863 fiel die Trennwand zwischen Chor und nun vollendetem Schiff, und in der eisigen Stimmung des Kulturkampfes feierte man am gleichen Jahrestag 1880 die Vollendung nun der Türme.

Domansicht mit dem fertiggestellten Turmgerüst, Holzstich, 1880

Was für Jahrhunderte das höchste Bauwerk der Welt (im Bau) als Traum, als Utopie gewesen war, stand nun – nachdem im Laufe des folgenden Jahres die Gerüste fielen – für wenige Jahre tatsächlich als höchstes Gebäude der Welt vor den Augen der Kölner, der Deutschen, der Welt. Bis heute dürfte der Dom das bekannteste Bauwerk auf deutschem Boden geblieben sein. Der Traum eines Nationaldenkmals hat sich nicht erfüllt. Den Traum aber des Dombaumeisters Johannes sehen wir verwirklicht. Und schon dies ist ein Ereignis, dessen Wirkung man sich nicht entziehen kann. Zwingend entwickelt sich die Fassade aus dem Grundmotiv des Maßwerkfensters mit jeweils maßwerkgeschmücktem Wimperg und Giebel darüber. Vom überdimensionalen Westfenster bis zu den nur vorgeblendeten Motiven an den Strebepfeilern wird mit diesem Grundmuster Geschoß für Geschoß geformt, in den Helmen in offenes Maßwerk aufgelöst und mit den Portalen als offene Schmuckform noch einmal vor der dahinter aufschwebenden Fassade wiederholt.

Was aus der Ferne immer wie der utopische Traum des Mittelalters und des Meisters Johannes vom Himmlischen Jerusalem am Ende der Zeiten wirkt, das zeigt bei näherem Blick die Spuren der Zeit. Umwelteinflüsse und Kriegsschäden sind nicht zu übersehen. Ein schwerer Treffer riß 80 m^3 Steine aus dem Hauptpfeiler des Nordturms an der Fassade. Nur befehlswidriges rasches Ausmauern mit Ziegeln sicherte die Statik, verhütete Schlimmeres. Vergessen ist, daß die Gewölbe des Schiffs, die Gewölbe des Nordquerhauses zerstört waren. 1948 konnte man zwar den Chor wieder nutzen, aber erst 1956 das Schiff. Manche Fiale fehlt, um die Silhouette der Kathedrale zu präzisieren, der Schmuckfirst ist noch unvollendet, und noch Jahrzehnte wird es dauern, bis alle geschädigten Teile durch den unempfindlichen Lohndorfer Basalt ersetzt sind. Schrittweise werden die Restaurierungs- und Sicherungsarbeiten an den Fenstern des Mittelalters und des 19. Jahrhunderts fortgesetzt. Für die Dombauhütte mit ihren gut hundert Mitarbeitern bleibt noch viel zu tun. (Sind Sie schon Mitglied des Dombauvereins?)

Einen **Rundgang** sollte man außen um den Dom beginnen. Nur dann läßt sich die Faszination der Kathedrale voll erfahren. Und neben der Fassade des nördlichen Querhauses fällt zwar zuerst der modische kleine Anbau von Dombaumeister Willy Weyres (1944–72) ins Auge, angebaut an die Sakristei seines Vorgängers Richard Voigtel von 1866, aber daneben sieht man die heutige *Sakramentskapelle*, die 1277 von Albertus Magnus geweiht wurde. Hier trat für Jahrhunderte rings um die zentrale Stütze das Kapitel zusammen, um einen neuen Erzbischof zu wählen.

Vor dem Chor steht auf dem Domherrenfriedhof eine rote Sandsteinsäule, die einst zu den von Erzbischof Anno im 11. Jahrhundert erbauten Verbindungsgängen zwischen altem Dom und St. Maria ad Gradus gehörte. An der Südseite des Chores liegt die von Arnold Wolff, dem derzeitigen Dombaumeister, entworfene *Dombauhütte*, neben der noch Grundmauern der Johanneskapelle des frühen 11. Jahrhunderts zu sehen sind. Wir gehen vorüber an der Fassade des *Südquerhauses* (Abb. 4), die von Dombaumeister Zwirner entworfen wurde, da keine mittelalterlichen Pläne erhalten oder bekannt waren, Höhepunkt neugotischer Architektur. Die zerstörten Portaltüren des 19. Jahrhunderts wurden in der Nachkriegszeit, 1948–54, durch Arbeiten von Ewald Mataré ersetzt.

Selbst wenn die Türen des Südportals einmal geöffnet sein sollten, einen Gang in die Kathedrale kann man nur von Westen beginnen. Unseren halten wir kurz. (Wen es nach ausführlicherem Rundgang dürstet, der sollte zum Führer des Dombaumeisters greifen.) Zwischen den mächtigen Pfeilern im Westen (Abb. 2), die die Last der Türme aufnehmen, selbst schon Türmen gleich, führt der Bau selbst den Besucher – und Dombaumeister Arnold wird es sich kaum anders gewünscht haben – in die Vierung. Dort, wo heute der moderne Vierungsaltar der Mittelpunkt der neuen Ausstattung aus der Werkstatt Elmar Hillebrands ist, dachte man sich im Mittelalter den zukünftigen Standort des *Schreins der Heiligen Drei Könige*. An ihrem Festtag, am 6. Januar, kann man ihn jedes Jahr dort bewundern. Sonst steht er sicher verwahrt, in typisch mittelalterlicher Schreinsaufstellung, hinter dem Hochaltar.

Ende des 12. Jahrhunderts, nachdem seit dem feierlichen Einzug der Reliquien am 23. Juli 1164 die Pilger reiche Stiftungen angesammelt hatten, begann der große Goldschmied Nikolaus von Verdun mit den Arbeiten am größten Schrein des Mittelalters. Zuvor hatte man ihn im österreichischen Klosterneuburg mit einem umfangreichen Emailzyklus beauftragt, später entstanden Arbeiten für den Schatz der Kathedrale von Tournai. Am Anfang der Arbeiten stehen seine geradezu klassischen Gestalten der Propheten des Alten Testamentes an den Langseiten des Schreines. Die ›auf deren Schultern stehenden‹ Apostel des Neuen Testamentes, Zeichen der Verbindung der beiden Bücher der Bibel, stammen aus einer jüngeren Kölner Werkstatt. Der Schrein hat auf der Flucht vor der französischen Besatzung Kölns Schäden und Verluste erlitten, die man 1807 durch eine Verkürzung ausglich. Erst 1973 war die 1961 begonnene Restaurierung abgeschlossen, die ihm seine volle Länge von 220 cm wiedergab. Manche Ergänzung war erforderlich. Kaum aber an der Vorderfront mit der Anbetung der Heiligen Drei Könige, denen Otto IV. als vierter König sich anschließt. Er stiftete das Gold für diese Seite des Schreins, die dazu die Taufe Christi und seine Rückkehr als Richter des Jüngsten Gerichtes schildert (Farbabb. 8). Die Rückfront, vom Chorumgang für den Besucher noch gut sichtbar, zeigt Geißelung und Kreuzigung, darüber Christus mit seinen soldatisch gewandeten Märtyrern Felix und Nabor. Sie sind gemeinsam mit dem heiligen Gregor von Spoleto mit ihren Reliquien im Schrein vertreten. Die Rückfront zeigt mit ihrer Aufteilung auch klar, daß an drei zusammengestellte Schreine gedacht worden war. Das kleine Dreieck dazwischen umschließt die Büste Rainalds von Dassel, des Erzbischofs, dem es gelang, die Reliquien nach Köln zu bringen.

Der Auftritt Ottos IV. an der Frontseite des Schreines belegt, daß Reinald neben aller Verehrung für die Zeugen der Menschwerdung des Herrn noch andere Motive bewegten. Otto IV. tritt als vierter König in die Reihe, um ebenso von Christus, ›von Gottes Gnaden‹ im Amte bestätigt zu werden. Mancher in Aachen vom Kölner Erzbischof gekrönte König ist später noch diesem Gedanken gefolgt. Damit ist auch ein weiteres Motiv für den Bau der gotischen Kathedrale zu erkennen. In der 1248 vollendeten Sainte-Chapelle seines Palastes zu Paris bewahrte der französische König, der vorbildhafte Ludwig der Heilige, die teuer erworbene Dornenkrone Christi auf, zugleich Unterpfand seiner eigenen Herrschaft. Wohl schon Rainald von Dassel hatte den Heiligen Drei Königen eine ähnliche Rolle zugedacht.

Untrennbar verbunden mit diesen politischen Vorstellungen ist die vielschichtige und vielfältige theologische Aussage des *Chores*. Die allgemeine Bedeutung und Deutung der Architektur, die die Vorstellung des Himmlischen Jerusalem der Zeitgenossen wiedergibt, wird von der Ausstattung im Detail erläutert und ergänzt.

Im Chorgestühl mit 104 Sitzen – das größte Deutschlands, die beiden östlichen dem Papst und dem Kaiser reserviert – nahmen die 48 Geistlichen des Domes am Gottesdienst teil. Ihnen entsprechen in den großzügig entworfenen Fenstern des Obergadens, vollendet, bevor 1311 das Chorgestühl aufgestellt wurde, die 48 Könige. 24 Könige Judas, 24 Älteste des Jüngsten Gerichtes nach der Offenbarung, die sich um die Anbetung der Heiligen Drei Könige gruppieren. Menschwerdung und Jüngstes Gericht werden in ein Bild genommen und finden ihren zahlenmäßigen Widerhall auf Erden. Dazwischen schieben sich die Ebenen der Chorschrankenmalereien, um 1340, mit Zyklen der Päpste und Kaiser, mit Szenen aus den Legenden der Heiligen des Domes, dann die der Chorpfeilerfiguren. Sie sind der Höhepunkt der Bildhauerkunst am Dom, wohl bereits um 1270–80 unter Meister Arnold entstanden. Die Bedeutung der Pfeiler, Stützen der Kirche, tritt in den Aposteln gestalthaft hervor. Christus und Maria kommen hinzu, Ursprung und Bild der Kirche, Zeugen zugleich der historischen Gegenwart Gottes auf Erden. Darüber halten in den Arkadenzwickeln, über dem Engelskonzert auf den Baldachinen der Chorpfeilerfiguren wiederum Engel Wache. Die mittelalterlichen Engel wurden hier 1843–45 von Edward von Steinle durch Neuschöpfungen ersetzt. Die Bronzesterne, die man in den Gewölben des Hochchors und Chorumgangs noch entdecken kann, lassen uns den Abschluß mit dem sternenübersäten blauen Himmelszelt ahnen. Dafür ist dann die Welt der Miserikordien unter den Sitzen des Chorgestühls reich mit Anspielungen aufs alltägliche und auch sündige Leben der Welt ausgestattet (Abb. 31–34).

Wie am Schrein der Heiligen Drei Könige umfaßt auch das Programm des Chores den Weg der Heilsgeschichte, Menschwerdung im Zeugnis der Reliquien, Passion und Opfer am Altar, Jüngstes Gericht in den Königen der Fenster und erneut dort der Hinweis auf die Menschwerdung mit dem Achsfenster, Einheit des theologischen Denkens in der Vielfalt der Künste.

An der Nordseite des Chorumgangs, vor den Zugängen zu Sakristei und Sakramentskapelle, ist im barocken Aufbau des Kreuzaltares das *Gerokreuz* (10) gerahmt. Neben dem Schrein der Heiligen Drei Könige und der Grabplatte auf Erzbischof Geros Grab (22) ist nur diese Kostbarkeit aus dem Alten Dom in den gotischen Neubau übertragen worden. Gerne bringt man das Kreuz mit Erzbischof Gero (969–76) in Verbindung, von dem die Schenkung eines Kreuzes überliefert ist. Dendrochronologische Untersuchungen haben bestätigt, daß die beeindruckende ottonische Großplastik Ende des ersten Jahrtausends in Köln entstand. Es ist die älteste überlebensgroße Plastik des mittelalterlichen Abendlandes, die erhalten blieb. Vor der Goldfolie des breiten Kreuzes hängt Christus in der Schwere des gerade eingetretenen Todes. Der zur Seite gesunkene Kopf zeigt noch die durchlittenen Schmerzen des vollbrachten Opfers. Auf karolingische Vorbilder zurückgreifend, wurde das Gerokreuz Vorbild für zahlreiche weitere Kreuze. Ende des 17. Jahrhunderts entstand die

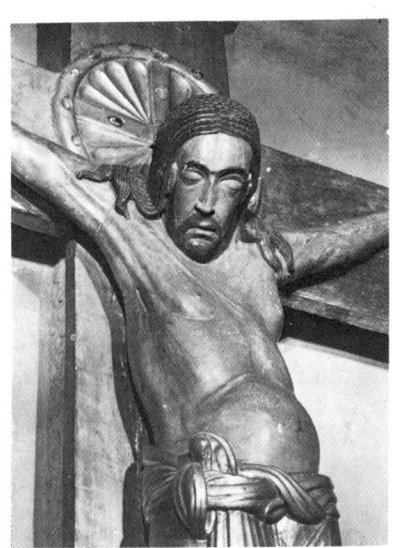

Gerokreuz, um 980/90, Dom

barocke Rahmung mit Architekturmotiv und goldenem Strahlenkranz, Zeichen der andau-
ernden Wertschätzung der Darstellung der vollendeten Erlösung.

Über den großflächigen Mosaikboden, den Ende des 19. Jahrhunderts August von Essenwein, Direktor des Germanischen Nationalmuseums in Nürnberg, für den Dom entwarf,
führen wenige Schritte zur Achskapelle des Domes. Die *Dreikönigenkapelle* war die erste
Ruhestätte Konrads von Hochstaden im Jahre 1261. 1322, mit der Vollendung des Chores,
wurde sein Grab in die benachbarte Johanneskapelle verlegt. So konnte der Schrein der
Heiligen Drei Könige hier aufgestellt werden. Die 1892 entstandene Wandbemalung griff
auf erhaltene Reste der mittelalterlichen Fassung zurück. Die Ornamente und Farben geben,
die Strenge der Architektur überspielend, wenigstens eine Ahnung vom Glanz, der einst den
Bau erfüllen sollte, und der ja auch das Äußere prägte, mit farbiger Gestaltung der Details
und vergoldeten Ornamenten auf den Flächen des Bleidaches. Das mittlere Fenster, das um
1260/61 eingefügte Ältere Bibelfenster, ist das früheste Fenster des Domes. Die benachbarten Fenster, links den Heiligen Drei Königen, rechts Petrus und Maternus gewidmet, entstanden erst um 1320.

Der zentrale Dreikönigsaltar entstand Anfang unseres Jahrhunderts in der Werkstatt
Wilhelm Mengelbergs, birgt aber die Füssenicher Madonna, eine Kölner Plastik des späten
13. Jahrhunderts. Bewahrtes und Rekonstruiertes, Historisierendes und Originales durch-
dringen sich hier zu einer erstaunlichen Synthese.

Natürlich wendet man sich hier einmal um und blickt nach Westen, am Schrein der
Heiligen Drei Könige vorüber in die Kathedrale hinein, wo Vincenz Piepers Westfenster von
1963 mit der Himmelfahrt Mariens oft in der Lichtführung stört. Aber der Raumeindruck ist

unvergeßlich. In der *Marienkapelle* an der Südseite des Chorumgangs ist das ›Dombild‹ aufgestellt. Der Altar der Stadtpatrone, um 1445 dem Ratsherrn Stefan Lochner von Rat für die Ratskapelle gegenüber dem Rathaus in Auftrag gegeben, gelangte 1809 in den Dom. Bis zur französischen Besetzung Kölns 1794 war er in der Ratskapelle geistlicher Mittelpunkt der bürgerlichen Gemeinde Kölns, Höhepunkt der spätmittelalterlichen Kölner Malerei. Schon der knauserige Albrecht Dürer zahlte 1520 bereitwillig dafür, daß ihm der Flügelaltar geöffnet wurde. Bewußt konservativ am Goldgrund festhaltend, im vergoldeten Architekturrahmen des Himmels, mit peniblem Realismus im Detail von geradezu niederländischer Präzision, wird aber kölnische Lieblichkeit hinzugefügt. Eine bis heute wirksame Erfolgsmischung, der kaum zu widerstehen ist. Und wer möchte das auch schon? Die Anbetung der Heiligen Drei Könige (hintere Umschlaginnenklappe) wird mit Gereon und Ursula (Abb. 1) auf den Flügeln des Triptychons samt den Gefährten zur Darstellung des Kölner Heils, sicherer Schutz der Stadt, die sich Maria ebenso verbunden sah. Glaubte man doch, daß Geburtsjahr Mariens und Gründungsjahr der Stadt eins seien, und daß man daraus diese Verbundenheit ableiten dürfe. Der geschlossene Altar zeigt in der Passionszeit vor Ostern und in den beiden letzten Adventswochen die Verkündigung.

Am Pfeiler des stillen Raumes steht eines der kostbarsten Bildwerke des Domes, die Mailänder Madonna. Die enge Verwandte der Chorpfeilerskulpturen in Nußbaumholz, von der man annimmt, daß sie eine eigenhändige Arbeit von Meister Arnold, dem Dombaumeister des späten 12. Jahrhunderts ist, hat den Namen einer verlorenen Vorgängerin übernommen. Diese soll Erzbischof Rainald von Dassel 1164 zusammen mit den Reliquien der Heiligen Drei Könige nach Köln gebracht haben. Man findet sie unter (23) im Plan.

Nach Westen geht es weiter, vorüber am *Hochgrab für Graf Gottfried von Arnsberg,* der 1372 starb und seine Grafschaft dem Kölner Erzstift vermacht hatte. Es heißt, das eiserne Gitter über der Liegefigur des Grafen wäre als Schutz vor der enttäuschten Verwandtschaft angebracht worden.

An der anderen Seite des Pfeilers, dem stadtseitigen einstigen Hauptzugang zugewandt, mahnt der *heilige Christophorus* (29) die Besucher des Domes an Tod und Gericht. Riesenhaft, 3,73 m hoch, erinnert er daran, daß ein tägliches Gebet den Gläubigen davor schützt, ›unversehens‹ ohne die Sterbesakramente zu sterben. Um 1470 entstand die Skulptur in der Werkstatt Meister Tilmans van der Burch.

In seiner Blickrichtung, an der Ostwand des südlichen Querhauses, ragt der *Agilolfusaltar* auf. 1521 in Antwerpen entstanden, waren seine 5,50 m Höhe für die Stiftskirche St. Maria ad Gradus im Osten des Domchores bestimmt gewesen. Dort bewahrte man die Reliquien dieses heiligen Kölner Bischofs und verehrte Anno als Gründer. Die beiden treten daher als Skulpturen zu seiten der Madonna als Bekrönung des Altares auf. Leben und Passion Christi schildert der geschnitzte Mittelteil, Leben Annos und Agilolfs die gemalten Seitenflügel. Die Predella, die Sockelzone des Altars, schildert das Pilgertreiben am Schrein der hl. fünf Mauren in St. Maria ad Gradus. Eine seltene Szene mittelalterlichen Wallfahrtslebens. Eine glanzvolle Arbeit, die zugleich belegt, daß die einheimischen Maler und Schnitzer den Stiftsherren offenbar nichts Gleichwertiges mehr zu bieten hatten.

›Anbetung der Könige‹,
viertes Fenster von
Westen im nördlichen
Seitenschiff des Domes

Nachdem man nun den eigentlich mittelalterlichen Teil des Domes gesehen hat, noch ein Blick ins Schiff und auf seine Fenster. Neben den Kostbarkeiten gotischer Glasfensterkunst, die der Chor zu bieten hat, zeigt das Schiff im Norden, wo die Gewölbe der Seitenschiffe bereits zu Beginn des 16. Jahrhunderts entstanden, *Glasfenster der Renaissance.* Zwei Halbfenster und drei ganze Fenster, zwischen 1507 und 1509, gestiftet von Philipp von Daun als Domdechant und als Erzbischof (seit 1508), von Erzbischof Hermann von Hessen (1480–1508), Graf Philipp von Virneburg und das Mittelfenster von der Stadt Köln schildern in prachtvoller Architektur Heilige und Szenen des Neuen und Alten Testamentes. Ihnen gegenüber, für die Südfenster des Schiffes stiftete 1842 König Ludwig I. von Bayern – um den preußischen König bei der Ruhmestat der Vollendung des Domes nicht allein zu lassen – die *›Bayernfenster‹.* Sie schildern die Geschichte der Entstehung und Ausbreitung der Kirche. Die Fenster begeisterten bereits 1848, als sie eingesetzt wurden, und gehören zu den besten und frühesten Leistungen der Glasmalerei des 19. Jahrhunderts, entstanden in der Königlichen Anstalt für Glasmalerei in München.

Im Sommer 1982 kehrte das zweite, in jeder Hinsicht große Kunstwerk in den Dom zurück, das erst nach der Säkularisation erstmals hier aufgestellt wurde. Der mehr als aufwendig gearbeitete *Klarenaltar* (34) am Ostende des nördlichen Seitenschiffs stammt aus dem Klarissenkloster, das den Römerturm der Nordwestecke der römischen Stadt benutzt und damit erhalten hatte. Lange Zeit als Hauptaltar im Chor des Domes aufgestellt, mit umstrittener Restaurierungsgeschichte ist er nach erneuter Restaurierung nun hier als kapellenartiger Abschluß aufgestellt worden. Um 1350 ist der Altar zugleich als Reliquienschrein für eine Stiftung von Reliquien aus dem Umkreis der heiligen Ursula entstanden. Um 1400 ist er übermalt, ›modernisiert‹ worden. Die frühe Malerei des Meisters der hl. Veronika ist besonders auf den Innenseiten der äußeren Leinwandflügel an ihrer goldschmiedehaften Präzision und klaren Linienführung zu erkennen. Die Übermalung hält sich, das haben Röntgenaufnahmen an anderen Stellen gezeigt, jeweils an die ältere Vorlage in der Komposition. Jetzt aber werden, das ist gut an den Außenseiten der Flügel zu sehen, Realismus der Darstellung, Reichtum an Details, Ausschmückung mit Blumen und Pflanzen in den Vordergrund gestellt.

Ganz geschlossen, in Alltagsstellung, erschien ursprünglich in der Mitte eine Kreuzigung und darüber eine Darstellung Christi als Schmerzensmann, links und rechts von je sechs Heiligen begleitet. In Feiertagsstellung geöffnet, nun bei der Höhe von 2,80 m 6,10 m breit, werden unten Szenen von der Verkündigung bis zum Gespräch des zwölfjährigen Jesus mit den Schriftgelehrten im Tempel und darüber die Passion bis zur Himmelfahrt geschildert. Menschwerdung, Jugend und Erlösungstat: Zeugnis dieser Botschaft wird die dritte Stellung des Altars, die Öffnung für hohe Feiertage. Statt zweidimensionaler Malerei treten nun plastisch die Zwölf Apostel als Verkünder der frohen Botschaft auf. Dazu zwölf Reliquienbüsten als Zeugen, als Märtyrer. Drei davon, sechs der Apostel und die Gestalt Christi als Salvator in der Mitte sind bereits bei einer Restaurierung Mitte des 19. Jahrhunderts ergänzt worden. Die Märtyrer treten als Blutzeugen des Evangeliums auf, dessen Realität im unteren Mittelteil, dem ältesten bekannten Altartabernakel, belegt wird. Das betont die im geschlossenen Zustand des Alltags davor liegende Kreuzigungsszene und das legendäre Geschehen der Martinsmesse auf der verschließbaren Tür des Tabernakels.

Bei der Aufstellung des Klarenaltars als Altarbild des Hochaltars im Domchor störte die rohe Holzrückwand, die einst im Chor des Klarissenklosters ohne Chorumgang nicht zu sehen war. Hierfür schuf Wilhelm Mengelberg 1905 das Gemälde der Allerheiligsten Dreifaltigkeit, umgeben von Engeln und den vier Evangelisten. In Gold und zarten Farben gehalten, ist der Altar ein hinreißendes Beispiel der strengen Kölner Schule der Neugotik.

Ein spätes Beispiel der Nazarenerschule ergänzt die Reihe. Friedrich Overbecks (33) *Himmelfahrt Mariens*, 1855 vollendet, war ursprünglich Teil einer vollständigen neugotischen Kapelleneinrichtung – dort, wo heute das ›Dombild‹ aufgestellt ist. Das riesige Altarbild, 4,67 m hoch, hängt heute an der Innenseite der nördlichen Querhausfassade, neben dem Eingang zur Domschatzkammer. Aber bevor man diese betritt, sollte man auf die Stange und die daran hängenden Stäbe über dem Eingang achten. Die Zahl der Stäbe gibt an, wieviele Jahre der jeweilige Erzbischof bereits im Amt ist. Rechts daneben (32) rahmt die barocke Front des *Dreikönigenmausoleums* von 1660 ein von den Kölnern geliebtes Gnadenbild. Das Gehäuse des Dreikönigenmausoleums in der Achskapelle wurde 1889 abgebrochen. Hier findet ein Teil Verwendung. Immer brennen Kerzen davor, und reiche Dankgeschenke schmücken das kleine Marienbild.

Die *Schatzkammer* (31), eingebaut in das östliche Seitenschiff des Nordquerhauses, umfaßt zwei Joche. Das südliche, hintere der Spätgotik um 1500 diente für das nördliche der

18   St. Aposteln, Blick von Osten

19   St. Aposteln, Schiff nach Westen vor der heutigen Ausmalung

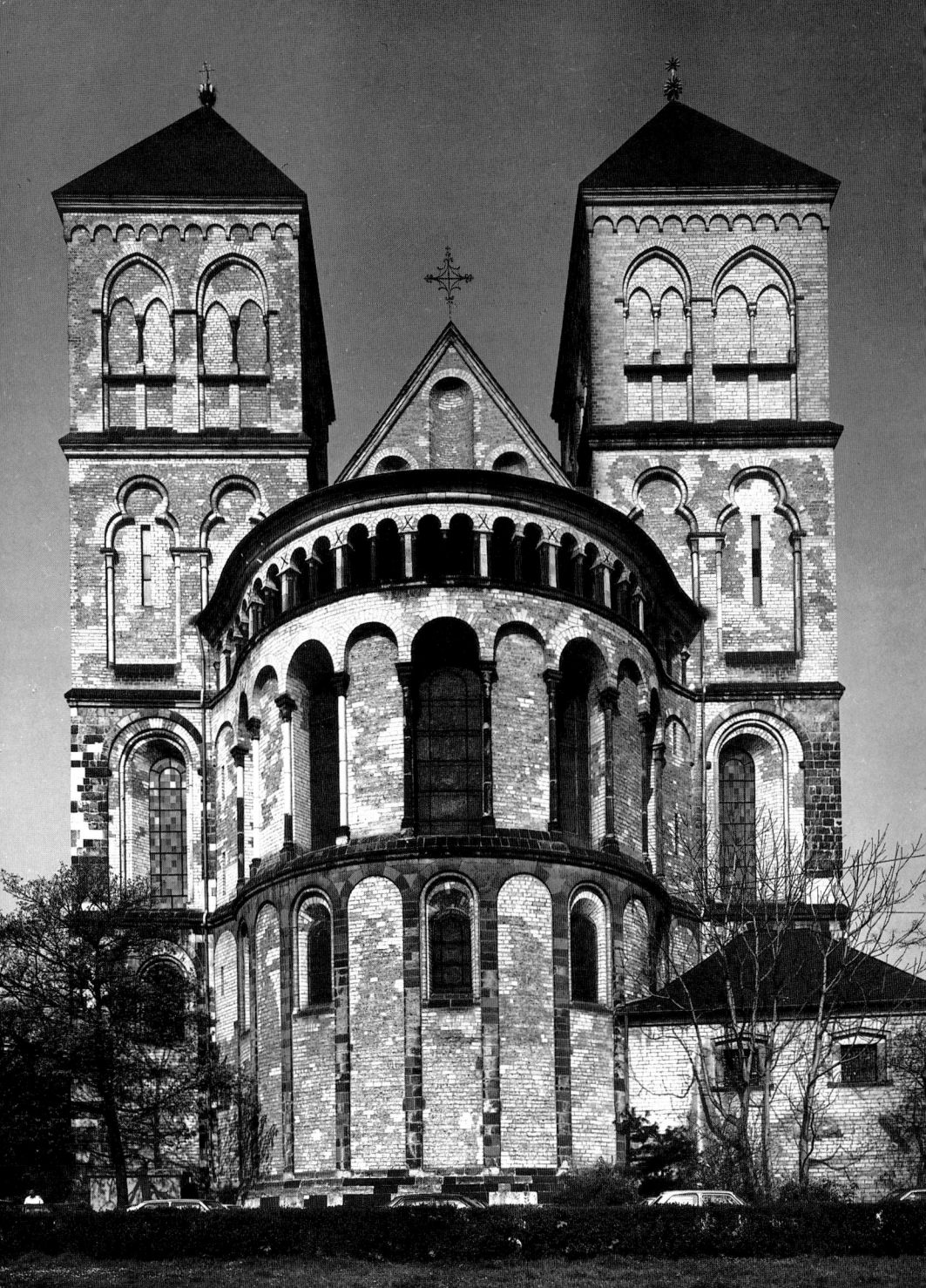

21   Groß St. Martin, Chor und Vierungsturm

◁ 20   St. Kunibert, Blick von Osten

22   Groß St. Martin, Schiff nach Westen ▷

24   Dreikönigenpförtchen und Sangesmeisterhäuschen

◁ 23   St. Georg, Westbau

25   St. Severin von Südosten ▷

27   St. Ursula von Südosten

31–34　Dom, Miserikordien des Chorgestühls　　32

◁　30　St. Andreas, südliches Seitenschiff nach Osten　　　　　35　St. Georg, Pestkruzifix ▷

33　　　　　　　　　　　　　　　　　　　　　　34

36 Kruzifix aus Erp, Diözesan-Museum

Mitte des 19. Jahrhunderts als Vorbild. Hier werden die kostbarsten Teile des Domschatzes ausgestellt – was nicht heißt, daß nicht manches davon bei entsprechender Gelegenheit noch liturgisch genutzt würde. Das bedeutendste Stück ist gering vom Materialwert, beim spektakulären Domraub des Jahres 1975 kaum in Gefahr gewesen. Auch kunsthistorisch kaum aufregend, aber Symbol der Bedeutung des Kölner Erzbistums ist ein gebräunter Elfenbeinknauf über einer silbernen Fassung auf einem schmalen Holzstab, er gilt als der Stab Petri. Petrus hatte den heiligen Maternus mit Gefährten über die Alpen in die Mission gesandt. Aber Maternus starb bereits im Elsaß. Die Boten der Nachricht sandte Petrus mit seinem Stab ans Grab zurück. Dreimal sollten sie ans Grab schlagen. Maternus kehrte ins Leben zurück und diente noch vierzig Jahre als Bischof für Tongeren, Trier und Köln. Erst Bruno brachte Mitte des 10. Jahrhunderts die Kostbarkeit als Zeugnis apostolischer Tradition nach Köln. Ende des 10. Jahrhunderts bereits sicherte sich der Trierer Erzbischof Egbert ein langes Stück des hölzernen Teiles des frühmittelalterlichen Herrschaftszeichens als Legitimation, in seiner goldenen Hülle heute eine Kostbarkeit des Limburger Domschatzes. Auch Teile der Ketten Petri bewahrt der Domschatz in einer spätgotischen Reliquienmonstranz. Noch bei der großen Schreinsprozession zum Jubiläum der Vollendung des Domes 1980 wurden diese Teile der Prozession vorangetragen.

Engelbertschrein, Domschatzkammer

Neben romanischen Kostbarkeiten, wie dem Stab des hl. Heribert des 11. Jahrhunderts, neben gotischer Eleganz, Prunk der Renaissance und Reichtum des Barocks an liturgischem Gerät und Gewändern sind auch Arbeiten des Historismus zu sehen, wie der Agilolfusschrein des frühen 20. Jahrhunderts. Ein Zeugnis gegenreformatorischen Eifers ist der barocke Silberschrein für die Reliquien des heiligen Engelbert. Goldschmied Conrad Duisbergh hat ihn 1633 für den Stifter Erzbischof Ferdinand von Bayern vollendet. Und Jeremias Geißelbrunn, der die Modelle für die Skulpturen in St. Mariae Himmelfahrt lieferte, stellte auch die Vorlagen für die kleinen Goldschmiedeplastiken des Schreins mit der Liegefigur des Heiligen als Höhepunkt.

Aus der Dombibliothek, die noch Bände aus der Zeit Erzbischof Hildebolds unter Karl dem Großen besitzt, sind immer einige der Handschriften zu sehen, die sonst in der Dom- und Diözesan-Bibliothek im Maternushaus verwahrt werden.

Auf dem Weg

Auf dem Weg nach St. Andreas, zur ehemaligen Stiftskirche, die über die Straßen hinweg nach Westen bereits vom Dom aus zu sehen ist, sollte man einen Umweg machen. Im **Erzbischöflichen Diözesan-Museum,** dem einzigen der Kölner Museen, das auch montags geöffnet ist, läßt sich die Geschichte des Domes vertiefen. Nicht nur, daß hier – gegenüber der Fassade des Südquerhauses – die Originale der großen Figuren des Petersportales aufgestellt sind, hier sind auch die Grabungsergebnisse am Modell geschildert und die kostbaren Grabfunde zu sehen: die Grabbeigaben aus den Bestattungen einer vornehmen jungen Frau und eines Knaben. An Qualität und Reichtum übertreffen sie alles, was sonst im Kölner Bereich gefunden wurde, vielleicht abgesehen von den Funden, die man bereits im Mittelalter in St. Gereon gemacht hat. Der Schmuck und die Fibeln der Frau sind von ebenso großer Präzision der Arbeit, als passende Paare gearbeitet, wie die Waffenausstattung des Knaben seinem Alter angepaßt ist und besonders der Spangenhelm von großem Aufwand zeugt. Im 1860 erstmals eröffneten Museum, das eine Fülle von Schätzen aus Kirchen Kölns und der Erzdiözese verwahrt und zeigt, ist sicher die ›Madonna mit dem Veilchen‹ Stefan Lochners ein Höhepunkt. Um 1443 gab Elisabeth von Reichenstein, die letzte Äbtissin des adeligen Stiftes St. Cäcilien († 1485) das Altarbild für ihre Kirche in Auftrag. Um an einem der Pfeiler Platz zu finden, durfte das Bild nicht breiter werden. Bescheiden kniet die Stifterin vor der liebreizenden Madonna mit dem segnenden Kind. Bedeutet nun das Veilchen Demut oder – auch diese Deutung wäre möglich – den Wunsch ewiger Kontemplation? Die bildhafte Andacht der Stifterin dauert nun zumindest schon gut fünf Jahrhunderte an. Einzig erhaltenes Fragment des Severinus-Schreines ist die *Severinusscheibe* des 11. Jahrhunderts (Farbabb. 6), die den heiligen Kölner Bischof thronend in Goldemail darstellt. In eleganter Bewegtheit erstaunt der lebensgroße *Kruzifixus* aus dem Dorf Erp westlich Köln (Abb. 36). Erp war Eigentum des Domstifts, vielleicht war das der Hintergrund für die Beschaffung des hochrangigen Bildwerks des späten 12. Jahrhunderts. Bescheidener in der Größe, noch anspruchsvoller aber im Auftreten ist das Altarkreuz, das Erzbischof Hermann und seine Schwester wohl zur Weihe der Stiftskirche St. Maria im Kapitol im Jahre 1049 stifteten. Das Lapislazuliköpfchen einer vornehmen Frau der römischen Kaiserzeit ist als Kopf Christi verwandt worden. Ein Kölner Bodenfund? Ein Stück der Schätze der ottonischen Kaiserfamilie, der Hermann und die stolze Äbtissin entstammten? Zumindest aber ein Zeugnis vom Glanz, den die ottonische Zeit noch ausklingend in Köln aufbieten konnte.

Auf den Himmel hat sich nahe dem Eingang des Diözesan-Museums auch unsere Zeit besonnen. Dort steht seit 1984 Heinz Macks ›**Columna pro caelo**‹, seine ›Himmelssäule‹, fast 10 m hoch aus portugiesischem Granit in zwei Teilen aufgerichtet (Abb. 81). Sowohl die Schenkung der Säule als auch der dafür gewählte Ort haben anfangs manche Aufregung verursacht. Die rauhe Bruchstruktur wird am Kapitell durch fein geriefelte Bearbeitung ersetzt, fast spiralförmig schraubt sich die Drehbewegung in den Himmel, stützt ihn. (Schließlich hatten die Kelten, die ja einst Kölner Boden bewohnten, sicher auch Angst davor, daß der Himmel einstürzt.)

St. Andreas

An die einst reiche Kirchenfamilie rings um den Dom – St. Lupus am Rheinufer, St. Maria ad Gradus vor dem Domchor, St. Maria im Pesch als Dompfarrkirche an der Nordseite des unvollendeten Domes, St. Johann Evangelist als Bischofskapelle an der Südseite – erinnert nur noch St. Andreas. Die an der Komödienstraße der Kirche vorgelagerten Bauten, das von Karl Band entworfene Dominikanerkloster und der Flachbau der Stadtsparkasse von Theodor Kelter (1956), versuchen, in der Höhe auf den hinter ihnen aufragenden Kirchenbau Rücksicht zu nehmen, (nur) darin ähnlich den Bauten, die uns hier die Zeichnungen des 19. Jahrhunderts oder der Fotos der Zeit vor dem Zweiten Weltkrieg überliefern.

Die romanische Kirche mit ihrem aufwendigen gotischen Chor tritt uns erstmals im Jahre 923 als St. Matthäus in fossa, im Graben vor der römischen Stadt, entgegen, die wir ja inzwischen verlassen haben. Was heute geschäftige Innenstadt ist, mit dem Bankenviertel, das rings um St. Andreas bereits deutlich zu sehen ist, war einst Stadtrand. Hierhin versetzte Erzbischof Bruno bei seiner Neuordnung der Kölner Kirchenlandschaft Mitte des 10. Jahrhunderts Kanoniker von St. Maria im Kapitol, um dort Nonnen unterbringen zu können. Aber erst sein Nachfolger Gero (969–76) kann im Jahre 974 den Hauptaltar weihen.

Die nach den Zerstörungen des Krieges entdeckte und von Karl Band konsequent modern rekonstruierte Krypta ist aber noch ein Jahrhundert jünger. Bis in die Vierung hinein, die dabei in die Höhenlage des Chorraumes gehoben wird, ist dabei ein Raum entstanden, in dem nun seit 1954 die Gebeine des hl. Albertus Magnus in einem römischen Sarkophag ruhen. An ihn erinnert auch die Skulptur von Anton Werres, die um 1860 für die Fassade des ersten Baus des Wallraf-Richartz-Museums entstand. Seit einigen Jahren steht sie an der Konche des Südquerhauses in der Komödienstraße. In der Geschichte Kölns sind wir diesem großen Scholastiker und Schiedsrichter in politischen Streitigkeiten ja mehrfach begegnet.

Bis zur Säkularisation 1802 war St. Andreas Stiftskirche. Das fällt sofort auf, wenn man die Kirche betritt und von einer ungewöhnlichen Vorhalle empfangen wird. Es ist der östliche Flügel des einst der Kirche vorgelagerten Kreuzgangs. Die Zugänge für Laien lagen neben dem Chor. Eine dieser Vorhallen wird heute, nach außen abgeschlossen, an der

Nordseite des Chores als Sakristei genutzt. Die faszinierendste Bauzier der Vorhalle sind die ausgezackten Gurtbögen. Als freischwebende Rundbogenfriese beleben sie den Raum, wiederholen ein Architekturmotiv Nordspaniens. Der Architekt oder einer der Stiftsherren mag es z. B. in San Isidoro in León bewundert haben, als er zum Grabe des Apostels Jakobus in Santiago de Compostela zog.

Ende des 12. Jahrhunderts haben die Stiftsherren einen Neubau und Nachfolger der salischen Kirche, zu der die Krypta gehört, als notwendig empfunden. Allerdings nicht alle. Cäsarius von Heisterbach, der als Schüler in St. Andreas war, bevor er als Zisterziensermönch ins Kloster Heisterbach eintrat (dessen Chorruine einen Ausflug wert ist), berichtet, daß Dekan Ensfrid (1176–93) die Besucher der Kirche immer zu Stiftungen für den Bau aufgefordert habe, das war er seiner Stellung als Bauverwalter schuldig – aber heiligmäßig ergänzte er dies stets mit dem Hinweis, daß die frommen Gaben in den Händen der Armen noch besser untergebracht wären. Ein Problem, das ja noch immer diskutiert wird.

Trotzdem war der Vierungsturm am 23. Februar 1221 so weit vollendet, daß der Blitz Gelegenheit fand, einzuschlagen. Nach Osten hatte man den Chor der Salierzeit, des 11. Jahrhunderts, stehenlassen. Der Vierungsturm wurde im Anschluß daran mit einem massiven Bogen und zwei Treppentürmen gesichert. Sie sind heute merkwürdigerweise im Inneren zu sehen, da der gotische Chor nach 1414 erheblich breiter angelegt worden ist. Nach Westen schließen dann an die Kuppel der Vierung mit ihrem achtseitigen Klostergewölbe über Pendentifs, den überleitenden Zwickeln, mit dekorativ untergelegten Wulstrippen, die nur zwei Joche des Schiffes an. Die Vorgängerbauten und der Kreuzgang ließen offensichtlich nicht mehr Raum. Aber man hat trotz der Kürze nicht den Eindruck, daß etwas fehlt. Straff geschwungene Gewölbe erheben sich noch weit über den Vierungsbogen. Er nimmt ja noch Rücksicht auf die geringere Höhe des salischen Chores auf der anderen Seite der Vierung.

Ein Triforium wird unter den Gewölben nur angedeutet, Muldennischen werden kräftig gerahmt. Überhaupt ist St. Andreas ein besonders ausgeprägtes Beispiel der plastischen Bestrebungen der rheinischen Romanik. Voluminöse Sockel, reich gestuft und profiliert, tragen ebenso reiche profilierte attische Basen für die kreuzförmigen Pfeiler und die angefügten Halb- und Dreiviertelsäulen. Das so gegebene System wird in den Arkaden und den Gurtbögen der Seitenschiffe fortgeführt (Abb. 30). In der Kapitellzone dazwischen findet diese intensive Durchformung des steinernen Mauerwerks ihren bildhauerischen Ausdruck, wiederholt noch einmal im Gesims unterhalb des Triforiums. Aus der Werkstatt des Samsonmeisters, der seinen Namen nach einer Samsonfigur im Kloster Maria Laach erhielt und hinreißende Arbeiten auch im Bonner Münster oder in der Liebfrauenkirche zu Andernach hinterließ, finden wir hier präzis gearbeitete Pflanzenformen und am nordwestlichen Vierungspfeiler auch einmal Vögel am Bau. In der einst farbigen Fassung wird das noch wirksamer und lebendiger gewesen sein.

Der Blitzschlag des Jahres 1221 scheint keine schwerwiegenden Schäden hinterlassen zu haben. Die Bauarbeiten werden kontinuierlich fortgesetzt. Im ›neuen Chor‹, und damit ist das gewaltige Bauvolumen der Westchorhalle gemeint, kann 1244/45 ein Michaelsaltar geweiht werden. Hier ist über der Westempore im Schiff und über der Vorhalle, die wir bereits kennen, ein weiter Raum für Sitzungen des Kapitels angelegt, den heute geometrisch ornamentierte Fenster von Pater Wolfram Plotzke (1954–56) erhellen. Ähnliche Westchorhallen, vom Volumen fast ein westliches Querschiff, findet man in Xanten oder Maastricht. Dem achtseitigen Vierungsturm dagegen begegnet man ebenso in Knechtsteden, Düsseldorf-Gerresheim oder Bonn wieder, um zugleich für Freunde der Romanik ein paar Ausflugsziele zu nennen.

Eine erste einschneidende Änderung des romanischen Bauprogramms sind die Kapellen, die zwischen Ende des 12. Jahrhunderts und frühem 16. Jahrhundert an die Seitenschiffe angebaut werden. Nur im Nordwesten blieb der alte Raumeindruck des straffen gebundenen Systems des romanischen Planes erhalten, der zwei quadratische Seitenschiffsjoche einem quadratischen Joch des Schiffes zuordnet. Mitglieder des Kapitels und reiche Stifter fanden mit den angebauten Kapellen die Möglichkeit, ihrer privaten Frömmigkeit ein Denkmal zu setzen. Und aufwendige, zum Teil jüngst restaurierte Wandmalereien berichten vom Engagement und belegen, was die Seelen bewegte und bewegen sollte. Die Fresken der Zeit um 1300 in der östlichen Kapelle der Südseite zeigen eine theologisch interessante Verbindung von Kreuzigung und Jüngstem Gericht, begleitet von zwei Heiligen, und gegenüber die Szene der Krönung Mariens mit Petrus und Paulus als Zeugen.

In der westlichen Kapelle der Nordseite wird auf vier Bildebenen übereinander das Leben Mariens erzählt. In passender Höhe, um als Altarbild zu dienen, wird die Kreuzigung gewählt. Zu Füßen des Gekreuzigten erflehen die beiden Stifter Fürbitte und Gnade, und Heilige, darunter Petrus, Ursula und ein Ritter der Thebäischen Legion, treten als Zuschauer auf. Darüber wird mit der Anbetung der Heiligen Drei Könige samt umfangreichem Gefolge die Epiphanie, die Menschwerdung Gottes in Christus, als Anfang der Geschichte Christi gesetzt. Die dritte Ebene greift mit Verkündigung, Heimsuchung und Geburt weiter zurück, und in der vierten Ebene wird darüber mit der Marienkrönung der Abschluß des Lebens Mariens im Himmel geschildert. Mit etwas Mühe ist in derselben Kapelle unterhalb des Fensters ein drachentötender Georg zu entdecken und auf der Wand gegenüber dem Marienleben tritt uns ein riesenhafter Christophorus entgegen.

Ihm begegnet man als auffällige Holzskulptur des späten 15. Jahrhunderts noch einmal im Westen des Schiffes. Hier wie dort ist er als Mahnung an die Gläubigen zu verstehen; im Südquerhaus des Domes ist er deshalb in Blickrichtung des stadtseitigen Haupteingangs aufgestellt. Nach mittelalterlicher Überzeugung sollte ein Gebet zu diesem Nothelfer für den jeweiligen Tag verhindern, daß man ›unversehens‹, ohne die Gnadenmittel der Kirche, sterbe. So wurde Christophorus zum Schutzpatron der Reisenden und Autofahrer, die von dieser plötzlicher Begegnung mit Tod und Fegefeuer am ehesten bedroht sind.

Zurück zur Baugeschichte. Jenseits der Vierung, normalerweise unzugänglich für Besucher, öffnet sich der gotische Langchor mit seinen leuchtenden Fenstern, englische Produktion der Jahrhundertwende, und dem Altarbild von Barthel Bruyn. Erst um 1414 begann man, den schlichten frühromanischen Chor durch ein gotisches Meisterwerk zu ersetzen. Das Vorbild ist nicht weit entfernt. Zwei Tagesreisen – nach mittelalterlichen Maßstäben –

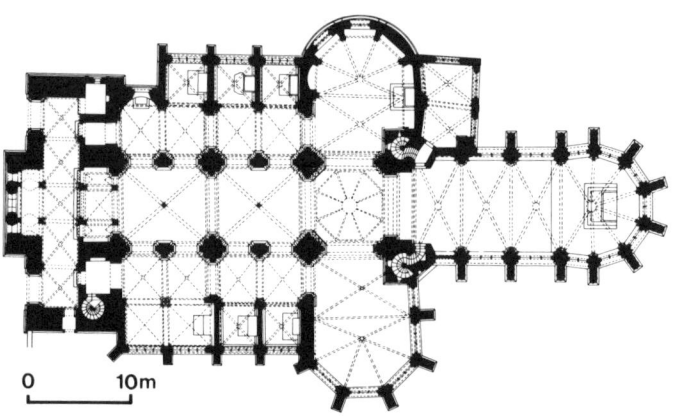

0   10m

St. Andreas, Grundriß

würden uns nach Aachen führen, wo gerade 1414 der 1355 begonnene Chor des Aachener Münsters vollendet worden war. Und die leistungsstarke Dombauhütte dieser Jahre konnte genügend Personal empfehlen, um einen eleganten Entwurf und seine Ausführung zu sichern. Die Ausführung wurde allerdings etwas mangelhaft. Die Untersuchungen am Bau ergaben vor einigen Jahren, daß sich statt eines festen Mörtelverbandes lockere Steinmassen im Kern des Pfeiler befanden. Aber für ein halbes Jahrtausend hielt dieser Alptraum für Statiker mit seiner ebenso einfachen wie durchdachten Architektur. Der Grundriß ähnelt wie in Aachen einem altmodischen Schlüsselloch. Sieben Seiten eines Zehnecks bilden die Rundung der Apsis. Dadurch vermag unser Blick nicht, der Wand bis in die Apsis zu folgen. Er landet im Leeren, fängt sich am Altar. So wird Architektur zum bewußten Hilfsmittel der Liturgie – was sie ja auch sein soll.

Im Westen des Chores sind nach dem Zweiten Weltkrieg moderne Fenster von Vinzenz Pieper eingesetzt worden. Aber sie fallen nur auf, wenn man den Chor betritt, um Architektur und Ausstattung zu bewundern. Nur zwei Zonen gliedern den Aufbau des Chores. Ein hoher Sockel bietet Raum für das reichgeschnitzte Chorgestühl, das bald nach der Vollendung des Chores Mitte des 15. Jahrhunderts entstand. Aufwendiges Maßwerk, Figuren von Aposteln und Propheten, Kölner Heilige und manches Detail an Drolerien unter den Baldachinen, die die Sitze rahmen, machen es zu einem der schönsten Chorgestühle, die in Köln erhalten blieben. Über dem Chorgestühl tragen steinerne Konsolen als Engel und Propheten die Dienste, zwischen denen die Fenster ausgebreitet werden, und die dann übergangslos zu Gewölberippen werden, raffinierte Schlichtheit der Spätgotik.

Nachdem man den salischen Chor so prachtvoll ersetzt hatte, drängte der Bauwille des Kapitels zu neuen Taten. Das nördliche Querhaus dokumentiert, daß man einen spätgotischen Umbau des romanischen Querhauses nicht vollendete. Das südliche Querhaus dagegen ist Ende des 15. Jh. völlig erneuert worden. Beide Querhäuser behalten den gerundeten, apsidialen Schluß, den Grabungen schon für den frühromanischen salischen Bau belegt haben. Mit diesem Umbau endet wie fast überall in Köln auch hier der Baueifer.

Um 1770 hat man allerdings gründlich die Ausstattung erneuert. Damals gingen die gotischen Fenster unter. Aber in ausgleichender Gerechtigkeit erging es der zierlichen Dekoration des Rokoko auch nicht besser. Zwei schmiedeeiserne Leuchter von überzeugendem Schwung, zwei Engelköpfe als Konsolen unter den Diensten der östlichen Vierungspfeiler, viel mehr erkennt man nicht mehr davon. Die mittelalterliche Ausstattung ist besser vertreten.

Leider ist ein Eisbärenfell, von dem wiederum Cäsarius von Heisterbach erzählt, nicht darunter. Die Stiftsherren hatten es, wohl um sich vor dem Altar in der ungeheizten Kirche etwas Fußwärme zu sichern, bei zwei Kölner Kaufleuten auf Nordlandfahrt in Auftrag gegeben und bereits im voraus bezahlt. Auf der Rückkehr geraten die beiden Kölner in einen Sturm, und sie fürchten um ihr Leben. Schließlich hebt einer der beiden das Fell empor und mahnt den Apostel Andreas, sich doch besser um sein bedrohtes Eigentum zu kümmern. Der Sturm legt sich, die Wogen werden geglättet, und Andreas erhält sein Fell sowie den zuvor gezahlten Kaufpreis als Stiftung.

Von frommen Stiftern, die wir mangels Quellen nicht mehr kennen, werden auch die Pietà, um 1370, im Westen des nördlichen Seitenschiffes, oder die Ende des 15. Jahrhunderts entstandenen Skulpturen des Erzengels Michael in seiner höfischen Eleganz und die Muttergottes an den westlichen Vierungspfeilern oder der Christophorus stammen, den wir bereits kennen.

Für das Machabäerkloster entstand der ›Blutbrunnen der hl. Ursula‹ im Auftrag des Geistlichen Helias Mertz. Die maßwerkgeschmückte steinerne Brunnenfassung stand in diesem Kloster ursprünglich an der Stelle, wo das Blut der hl. Ursula und ihrer Gefährtinnen in einen Brunnen geflossen war. Der ›Blutbrunnen‹, der heute in der Vorhalle steht, wo einst wohl der Brunnen des Stifts stand, wurde nach der Aufhebung des Klosters wie auch der kostbare *Machabäerschrein* in die nunmehrige Pfarrkirche St. Andreas übertragen. Der spätgotische kupfervergoldete Schrein entstand ebenfalls im Auftrag von Helias Mertz. 1520 begann der Goldschmied Peter von der Pfaffenpforte mit den Arbeiten. 1527 war die vergoldete Architektur mit den dazwischen gespannten Reliefs vollendet. Szenen der Passion Christi werden Szenen des Martyriums der Machabäer, des jüdischen Widerstands gegen die hellenistische, heidnische Antike, gegenübergestellt, um die Parallelen, um die Vorausdeutung dieses Geschehens typologisch auf Christus zu belegen.

Das Martyrium des Namenspatrons der Kirche, des Apostels Andreas, erhielt Mitte des 16. Jahrhunderts durch Barthel Bruyns Triptychon, den mit zwei Flügeln versehenen *Hauptaltar*, die würdige Darstellung. Zur gleichen Zeit dringt mit dem Sakramentshaus im Chor niederländischer Renaissanceeinfluß auch hier ein, den monumental die Rathausvorhalle vertritt. Andere Ausstattungsstücke entstanden erst nach den Zerstörungen des Zweiten Weltkrieges, die St. Andreas nicht so gravierend trafen wie andere unter den romanischen Kirchen Kölns. Paul Nagels Kommunionbank entstand 1955, und 1963 wurde das Bronzeportal von Karl Matthäus Winter vollendet.

Einen historischen Höhepunkt haben wir uns zum Schluß aufbewahrt. Im burgundischen Krieg, im Ringen um das von Karl dem Kühnen belagerte Neuss (s. S. 67), wird vom Kölner

Dominikanerprior Jakob Sprenger 1474 eine Rosenkranzbruderschaft gegründet. Im Jahr darauf, das Karls Scheitern vor Neuss erlebt, wird die Bruderschaft mit vornehmsten Mitgliedern, wie Kaiser Friedrich III. und sein Sohn Maximilian, ein öffentliches und überregionales Ereignis. Nach wenigen Jahren bereits rechnet man mit über 100 000 Mitgliedern. Jakob Sprenger kann man im *Triptychon der Rosenkranzbruderschaft* in der südwestlichen Kapelle ebenso im Schutz des Mantels der Gottesmutter erkennen wie Kaiser und Sohn. Maria erscheint mit Rosenkränzen gekrönt. Zu ihrer Rechten hält Dominikus selbst den Mantel. Der Ordensgründer hatte schließlich nach den Visionen des Alanus de Rupe den ersten Rosenkranz von der Madonna überreicht erhalten. Zu ihrer Linken hält Petrus Martyr, der frühe Märtyrer des Dominikanerordens, die andere Seite des Schutzmantels. Wohl als Ersatz für ein älteres, bescheideneres Gemälde entstand dieses Altarbild um 1500 in der Werkstatt des Meisters von St. Severin. Es war damals allerdings nicht für St. Andreas bestimmt, sondern für die benachbarte Kirche des Dominikanerklosters.

Auf dem Weg
Ein letzter Blick auf die ausgewogen konzipierte Fassade und auf den Platz zwischen Bank und Kirche, den seit 1992 Ansgar Nierhoffs **Lichtung zu Einem,** eine mehrteilige Eisenskulptur, gelungen gestaltet. Dann geht es weiter an der Nordseite der Kirche entlang,

Ehemalige Reichsbankfiliale, An den Dominikanern, 1894–97, Foto um 1910, heute Deutsche Bank

vorüber am Eingang der Deutschen Bank, und mit der Aussicht über den Chor von St. Andreas auf den Dom in die schmale Straße Andreaskloster nach links. ›An den Dominikanern‹ heißt zu Recht der breite Straßenzug, auf den man nun stößt. Links ist die gewaltige neugotische Fassade der **ehemaligen Reichsbankfiliale Köln**, vom gelehrten Architekten Max Hasak entworfen, 1849–97 in rotem Sandstein errichtet, zu bewundern. Allerdings hat man die einst reiche Dachlandschaft nach den Kriegszerstörungen zu sehr vereinfacht. Und gegenüber streckt sich der Bau der **Hauptpost**. Trotz der ersten Vereinfachungen des einst prunkenden neugotischen Baus an der Stelle des untergegangenen Dominikanerklosters bereits 1933 und trotz der Kriegszerstörungen kann man den einstigen Glanz noch ahnen. Bei beiden Bauten würde die Wiederherstellung das Stadtbild bereichern.

Über die Kreuzung hinweg ragt bereits wie ein dunkler Kristall, die Maßstäbe der Umgebung sprengend, die kantige Architektur der **ABC-Bank** auf. Der harte Kontrast zu zwei schmalen Bürgerhäusern des 18. und späten 19. Jahrhunderts macht den Widerspruch, den der Bankbau gegen seine Umgebung erhebt, noch markanter. Joachim Schürmann entwarf den Bau, der seit 1976 den östlichen Endpunkt des Bankenviertels markiert, das sich von hier aus bis zu den Ringen nach Westen erstreckt und mit der gleichgesinnten Verwandtschaft von Versicherungen durchsetzt wird. Nur das Erzbischöfliche Palais mit dem Priesterseminar und das anschließende Maternus-Haus bringen eine thematische und optische Unterbrechung des Finanzthemas.

St. Mariä Himmelfahrt

Neben inzwischen wieder beseitigten Bauschäden hat die ehemalige Jesuitenkirche St. Mariä Himmelfahrt durch das oben erwähnte Bankgebäude eine dauerhafte Behinderung erhalten. Ihre Wirkung in die Straße hinein wird aufgehoben, und für den Innenraum fehlt das modellierende Licht von Süden für die reiche Ausstattung.

Mit zwei hohen Treppentürmen, die die eigentliche Fassade flankieren, wird die Kirche aus der Straßenfront herausgehoben. Eigentlich sollte sie zudem ihre Umgebung überragen. So ist nun das Barockereignis Kölns, nach schwierigen Restaurierungs- und Sicherungsarbeiten wiederhergestellt, mehr in den Hintergrund geraten, als es sollte und als man in den Jahren der Grundsteinlegung und des Bauens wollte.

Die erste Jesuitengemeinschaft Deutschlands überhaupt hatte sich 1544 in einem (gemieteten) Haus an der Burgmauer, also nur wenige Schritte vom zukünftigen Bauplatz entfernt, versammelt. Aber erst mit der Schenkung des Collegium Swolgianum im Jahre 1581 gelangen sie nach manchen Schwierigkeiten (s. S. 74) zu eigenem Besitz, und es gelingt ihnen im Jahr darauf, das benachbarte Achatiuskloster zu erwerben. 1583 kann die nun erweiterte Kirche des Achatiusklosters geweiht werden. Aber bereits zu Beginn des folgenden Jahrhunderts entwickelt man Pläne für einen Neubau, um mit Unterstützung Erzbischof Ferdinands von Bayern (1612–50) dann dafür ausreichend Gelände an der gegenüberliegenden Seite der Marzellenstraße zu erwerben.

Zu Beginn des 16. Jahrhunderts war mit der Pfarrkirche St. Peter der letzte größere Kirchenbau in Köln errichtet worden. Die Tradition kirchlicher Architektur war abgerissen.

Nach der Diskussion einiger unbefriedigender Pläne wendet sich daher Erzbischof Ferdinand an seinen Bruder Herzog Maximilian I. von Bayern mit der Bitte um einen Architekten, »der solchenn baw mit nutzen Vorstendig sein könte … selbiger aber dieser Land nicht erfindlich ist«. So erreicht Christoph Wamser Köln, der gerade die Kirchen der Jesuiten in Molsheim im Elsaß vollendet hat. Dieser Bau wird in Gesamtanlage und manchen Details dann auch Vorbild des Kölner Entwurfs. Im Januar 1618 gelangt der Plan nach Rom und wird am 24. Februar vom Ordensgeneral genehmigt. Am 15. Mai legt man bereits den Grundstein. Der päpstliche Nuntius leitet die Feier, und Dompropst Friedrich von Hohenzollern legt den Grundstein im Namen des Herzogs Maximilian von Bayern und des bayerischen Fürstenhauses. Zugleich wird auch der Grundstein für das Kollegium gelegt, dessen Bauten heute, der Kirche benachbart, als Sitz des Generalvikariats genutzt werden. Die Familie, Herzog Maximilian, der Kölner Erzbischof Ferdinand und Halbbruder Franz Wilhelm von Wartenburg, Bischof von Osnabrück und Propst des Bonner Cassius-Stiftes, lassen sich das ›monumentum Bavaricae pietatis‹ – das Denkmal bayerischer Frömmigkeit im Dienste der Gegenreformation, etwas kosten. Insgesamt sollen es 155 419 Taler für Kirche und Kolleg gewesen sein.

Mit den beiden Treppentürmen wird die Fassade geschickt in die leichte Straßenkrümmung eingefügt. Der südliche Treppenturm erhält dabei ein größeres unregelmäßiges Trapez als Grundriß. Hinter dem durch hohe Gitter abgetrennten Vorraum wird die verputzte Fassade ausgebreitet. Der Blick konzentriert sich auf das plastisch hervorgehobene Hauptportal mit seiner antikisierenden Triumphbogenarchitektur und der Wappenkartusche darüber. Freiplastisch gearbeitet präsentieren zwei Löwen das Wappen Herzog Maximilians von Bayern, umgeben von der Ordenskette vom Goldenen Vlies. Zwischen den Säulen des Portals treten der Ordensgründer Ignatius von Loyola und der heilige Franz Xaver den Kirchenbesuchern entgegen. In den Bogenzwickeln weisen Engel auf das Monogramm des Namens Christi hin, ein Motiv, das an den Arkadenbögen im Schiff, unterhalb der Emporen mit der gleichen pädagogischen Begeisterung wiederholt wird. Dort werden dann Mariensymbole in die Kartuschen eingefügt. Auch die Altaraufbauten verwenden dieses Motiv.

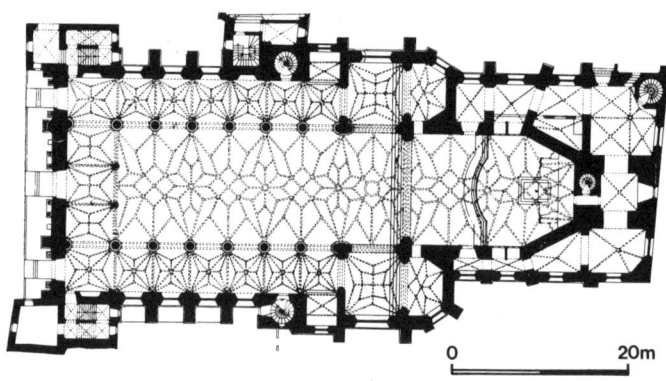

0 20m

St. Mariä Himmel-
fahrt, Grundriß

Diesem Aufwand gegenüber fügt sich das große, sechsbahnige Maßwerkfenster fast bescheiden mit seinen Vierpässen und Fischblasen in die Fassade ein. Es repräsentiert das Mittelschiff nach außen. Engel in den Nischen neben dem Fenster verweisen auf Maria in der Giebelnische und das wiederholte Monogramm Christi darüber. Auch hier wird das Motiv im Innern wiederholt. Es erscheint am Triumphbogen des Chores. Die konsequente Gestaltung der Ausstattung unter theologischen und pädagogischen Zielsetzungen wird bereits an diesen Beispielen sichtbar, denen man noch manche Parallele anfügen könnte.

Ähnliche Beweggründe haben auch die Architektur selbst bestimmt. Die barocke Grundstimmung des Fassadenzuschnitts enthält neben den antiken Details und dem gotischen Fenster romanische Zitate in der Gestaltung der Turmöffnungen und der Wandgliederung der Türme unter den wieder barocken Hauben. Die Nachgotik des 17. Jahrhunderts greift bewußt – und das gilt für St. Mariä Himmelfahrt dann ja auch für das Netzgewölbe des Schiffes, die Fenster des Obergadens und die Fenster und Arkaden des Chores zum Querhaus oder die Gestaltung des Chorturmes – vorreformatorische Bauformen auf. Das gegenreformatorische Ziel der Erneuerung kirchlicher Einheit, der Rückbesinnung und der betonten Beanspruchung der reichen Tradition der katholischen Kirche wird so bewußt dargestellt. Daher wundert es nicht, wenn Nachfolgebauten der Jesuiten in Coesfeld, Paderborn oder Bonn diesen Bau als Vorbild aufgreifen.

Aber das große Grundthema des barocken liturgischen Schauspiels im weiten, zur Einheit geführten Kirchenraum wird auch mit vielgestaltigem Dekor durchgeführt. Die seitliche Ausleuchtung des Hochaltars, dessen Bilder einst je nach Kirchenjahr ausgewechselt werden konnten, zieht das Schauen auf sich. Kaum fallen die Querhäuser auf, bei deren Arkaden das reiche gotische Profil bis zu den hohen Sockeln durchgezogen wird. Das Schiff selbst wird von hohen Rundpfeilern gegliedert, zwischen die Arkadenbrücken mit gotischem Profil geschlagen sind, mit Maßwerk als Balustraden. Mit den knappen Fenstern des Obergadens hätte ohne die Emporen sonst fast der Eindruck einer Hallenkirche entstehen können. So ergibt sich nun der Eindruck eines hohen, festlich geschmückten Raumes, den ein präzise geschnittenes Stern- und Netzrippengewölbe überspannt. Mit vergoldeten Sternen sind auch nach der aufwendigen Rekonstruktion des im Kriege zerstörten Gewölbes, das sich nach Anton Goergens Feststellung vom Gewölbe der Laurentiuskapelle des Straßburger Münsters ableiten läßt, die Knotensteine der Rippen besetzt. Diese architektonische Genealogie belegen auch Steinmetzzeichen, die sich von Straßburg über Molsheim, woher Christoph Wamser Mitarbeiter und teils sogar vorgefertigte Steine bezog, bis zu St. Mariä Himmelfahrt verfolgen lassen. Daß der teils außerhalb und großenteils von auswärtigen Bauleuten verwirklichte Bau Unmut und Empörung bei den benachteiligten Kölner Handwerkern erregte, ist zu verstehen.

Denn den Schreinern erging es nicht besser. Die großen Altäre, die Wandvertäfelung und die eingebauten Beichtstühle fertigte die von Valentin Boltz geleitete Werkstatt der Jesuiten, und die kostbaren und aufwendigen Goldschmiedearbeiten, sei es für den Mantel des heiligen Ignatius von Loyola oder den Rosenkranz des heiligen Franziskus Xaverius, die große silberne Reliquienbüste für denselben Heiligen oder die des heiligen Adrian entstanden in der eigenen, von Bruder Theodor Selling geführten Goldschmiedewerkstatt. Auch kostbare liturgische Gewänder werden einem Jesuiten, Bruder Johann Lüdgens, zugeschrieben.

Bruder Valentin Boltz hat, nachdem Christoph Wamser Ende 1623 als Bauleiter ein letztes Mal abgerechnet, wohl auch die Leitung der Bauarbeiten übernommen. Noch müssen der Glockenturm am Chor und die Flankierungstürme der Fassade vollendet werden. Nun begann man mit den Planungen für die Innenausstattung. Der schwäbische Bildhauer Jeremias Geisselbrunn, der auch die Modelle für den Goldschmied des Engelbertschreins im Domschatz und Skulpturen für das Bonner Münster und manche Kölner Kirche lieferte, erhält hier seinen ersten großen Auftrag. Die ersten neun Modelle für die 13 Apostel, Maria und Christus an den Pfeilern des Schiffes werden 1624 angefertigt. Die letzte der vollendeten Skulpturen, der Apostel Matthias, trägt die Jahreszahl 1631. Aber schon 1628 hatte man die Altäre aufstellen können, und 1629 zogen die Jesuiten feierlich in ihre neue Kirche ein. Die Eile ist verständlich, wenn man hört, daß 1621 das Achatiuskloster und dessen Kirche durch einen Brand vernichtet worden waren. Die Weihe der Kirche vollzieht der Kölner Weihbischof Paul Aussem schließlich am 8. Mai 1678.

Aber an Ausstattung und Bau wird vorher und nachher weitergearbeitet. Die prunkvolle *Kanzel* (Farbabb. 24), um die sich zur Verkündigung des Wortes der Kreis der Apostel schart, selbst mit den Gestalten der Evangelisten am Korb und den Kirchenvätern am Schalldeckel wieder nach Vorlagen von Jeremias Geisselbrunn gearbeitet, wird erst 1634 durch eine Stiftung ermöglicht. Von 1651–58 wird der kostbare Marmorfußboden verlegt, und erst 1689 ist endlich auch der nördliche Fassadenturm vollendet. Der Giebel des Kollegiums folgt sogar erst 1715.

Nach den Verwüstungen des Zweiten Weltkrieges war die Restaurierung und Rekonstruktion von Architektur und Ausstattung der Kirche als barockes Gesamtkunstwerk von hohem künstlerischem Rang und geistesgeschichtlicher Bedeutung eine Arbeit, die sich mit hohem finanziellem und persönlichem Einsatz bis zum Beginn der 80er Jahre hinzog.

Die Diebstahlsgefährdung führte zum Abtrennen eines schmalen Raums unter der Westempore durch hohe Gitter, die dem alltäglichen Besucher nur einen Blick ins Schiff gewähren. Mehr ist nur bei seltenen Gelegenheiten möglich. Dann kann man auch das Hauptbild des *Hochaltars* genauer sehen, die Himmelfahrt Mariens von Johann Hulsmann, die eigentlich für St. Aposteln entstand. Da ihre Maße ideal für den vorgegebenen Rahmen waren, ist das fremde Bild mit dem Thema der Patronin der Kirche nun hier als Dauerleihgabe eingebracht worden. Die beiden Bilder darüber sind als Farbkomposition gestaltet, Stellvertreter des Verlorenen. Erhalten blieben dagegen die reizvollen Bilder Johann Toussyns vor den nun leeren Schaureliquiaren des Chores und die Gemälde zwischen den Beichtstühlen in den Seitenschiffen. Eine der großen Entdeckungen und Überraschungen der zu Ende gehenden Restaurierungsarbeiten war die Feststellung, daß eine der Monstranzen des Kirchenschatzes fester Bestandteil des aufwendigen Expositoriums vor dem Hauptaltar war. Hier kann mit einem verdeckt zu betätigenden Mechanismus das Expositorium geöffnet werden, dem sich die Kerzen tragenden Engel dabei zuwenden und damit die Inszenierung der Kirche als Tempel Gottes vollenden.

Auf dem Weg

Im Gymnasium, das in den Gebäuden des **Jesuitenkollegiums** untergebracht war, hat Georg Simon Ohm (1789–1854) im Jahre 1826 das nach ihm benannte Gesetz der Elektrizitätslehre entdeckt. Es klärt die Beziehungen zwischen Stromstärke, Spannung und Widerstand. Eine Gedenktafel von Toni Stockheim aus dem Jahre 1939, als Köln nach dem Geschmack des Dritten Reiches als Hansestadt bezeichnet wurde, erinnert daran. Für seine Experimente konnte Ohm zum Teil noch auf Instrumente zurückgreifen, die die Jesuiten für das Gymnasium Tricoronatum beschafft hatten. Einige davon sind im Kölnischen Stadtmuseum ausgestellt.

Der Weg führt uns weiter auf der Marzellenstraße nach Norden, vorüber an der traditionsreichen Buchhandlung und dem *Verlagshaus Bachem*, dessen Verlegerfamilie für katholische Publizistik und Politik manchen wichtigen Mann gestellt hat. Er führt weiter über die Ursulastraße hinweg, die als Teil der innerstädtischen Schnellstraßen erst ein Erzeugnis der Nachkriegszeit ist. Nach Westen bietet sich nun schon ein Blick auf den gotischen Chor der Kirche St. Ursula und die gekrönte Haube des Westturms, Zeichen der englischen Prinzessin, zu der die Legende die junge Märtyrerin werden ließ.

St. Ursula

Bis zum Jahre 1164, als am 23. Juli die Reliquien der Heiligen Drei Könige nach Köln gelangten, gab es keine populäreren Heiligen in Köln als Ursula und ihre zahllosen Gefährten. Im Jahrzehnt vor diesem Ereignis hatte man unter der Leitung der Äbte Gerlach und Hartbern des Deutzer Benediktinerklosters sogar eine regelrechte Grabungskampagne unternommen. Ähnliche Aktionen hatte der heilige Norbert von Xanten außer in St. Gereon auch hier durchgeführt, und Jahre später erwähnt Cäsarius von Heisterbach mit dem Arbeiter Ulrich den ersten Berufsarchäologen Kölns. Er beschäftigt sich nur mit der Suche nach Reliquien aus dem Gefolge der heiligen Ursula. Und wenn nun auch die Heiligen Drei Könige in den Vordergrund treten, von ihren Reliquien erhält niemand einen Anteil. Aus dem Gefolge der hl. Ursula dagegen wandern zahllose Teilnehmer von Köln in nähere und ferne Gefilde aus, von Skandinavien bis in den Mittelmeerraum.

Angefangen hat die ganze Geschichte mit dem Martyrium einiger christlicher Jungfrauen, das in der Geschichte der Christenverfolgungen nicht ungewöhnlich ist. Die antiken Kirchenhistoriker aber haben Verfolgungen und Martyrien im Rheinland nicht erwähnt, um auf den Glanz der ersten christlichen Kaiserfamilie keine Schatten fallen zu lassen. Hier hatte der Vater Konstantins des Großen geherrscht, Constantius Chlorus. Und die Kölner haben wie bei ihren anderen frühen Kirchen auch hier die Geschichte des Ursprunges vergessen.

Wir sind daher auf die Clematius-Inschrift angewiesen, die heute in der Südwand des Chores eingemauert ist. Sie ist, neben den spätantiken Bauten selbst, unsere einzige Quelle. Sie entstand im späten 4. oder frühen 5. Jh. – wenn sie keine Fälschung der Karolingerzeit ist, wie immer wieder einmal behauptet wird. Dann aber wäre den Kölnern damals eine wissenschaftlich glänzende Leistung gelungen, in der ein Mediävist von so hohem Rang wie Wilhelm Levison keinen Fehler entdecken konnte. Gehen wir also davon aus, daß sie echt ist.

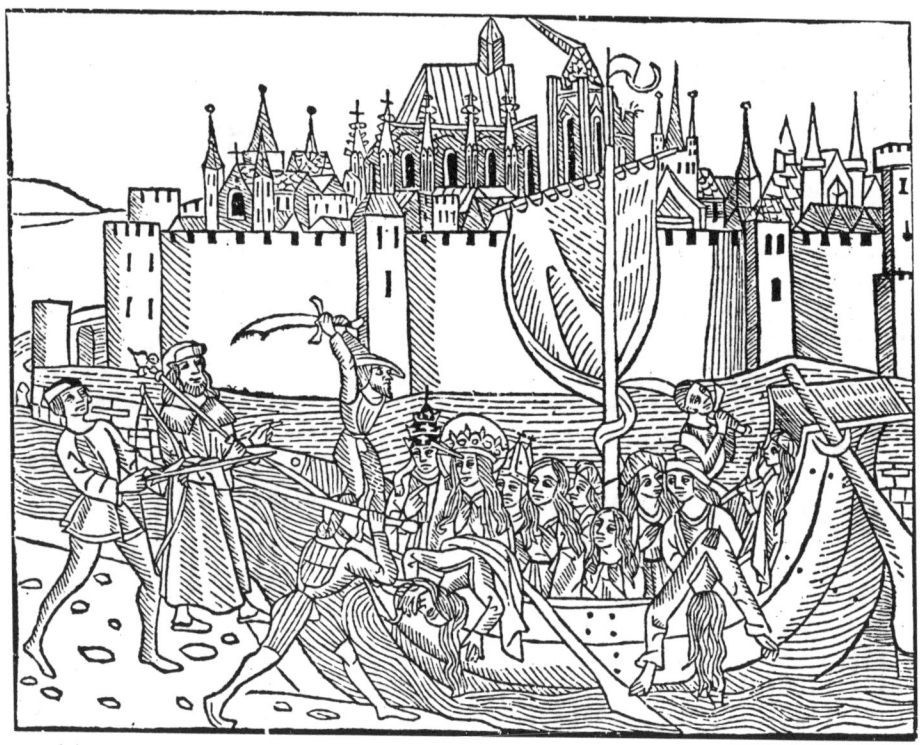

Ursulalegende, Holzschnitt aus der Koelhoffschen Chronik, 1499

Die Inschrift berichtet, daß der vornehme Clematius, durch Visionen gemahnt, extra aus dem Osten des Reiches kam, um die Basilika der Jungfrauen von den Grundmauern an auf eigene Kosten erneuern zu lassen. Niemand sollte hier von nun an begraben werden außer den Jungfrauen. Die Grabungen haben im vielfach durchwühlten Boden die Grundmauern des spätantiken Baus gefunden, in den im frühen Mittelalter, ebenso wie im Dom, in Trier oder Boppard ein Ambo, eine Art Kanzel eingebaut wurde. Der Ambo ist später durch einen mächtigen Altar, dann durch ein großes Reliquiengehäuse ersetzt worden.

Diese gehört bereits zur ottonischen Erneuerung der Kirche, die seit dem 9. Jahrhundert wieder mehr ins Bewußtsein der Kölner und Rheinländer getreten war. Die Legende gewinnt an Kraft. Die heiligen Jungfrauen werden populär. Noch nimmt Pinnosa den ersten Platz unter den Jungfrauen ein. Erst als ihre Reliquien im 10. Jahrhundert nach Essen abgegeben werden, tritt Ursula an ihre Stelle. Der spätantike Grabstein, der den Namen lieferte (für ein achtjähriges Mädchen bestimmt), war seit dem 12. Jahrhundert in einem Pfeiler der Kirche eingemauert. Heute befindet er sich im Römisch-Germanischen Museum. Auch ihren Bräutigam Aetherius kennt man aus einer solchen Grabinschrift.

Im Jahre 922 flüchten die vornehmen Damen des Stiftes Gerresheim, nahe dem heutigen Düsseldorf, von dem damals noch keine Rede war, vor einem Ungarnüberfall nach Köln. Erzbischof Hermann I. (889–924) übergibt ihnen die Kirche der Märtyrerjungfrauen, deren Blüte damit beginnt. Das große Reliquiengehäuse barg elf Öffnungen für Gebeine. Seine Form ist heute im Fußboden der Kirche nachgezogen. Von 11 zu 11 000 ist es damals kein weiter Weg. Lesefehler und immer neue Reliquienfunde auf dem großen römischen Gräberfeld arbeiten Hand in Hand. Die Legende kennt daher neben Ursula, ihren Gefährtinnen und dem Gefolge von 11 000 Jungfrauen bald auch ihren Bräutigam, dessen vornehmes Gefolge und auch den Papst Cyriakus, der allesamt in Rom empfängt. Er schließt sich ihnen an, erleidet mit ihnen das Martyrium vor den Mauern Kölns, das gerade von den Hunnen belagert wird. Die Hunnen morden die Gesellschaft mit Freude, da die Jungfrauen nicht ehewillig sind, und beenden die Belagerung Kölns mit Schrecken, als sich nach dem Martyrium ein himmlisches Heer gegen sie wendet. Die Heiligen retten das Heilige Köln.

Mit den Erdbewegungen, die die Stadterweiterung des Jahres 1106 mit sich bringen, wobei Wall und Graben mitten durch den ager Ursulanus, durch das römische Gräberfeld ziehen, setzt die große Zeit der Funde ein, von der wir eingangs sprachen. Nun reicht für den Ruhm der Heiligen und den Glanz des Stiftes auch der ottonische Bau nicht mehr aus. Das Große Jahrhundert Kölner Kirchenbaukunst beginnt mit der Emporenbasilika, die von nun an zum Vorbild mancher rheinischen Pfarrkirche wird, wo man ebenfalls zahlreiche Gläubige zum Gottesdienst unterbringen muß.

Der romanische Bau vom Anfang der Epoche, die Köln als Baustelle sieht, ist trotz des gotischen Chores und späterer Eingriffe gut erkennbar (Abb. 27). Der westlich vorgelagerte

St. Ursula, Turmhaube, 1682, Kupferstich

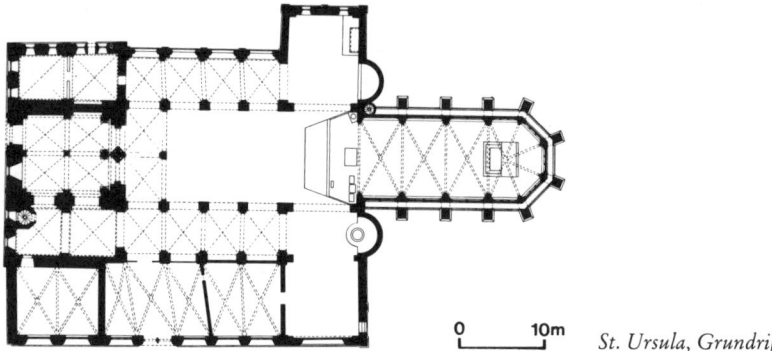

St. Ursula, Grundriß

Kreuzgang ist wie die Stiftsbauten untergegangen. Der massige Westturm mit seiner barocken Haube, deren Bekrönung an den hohen Rang der Märtyrerin erinnert und die erst nach einem Brand im Jahre 1680 diese Gestalt erhielt, erhebt sich über einer von schweren Pfeilern dominierten Vorhalle. Das zum Schiff hin mit einem weiten Bogen geöffnete Geschoß des Turmes über der Vorhalle ist noch ins Mittelschiff hinein verlängert. Pfeiler und Bogenbrücke im romanischen Westbau an dieser Stelle sind als statische Sicherung eine Zutat der Restaurierungen des 19. Jahrhunderts. Die Orgel verstellt noch zusätzlich die Weite des ursprünglichen Raums.

Das zuerst von einer flachen Decke überspannte und konsequent geschlossene Schiff setzte sich optisch ohne Unterbrechung bis in den Langchor fort. Er war auch in seiner romanischen Version kaum kürzer angelegt als jetzt der gotische Chor. Bis ins 17. Jahrhundert waren die Emporen in die Querhäuser hinein verlängert. Ein Bild, das manche der romanischen Abteikirchen der Normandie als Vorbild anbot. Für den, der das Kirchenschiff betrat, waren die Querhäuser nicht ablesbar.

Kaum waren die Bauarbeiten abgeschlossen, bringt die neue Architekturmode der Gotik die vornehmen und modebewußten Damen des Stifts auf neue Baugedanken. Der Grundstein für den gotischen Dom wurde 1248 gelegt, und auch mit dem Bau der schlichter konzipierten Minoritenkirche der Franziskaner wurde begonnen. In den Jahren 1247 und 1267 reisen Dominikanerpatres mit Reliquien des Stiftes St. Ursula ins Bistum Paderborn, um dort, mit Ablaßbriefen versehen, Spenden für das Stift zu sammeln. Die Aufgabe, von der bei dieser mehr zufällig überlieferten Aktion gesprochen wird, könnte der Bau des gotischen Chores gewesen sein. Ende des 13. Jahrhunderts noch wird er vollendet. 1287 soll er geweiht worden sein.

Offensichtlich bewußt hat man elf Fenster zum neuen Chor zusammengestellt. Sie prägen das Erscheinungsbild des gläsernen Schreins. Diesen Charakter des Reliquiengehäuses betont noch der moderne Firstkamm mit seinen zwei Knäufen, den Karl Matthäus Winter entworfen hat. Die schlichten Grundformen der Architektur erinnern an die etwas ältere Minoritenkirche. Auch dort begnügt man sich mit zwei Zonen für die Gliederung des Baus, Sockelbereich und Fenster. Den Laufgang in Höhe der Fenstersohlbank, dessen Öffnungen durch die dreifach getreppten Strebepfeiler führen, finden wir dort ebenfalls, aber auch schon an der noch älteren Elisabethkirche in Marburg.

Innen sind die Stäbe des Fenstermaßwerks bis zum Sockel durchgezogen wie auch die Dienstbündel der Rippen. Die Kapitellzone ist ganz fortschrittlich bereits reduziert, und auch auf Schlußsteine hat man verzichtet. Englische Neugotik der Jahrhundertwende, hergestellt von der Firma Dixon, schmückt die drei zentralen Fenster des Chores. Die nach Westen folgenden Fenster verwirklichen Entwürfe von Wilhelm Buschulte. Mittelpunkt des gotischen Chores ist der gotische *Hochaltar,* den man unter der barocken Überbauung im 19. Jahrhundert wiederentdeckte. Die elf Figürchen des schmalen Altarretabels sind allerdings Erneuerungen des Bildhauers Alexander Iven vom Ende des 19. Jahrhunderts. Damals fand man sogar noch die hölzernen Gehäuse für die Aufstellung dreier Schreine hinter dem Hochaltar. Von diesen ist der *Ursulaschrein* wieder dort aufgestellt. Bis auf wenige mittelalterliche Teile ist er eine Arbeit des bedeutenden Kölner Goldschmieds Gabriel Hermeling des späten 19. Jahrhunderts. Gelungen ist aber auch die moderne Ausstattung des Chores mit den Arbeiten Karl Matthäus Winters, Standkreuz, Leuchter und Kommunionbank, dem bereits 1935 entstandenen silbernen Tabernakel von Hanns Rheindorf.

Im Anschluß an die Vollendung des Chores wurden Gewölbe im Mittelschiff eingezogen. Nach den Zerstörungen des Zweiten Weltkrieges sind davon jetzt nur noch die reizvollen Konsolen zu sehen. Sicher ein Verlust, den die Holzdecke der fünfziger Jahre nicht ersetzen kann. Dafür ist allerdings die Obergadengliederung des romanischen Baus wieder freigelegt worden (Abb. 28).

An der Südseite wurde in den gleichen Jahren eine Marienkapelle angebaut, die Ende des 15. Jahrhunderts noch einmal verändert wird. Ein weites, offenes viertes Schiff schloß sich nun auf der Südseite an. Hier hat man nach dem Kriege gesündigt und einen Teil des Raumes als Sakristei abgetrennt. Damit ist die Weite des Raumes verloren, die auch noch das südliche Querhaus miteinbezog. An das Marienschiff schließt sich, nur von der Vorhalle aus zugänglich, so daß der äußerlich geschlossene Eindruck täuscht, die *Goldene Kammer* an (Farbabb. 17). Die alte, schwere Eisentür, die vielleicht schon dem im 16. Jahrhundert erwähnten Vorgänger der Goldenen Kammer als Sicherung diente, verbirgt heute einen modernen, stählernen Nachfolger. Der kaiserliche Reichshofrat Johann von Crane und seine Ehefrau Maria Verena haben sich als Verehrer der heiligen Ursula und ihres Gefolges ein Denkmal gesetzt, das man nicht mehr vergißt, wenn man es einmal gesehen hat. Man tritt nicht mehr vor einer Reliquie, man geht in das Reliquiar mitten hinein, steht inmitten der Heiligen. Dekorativ, teils in Schriftform als Ave Maria, sind Skeletteile hoch oben an den Wänden angeordnet. In barock rankendem Gehäuse der Mitte des 17. Jahrhunderts schimmern Schädel hinter altem Glas, und in den kleinen Nischen darunter steht eine Sammlung kostbarer und kostbarster hölzerner Reliquienbüsten vom späten 13. bis ins 18. Jahrhundert. Ein Altar geht in diesem Schimmer fast unter. Ein Höhepunkt am Ende der Reliquienverehrung, in dem man hier steht.

Darüber sollte man den Aetheriusschrein für den Bräutigam der heiligen Ursula nicht übersehen. Um 1170 entstanden, ist er zwar seiner Figuren beraubt, bewahrt aber eine Fülle farbenprächtiger ornamentaler Emails und Emailscheiben, die zum schönsten gehören, das die Kölner Goldschmiedekunst geschaffen hat.

Kehren wir noch einmal ins Schiff zurück, denn auch dort begegnet man einer Stiftung unseres Reichshofrates. 1659 finanziert er die barocke Hülle für das gotische Denkmal in Sarkophagform im nördlichen Querhaus, das die Stelle markiert, wo der Legende nach bereits Bischof Kunibert das Grab der heiligen Ursula auffand. Eine weiße Taube hatte ihm während der Messe die Stelle gewiesen. Mit schwarzem Marmor wird die Gotik verhüllt, und obenauf liegt in weißem Marmor Ursula mit der hilfreichen Taube zu Füßen. Hier, im nördlichen Querhaus, ist auch ein umfangreicher Zyklus der Ursulalegende untergebracht. Um 1456 in der Nachfolge Stefan Lochners entstanden, schildert er in 31 Bildern auf 19 Tafeln die Legende in der Fassung des hohen Mittelalters: vom Gebet der Eltern um Nachkommenschaft über Geburt der Jungfrau aus königlich englischem Hause, dann Taufe, Weihe der Jungfrau, Werbung der Gesandtschaft für Aetherius, Bau der Schiffe und Übungsfahrten, Abschied von den Eltern, Ankunft in Tiel, erster Besuch in Köln mit einem interessanten Blick auf Deutz, der den damaligen Bauzustand der Abteikirche erkennen läßt, Weiterfahrt nach Basel, Aufenthalt in Rom, Rückkehr nach Basel, nach Mainz mit der Taufe des Aetherius, die Fahrt nach Köln, und schließlich reicht der Bogen zum Martyrium unter den Pfeilen der Hunnen und der Rettung Kölns.

In der kleinen Apsis des nördlichen Querhauses begegnet uns Ursula erneut, nun als Schutzmantelheilige, um 1460 entstanden. Hier findet man auch Hinweise und Unterlagen zur immer noch aktiven Ursulabruderschaft.

Im Gegenstück, der kleinen Apsis auf romanischer Grundmauer im südlichen Querhaus, hat man einen Kruzifixus etwa der gleichen Zeit mit den jüngeren, um 1500 entstandenen Skulpturen von Johannes und Maria verbunden. Beide standen vor dem Krieg hoch oben am Eingang zum Chor. Neben einer schönen Kalksteinmadonna der Jahre um 1330, einem sitzenden heiligen Nikolaus aus der gleichen Zeit, einer Pietà des frühen 15. Jahrhunderts und Christus als Schmerzensmann aus dem späten 15. Jahrhundert begegnet man einer ganzen Fülle von Reliquienbüsten auf dem Hochaltar oder, doppelseitig gearbeitet, in den Öffnungen der Emporen. Im südlichen Querhaus sind zehn Schieferplatten aufgehängt. Sie tragen Darstellungen von Aposteln, Malereien der Mitte des 13. Jahrhunderts. Um die Schar der Apostel zu vervollständigen, fehlen zwei, vielleicht sogar noch eine dritte mit der Darstellung Christi. Alle schmückten wohl einmal den Lettner, der den Chor vom Schiff trennte.

Und bevor wir das Schiff verlassen, noch einen Blick an den nordwestlichen Pfeiler des Schiffes. Gerade erst restauriert wurde das fein gearbeitete Relief einer Kreuztragung. Darunter aber führt uns der kleine, auf Säulen gestellte Sarkophag der Viventia noch einmal in die Ursulalegende zurück. Die kleine Schwester der heiligen Gertrud von Nivelles, Tochter Pipins, wollte man einst in St. Ursula begraben. Das aber widersprach den Anweisungen und Geboten der Clematiusinschrift. Niemand außer den Jungfrauen sollte hier begraben werden, und so fand man jeden Morgen den Sarkophag über der Erde stehend wieder. Nur so, auf kleine Säulen gestellt, hat Viventia dann ihre Ruhe gefunden.

Auf dem Weg

Vom Westportal der Kirche St. Ursula führt der Weg nach rechts in die Straße Ursulakloster, nach links in die Eintrachtstraße und gleich wieder rechts in die Cordulastraße, deren Name an die letzte der Begleiterinnen der heiligen Ursula erinnert. Sie hatte sich in einem der Boote versteckt und faßte erst am Tage darauf den Mut, sich dem Martyrium zu stellen. Über die Straße Klingelpütz hinweg, die mit ›pütz‹ an einen Brunnen (lat. puteus) erinnert und den Namen des Besitzers hinzufügt, führt der Weg durch die Grünanlage gleichen Namens, die an die Stelle des den Kölnern einst wohlbekannten Gefängnisses gleichen Namens getreten ist, das zu seinen prominenten Insassen Kölner Erzbischöfe ebenso zählte wie Konrad Adenauer. Durch die moderne Parkanlage hindurch, die man auch z. B. zu einer Lesepause nutzen könnte, geht man auf der Straße Gereonswall nach links, an einem der Überreste der mittelalterlichen Stadtmauer entlang.

Einer der Halbtürme der mittelalterlichen Stadtmauer ist im 15. Jahrhundert als Mühlenturm ausgebaut worden. Er trägt nach der nahe gelegenen Stiftskirche St. Gereon die Bezeichnung **Gereonsmühlenturm.** Das von weit gespannten Bögen gesicherte Mauerstück bis zum nächsten Halbturm wird zum Teil vom Wohnhaus eines Architekten genutzt. Eine einzigartige Wohnlage inmitten der Stadt.

Um sie zur Verteidigung nutzen zu können, sie aber für einen Angriff auf die Stadt nach Erstürmung der Mauer unbrauchbar zu machen, blieben die Halbtürme stadtseitig offen und nur mit Balkenwerk verstrebt. Als Anschluß über die Kyotostraße zur Nord-Süd-Fahrt treffen wir hier auf die Straße Am Kümpchenshof. Nach der Legende soll Jan von Werth auf dem Kümpchenshof als Knecht gedient und vergeblich um Griet geworben haben (Abb. 52).

Etwas verborgen in der Grünanlage des Hansaplatzes auf der anderen Seite der Stadtmauer steht die ›**Frau mit dem toten Kind**‹ des niederländischen Bildhauers Mari Andriessen. Sie entstand als Teil des Befreiungsdenkmals für Enschede (1946–1953). Ein zweiter Guß wurde am 22. Mai 1959 hier aufgestellt, wo man bereits am 3. Juni 1945 eine Gedenkstätte über den Gräbern von sechs Männern und einer Frau errichtet hatte, deren Leichen man kurz zuvor auf dem Gelände des Klingelpütz entdeckt hatte: »Dieses Mal erinnere an Deutschlands schandvollste Zeit 1933–1945« heißt es auf der Gedenktafel neben der Skulptur in ihrer ausdrucksvollen Klage.

Der *Hansaring,* dessen Name an die Mitgliedschaft Kölns in der Hanse erinnert, gehört zu den ›Ringen‹, die seit dem Abriß der Stadtmauer nach 1881 die von Stadtbaumeister Stübben geplante Neustadt erschließen. Eines der wenigen erhaltenen Häuser aus der frühen Zeit der Neustadt ist auf der anderen Seite des Hansarings **Nr. 11,** das 1887/88 nach dem Entwurf von Georg Eberlein mit orientalisierenden Anklängen als Mietshaus errichtet wurde. Der optisch reizvolle Wechsel von Tuff und dunklem Basalt wird durch zwei große Sgraffitti unter dem weit ausladenden Dachgesims ergänzt. Wenige Häuser weiter, **Nr. 25–27,** begegnen wir einem der wenigen Bauten, die der in Köln ansässige Architekt Oswald Mathias Ungers in Köln gebaut hat. Charakteristisch sind die Verwendung von Backstein in großen Flächen, die Reduzierung der Fensterflächen und die große Gliederung durch die miteinan-

Handelshochschule, Hansaring 54–58, 1898/99 von F. C. Heimann, Foto um 1900, heute Hansa-Gymnasium

der verbundenen Balkone, mit denen die Grundform der Bauten des späten 19. Jahrhunderts an diesen Prachtstraßen aufgenommen wird.

Auf der rechten Straßenseite, der wir nach rechts folgen, ist noch vor der Bahnüberführung mit dem **Hansa-Gymnasium** einer der großen öffentlichen Bauten an den Ringen erhalten. Stadtbaurat Friedrich Carl Heimann, der selbst zwei Häuser weiter Hansaring 50 wohnte, griff für den Bau der Handelshochschule zu gotischen Formen. Gustav von Mevissen hatte bereits 1879 die gewaltige Summe von 100 000 Mark für die Gründung einer solchen Institution gestiftet. Erst 1898/99 wurde der Bau errichtet und nach langen Diskussionen am 1. Mai 1901 als Ersatz für die seit der französischen Besetzung Kölns fehlende Universität eröffnet. Die Handelshochschule war ein solcher Erfolg, daß bereits 1907 ein neuer größerer Bau am Rheinufer bezogen werden konnte.

Auf der anderen Straßenseite ist schon längst das **Hansa-Hochhaus** aufgefallen. Heute lächelt man, wenn man hört, daß es nach der kurzen Bauzeit 1924/25 das höchste Hochhaus Europas war. Der Stahlskelettbau mit Backsteinverkleidung entstand nach den Plänen des Kölner Architekten Jakob Koerfer. Der breitgelagerte Anbau versucht mit seinen sieben Geschossen, eine optische Verbindung zu den anderen Bauten am Ring herzustellen. Zehn Geschosse mehr bietet das Hochhaus selbst. Manches vom reichen Keramikschmuck, der

Hansa-Hochhaus, 1924/25 von Jakob Koerfer, Foto von Hugo Schmölz, um 1926

zur strengen Gliederung kontrastierte, ist doch erhalten. Und wer im Mekka der Schallplattensammler im Flachbau nichts gefunden haben sollte, kann noch den längsten Paternosteraufzug Europas im Hochhaus benutzen. Die Architektur der Nachkriegszeit unter Konrad Adenauer und der Umbruch der Stadtstruktur unter ihm als Oberbürgermeister kommen auch hier zum Ausdruck.

Dem Hansaring weiter folgend kommen wir zum *Ebertplatz*, der auch einmal Platz der Republik und danach Adolf-Hitler-Platz hieß. Ihn prägt als Blickfang ›**Gerlings Bleistift**‹, ein siebeneckiges Bürohochhaus, und in seiner Mitte spielt seit 1977 die ›**Wasserkinetische Plastik**‹ von Wolfgang Gödderts, an deren Edelstahlschirmen sich Wasserschleier bilden (Abb. 85). Der Gedanke zu diesem spielerischen Effekt kam dem Bildhauer beim Spülen eines Teelöffels.

Von hier aus könnte, wer Kölns zweitgrößte Kirche nach dem Dom näher besehen möchte, einen Abstecher zur **Kirche St. Agnes** machen. Dr. Peter Josef Roeckerath, der sein Vermögen mit Grundstücks- und Baugeschäften während des Ausbaus der Neustadt gewaltig gemehrt hatte, stiftete 1895 die Mittel für den Bau zum Gedächtnis an seine verstorbene Frau Agnes. Am 20. November 1896 erfolgte der erste Spatenstich auf einem Bauplatz, der noch von freiem Feld umgeben war. Die Pläne entwickelten, den Wünschen Roeckeraths nach einer gotischen Hallenkirche folgend, die Architekten Carl Rüdell und Richard Odenthal. Trotz der Detailformen des frühen 13. Jahrhunderts haben die Architekten zu einer eigenen Architektur gefunden. Der Klassizismus neugotischer Bauten des Dombaumeisters Ernst Friedrich Zwirner wird in Erinnerung gerufen. Ein hoher fensterloser Sockel grenzt den Bau, aber auch den Innenraum von der Straße ab. Auch darüber wird die Wand nicht in Glas, Pfeiler und Maßwerk aufgelöst, sondern schlanke Fenster werden in glatt gespannte Wände geschnitten. Nach einem Brand des Dachstuhls 1980 sind nun die Gewölbe wieder eingezogen worden. Das optisch reizvolle Nachkriegsprovisorium ist verschwunden. Carl Rüdell war neben seiner Architektentätigkeit ein begabter Aquarellist, dessen Blätter Landschaftsstimmungen ebenso festhalten wie Szenen aus dem Köln seiner Zeit.

Ein anderer Abstecher, besonders bei warmem und sonnigem Wetter zu empfehlen, wäre ein Lustwandeln durch die Parkanlagen des *Theodor-Heuss-Rings* bis zum Rhein, bis zur **Bastei**. Das Gelände des Sicherheitshafens des 19. Jahrhunderts hat man bei der Planung der Neustadt, als Deutschen Ring damals, mit einer großzügigen Parkanlage abgedeckt. Den Unterbau des Turms an der Hafeneinfahrt hat der Kölner Architekt Wilhelm Riphahn am Rheinufer 1924 für ein noch heute elegantes und teures Restaurant verwandt. Die Träger der Stahlkonstruktion ragen bis zu 8 m weit in Richtung Rhein über den Unterbau hinaus. Die luftige Konstruktion des Jahres 1924 ist nach dem Kriege in veränderter Form vom selben Architekten wieder aufgebaut worden (Abb. 79). Ein Akzent am Rheinufer, von dem aus der weite Rheinbogen das Stadtpanorama in unvergleichlicher Form darbietet.

Jenseits der Uferstraße hat sich wenige Meter stadteinwärts wieder ein Architekt ein Türmchen der mittelalterlichen Stadtmauer gesichert und mit einem Anbau als Wohnhaus genutzt. Im Volksmund hat das Türmchen der rheinseitigen Befestigung die Bezeichnung **Weckschnapp** erhalten (Abb. 73). Die Sage behauptet von der Weckschnapp, manche zum

Tode Verurteilte habe man hier ohne Nahrung eingesperrt. Nur ein Brötchen, die besagte ›Weck‹, hätte an einem Faden über einer Falltür gehangen, unter der ein mit Messern gespickter Schacht in den Rhein geführt habe – so hätten dann endlich Hunger oder die Messer zum Tode des gequälten Delinquenten geführt. Mittelalterlichem Bedürfnis nach Schauspiel entspricht diese sadistische Anordnung kaum.

Ein leichtes Gruseln rasch vergessend, könnte man nun wieder zum Dom wandern oder die Fähre in Höhe der Hohenzollernbrücke nutzen, um sich zum Messegelände und in den Rheinpark übersetzen zu lassen. Köln liegt nun mal am Rhein, und das ist die kürzeste Bootsfahrt, die man unternehmen kann. Es werden aber auch zahlreiche größere Rundfahrten angeboten.

Ohne diesen Abstecher führt der Weg direkt am Ebertplatz stadteinwärts, mitten durch das **Eigelsteintor** (Abb. 43). Am Nordende der seit Römerzeiten genutzten Durchgangsstraße durch Köln parallel zum Rhein, zu der auch Hohe Straße und Severinstraße gehören, war der wuchtige Bau eine der wichtigsten Befestigungen der Stadtmauer. Das Doppelturmtor mit seinen spitzbogig geschnittenen Portalen und kreuzrippengewölbter Durchfahrt entstand noch vor der Mitte des 13. Jahrhunderts. Einst diente es mit seinen Tuffsteinmauern über dem Basaltsockel als Ausstellungsraum für das Historische Museum der Stadt Köln, jetzt ist dort ein Bürgerzentrum untergebracht.

In einer Spitzbogenblende neben dem Durchgang ist die überlebensgroße Gestalt des Kölner Bauern zu sehen. Dombildhauer Christian Mohr hatte sie 1885 eigentlich für das Hahnentor geschaffen. Inzwischen steht sein Original in der Piazetta des Rathauses, und hier finden wir aus konservatorischen Gründen einen Abguß. Unter der Figur erinnert der Spruch »Halt fass Do Kölsch Boor/ bliev beim Rich/ et fall söss ov sor«– Halt fest Du Kölner Bauer, bleib beim Reich, es falle süß oder sauer. Wenige Jahre nach der Anbringung der Skulptur ist dann das Tor 1889–92 nach den Untersuchungen und Entwürfen von Stadtbaumeister Stübben restauriert worden. Das Kölner Symbol des Kölner Bauern, der uns sonst im Dreigestirn des Karnevals entgegentritt, war ein spätmittelalterliches Zeichen der Einordnung in ein Reichssystem, das vom Kaiser bis zu den ›Bauern‹ reichte, die in diesem System durch Städte vertreten waren. Köln sah darin das Zeichen seiner Reichsfreiheit, Bestätigung seiner Unabhängigkeit, und freundete sich mit dem Bauern an.

Im östlichen Turmuntergeschoß hängt ein Bruchstück des Beiboots des Kreuzers CÖLN, der zu Beginn des Ersten Weltkriegs mit fast der gesamten Besatzung unterging. Ein Mannschaftsmitglied rettete sich mit diesem Kutter. Inzwischen haben vier weitere Kriegsschiffe diesen Namen nacheinander übernommen.

Ähnlich der Severinstraße ist auch der *Eigelstein* – ein Straßenname, zu dem eine überzeugende Erklärung fehlt – von buntem Kölner Leben erfüllt. Das gilt für die Vielfalt der Geschäfte, der Bewohner wie der Kneipen, Pinten und Gaststätten. An der zweiten Seitenstraße links ›Unter Krahnenbäumen‹ biegen wir ab. Es gibt wohl kaum einen Straßennamen in Köln, der mit mehr an Sentiment behaftet ist als dieser. Eines der berühmtesten Lieder des Kölner Liederdichters und Sängers Willi Ostermann, ›Kinddauf-Feß unger Krahnebäume‹, nimmt die unvergleichliche Atmosphäre zu Beginn unseres Jahrhunderts ebenso scharfsichtig auf, wie dies nach dem Zweiten Weltkrieg noch der Kölner Fotograf Chargesheimer in einem selten gewordenen Bildband tat. Der Durchbruch der ›Nord-Süd-Fahrt‹, deren Teilstück hier wirkungslos Turiner Straße genannt worden ist, hat auch diese Lebensader veröden lassen.

Über diese Schnellstraße hinweg finden wir Zugang erst weiter stadteinwärts mit der Machabäerstraße. Hier dominiert die hohe Barockfassade der **Ursulinenkirche St. Corpus Christi,** die ihr Thema, die Verehrung des Altarsakraments, der Eucharistie, mit Engeln in den Nischen der Fassade und Kelch und Hostie in der Mittelnische über dem Portal erläutert. Eine Ursulafigur als Bekrönung der Fassade fehlt noch. 1639 hatten die aus Lüttich kommenden Ursulinen in Köln ihre erste deutsche Niederlassung gegründet. Der Düsseldorfer Kurfürst Jan Wellem stellte seinen Architekten Matteo Alberti, der wegen der Bauarbeiten am Bensberger Schloß mit Erlaubnis des Kölner Rates in Köln wohnte, für den

Ursulinenkirche St. Corpus Christi, Fassade

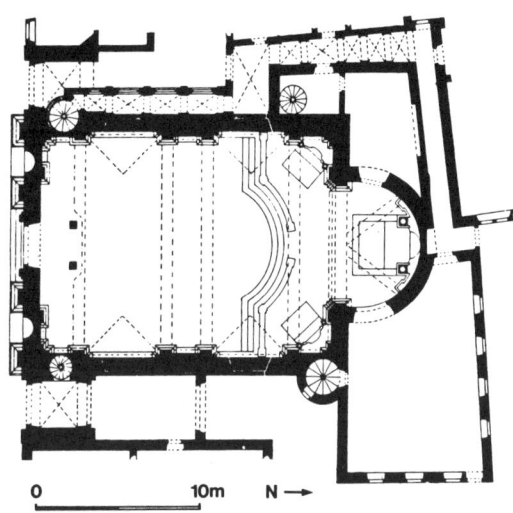

Ursulinenkirche, Grundriß

0   10m N →

Entwurf der Kirche zur Verfügung. In Vertretung seines Herrn und dessen höchstgnädiger Gemahlin legte er nach einigen Querelen mit dem Rat am 30. April 1709 den Grundstein. Vorbild waren die tonnengewölbten Saalkirchen Venedigs, des Geburtsortes Albertis. Ein beeindruckendes Beispiel konsequent gegliederter Barockarchitektur ist auch hier dabei entstanden, festlich in der neuen Farbfassung der Fassade. Die nächste Straße links, An der Linde, führt uns vor die bald wieder vollendete Westfassade von St. Kunibert.

St. Kunibert

Mit dem Abschluß der Arbeiten an der Wiederherstellung des Westbaus der ehemaligen Stiftskirche St. Kunibert ist die letzte große Lücke im Kranz der romanischen Kirchen Kölns geschlossen, die die Zerstörungen des Zweiten Weltkrieges hinterließen. Das Rheinpanorama der Stadt gewinnt dann seinen nördlichen Abschluß zurück. An diese Rolle seiner Kirche hat aber Bischof Kunibert im 7. Jahrhundert sicher nicht gedacht, als er eine nach Papst Clemens geweihte Kirche für sein Grab wählte. Die Legende erzählt, daß er der Gründer der Kirche inmitten einer kleinen Fischer- und Schiffersiedlung gewesen sei. Die Erinnerung an ihn tritt jedenfalls, nachdem 1168 seine Gebeine erhoben worden sind, in den Vordergrund. Der erste große Politiker auf dem Kölner Bischofsthron nach Maternus wird zum neuen Patron seiner Grabeskirche. Der politische Berater König Dagoberts I. war vor 627 zum Bischof geweiht worden und wird nach zwei Jahrzehnten erfolgreicher Tätigkeit nach 648 nicht mehr in den Quellen erwähnt.

Die Kirche, die seinen Namen trägt, ist der letzte große romanische Kirchenbau Kölns. Gerne wird betont, daß sie ein Jahr, bevor der Grundstein für den gotischen Dom gelegt

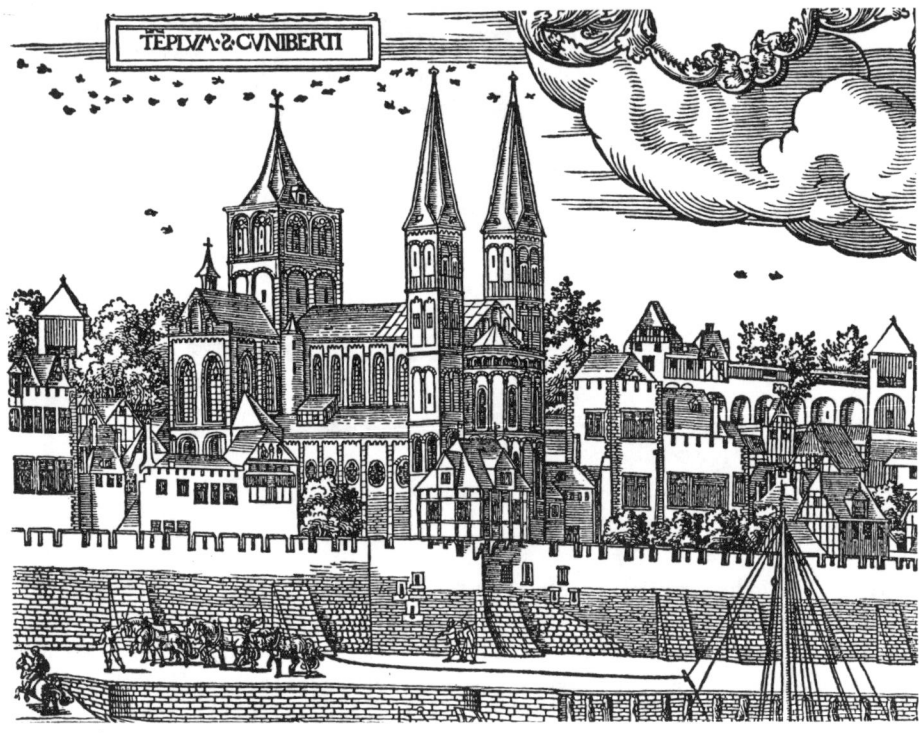

St. Kunibert, Ausschnitt aus dem Stadtpanorama von Anton Woensam, 1531

wurde, geweiht worden ist. Im Jahre 1247 war der Bau zwar noch nicht vollendet, zumindest am Westturm wurde noch gebaut, aber die Gelegenheit für einen Festakt war günstig. Erzbischof Konrad von Hochstaden baute das Ereignis in ein politisches Festprogramm ein. Er hatte, da Kaiser Friedrich II. in päpstlichem Bann seines Amtes als enthoben galt, zur Wahl eines neuen deutschen Königs eingeladen. Vor der Stadt, auf dem Feld bei Worringen, das 1288 eine Entscheidung in blutiger Schlacht über das Schicksal von Stadt und Erzbischof sehen würde, wurde Wilhelm von Holland zum König gewählt. Die Weihe der Kirche des Stiftes St. Kunibert muß mit allen Fürsten, Erzbischöfen und Bischöfen als Teilnehmer ein festlicher Tag gewesen sein. Zahlreiche Ablaßprivilegien, die teilnehmende Bischöfe ausstellen, belegen ihre Anteilnahme an den Finanzsorgen des Stiftes. Nach Reue und Beichte konnte man seine Strafen damit in Geldstrafen umwandeln. Der Westturm, der nach Ausweis der schwachen Fundamente zuerst kaum vorgesehen gewesen sein kann, konnte nun finanziert werden. Er hat trotzdem noch mehrfach Sorgen bereitet.

Der lichte, weitgespannte und festliche Raum der Kirche zeigt, daß in Köln trotz des Beharrens auf romanischen Formen – während sich an St. Gereon bereits gotische Details

154

St. Kunibert von Südosten, Lithographie von Domenico Quaglio, antizipierte Wiederherstellung, nach 1830

durchsetzen – hier gotische Raumvorstellungen aufgenommen werden. Vor 1210 beginnt man im Osten, am Rheinufer, mit dem Bau einer kryptaähnlichen Substruktion, um den Geländeabfall auszugleichen. Eine Säule mit grob gearbeitetem Kelchkapitell dient als zentrale Stütze des Gewölbes.

Im Westen des kleinen Raumes ist der Brunnenschacht des Kunibertspütz zugänglich, dessen Wasser – heute weniger begehrt – den Wunsch nach Kindern erfüllen soll. Im Boden des Chores oben deckt eine von Elmar Hillebrand mit einem Kinderreigen gestaltete Schieferplatte die Stelle des Brunnenschachtes ab.

Der spätere Erzbischof Theoderich von Trier, der seine Laufbahn als Propst des Stiftes St. Kunibert begann, ist der Motor des Baus gewesen. 1222 können bereits kostbare Reliquien im neuerbauten Chor untergebracht werden. Das Dach der Ostapsis ist schon mit Blei gedeckt. 1226 kann dann Theoderich die Altäre am Ostende der Seitenschiffe weihen.

Die Chorfassade ist von eindrucksvoller Geschlossenheit (Abb. 20). Die Apsis ist nicht mehr, wie z. B. bei St. Gereon, zwischen die Türme gespannt. Mit angeschrägtem Ansatz greifen Gliederung und Gesims auf die Untergeschosse der Türme über. Erst in Höhe der

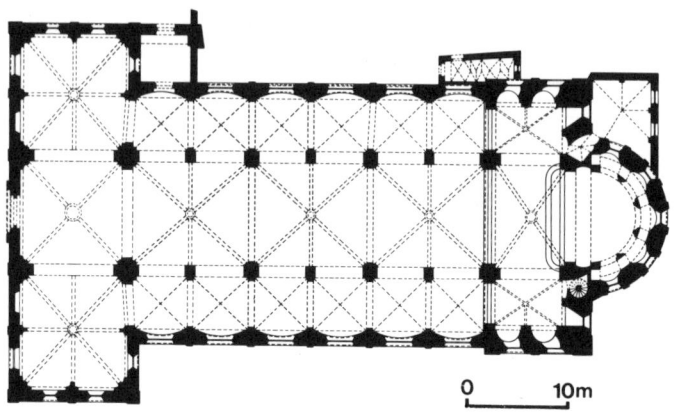

0   10m

St. Kunibert, Grundriß

Zwerggalerie – ein Plattenfries fehlt – trennen sich die Wege. Die Türme werden mit immer reicher gestalteten Gliederungen fortgeführt.

Die ganze Raffinesse des Architekten enthüllt sich erst innen. Voll geöffnet sind die Untergeschosse der Türme in den Chorbereich einbezogen worden, treten an die Stelle eines Querhauses. Auf ein Abstand wahrendes Chorjoch ist verzichtet worden. Ein weiter Raum entsteht, der den Vergleich mit den vorangehenden Kleeblattchören nicht zu scheuen braucht. Außen deutet sich das mit dem schrägen Schnitt der Fensterlaibungen bereits an. Gegenüber den Kleeblattchören geht der Architekt von St. Kunibert in der Doppelschalig-keit der Wand einen Schritt weiter. Er läßt sogar im Untergeschoß der Apsis hinter den gliedernden Pfeilern, die jeweils einer Wandarkade außen entsprechen, einen Laufgang frei – der hier nun keinen bautechnischen Nutzen haben kann. Mit dem ersten Joch des Schiffes, das in den Chorbereich des Stiftsgottesdienstes einbezogen war, wie die hohen Sockel der Dienste zeigen, die den Ansatz des Lettners markieren, entstand fast ein Zentralraum.

Der Pfarrgemeinde wurde der Westbau zugewiesen. Mit seinem drei Joche umspannen-den Raum entspricht er an Volumen dem Mittelschiff. Die neugestalteten Wandpfeiler unter dem Westturm werden hier mächtiger in den Raum ragen als früher. Aber drei Einstürze sind genug. Erstmals mußte der Westturm nach einem Brand 1376 erneuert werden und erhielt damals seinen hohen gotischen Knickhelm, der für das Stadtpanorama so wichtig ist. 1830 hatte man, nachdem nun die Pfarrgemeinde die ganze Kirche übernommen hatte, schon mit Sicherungsarbeiten begonnen, als der Turm dann doch noch am Abend des 28. April in sich zusammenbrach. Erst 1860 war er wiederhergestellt. Aber man verzichtete auf die Vorhalle, so wie man heute unverständlicherweise das zentrale Fenster der Westfas-sade nicht mehr das Gesims darüber durchbrechen läßt. Man schafft eben ›Ordnung‹ und vermeidet die ›Fehler‹ der Vergangenheit, die der Fassade erst ihren (beabsichtigten) Reiz gaben.

Einzigartig für Köln und von internationalem Rang sind die *Glasfenster des Chorbereichs* aus den Jahren der Bauzeit um 1230. Hier hat die schwache finanzielle Ausstattung des

156

Stiftes, mit der die Kanoniker der nächsten Jahrhunderte sich immer wieder auseinandersetzen mußten, einen wohltätigen konservatorischen Einfluß gehabt. Und als man Mitte des 18. Jahrhunderts einen barocken Altar errichtete, wurde der Altaraufbau so hoch, daß die wichtigsten Fenster abgedeckt wurden und nicht dem nun ausbrechenden Lichtbedürfnis der Aufklärung zum Opfer fielen. Eine Kostbarkeit ersten Ranges blieb erhalten. Zwar hat man schon früh im 19. Jahrhundert einige Quadratmeter ergänzen müssen, aber einmal abgesehen vom Medaillon mit der Verkündigung im zentralen Wurzel-Jesse-Fenster der oberen Fensterreihe des Chores machen sich diese Ergänzungen kaum bemerkbar.

Beginnen wir gleich mit diesem Fenster im Zentrum des Chorobergeschosses. Aus der liegenden Gestalt Jesses erwächst der Stammbaum Christi, begleitet von Propheten, Heiligen, Engeln und Stiftern. Die Einbettung in die Propheten des Alten Testamentes wird durch die Szenen des Neuen Testamentes, die von der Wurzel Jesse bildhaft gerahmt werden, fortgeführt. Verkündigung und Geburt, Kreuzigung und Auferstehung Christi münden in die Darstellung der Himmelfahrt Christi. Die sieben Tauben für die Gaben des Heiligen Geistes und die Darstellung Gottvaters darüber runden das Bild zur Verkörperung der Trinität. Und ein Spruchband verweist darauf, daß Christus ebenso am Ende der Zeiten als Richter des Jüngsten Gerichtes zurückkehren wird. Wie ein Mosaik aus kleinen und kleinsten Stücken geformten farbigen Glases zusammengesetzt (eine Kölner Kostbarkeit, die auch weithin exportiert wurde), Konturen und Schraffuren mit Schwarzlot aufgebrannt, mit Bleiruten gefaßt, so wird mit diesem Bildprogramm der gesamte Rahmen christlicher Geschichte abgesteckt.

Die Fenster links und rechts daneben schildern die Legenden der beiden Patrone der Kirche. Links die romanhafte Geschichte des heiligen Clemens, der als dritter Papst nach Petrus und Paulus gilt, rechts die Legende des heiligen Kunibert, dessen Lebensgeschichte als Bischof von Köln hier in der Auffindung des Grabes der heiligen Ursula gipfelt. Eine weiße Taube zeigt ihm während der Messe den Ort. Darüber wird seine Seele von zwei Engeln in den Himmel geführt.

Im Kunibertfenster und bei einer Reihe der anderen Fenster mit einzelnen Heiligendarstellungen erscheinen am unteren Rande Gestalten mit flehend erhobenen Händen. Es sind reiche Kölner Bürger, die sich mit der Stiftung von Fenstern am Schmuck des Baus beteiligen, neben die Stiftsgeistlichkeit treten und von den Heiligen bildhaft Fürsprache und von den Stiftsherren Aufnahme ins Gebet erwarten. Das Memorialbuch verzeichnet eine Fülle von Namen und Stiftungen für Bau der Kirche und Ausstattung des Stiftes.

Eine Darstellung des Stifters, allerdings bescheiden en miniature, findet sich auch wieder bei der hinreißenden *Verkündigungsgruppe*. Hermann von Arka, Kanoniker des Stiftes, gab diese Kostbarkeit 1439 für die westlichen Pfeiler des Schiffs in Auftrag. Man nimmt an, daß Dombaumeister Konrad Kuyn die Skulpturen schuf, denen man auf den ersten Blick die Zeitgenossenschaft zu Stefan Lochners Gestalten ansieht. Eine kleine Figur trägt jeweils am Pfeiler die Last von Konsole und Skulptur. Ein Engelchor umgibt die Standfläche Mariens, auf Maßwerk, mit Blattwerk ergänzt, senkt sich Erzengel Gabriel herab. Ehrfürchtig sinkt er leicht in die Knie. Die hochaufragenden Flügel geben ihm trotzdem die gleiche Höhe, die

Maria stehend erreicht. Das Gewand des Engels legt sich in ruhige Falten, sanft gerundet ist das Gesicht. Im Kontrast dazu türmen die goldenen Locken Bewegung und Verwirrung auf. Maria wendet sich – über das Mittelschiff hinweg – in zartem Erschrecken, fragend vom Lesepult ab und dem Engel mit seiner Botschaft zu. Die Tragefigur ihres Lesepults, ein Pelikan, Symbol des Opfers, weist schon auf die Passion Christi voraus. Zu ihren Füßen kniet winzig der Stifter.

Die Farbigkeit entspricht den vorgefundenen Spuren der alten Fassung. Über Maria fehlt die Taube des Heiligen Geistes, und Gabriel hat seinen Botenstab mit der darum gerollten Botschaft ›Ave Maria gratia plena‹ – gegrüßt seist Du Maria voll der Gnade – verloren. Mit der Verkündigungsgruppe wird die Botschaft der Menschwerdung Christi in den gleichen Raum gestellt, in dem am Altar täglich die Wiederholung des Opfers gefeiert wird. Spätmittelalterliche Tiefe der Frömmigkeit bleibt für uns nachvollziehbar.

Nur in der kleinen, nachträglich ausgebauten Kapelle an der Südseite des Schiffes, die heute als Taufkapelle genutzt wird, ist mit einer Kreuzigungsszene, die eigentlich als Altarbild gedacht war, ein Rest der einst reichen Wandmalereien zu sehen. Sie setzten die Aufgabe der Fenster an den Mauern fort. In Farbigkeit und den bereits oft gebrochenen Linien der Gewänder zeigt die Wandmalerei in der Taufkapelle manche Parallelen zu St. Maria Lyskirchen.

Ein Glanzstück Kölner Bronzegusses des späten 15. Jahrhunderts ist ein hoher Bronzeleuchter, der zugleich einen Kruzifixus trägt. Selten, daß solche Geräte erhalten blieben, bei denen das Einschmelzen guten Gewinn brachte. In Holz, das diese Verwertung nicht zu fürchten hatte, kann St. Kunibert einen heiligen Quirinus von höfischer Eleganz und eine Madonna der Jahre um 1500 aufweisen. Unter den erhaltenen Gemälden stehen eine Gregorsmesse – hinter dem Hauptaltar im Chor – der Kölner Malerschule und die qualitätvolle Auferstehung Christi Barthel Bruyns des Älteren des frühen 16. Jahrhunderts an der Spitze. Die Schreine im Chor für die Reliquien des hl. Kunibert und der hl. Ewalde, zweier erfolgloser Missionare des späten 7. Jahrhunderts, sind dagegen Ersatz des späten 19. Jahrhunderts für die verlorenen mittelalterlichen Schreine. Mit den großen Holztüren des Nordportals oder den bronzenen Kreuzwegstationen von Elmar Hillebrand sind aber ebenso wie mit dem Kruzifixus oder der Tabernakeltür von Hanns Rheindorf bereits wieder neue Schätze erworben worden.

Die Kunibertsklostergasse an der Nordseite der Kirche entlang sehen wir an der Ecke zum Konrad-Adenauer-Ufer das Wohn- und Bürohaus des Architekten Karl Band, dessen Arbeit wir im Köln der Nachkriegszeit immer wieder begegnen. Bei gutem und auch bei weniger gutem Wetter lohnt sich nun der Weg über die Rheinuferstraße hinweg hinunter ans Rheinufer. Vor uns entfaltet sich das Rheinpanorama. Am anderen Ufer liegen Rheinpark (Farbabb. 32) und Messegelände. Wer dort einen Spaziergang machen möchte, benutzt einfach die kleine Fähre, die fast unterhalb der Hohenzollernbrücke an- und ablegt. Besonders am Vormittag, nur dann steht die Sonne richtig, findet man dort nicht nur Erholung und kann die Architektur der Messebauten und des Tanzbrunnens (s. S. 353) oder der mehrfach zerstörten und wiederaufgebauten Kirche Alt St. Heribert (Abb. 46, S. 341) auf sich wirken lassen, sondern hat auch einen unvergleichlichen Blick auf Köln. Nur mit einem Besuch auf dem Messeturm läßt sich dieser noch steigern, wie es auch Oskar Kokoschka festgehalten hat. Aber auf dem Weg zurück zum Dom, am Rheinufer entlang, unter der Hohenzollernbrücke hindurch, die für die S-Bahn eine dritte Bogenreihe erhalten hat, gelangt man über die Serpentinen der Wege oder über die Treppenzüge hinauf zum Heinrich-Böll-Platz mit seinem faszinierenden Blick zwischen den Museumsbauten auf den Domchor.

2 Die Altstadt (Plan auf S. 195)

Zwischen Dom und St. Maria im Kapitol, zwischen Rhein und Hohe Straße, in dieser Fläche von einem halben Quadratkilometer ist nach dem Erlöschen römischen Glanzes langsam die mittelalterliche Blütezeit Kölns vorbereitet worden. Alter Markt und Heumarkt, dieser z. Zt. noch vom Verkehr verwüstet, wurden zum Kristallisationspunkt bürgerlichen Reichtums, schlossen sich an den langgestreckten Kai des Rheinufers an. Die Umrisse der schmalen hohen Häuser, Spiegel der hohen Grundstückspreise seit dem Mittelalter, sind fast nur noch zwischen Rheinufer und dem Alter Markt erhalten. Touristisch und im alltäglichen Kölner Sprachgebrauch ist der Begriff Altstadt daher auf dieses Quartier enger Straßen rings um Groß St. Martin beschränkt. Wohnungen, Hotels, Antiquitätengeschäfte und eine bunte Palette von Gastwirtschaften von der Kölschkneipe bis zum hochrangigen Lokal sind hier zu finden.

Ein Altstadtbummel an einem lauen Abend, den das gegenüber bundesdeutschem Durchschnitt warme Kölner Klima öfter als anderswo bietet, ist ein Genuß, den die Kölner nicht nur den auswärtigen Besuchern ihrer Stadt überlassen. Ein mittelmeerisches Bild zeigt sich dann: menschenerfüllte Straßen, flanierend und plaudernd trifft man sich, Tische und Stühle breiten sich vor den Häusern aus, die Theke reicht bis vors Fenster.

Das Römisch-Germanische Museum

Neben der Fassade des Südquerhauses des Domes, den wir wieder als Ausgangspunkt nehmen, streckt sich die schlichte Architektur des Römisch-Germanischen Museums als bewußter moderner Kontrast zur detailreichen Architektur des Domes (Abb. 81). Das Museum ist zwar am 3. März 1974 eröffnet worden, der auf schlanken Betonpfeilern aufgelegte Quader des Museumsbaus geht aber auf einen Wettbewerb zurück, den der Rat 1962 im Rahmen der Neuordnung der Domumgebung beschloß. Den Wettbewerb gewann der Architekt Heinz Röcke aus Braunschweig mit seinem Entwurf von betonter Funktionalität.

Die etwa eine Million ›Grundsteine‹ des Museums hatte man schon 1941 zwar nicht gelegt, aber entdeckt. Bei den Bauarbeiten für einen Bunker an der Stelle des heutigen Museums stieß man auf Kölns schönstes römisches Mosaik, das Dionysosmosaik. Das war Anlaß genug, den Bau für die Sammlungen aus Vorzeit, Antike und frühem Mittelalter an dieser Stelle zu errichten, mit der Aufgabe für den Architekten, das Mosaik auch für den Blick von außen sichtbar zu lassen. Seit den Anfängen der Renaissance in Köln zu Beginn des 16. Jahrhunderts sammelt man Schätze, die der Kölner Boden in reichem Maß bietet, sammelt man die Informationen zur frühen Geschichte der Stadt. Erst seit 1946 ist die ehemalige Römisch-Germanische Abteilung des Wallraf-Richartz-Museums eine selbständige Institution und das Museum seit der Eröffnung 1974 mit seiner heftig diskutierten Einrichtung eine Publikumsattraktion ersten Ranges.

Die Fülle der Kölner Funde und der Sammlungen, die das Museum erworben hat, sind unter verschiedensten Themen gruppiert. So kann mit den Objekten das weite Spektrum von Alltag, Handel, Verkehr und Wirtschaft ebenso beleuchtet werden wie der Totenkult oder die Welt der antiken Götter und das frühe Christentum in Köln. Auf ›Inseln‹ werden die Steindenkmäler zu diesen Themen versammelt, die von den Objekten in Vitrinen ergänzt werden.

Über das Dionysosmosaik hinweg ist der Grabturm des *Pobliciusdenkmals* zu sehen (Abb. 11). Erste Blöcke hatte man schon 1884 bei der Anlage der Neustadt am Chlodwigplatz gefunden. Weitere wurden 1965 bekannt. Man hatte sie bei Bauarbeiten gefunden. Und trotz Verbots der gefährlichen Grabungsarbeiten der Amateure wurden schließlich über fünfzig Blöcke aufgefunden. 1970 gelang es, die Stücke zu erwerben. Das sprengte die bisherige architektonische Konzeption des Museumsbaus. Beide Geschosse des Museums durchbrechend, ragt der Grabturm 14,70 m auf und machte eine zusätzliche Fensterreihe über das ursprüngliche Niveau des Flachdachs hinaus erforderlich.

Von der Inschrift sind fünf Blöcke erhalten, die den wesentlichen Inhalt erkennen lassen. Der Grabturm ist für Lucius Poblicius errichtet worden, gemäß seinem Testament, für seine Tochter Paulla und die noch Lebenden der Familie des Veterans der 5. Legion Alauda (Lerche). Die Tribus Teretina, aus der unser römischer Bürger stammte, lag zwischen Rom und Neapel. Seinen Militärdienst hat Poblicius also vor der Mitte des 1. Jahrhunderts in Xanten abgeleistet, wo seine Legion bis 69 n. Chr. stationiert war. Seine Abfindung von etwa 12000 Sesterzen, was etwa 13 Jahresgehältern entspricht, muß er gut angelegt haben, um sich ein solches Grabdenkmal leisten zu können. Entlang der Ausfallstraßen aus Köln, die von Gräberfeldern gesäumt waren, ist es mit Sicherheit aufgefallen. Poblicius, dessen Frau ebenso wie sein Sohn Modestus und die kleine Paulla als Skulpturen im Obergeschoß auftreten, war wohl ein gutes Beispiel für die wirtschaftlichen Möglichkeiten, die die neue Grenzprovinz für unternehmerischen Wagemut bot. Die Gründung der Colonia Claudia Ara Agrippinensium hat er 50 n. Chr. noch erlebt, ihr Bürgerrecht hat er nicht angenommen, er blieb seiner Heimat treu. Mit den Darstellungen des Hirtengottes Pan zu beiden Seiten des Obergeschosses reiht er sich in den Zug des Gottes Dionysos ein, voll Hoffnung auf die Überwindung des Todes.

Das ist, in andere Bilder gefaßt und gut zwei Jahrhunderte jünger, auch das Thema des großen *Mosaiks*, des Schmuckbodens einer luxuriösen Villa, als deren Bewohner man sich den Gouverneur vorstellen könnte und die wohl auch manchen Kaiserbesuch, zumindest während des gallischen Sonderreiches, gesehen haben kann. Auf den ersten Blick meint man auch, nur eine fröhliche Festversammlung vor sich zu haben, in deren Mitte Gott Dionysos sich leicht trunken, wie es sich für ihn geziemt, auf einen Silen stützt. Ein Kantharos, ein üppiges Trinkgefäß, liegt geleert auf dem Boden.

2   Messe vor dem Dom

3   Dom und Roncalliplatz von Süden ▷

◁ 1   Dom und Neubau des Wallraf-Richartz-Museums/Museum Ludwig (Peter Busmann, Godfrid Haberer)

olas neros faus istos ordine gen
 unnnos presbiteros hos cosens 7 onlas

ica sincute   subcur do magi tumulo a
n mausoleo   igne sua q loci ur

onpum pc   terra tumule acrat
ve 7 helva   va br aon ossa m

5 Hillinuskodex mit Darstellung des alten Domes, um 1025, Domschatzkammer

◁ 4 Chorschrankenmalerei im Dom, um 1340

6   Severinusscheibe aus St. Severin, 11. Jh., Diözesan-Museum

7   Heribertschrein, vor 1170, Neu St. Heribert, Deutz

8   Dreikönigenschrein im Dom, Frontseite, um 1200

10   St. Pantaleon, Blick ins Westwerk

◁ 9   Panorama bei Nacht   11   St. Pantaleon, Westwerk ▷

13 St. Gereon, Dekagon mit Fenstern von Georg Meistermann
◁ 12 St. Gereon von Osten

15 St. Maria im Kapitol von Nordosten
◁ 14 St. Maria Lyskirchen, Gewölbefresken, um 1250   17 St. Ursula, Goldene Kammer ▷
16 St. Maria im Kapitol, Holztür, ›Verkündigung und Heimsuchung‹, vor 1060

18　St. Peter, Peter Paul Rubens, ›Kreuzigung Petri‹

19   Schnütgen-Museum in der Kirche St. Cäcilien

20   Kapelle Madonna in den Trümmern ▷

22 Severinstor, Blick in die Severinstraße

23 Martinsviertel mit Blick auf Groß St. Martin ▷

◁ 21 Rathausturm und Rathauslaube

24 St. Mariä Himmelfahrt, Kanzel, 1634 ▷▷

26   Altstadt mit Rheingarten und Chor von Groß St. Martin

◁ 25   Panorama, Blick nach Norden

27 Roncalliplatz mit Römisch-Germanischem Museum

28 St. Aposteln am Neumarkt

29 Weiberfastnacht auf dem Alter Markt

32 Frühling im Rheinpark ▷

30 Blumenmarkt auf dem Alter Markt

31 Gasthaus ›Zum Treppchen‹ in Rodenkirchen

33 Altenberger Dom, Chor

34 Schloß Augustusburg in Brühl, Treppenhaus von Balthasar Neumann ▷

35   Stefan Lochner, ›Madonna im Rosenhag‹, um 1450, Wallraf-Richartz-Museum

Dieses zentrale größte Bildfeld, das durch die halbkreisförmige Setzung der Steine des Hintergrundes seine lebendige Wirkung erhält, ist zugleich das Grundmuster des ganzen Bodens. Fünfzehn solcher Felder sind wieder von einem Rahmen von Feldern halber Größe umgeben und mit einem Flechtband zusammengefaßt. Mit breiten Diagonalen werden die sechseckigen Bildfelder ausgegliedert, und ein strenges Schema bindet auch alles andere an Darstellung und Ornament zur Einheit des Bodens. Was für diese ornamentale Struktur gilt, gilt auch für den Inhalt. Jedes der dargestellten Paare oder Objekte und Tiere hat seine Bedeutung im Kult des Gottes Dionysos. Wenn auch die Werkstatt Schema und Bilder aus einem Katalog von Vorlagen ausgewählt hat, hat der Auftraggeber doch ein deutliches Bekenntnis seiner Hoffnungen abgelegt, und man betrat den Saal über eine festliche Ranken-girlande hinweg, Verheißung ewigen Sommers.

Rings um das Mosaik, das auf einer Betonplatte gegen Bodenfeuchtigkeit geschützt immer noch am originalen Platz liegt, stehen noch die Mauern des alten Bunkers. Das bringt den störenden Schwimmbadeffekt, bietet aber auch den soliden Standplatz für das Poblicius-grabmal.

Neben dem faszinierenden Einblick ins Alltagsleben und den Totenkult des römischen Köln ist das Römisch-Germanische Museum berühmt für seine *Sammlung römischen Gla-ses*. Neben Importen aus Rom, besonders in den Anfängen der Colonia, wuchs in Köln eine Glasindustrie heran, deren Erzeugnisse noch heute Archäologen, Museen, Sammler und Handel begeistern. Schlichtes grünliches Glas ist selbstverständlich, Köln aber brachte als Spezialerzeugnis Schlangenfadengläser hervor (Abb. 8). Sie findet man in Fülle im Oberge-schoß, vorüber am Torbogen des römischen Nordtores mit seiner Inschrift CCAA, vorbei am rekonstruierten Reisewagen. Auf fast klares Glas, aufwendig geformt, legte man in noch heißem Zustand Glasfäden mit anderen Farbtönen, mit Blattgold sogar, auf und drückte sie mit geriffelten Holzstäbchen an. Vom bewegten Schwung der Fäden erhielten die Gläser dann ihren Namen. Entgegen der immer noch geläufigen Vorstellung von einer Antike voll stiller Einfalt und edler Größe zeigt sie sich hier und in vielen anderen Beispielen von geradezu orientalischer Buntheit. Luxuriöser Höhepunkt sind die Diatretgläser. Mehrere sind im Laufe der Zeit als Grabbeigaben in Köln gefunden worden. Man vermutet daher sogar, daß solche Kostbarkeiten in Köln auch hergestellt wurden.

Ganz vornehm und gebildet trägt das nach dem Zweiten Weltkrieg als Grabbeigabe eines reichen Kölner Gutsherrn an der Stolberger Straße in Köln-Braunsfeld entdeckte Glas die griechische Umschrift ›Pie zesais kalos aei‹ – trinke, lebe gut, immerdar. Die purpurfarbenen Schriftzeichen schweben auf Ansätzen auf klarem Glas über dem glockenförmigen Becher, darunter ein Lochkragen, goldfarben, und anschließend ein Gitternetz auf feinen Stegen in Smaragdgrün. Dafür hatte man den dickwandigen Becher aus klarem Glas mit den entspre-chend gefärbten Gläsern überfangen. Dann begann die Kunstfertigkeit des Glasschleifers. Mit der kleinen Schleifscheibe wurde in monatelanger, vorsichtiger und mühseliger Arbeit die Kostbarkeit vollendet.

Weitere reiche Schätze kamen durch den Erwerb ganzer Sammlungen in die Bestände des Museums. Sammlungen wie die des rheinisches Freiherrn Johannes von Diergardt oder des

Satyr und Nymphe, Ausschnitt
aus dem Dionysosmosaik,
Römisch-Germanisches
Museum

Kölner Kaufmanns Carl Anton Niessen brachten auch Gegenstände in den Besitz des Museums, die nicht aus dem Boden Kölns stammen. Ungewöhnlich in der Qualität der Objekte ist das Kunsthandwerk der Völkerwanderungszeit der Sammlung Diergardt. Aber auch anderes ist im Laufe der Jahrzehnte aus dem weiten Römischen Reich nach Köln gelangt, teils schon in römischer Zeit als Importware, teils Jahrhunderte später, wie ein großes Haupt der Medusa, das zu einer Ladung Antiken gehörte, die eigentlich für England bestimmt war.

Ein reicher Bestand an Katalogen, dazu ein informativer Führer von Gerta Wolff in ›Das Römisch-Germanische Köln‹ ergänzen die präzise Beschriftung der Objekte. Aber bevor nun der Weg in den neuen Bau von Wallraf-Richartz-Museum und Museum Ludwig führt, werfen wir einen Blick über die Südseite der Domplatte am Römisch-Germanischen Museum. Eine Treppe führt dort zu einem Kuriosum. Hier war ein Stück *römischer Stra-ßenpflasterung* gefunden worden, das nach dem Abschluß der Bauarbeiten wieder verlegt wurde. Jetzt allerdings nicht mehr als Straßendecke, sondern gefällig und dekorativ als eine Art Steingarten, die Spuren des einst dichten Verkehrs auf der Hafenstraße aber bleiben unverkennbar. Auf der Domplatte selbst hat man die Linien der römischen Straßen mit drei Granitsäulen und einem dunkleren Bodenbelag angedeutet.

Rundgang 2: Die Altstadt. Ausschnitt aus dem Luftbildplan von Günter Merkenich ▷

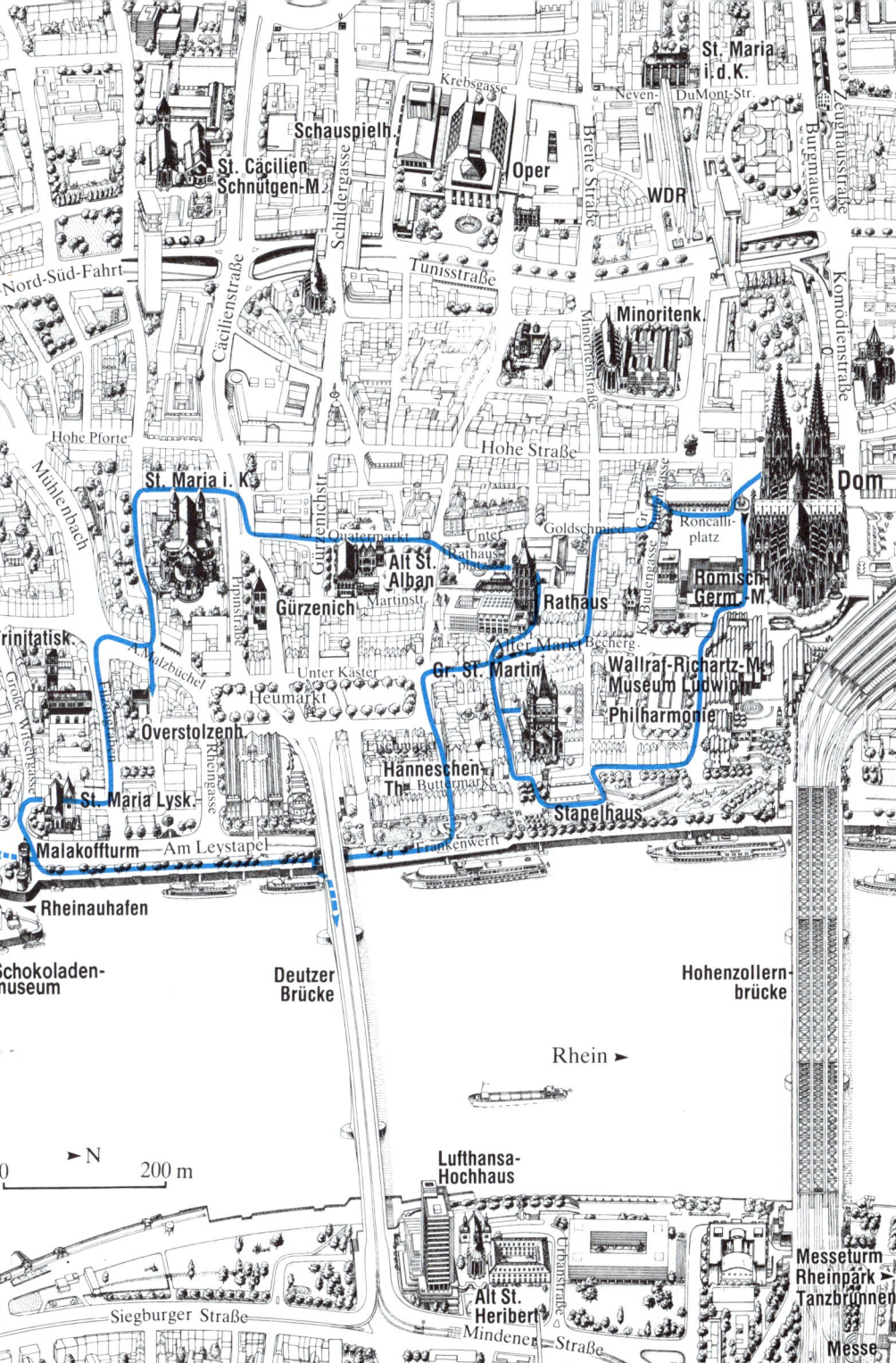

St. Maria i.d.K.

Neven-
DuMont-Str.

Krebsgasse

Schauspielh.

Oper

Breite Straße

WDR

St. Cäcilien
Schnütgen-M

Schildergasse

Burgmauer

Zeughausstraße

Komödienstraße

Nord-Süd-Fahrt

Cäcilienstraße

Tunisstraße

Minoritenstraße

Minoritenk.

Hohe Pforte

Hohe Straße

Mühlenbach

St. Maria i. K.

Quatermarkt

Unter
Rathaus-
platz

Goldschmied

Glockengasse

Roncalli-
platz

Dom

Gürzenichstr.

Pipinstraße

Alt St.
Alban

Martinstr.

Rathaus

Budengasse

Römisch-
Germ. M.

Gürzenich

A. Malzbüchel

Unter Käster

Unter Market

Becherg.

Wallraf-Richartz-M.
Museum Ludwig

Trinitatisk.

Große Witschgasse

Filzengraben

Heumarkt

Gr. St. Martini

Philharmonie

Overstolzenh.

Rheingasse

Hanneschen
Th.

Buttermarkt

Eisenmarkt

St. Maria Lysk.

Am Leystapel

Frankenwerft

Stapelhaus

Malakoffturm

Rheinauhafen

Schokoladen-
museum

Deutzer
Brücke

Hohenzollern-
brücke

Rhein ►

0   ► N   200 m

Lufthansa-
Hochhaus

Urbanstraße

Messeturm
Rheinpark ►
Tanzbrunnen

Siegburger Straße

Alt St.
Heribert

Mindener Straße

Messe

Wallraf-Richartz-Museum, Museum Ludwig und die Kölner Philharmonie

Mit der Eröffnung des großen Neubaus an zentraler Stelle im Stadtbild und im Herzen der Stadt in den ersten Septembertagen des Jahres 1986 ist Köln nicht nur um eine Touristenattraktion reicher geworden. Der anfangs heftig diskutierte Entwurf zweier Kölner Architekten hat einen neuen Akzent in das Panorama der Stadt gesetzt. Und das gilt nicht nur äußerlich. Im Kulturleben wirkt sich der neue Schauplatz der großen Philharmonie ebenso als neues Zentrum aus wie die beiden Museen in den Räumen darüber nun in neuer Gestaltung ihre Schätze zum Teil erstmals in ganzer Fülle ausbreiten können.

Nur wenig von dem Neubau ragt über die Domplatte auf, eigentlich aber schon zuviel, und zwischen dem Trakt mit den Restaurierungswerkstätten an der Eisenbahntrasse und dem Hauptbau bleibt ein immer wieder faszinierender Blick auf den Chor des Domes frei (Abb. 3). Hier, auf dem *Heinrich-Böll-Platz*, hat der israelische Künstler Dani Karavan 1986 ein Environment vollendet, das in seinen Materialien und in seiner Gestaltung die angrenzenden Bauten zusammenfaßt. Ziegelstein, Granit, Eisenbahnschienen, Gußeisen und Gras wie Bäume laufen in einer aus dem Grundmaß von 2,70 m bestimmten *Skulptur* zusammen. Stufen und tiefe Einschnitte, wechselnd in Granit und Gußeisen, sammeln hier die Aufmerksamkeit.

Das Zentrum der Kreise liegt über dem Pult des Dirigenten des unter der Platzfläche, die also eigentlich ein Dach ist, verborgenen **Konzertsaals** (Abb. 84). Die Architekten konnten dafür von der Lage des Bauplatzes am Abfall der Niederterrasse zum Rheinufer ausgehen. Am Dom ist der Höhenunterschied durch Anschüttung und die Aufstockung der Domplatte am höchsten. Trotzdem führte der Bau noch tief unter die Fläche hinunter, die einst als Busbahnhof genutzt wurde. Wie in der Antike konnte diese Lage für eine Art Amphitheater genutzt werden, in dem das variationsreiche Programm auch längst nicht mehr nur den klassischen Konzertkanon bietet.

Gemäldegalerien verlangen gleichmäßiges Nordlicht, verlangen, daß der Einfall direkten Sonnenlichts verhindert wird. Das ergab die halbseitig gerundete Giebelform der Sheddächer, die in dichten Reihen über die Baublöcke gestaffelt das Kennzeichen des Baus geworden sind. Nur der Bereich der Cafeteria ist weit zum Platz geöffnet. In den Galerien geben die Fenster nach Norden oft überraschende und unerwartete Blicke auf den Dom frei. Im Zusammenklang mit mittelalterlichen Tafelbildern entsteht dann eine gespannte Atmosphäre eigener Art.

Das Innere des langgestreckten Baus wird durch eine mehrfach unterbrochene Treppe für Überblick und Durchgang geöffnet. Das 20. Jahrhundert des **Museums Ludwig,** das seine eigenständige Existenz der großzügigen Schenkung des Ehepaars Peter und Irene Ludwig zu verdanken hat, ist im Untergeschoß und im zweiten Obergeschoß untergebracht. Das erste Obergeschoß dazwischen wird weitgehend vom **Wallraf-Richartz-Museum** mit seinen Beständen vom Mittelalter bis zum Ende des 19. Jahrhunderts genutzt. Es lohnt sich, im Foyer mit der Eintrittskarte auch ein Faltblatt zu erwerben, das als Wegweiser gedacht ist. Aus der Fülle dessen, was beide Museen besitzen, kann hier noch nicht einmal eine Auswahl vorgeschlagen werden. Schon das wäre ein eigenes Buch wert, wie es Rainer Budde mit einem Band ›Köln und seine Maler 1300–1500‹ für den Bereich der Kölner Malerei des Mittelalters geschrieben hat. Die Sammlung solcher Bilder, die die Säkularisation zu Beginn des 19. Jahrhunderts in Umlauf gebracht hatte, war eines der Gebiete der Sammelleidenschaft des Kanonikus Ferdinand Franz Wallraf, dessen Besitz 1824 testamentarisch in das Eigentum der Stadt Köln überging. Das städtische Selbstbewußtsein des Bürgers hat diesen Ursprung der Kölner Museen bis heute weitergetragen und immer wieder auch durch neue Schenkungen ergänzt. Ein Beispiel von vielen dafür ist die Sammlung expressionistischer Malerei, die Josef Haubrich (1889–1961) im Jahre 1946 der Stadt schenkte – ein großzügiger Ersatz für die Verluste, die das Museum im Dritten Reich erlitten hatte. Zwei Galerien von internationalem Rang ermöglichen einen Gang durch die Geschichte der Kunst vom hohen Mittelalter bis in die Gegenwart.

Das wird im Hause durch die öffentlich zugängliche Kunst- und Museumsbibliothek, durch die Graphischen Sammlungen beider Museen, durch die Fotosammlung des Agfa Foto-Historama und durch die Cinemathek zu einem Kulturzentrum ergänzt, in dem beide Museen mit Wechselausstellungen zusätzliche Akzente setzen.

Auf dem Weg

Auf dem Weg hinunter zum Rheinufer über die Treppen oder über die Serpentinen sollte man einen Blick auf den Rhein und auf die Züge auf der Hohenzollernbrücke werfen. Gut ein Zug pro Minute macht die Brücke zur meistbefahrenen Eisenbahnbrücke Europas mit einem Teil der etwa 100 000 Fahrgäste, die den Bahnhof täglich nutzen. Den Blick zurück auf den Dom mit dem Environment Dani Karavans, das präzise auf den Südturm des Domes ausgerichtet ist, sollte man nicht vergessen.

Gleich im ersten Haus gegenüber der Philharmonie am Rheinufer hat Gigi Campi mit einem gut geführten Restaurant die fast schon legendäre Tradition des ›Campi‹ auf der Hohe Straße wiederaufgenommen, eines der großen Künstlertreffs der vergangenen Jahrzehnte. Daß die nahe gelegene Kölner Philharmonie manches an interessantem Publikum bringt, wundert daher nicht. Gastronomie wird in den Häusern am Rheinuferpark sowieso großgeschrieben.

Zum Rheinufer weiter hinunter trifft man auf die *Rheingartenskulptur* Eduardo Paolozzis, die in enger Kooperation mit den Gartenarchitekten der Rheinufergestaltung entstand. Der erste Gedanke, mit Motorblock- und Batteriegehäuseassoziationen an die Verlegung des Verkehrs in den Rheinufertunnel im Jahre 1983 zu erinnern, ist später durch Anklänge an die Rheinschiffahrt erweitert worden. In den Wellen der Pflasterung gesetzt und vom Wasser umspielt, gibt diese Arbeit Paolozzis einen witzigen Kontrapunkt zur auf den alten Fundamenten angedeuteten schanzenförmigen Anlage der barocken Bastion.

An Stelle eines Stapelplatzes der Fischhändler wuchs hier zwischen 1604 und 1607 eine hohe, innen mehrgeschossige Bastion heran, die romanische Stadtmauer überragend. Räume für Kanonen, für Munition und obenauf eine hochgelegene Plattform, die Überblick und weites Schußfeld bot, entstanden so. Erst Ende des 19. Jahrhunderts wurde dies Denkmal Kölner Verteidigungsbereitschaft, das Johann Pasqualini entwarf und Stadtsteinmetz

Matthias von Gleen ausführte, wieder abgerissen. Es ist schon überraschend, welche kriege-
rische Vergangenheit der Rheingarten preisgibt.

Daß Fischhandel in diesem Bereich des Rheinufers Tradition hat, wissen wir bereits aus
den Berichten des großen Gelehrten Albertus Magnus aus der Mitte des 13. Jahrhunderts (s.
S. 43). Seit dem Anfang des 15. Jahrhunderts gibt es zur Aufbewahrung der Waren, zur
Qualitätskontrolle durch städtische Beamte – deren Brandeisen für die Stempelung der
Fässer im Kölnischen Stadtmuseum zu sehen sind – ein Fischkaufhaus, das heute den allge-
meinen Namen **Stapelhaus** trägt. Umbauten und Wiederaufbau haben am traditionellen
Material des Trachyts und dem spätgotischen Umriß ähnlich dem des Gürzenich festgehal-
ten. Auch ein Treppenturm gehört dazu. Inzwischen nimmt statt der Fische der BBK, der
Bund Bildender Künstler hier Quartier, um Arbeiten seiner Kölner Mitglieder zeigen zu
können.

Unterhalb des Trikonchos von Groß St. Martin erinnert heute nur noch der Fischmarkt
(Farbabb. 26) an diesen Handelszweig der Stadt, der zu Zeiten, als Fisch die wichtigste
Fastenspeise war, große Umsätze versprach. Den Umsätzen entsprach das Angebot. Johann
Haselberg, der wohlgereimt im Jahre 1531 einen ersten Reiseführer Kölns veröffentlicht,
beschreibt ihn so:

»Da fand ich ein schoennen fischmarckt ston,
Der was gespeist fur alle welt;
Ein ieder kauft da umb sein gelt
Nach allen seines hertzen lust;
Niemans gab man nichs umbsunst.
Die visch die warent gross und clein
Dar tzu gesaltzen und auch grun;
Stockfisch herin wie es sich bast
Verkauf man einem nach dem last.«

Und wie Johann Haselberg gehen wir nun stadteinwärts durch die Lintgasse zur Kirche
Groß St. Martin.

Groß St. Martin

Kein Blick auf die Kölner Rheinfront, keine Darstellung des Stadtpanoramas ist ohne den
hochaufragenden Vierungsturm von Groß St. Martin vorstellbar (Abb. 21). Das gilt seit gut
acht Jahrhunderten und wäre fast nach den Verwüstungen des Zweiten Weltkrieges nicht
mehr wahr gewesen. Nur ein Stumpf war nach dem letzten großen Angriff des 2. März 1945
noch stehengeblieben. In der großen Diskussion um den Wiederaufbau Kölns 1947 wurden
auch Meinungen wie die des Kunsthistorikers Otto H. Förster laut: »Wir wollen in Groß St.
Martin die Gewölbe wieder schließen, aber uns versagen, den Turm allzu eilfertig wieder
hinzuzaubern. Es ist viel besser, wenn er einige Zeit als Stumpf stehenbleibt und noch andere
nach uns daran erinnert, was wir hatten und warum es uns genommen worden ist – bis,
vielleicht in hundert Jahren, der Tag kommt, wo uns ein großer Meister den Turm plant, der

so schön oder schöner ist als der gewesene.« Bereits 1963 prägte der wieder aufgebaute Turm erneut die Silhouette der Stadt, aber erst 1985 konnte auch das Schiff für die Öffentlichkeit freigegeben werden. Inmitten des von Joachim Schürmann gestalteten Martinsviertels wird heute, nach der Vollendung, der vom selben Architekten betreute Wiederaufbau von Groß St. Martin zum Höhepunkt im Herzen der Altstadt (Farbabb. 23).

Vieles an historischen Bauten ist nur noch ein rekonstruiertes Modell im Maßstab 1:1 am alten Platz. Das gilt auch für manches der Kölner Baudenkmäler. Sicher trifft diese Bemerkung die Wirklichkeit, aber sie vergißt, daß der entscheidende Faktor historischer Architektur der Plan, der Gedanke des Architekten und der Wille des Bauherrn sind und nicht das Alter eines Steins, auch wenn wir uns von der Aura und dem Charme alten Mauerwerks mit der Patina der Jahrhunderte gern gefangennehmen lassen. Nichts spricht gegen einen Wiederaufbau. Und Zeichen der Erinnerung an das, was wir hatten und was uns genommen wurde – Besuchern und Bewohnern Kölns –, bieten die Bilder der Vergangenheit, betont die Fülle neuerer Architektur, die ohne den Wahnwitz der Zerstörung nicht möglich gewesen wäre, sind auch die als Denkmäler gestalteten Ruinen von Alt St. Alban oder St. Kolumba.

Vom Nachdenklichen nun aber zurück zu Groß St. Martin. (Klein St. Martin war die Pfarrkirche des Stiftes St. Maria im Kapitol, von der nur der Turm erhalten ist.) Bis zur Vollendung der Domtürme im Jahre 1880 hat Groß St. Martin unbestritten den wichtigsten Akzent im Stadtpanorama gesetzt. Der unvollendete Dom war daneben immer nur Verheißung seiner Selbst. Daß Groß St. Martin diese Rolle spielen konnte, war kein Zufall. Das große Benediktinerkloster lag inmitten des Herzens von Handel, Wandel und Reichtum des bürgerlichen Kölns. Aber die Anfänge des Klosters waren viel früher festgelegt. Anlaß waren römische Bauten, riesige Lagerhallen für Getreide, die man in frühmittelalterlicher Sparsamkeit einer sinnvollen frommen Zweitverwendung zuführte. Die römische Verwaltung hatte die dem Kölner Hafen vorgelagerte Insel zuerst für Sportanlagen genutzt.

In der Krypta sind die Ausgrabungen im Bereich des Kleeblattchores zugänglich. In der Nordkonche entdeckt man links, tief unter sich den fein gefügten Plattenboden wohl eines Schwimmbeckens. Bald nach dessen Bau, wegen des Rheinhochwassers mit einem erheblich höheren Bodenniveau, errichtete man drei riesige Lagerhallen. Einige der Steinsockel für die Holzpfeiler der dreischiffigen Hallen fallen zwischen den jüngeren Mauerzügen und den Fundamenten des Trikonchos sofort ins Auge. Sie sind nachträglich bearbeitet worden und haben dabei etwas ungefüge flache Profile erhalten. Sogar Reste von Verputz und von Fußböden sind erkennbar. Eine genaue Datierung dieser frühen Bauarbeiten bringt vielleicht einmal die Publikation der Grabung. Bisher kann nicht viel mehr gesagt werden, als was sich der Historiker auch so zu den Anfängen von Groß St. Martin sagen konnte und was die Legende bereits behauptete.

Pippin und seine Gemahlin Plektrudis, die wir als böse Stiefmutter des kühnen Karl Martell und Gründerin von St. Maria im Kapitol dort noch genauer kennenlernen werden (s. S. 217), hätten – so sagt die Legende – im Jahre 708 die vom Schotten Tilmon gegründete Kapelle in ein Kloster verwandelt. An der Arkadeninnenseite des südwestlichen Vierungspfeilers werden zwei kleine Köpfe des 12. Jahrhunderts daher als Pippin und Plektrudis

identifiziert. Irische Wandermönche, die die Kirche des Festlandes und Englands mit neuem
Leben erfüllen wollen, begegnen uns im Frühmittelalter häufig. Bis ins 11. Jahrhundert,
z. B. mit Abt Helias (1004–42), der seit 1019 auch Abt von St. Pantaleon war, läßt sich ihr
gewichtiger Einfluß auch in Köln feststellen. Aber damit haben wir vorgegriffen.

Denn lange bevor unsere Quellen mit dem 1. Mai 1172 den entscheidenden Weihetermin
für den Akzent der Stadtfassade überliefern, gibt es von Bauaktivitäten zu berichten. Erzbischof Bruno (954–65), dessen Aktivitäten an fast jeder der Kölner Kirchen zu spüren sind,
baut hier, und man kann ihm ein massives Westwerk zuweisen. Er schenkt dem von ihm
unterstützten Kloster die Reliquien des heiligen Eliphius, die er in Toul erworben hat. Der
Heilige selbst regt dann später weitere Bauaktivitäten an. Er mahnt den träumenden Erzbischof Anno im 11. Jahrhundert, der daraufhin zwei Türme am Chor errichten läßt. Von all
diesen Maßnahmen bleiben uns nur ein paar interessante Grundmauern und die Darstellung
als Rahmen einer Miniatur, die uns zugleich eine Neugier weckende Holzarchitektur auf
dem Dach des Schiffes zeigt.

Anlaß für den romanischen Neubau scheint – dem allgemeinen Baueifer entgegenkom-
mend – ein größerer Stadtbrand im Jahre 1150 gewesen zu sein, der auch das Hospital
ergreift. Dies hatten die Bürger der Gemeinde zur Versorgung der Alten und Kranken
eingerichtet und ausgestattet. Die Pfarrkirche St. Brigida der Gemeinde wird zwar erst 1172
ein erstes Mal erwähnt, aber die Aktivitäten der Gemeinde sind offensichtlich älter, und die
hl. Brigida – als populäre Heilige Irlands – spricht als Patronin der Pfarre für einen Beginn
zur Zeit des noch starken iroschottischen Einflusses.

Die Geschäftigkeit der Bürger in der Rheinvorstadt, die durch Verlängerung der römischen Mauern im Norden und Süden der Stadt als erste Stadterweiterung noch vor der Mitte
des 10. Jahrhunderts in die Sicherheit des Heiligen Köln gebracht wurde, zeigt sich noch an
mancher anderen Stelle. Hochaufragende Häuser und Grundstücke, die oft die Besitzer
wechseln, zeigen die Intensität der Wirtschaft. Bald reichen die alten, nur mündlich festge-
haltenen Verkaufsverhandlungen für Grunderwerb nicht mehr aus. Anfang des 12. Jahrhun-

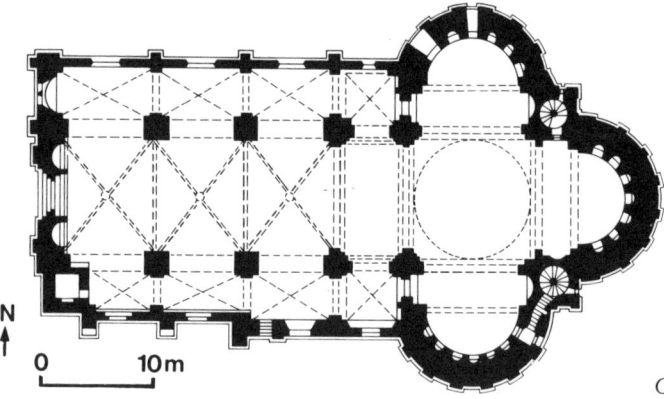

N
↑
0   10m

Groß St. Martin, Grundriß

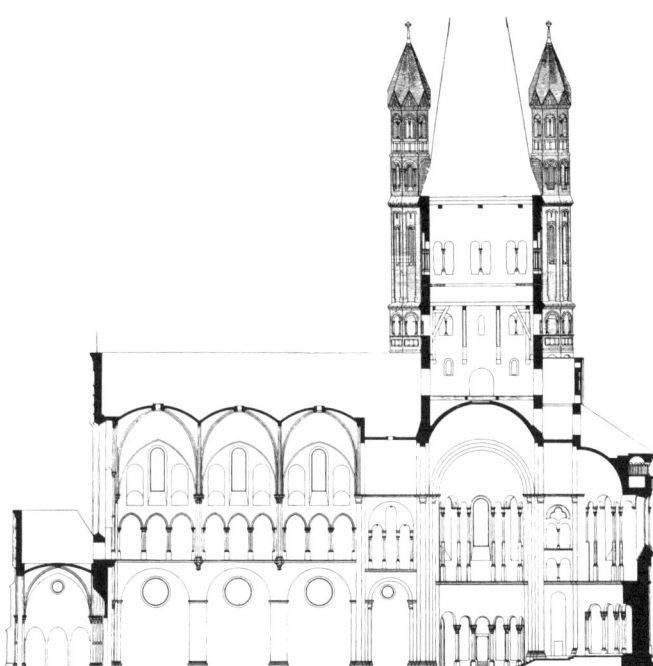

Groß St. Martin,
Schnitt

derts wird mit den Schreinskarten (carta = Pergamentblatt, Schrein = Kasten zum Verwah-
ren) daher das Grundbuch erfunden.

Aktiv sind die Bürger auch am Bau des Klosters und besonders der Kirche beteiligt. Die
große Zeit erzbischöflicher Stiftungen ist seit Anno (1056–75) vorüber. Die Nachricht über
die Weihe der Kirche im Jahre 1172 berichtet ausdrücklich, der Bau sei von den Almosen der
Gläubigen erbaut, die Abt Gottschalk wortgewaltig dazu ermahnt habe. Die Hauptleistung
bei dieser Sammelaktion muß allerdings sein Vorgänger Adalrad (1149–69) geleistet haben,
dessen Initiative wohl überhaupt der Bau zu verdanken ist. Er war, nach seinem Besitz zu
urteilen, den er dem Kloster vermachte, ein Sohn Kölner Bürger. Er stiftet zwei Häuser in
der Mühlengasse, Ackerland vor den Toren der Stadt, eine Fuhre Wein für die Kosten der
Beleuchtung zweier Altäre und auch Geld für die Beleuchtung des Hospitals.

Der *Kleeblattchor* von Groß St. Martin greift nach gut einem Jahrhundert das grandiose
Vorbild von St. Maria im Kapitol – das wir auf diesem Rundgang noch kennenlernen werden
– in ebenso großartiger hochromanischer Gestalt wieder auf. Ein Vorspiel zugleich zur
klassischen Form von St. Aposteln. Vorbild wiederum des Trikonchos von St. Maria im
Kapitol war die Geburtskirche in Bethlehem. Diese war mit dem (mißglückten) Zweiten
Kreuzzug 1147–49 wieder populär geworden. Arnold von Wied, Kölner Erzbischof dann
1151–56, hatte König Konrad III. (1138–52) als Kölner Dompropst auf diesem Zug beglei-

tet. Er hatte mit der Kirche seines Hausklosters Schwarzrheindorf, Bonn gegenüber, 1151 auch bereits einen Kleeblattchor von sehr bescheidenen Ausmaßen vollendet. All das mag bei den Entscheidungen für die Konzeption der neuen Kirche des Klosters Groß St. Martin eine Rolle gespielt haben.

Der zur Verfügung stehende Bauplatz an der Rheinfront, am Fischmarkt, war eng. Die auch damals bereits hohen Häuser sollten selbstverständlich überragt werden. Das wäre bereits mit einem Vierungsturm möglich gewesen, den wir uns mit Plattenfries und der angedeuteten Zwerggalerie in halber Höhe des Turmes abgeschlossen vorstellen könnten. Ein Bild, das in manchem der jüngeren Anlage von St. Aposteln ähnlich wäre. Setzte dann ein Höhenrausch ein? Sah man in anderen Hochbauten, in St. Aposteln, in St. Quirin in Neuss z. B., eine Konkurrenz? Auch über die Bruchlinie von Plattenfries und Zwerggalerie hinweg hat sich die Konzeption von Architekt und Bauherr noch während des Bauens geändert. Die westlichen Ecktürme sind erst nachträglich eingefügt worden. Statisch gesichert sind sie erst seit dem Wiederaufbau. Ursprünglich hatte man für das Kirchenschiff nicht einmal Seitenschiffe geplant, über denen diese Türme nun abgefangen werden.

Anlaß dieser Planänderungen könnte z. B. ein Brand der Kirche gewesen sein, von dem für das Jahr 1185 berichtet wird. Bauuntersuchungen lassen sich nach den Zerstörungen am Vierungsturm nun nicht mehr durchführen. Aber beim Schiff zeigt auch heute noch der Blick von Ost nach West, daß Gewölbe und Triforium erst Mitte des 13. Jahrhunderts entstanden, als man das Schiff auch nach Westen verlängerte. Dabei wurde der heutige Westabschluß angefügt – zusätzlich eine Vorhalle, die nicht wieder aufgebaut worden ist. Aber Pfeiler neben dem Westportal und der Boden davor belegen noch heute Ansatz und Ausdehnung der Vorhalle. Die Westfassade zeigt ebenfalls, was auch der Grundriß belegt. Das südliche Seitenschiff konnte sich nicht in dem Maße ausdehnen, wie dies im Norden möglich war. Im Süden stand die Pfarrkiche St. Brigida als direkter Nachbar im Wege. Was heute wie perfekt und selbstverständlich vor unseren Augen steht, war einst Teil eines wesentlich anderen Bildes. Für die Nordseite des Schiffes gilt dies fast noch mehr. Hier schloß der Kreuzgang des Klosters an, bedeckte etwa den Raum der heutigen Platzfläche über der Tiefgarage. Victor Hugo sah auf seiner Rheinreise 1839 die letzten Steine des Kreuzgangs fallen. 1843 hat man dann die Nordwand erneuert und die heutigen Rosettenfenster eingefügt. Und die ›passen‹ so gut, daß man etwas enttäuscht ist, wenn man von ihrer kurzen Vergangenheit erfährt.

Der erste Eindruck, wenn man das Innere der Kirche betritt (Abb. 22), vermittelt schon die zurückhaltende Nüchternheit der Ausstattung. Folgt die Ausstattung in St. Gereon einer fast barocken Lust an Opulenz in Farben, Formen und Aufwand, so bietet Groß St. Martin den Gegenpol. Die nach dem Wiederaufbau unter dem Einfluß von Joachim Schürmann eingebrachten Ausstattungsteile beschränken sich, bleiben schlicht und unaufdringlich. Fast schon so aufdringlich zurückhaltend, daß man meint, eine stillgelegte Baustelle zu betreten.

Groß St. Martin, Lithographie, um 1840 ▷

Unser Auge entdeckt dann bald, kaum aufgehalten vom neuen Altar und vom rostfreien Kronleuchter, Spuren alter Ausstattung. Groß St. Martin ist mehrfach durchgreifend neu ausgestattet worden. Von der romanischen Gestaltung blieben keine Spuren. Nach der Erneuerung und Reform klösterlichen Lebens in der Bursfelder Kongregation seit der Mitte des 15. Jahrhunderts gelangen auch wieder neue Stiftungen in die Kirche. Im Westen des nördlichen Seitenschiffs belegen das die Fragmente des Kreuzaltares, den Johann von Aich (Aachen) 1509 stiftete, der später noch zum Kölner Bürgermeister aufstieg. Die ruhige vornehme Kreuzigungsgruppe des Altars ist ebenso erhalten geblieben wie die mehr betrachtende als verzweifelte Grablegungsgruppe aus der Predella, dem Sockel des Altares. Ein Beleg unter vielen der spätmittelalterlichen Blüte Kölner Bildhauerkunst. In derselben Werkstatt entstand auch die Skulptur Christi als Schmerzensmann. Zusammen mit dem achtseitigen romanischen Taufstein, dessen Blütenschmuck in eine klare Form geordnet ist, hat man noch eine Ahnung vom Klang der mittelalterlichen Ausstattung. Eine spätgotische Schmuckarkade rahmt das Ensemble. Im Rankenwerk kann man Adam und Eva, dazu einen Propheten entdecken.

Im Barock, 1660 und 1669, hat man wie in anderen romanischen Kirchen Kölns die Einrichtung des Chores verändert, neue Altäre aufgestellt. Anfang des 18. Jahrhunderts wurde neu ausgemalt und eine modernere Orgel beschafft. (Irgendwann verschwinden dabei die mittelalterlichen Glasfenster.) 1749 entfernt man die Grabplatten der Äbte, erhöht die Fußböden im Chorbereich, und – im vollen Schwung klassizistischer Aufklärung – wird nach den Vorschlägen Ferdinand Franz Wallrafs zwischen 1789 und 1798 die gesamte Ausstattung wiederum von den Altären bis zu modernen Gewölbemalereien erneuert. Man ist erstaunt, den Vater der Kölner Museen in dieser Rolle des Kirchenverwüsters zu finden – aber Mittelalterliches gab es nicht zu retten, das war bereits vor Wallrafs Zeiten aus Groß St. Martin verschwunden.

Noch vor Abschluß der Arbeiten, von denen einige große Skulpturen des Kölner Bildhauers Peter Josef Imhof erhalten sind, dringt die Säkularisation ein. Kreuzgang und Klostergebäude werden abgebrochen. Die Pfarrgemeinde von St. Brigida übernimmt die Klosterkirche. Auch St. Brigida selbst wird abgetragen, und für Groß St. Martin setzen Restaurierungen ein, die bis heute nicht abreißen.

Seit 1864 arbeitet man an einer Innenausstattung, die August von Essenwein, unter anderem Direktor des Germanischen Nationalmuseums in Nürnberg, als volles theologisches Programm des Heilsgeschehens über Pfeiler, Wände, Gewölbe und Fenster ausbreitete. Fragmente sind erhalten geblieben. Genau also das, was Essenwein vermeiden wollte: Schemen der Ausmalung an Pfeilern und Wänden, dazu einige Mosaiken rings um den Altar. Die Glasfenster Hermann Gottfrieds, Tabernakel, Vierungsaltar und Bronzedeckel des Taufsteins von Karl Matthäus Winter fügen sich bescheiden in die Umgebung ein.

Nach außen, im Stadtbild und im Stadtpanorama, tritt weniger der Kleeblattchor als der *Vierungsturm* in Erscheinung. Nach einem Brand im Jahre 1378 und nachfolgender jahrzehntelanger Vernachlässigung stürzen 1434 drei der vier Dreiecksgiebel zwischen den Flankierungstürmen ab. Ursprünglich war also ein Falthelm ähnlich dem von St. Aposteln

vorgesehen. Erst Mitte des 15. Jahrhunderts tritt dann der gotische Knickhelm ins Stadtbild.

Innen zieht der steil geschnittene Trikonchos die Aufmerksamkeit auf sich. Schmale
Tonnengewölbe rings um die Vierung verbinden die Konchen mit dem Altarraum. Auf die
Fortsetzung der Seitenschiffe durch Säulenumgänge wie bei St. Maria im Kapitol hat der
Architekt verzichtet. Aber sie werden angedeutet. Tiefe Nischen und elegante Säulen mit
teils recht altmodischen Kapitellen zitieren das Motiv. Weite Wandflächen darüber erinnern
an die heute fehlenden Wandmalereien.

Das obere Erdgeschoß bleibt durch einen Laufgang zwischen den Fenstern und Säulen
zugänglich, durchgestaltet und lebendig für den Blick des Betrachters. In gleichmäßigem
Rhythmus folgen weitere und engere Abstände der Säulen, die den Fenstern Raum geben
oder schmale Zwischenräume rahmen. Dies unruhige und dabei elegante Bild der auf hohe
Sockel gestellten Säulen mit zusätzlichen Kämpfern über den Kapitellen findet erst bei der
nächsten Station des Kleeblattchores, bei St. Aposteln, eine ruhigere Lösung. Der faszinierenden Wirkung des Raumes aber vermag man sich kaum zu entziehen.

Auf dem Alter Markt

Nordwestlich des Hauptportals von Groß St. Martin hält klein aber fein eine *Bronzefigur
des heiligen Martin* auf einer Marmorsäule, gestaltet von Elmar Hillebrand, die Wache –
volkstümlich rheinisch treten uns südlich des Hauptportals dagegen *Tünnes und Schäl* entgegen (Abb. 61). Die Verkörperungen des schielenden, schlitzohrigen Städters und des
ebenso einfältigen wie raffinierten Neubürgers vom Lande im (blauen) Arbeitskittel des
Bildhauers Wolfgang Reuter entstanden 1974 im Auftrag von Jupp Engels, dem Eigentümer
des Hauses hinter den ins Gespräch vertieften Gestalten, die mit beiden Beinen fest auf
kölnischem Boden stehen: »Et gitt doch nix Schöneres wie e Glas Kölsch, Schäl!« – »Doch,
zwei Glas Kölsch, Tünn.«

Mit anderen Arbeiten hatte Jupp Engels den Künstler Ewald Mataré, den wir bereits vom
Südportal des Domes her kennen, beauftragt. Er schuf für den Haupteingang des Hauses
Alter Markt 24, und damit treten wir auf diesen stillen, aber zentralen Platz Kölns, das
Mosaik über der Tür. ›Em Hanen‹ erinnert daran, daß 1215 ein Haus bereits an dieser Stelle
mit diesem Zeichen versehen war und so benannt wurde. (Hausnummern wurden in Köln
erstmals im späten 18. Jahrhundert eingeführt.) Eine Gußeisenplatte vor dem Haus erinnert
an den Aufenthalt Kaiser Friedrichs III. in Köln und auf dem Alter Markt im Jahre 1475
(s. S. 69). Aber der Höhepunkt befindet sich oben; unter der Dachrinne, also eigentlich nicht
an der richtigen Stelle, hockt dort ein angestrengtes Bronzemännlein mit entblößtem Hinterteil, der *Kallendresser* (Abb. 64). Diese schöne Bezeichnung erwarb sich der Sage nach
einst ein Bewohner eines Hauses einige Schritt weiter, der zu faul war, für seine Notdurft in
den Hof hinunterzusteigen. Er erledigte seine Geschäfte in die Regenrinne, die Kalle. (Was
›Dress‹ dann bedeutet, braucht wohl nicht mehr näher erläutert zu werden?) Es könnte aber
auch sein, daß die vor dem Kriege als Steinrelief vertretene Figur eigentlich ihr nacktes
Hinterteil dem gegenüberliegenden Rathaus zuwandte. Auch das wäre eine typisch kölni-

Platzgabbeck am Rathausturm, 15. Jh., Holzschnitt von 1913

sche, ja rheinische Haltung gegenüber der Obrigkeit gewesen, die sich vor Zeiten ja als von Gottes Gnade gegeben betrachtete. Die Obrigkeit äußerte sich genauso drastisch. Am Rathausturm gegenüber streckt der *Platzgabbeck* zu jeder vollen Stunde den auf dem Alter Markt befindlichen Kölnern die Zunge heraus: eine bunte Holzmaske unter der Uhr des Turmes, die frei die Meinung des Rates der freien Reichsstadt öffentlich bekanntmacht. Etwas versteckter dokumentiert das auch eine der Konsolen am Rathausturm, aber das würde zu weit vorgreifen.

Erst ist noch ein Blick auf das Nachbarhaus, das zwei durch geschwisterliche Erbteilung entstandene Grundstücke wieder zusammenfaßt, geboten. Alter Markt 20 und 22 an der Ecke zur Lintgasse stehen mit ihrem rekonstruierten und restaurierten Renaissanceschwung im Kontrast zur anspruchsvollen Schlichtheit der Nr. 24 ›Em Hanen‹. Überhaupt belegt das Bild der Häuser am Alter Markt, daß man sich bemüht hat, Grundstücksform und Umriß der Häuser zu erneuern, die im Zweiten Weltkrieg zerstört worden waren. Bei den Fassaden erschien das damals als nicht möglich. Heute sähe man das sicher anders. Nur hier boten das **Doppelhaus ›Zur Brezel‹ und ›Zum Dorn‹** (Abb. 44) und schräg gegenüber ›**Zum St. Peter**‹ genügend Ansatz zum Wiederaufbau. Auf den schmalen Eckgrundstücken, 4 m und 4,40 m breit, errichtete man geradezu Hochhäuser, von Baumeister Benedikt von Schweln 1580–82 ausgeführt. Typisch ist die unterschiedliche Höhe der Geschosse, und hochmodern waren zu dieser Zeit die aus den Niederlanden übernommenen Volutengiebel. Daß solche Bauten gerne von den traditionell gesinnten Kölner Brauereien übernommen werden, um stimmungsvolle Gaststätten einzurichten, die neben dem typischen Kölsch auch typische Gerichte anbieten, ist verständlich.

Zu einem der Lieblingshelden der wenig kriegerischen Kölner ist durch das Lied ›Jan un Griet‹ von Karl Cramer (1807–63) der ›Schwarze Hans‹ des Dreißigjährigen Krieges geworden. Der siegreiche und tollkühne Reitergeneral *Jan von Werth* war damit endgültig im Kölner Gemüt verankert. 1884 konnte das von Wilhelm Albermann entworfene **Denkmal** vom ›Verschönerungsverein‹ als Zierde des Alten Markts der Öffentlichkeit übergeben werden. Aber da bereits Friedrich Wilhelm III. zu Pferde auf dem Heumarkt ritt, genehmigte der Rat dem Reitergeneral kein Pferd. Und so steht er, sehnsüchtig nach Griet, die ihn als Knecht einst verschmäht hatte, und nach einem Pferd Ausschau haltend, auf seinem Sockel (Abb. 52). Denkmäler erinnern nicht nur an Geschichte, sie haben meist auch selbst ihre Geschichte.

Technische Geschichte bietet dagegen der schlichte, klassizistische Pumpenpfeiler vor der Rathausfassade. Erst seit 1740 begann man, zusätzlich zu den Grundwasserbrunnen mit all ihren Seuchengefahren, aus öffentlichen Mitteln Pumpen einzurichten, die ein größerer Abstand zur nächsten Hinterhofkloake auszeichnete.

Damit blicken wir schon auf die Alter-Markt-Fassade des Rathauses.

Das Rathaus

Die Kölner Bürger waren die ersten, die sich auf dem Boden des deutschen Reiches ein Rathaus leisteten. Um 1130 hören wir vom domus civium oder domus divitum, dem Haus der Bürger oder der Reichen, was damals eh ein und dasselbe war. Errichtet wird es an der römischen Stadtmauer, die man im Heizungskeller sehen kann, wächst aber bald zum Marktzentrum Alter Markt darüber hinaus. Damit wird der Geländesprung zwischen Rheinufer und ehemaligem römischen Hafen und der Niederterrasse darüber in den Bau des

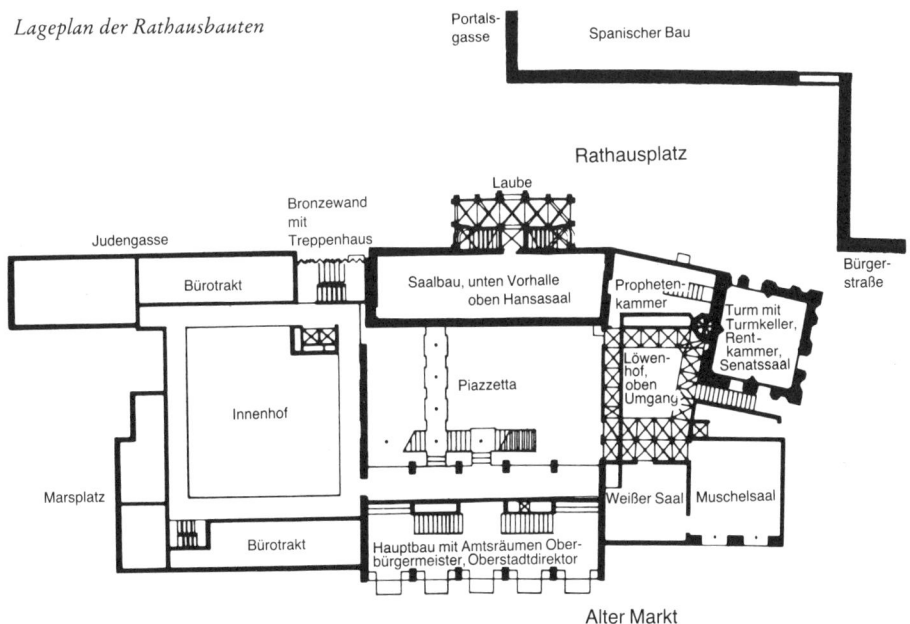

Lageplan der Rathausbauten

Rathauses einbezogen. Beim Wiederaufbau nach dem Kriege hat man daher in Höhe des Alter Marktes ein Restaurant geplant. So liegt der ›Ratskeller‹ nur vom Rathausplatz her gesehen tatsächlich im Keller, mit einem sehenswerten Blick in den Löwenhof und einem Teppichboden mit dem Wappen der Stadt Köln.

Die Fassade zum Alter Markt hin war mit den alten Tuchhallen im Untergeschoß, die lange als Feuerwache genutzt wurden, bis zur Kriegszerstörung ein Prunkstück deutscher Renaissancearchitektur des 16. Jahrhunderts. Beim Wiederaufbau hat man sich bei diesen östlichen Teilen des Rathauses für eine moderne Neuplanung entschlossen. Erst 1972 konnten Oberbürgermeister und Oberstadtdirektor ihre Büros an traditionsreicher Stelle wieder beziehen.

Die Treppe nördlich des Rathausturmes macht den Höhenunterschied zwischen Alter Markt und römischem Stadtbereich darüber für jeden Fußgänger deutlich. Erst nachdem der römische Hafen versandete, mit den Abfällen der wieder aufblühenden frühmittelalterlichen Stadt verfüllt wurde und zuwuchs, wurde dieser Bereich im 9. und frühen 10. Jahrhundert zum neuen Mittelpunkt städtischen Lebens mit der idealen Lage nahe dem Rheinufer, dem Zentrum von Verkehr und Handel. Die ersten Bauten des Rathauses wachsen noch innerhalb der römischen Stadtmauer.

Diesen Kern des Rathauses hat man nach den Zerstörungen des Krieges auch in seiner Gestalt des 14. Jahrhunderts wiederhergestellt. Das ist an erster Stelle der zweigeschossige Saalbau, der im 16. Jahrhundert mit der Renaissancelaube einen neuen repräsentativen Zugang erhielt, und der Rathausturm des frühen 15. Jahrhunderts selbst (Abb. 39). Die östlichen Teile des neuen Entwurfs von Karl Band und Eugen Weiler umschließen im Inneren eine große Halle, durch alle Geschosse hindurch, die ›Piazzetta‹. Sie schmückte Hann Trier mit seiner im weiten Raum schwebenden ›Wolke‹. Die Gerechtigkeitsbilder des 15. Jahrhunderts dagegen erinnern wie die Skulptur des ›Kölner Bauern‹ vom Eigelsteintor (s. S. 151) und die Urkundenfaksimiles an die frühe Zeit der Demokratie in Köln. An diese Anfänge erinnert auch der Löwenhof zwischen Piazzetta und Turm. Hier soll der ruhmreiche Kampf zwischen Bürgermeister Grin und dem Löwen stattgefunden haben (s. S. 44). Heute freuen wir uns an den spätgotischen Gewölben und den modernen Wasserspeiern, von denen einer Karl Band, den Architekten des Wiederaufbaus, porträtiert.

Der *Saalbau* ist nicht mehr das zu Beginn des 12. Jahrhunderts erwähnte Gebäude: ›domus, in quam cives conveniunt‹ – das Haus, in dem die Bürger zusammenkommen. Der heutige Bau entstand zu Beginn des 14. Jahrhunderts, ein Brandschaden wurde nach dem Judenpogrom von 1349 repariert. Um so erstaunter ist man, wenn man dann im Obergeschoß des Saalbaus jüdischen Helden begegnet. Der langgestreckte Raum, von einer hölzernen Spitztonne überspannt, heißt seit dem 19. Jahrhundert ›Hansasaal‹. Das erinnert daran, daß wohl in diesem Saal im Jahre 1367 ein Hansetag die Kölner Konföderation gegen den dänischen König Waldemar IV. Atterdag beschloß. Der Krieg endete mit dem Sieg der Hanse, allerdings ohne Teilnahme der Stadt Köln.

Die Nordwand des Saales ist mit einem prunkvollen Maßwerk geschmückt. Zwischen den Stäben des Maßwerkes sind die Holzskulpturen der acht Propheten aufgestellt, die ursprünglich in den zum Turm anschließenden Raum, die Prophetenkammer, gehörten. Um 1410 entstanden, weisen sie mit ausgewählten Sprüchen auf ihren Spruchbändern den Ratsherren und Bürgermeistern den Weg zu einem weisen Regiment. Ihnen gegenüber, unter den reichen Maßwerkbaldachinen der Südseite, stehen die Neun Guten Helden (Abb. 38). Die ritterlichen Stand beanspruchenden Patrizier übernahmen dafür eine Heldenauslese, die in der französischen Dichtung Ende des 13. Jahrhunderts zusammengestellt worden war. Aus den großen Epochen der Weltgeschichte, wie man sie damals mit christlichen Augen sah, treten je drei Helden auf. Aus der Antike, im Heidentum, ante legem, vor dem Gesetz, treten rechts Alexander der Große, Hektor und gekrönt Julius Caesar auf. In der Mitte, sub legem, unter dem Gesetz Mosis, die jüdischen Helden Judas Makkabäus, David und Josua, und links, sub gratia, unter der durch Christus vermittelten Gnade, Gottfried von Bouillon, König Artus und Karl der Große. Drei kleine Figuren unter der Spitztonne verkörpern die wichtigsten Rechtsansprüche der mittelalterlichen Stadt: ein König mit Urkunde, eine Figur mit einem Fluß als Symbol des Stapelrechts und eine Figur mit einem Turm als Symbol des Befestigungsrechts.

Wandmalereien, für die der berühmte Meister Wilhelm bezahlt wurde, von denen ein paar Fragmente im Wallraf-Richartz-Museum erhalten sind, füllten die Flächen der Wände. Farbige Glasfenster und große Reichsadler auf der verputzten Holzdecke vervollständigen den Schmuck des wichtigsten Raumes der Reichsstadt, zumindest bis 1408–14 der Rathausturm errichtet wurde.

Rathausturm, Westseite, um 1900

Der *Rathausturm* (Farbabb. 21) ›unsser hern thoirne‹, ist das stolze Zeichen der neuen Herrschaftsverhältnisse in der Stadt nach der Revolution des Jahres 1396 und der neuen Verfassung des Verbundbriefes. Nachdem der Antrag des Rentmeisters Roland von Odendorp auf Bau des Turmes am 19. August 1406 vom Rat angenommen worden war, mußten erst einmal die Grundstücke dafür erworben werden. 1408 konnte man mit dem Bau des 61 m hohen ›Verwaltungshochhauses‹ beginnen. Da man den Ratswein bisher nur in angemieteten Räumen untergebracht hatte, der Rentmeister seine Finanzgeschäfte seit Jahren zu Hause abwickeln mußte, städtische Waffen bei Privatleuten eingelagert waren, sollte all dies nun hier Raum finden. Und die hohen Herren des Rates selbst beanspruchten die bel étage, den ersten Stock als Senatssaal, dessen kostbare Ausstattung mit Intarsienarbeiten aus der Werkstatt des Melchior von Rheidt, Sitzbänken und einer aufwendigen Tür um 1600 entstand.

Aber diese Nützlichkeitserwägungen waren nur eine Seite der Überlegungen. Der hohe, reich geschmückte Turm stand von nun an inmitten des Stadtpanoramas selbstbewußt zwischen den Kirchtürmen. Wie bei den großen Bürgerstädten der heutigen Niederlande und des heutigen Belgiens ist er zugleich ein Zeichen städtischer Freiheit, auch wenn er nicht wie dort die städtische Sturmglocke trug. Die Kosten von 50 000 Gulden, mehr als das dreifache in Mark, konnte man leicht aufbringen, und für das Jahr des Baubeginns 1408 wählte man Roland von Odendorp in Ämterhäufung zugleich zum Bürgermeister. So behielt der langjährige Stadtkämmerer alles unter Kontrolle.

Nach den Zerstörungen des Zweiten Weltkrieges haben sich die Kölner Handwerker in Erinnerung der Geschichte des Turmes für seinen Wiederaufbau eingesetzt. Inzwischen beginnen sich auch die Konsolen für die Fülle der Skulpturen außen wieder zu füllen. Das mittelalterliche Programm ist nicht überliefert. Im 19. Jahrhundert hat man nicht alle Plätze vergeben, manche Figuren mußten bereits in den zwanziger Jahren unseres Jahrhunderts wieder ersetzt werden. Nun hat eine Historikerkommission ein neues Programm vorgeschlagen, in das auf energisches Drängen der Damen des Stadtrates eine höhere Zahl von Konsolen für Frauen der Kölner Geschichte vorgesehen und vom Rat beschlossen worden ist, eine rückwirkende Quotenregelung also. Unten treten die Herrscher und andere auf, die mit der Verleihung wichtiger Rechte an die Stadt verbunden sind, darüber Männer und Frauen, die Bedeutendes leisteten, und als Abschluß der Kölner Himmel, besetzt mit den Heiligen des Heiligen Köln. Alle Figuren werden von Kölnern, Kölner Vereinen oder Kölner Firmen gestiftet. Hiltrud Kier, auf deren Initiative als Stadtkonservatorin diese Vervollständigung des Turmes zurückgeht, hat sich für die als Hexe verbrannte Katharina Henot entschieden, und die Mitarbeiter der Stadtverwaltung sammeln für den gescheiterten Rebellen Nikolaus Gülich (s. S. 75).

Der Brand des Judenviertels im Pogrom des Jahres 1349 gab dem Stadtrat die Gelegenheit, vor dem Rathaus einen Platz zu schaffen, dessen schmale Zugänge durch Tore abgeschlossen wurden. Ein Versammlungsraum unter freiem Himmel entstand. Dafür wurde nach mehreren Entwürfen und einigen Diskussionen die *Laube* (Farbabb. 21) in Auftrag gegeben, die 1570–73 zugleich einen neuen Zugang zum Hansasaal schuf. Die große Halle des Obergeschosses diente dem versammelten Rat, unter Führung der beiden Bürgermeister, für die Morgensprachen, feierliche Verkündigungen der Ratsbeschlüsse an die Bürger der Stadt. Der reiche Architekturschmuck niederländischer Renaissance des Architekten Wilhelm Vernukken bot dafür den würdigen Rahmen. Lange Inschriften betonen die historische Würde der Stadt. Und Bürgermeister Grin kämpft auf dem zentralen Relief wieder einmal seinen heroischen Kampf für die Freiheit Kölns. Und wie in den Gewölbemalereien von St. Maria Lyskirchen findet man mit Daniel in der Löwengrube und Samsons Löwenkampf alttestamentarische Vorankündigungen des zum Symbol erhobenen legendären Ereignisses der Stadtgeschichte, ständiges Vorbild aller Bürger der freien Reichsstadt.

Rings ums Rathaus

Gegenüber der Laube öffnet sich die Portalsgasse, vor dem Krieg ein schmaler Zugang zum Rathausplatz zwischen dem ›Spanischen Bau‹ des frühen 17. Jahrhunderts und den Bauten rings um die Ratskapelle auf der anderen Straßenseite. Damit wurde der Platz abgeschlossen, den zwei weitere Portale zugänglich machten.

Der **Spanische Bau**, 1608–15 wahrscheinlich nach einem Entwurf des Stadtbaumeisters Matthias von Gleen in nüchterner niederländischer Renaissance errichtet, wurde nach den Zerstörungen des Zweiten Weltkrieges durch einen schlichten Backsteinneubau ersetzt. Er entstand nach den Entwürfen des städtischen Architekten Theodor Teichen mit einem großzügigen Ratssaal, der einen eindrucksvollen Blick auf den Dom bietet. Eine weit geschwungene Treppe führt vorüber am Geschichtsfenster Georg Meistermanns vom Erdgeschoß dort hinauf. So ist, wie es auch die Ährenbündel Günter Lossows links und rechts des Hauptportals belegen, der zurückhaltende Bau nicht schmucklos geblieben.

Aber die größte Überraschung verbirgt sich unter dem Spanischen Bau. Als sich hier 1623 im Dreißigjährigen Krieg die Mitglieder des ›Kompositionstages‹ der Spanischen Liga dieses mörderischen Völkerringens trafen und damit den Anlaß für die Bezeichnung des Baus seit dem 19. Jahrhundert gaben, ahnte wohl keiner von ihnen, daß man über dem Sitz des römischen Gouverneurs tagte. Erst die Ausgrabungen des Jahres 1953 legten die wechselhafte Baugeschichte der aufwendigen Anlage oberhalb der hafenseitigen Stadtmauer für das Auge der Archäologen frei. Und dabei blieb es nicht. Die hohen zusätzlichen Kosten für eine weite Spannbetondecke wurden aufgebracht. Für Rudolf Pörtner wurde damit einer der populärsten Buchtitel der Nachkriegszeit ermöglicht: ›Mit dem Fahrstuhl in die Römerzeit‹.

Von der Kleinen Budengasse aus, an deren Ende ein Abschnitt des römischen Abwasserkanals als technisches Denkmal aufgestellt ist, führt eine lange Treppe in die Vergangenheit. Wer möchte, kann auch, wie Pörtner verspricht, mit dem Fahrstuhl in die Römerzeit fahren. Im Ausstellungsbereich berichten zwei Inschriften aus der Baugeschichte des **Prätoriums** (Abb. 7). Der Legatus Augusti Quintus Tarquitius Catulus erzählt auf seinem Weihestein – den bewahrenden Göttern gewidmet (heute würde man dafür die Stadtkonservatorin anrufen) –, daß er den baufälligen Gouverneurssitz zu neuer Gestalt wiedererrichtet hat. Das mag in den Jahrzehnten um 200 n. Chr. gewesen sein. Eine zweite, an der Rückwand angebrachte Inschrift des Kaisers Commodus um 184 n. Chr. notiert einen Wiederaufbau unter dem

Weihestein des Legaten Tarquitius, Prätorium

Statthalter Didius Julianus, von dem auch mit seinem Namen gestempelte Dachziegel erhalten sind.

Von der großen Anlage, teils mit Fußbodenheizung versehen, ist im Ausgrabungsbereich hier nur die Hälfte der Fassade zu sehen. Das Prätorium erstreckte sich bis unters Rathaus. Ein Modell zu Beginn des Rundgangs zeigt die Rekonstruktion der letzten Baufassung. Blickfang weit über den Rhein hinweg war das zentrale Oktogon, vielleicht das Fahnenheiligtum der niederrheinischen Legionen. Mit einem Blick auf dessen Grundmauern haben wir die Mitte des Bauwerks erreicht. Der südliche Flügel ist überbaut. Der weitere Weg durch die Grabung zeigt einen großen Saal mit Fundamenten für eine mittlere Reihe von Holzpfeilern und zahlreiche kleinere Räume. Zwischen den Mauern entdeckt man immer wieder die runden Schächte mittelalterlicher Brunnen. Von der hohen Leistung römischer Technik dagegen spricht der Kanal des Hauptsammlers, der nach Absprache mit dem Aufsichtspersonal vom Ausstellungsraum aus zugänglich ist.

Der Gang durchs Prätorium hat uns vom eigentlichen Weg abgebracht. Wir kehren zur Renaissancelaube zurück. Daneben verdeckt und erhellt eine *plastische Bronzewand* von Ernst Wille mit zahllosen Plexiglasstäben das Treppenhaus zu den Büroräumen. Wenige Schritte südlich davor ist die weite Apsis einer römischen Basilika unter freiem Himmel sichtbar geblieben, reizvoll im Wechsel von Tuffstein und Ziegeln im Mauerwerk (Abb. 39). Auch hier schob sich ein Brunnenschacht tief zwischen die längst im Mittelalter überdeckten römischen Mauern. Etwa gegenüber lag bis zur Zerstörung im Zweiten Weltkrieg die Ratskapelle, für die im 15. Jahrhundert Stefan Lochner das ›Dombild‹ mit den Patronen der Stadt gemalt hatte. Nach der endgültigen Vertreibung der Juden aus Köln im Jahre 1424 hatte sich der Rat an Stelle der Synagoge eine neue Ratskapelle St. Maria in Jerusalem erbauen lassen.

Die daneben gelegene Mikwe, das jüdische Kultbad, hatte man zugeschüttet und erst einmal als Abfallschacht genutzt. Die mehrfach verwüstete und wieder aufgebaute jüdische Synagoge ist, vorsichtig in die Jahre um 1000 datiert, nicht nur die älteste auf deutschem, sondern auf europäischem Boden, die bisher bekannt geworden ist.

Der Bau des rituellen Bades, der **Mikwe,** ist dagegen erst um 1170 entstanden. Spuren des anzunehmenden Vorgängerbaus wurden nicht gefunden. Vom Vorraum, den eine Glaspyramide à la Louvre überspannt, führt eine Wendeltreppe in den eigentlichen Badeschacht hinunter. Lebendes Wasser, wie es auch das Grundwasser ist, war Voraussetzung der rituellen Reinigung. Dürftige Spur einer einst berühmten und blühenden jüdischen Gemeinde in Köln, deren Gelehrte ringsum in Europa Ansehen besaßen, deren Reichtum ihr den Schutz von Erzbischof und Kaiser sicherte. Das schützte nicht vor Pogromen. 1096 vor dem ersten Kreuzzug, und wieder 1349 aufgerührt von der ersten großen Pestepidemie, wurden die Gemeindemitglieder verfolgt und getötet, die Häuser geplündert und verbrannt. Und nach 1424 durften sich Juden nur am Tage, mit Genehmigung, in der Stadt aufhalten. Auf nun in Deutz ansässige jüdische Ärzte mochte man doch nicht ganz verzichten.

Über die Straße Obermarspforten quer hinweg belegt der *Gülichplatz,* daß die Kölner auch mit ihren christlichen Mitbürgern nicht glimpflich umgingen, wenn die öffentliche Ordnung bedroht wurde. Hier, heute gerahmt vom Bau des Hauses Neuerburg aus den zwanziger Jahren, stand das Haus des Rebellen Nikolaus Gülich (s. S. 75). Nach seiner

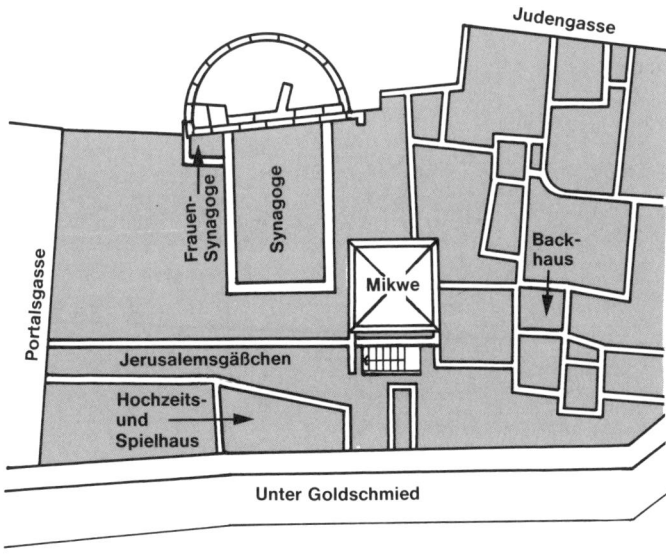

Grundriß des mittelalterlichen Judenviertels. Die Linien sind in der heutigen Pflasterung der Platzanlage angedeutet

Hinrichtung wurde es abgerissen, die Materialien verkauft und ein Verbot erlassen, dort jemals wieder ein Haus zu errichten. Die der Bedrohung entkommene Obrigkeit stellte zum ewigen Angedenken eine *Schandsäule* auf, um den kommenden Generationen die Vergeblichkeit jeden Widerstandes vor Augen zu führen. Unter der französischen Herrschaft über Köln wurde diese Verunglimpfung des Vorkämpfers revolutionären Gedankengutes zerstört. Der Bronzekopf der Schandsäule ist heute im Kölnischen Stadtmuseum zu sehen.

Eine neue Nutzung fand man für den Platz erst 1913. Man stellte einen von Georg Grasegger (1873–1927) entworfenen **Karnevalsbrunnen** dort auf. Ringsum tanzen vier Paare der ›hilligen Knechte und Mägde‹ (Abb. 63), und den Rand des Beckens umziehen als Schriftband vier immer wieder zitierte Verse aus dem Gedicht, das Goethe 1825 als Antwort auf eine Einladung zum Karneval 1825 sandte:

Löblich wird ein tolles Streben,
Wenn es kurz ist und mit Sinn,
Heiterkeit zum Erdenleben
Sei dem flücht'gen Rausch Gewinn.

Flüchtiges in anderer Gestalt und wohlriechend dazu hat seine Heimat gegenüber dem anrüchigen Gülichplatz. Hier begannen 1709 die Geschäfte des Herrn Johann Maria Farina für sein bewundernswertes Wasser zu blühen, das in Frankreich als erfolgreiches Kölner Produkt eine Generation später den uns geläufigen Namen Eau de Cologne erhielt. Und so darf sich auch heute nur dann ein Kölnisch Wasser als echt oder original bezeichnen, wenn es auf dem (gut 400 km² umfassenden) Boden der Stadt Köln hergestellt wird. Aber ein jüngerer Konkurrent in Köln, dessen Stammsitz wir noch begegnen werden (s. S. 338f.), hat die Umsätze des älteren Herstellers, der hier seit Jahren nicht mehr residiert, längst übertroffen. Die geniale Idee, mit seiner Hausnummer Werbung zu treiben, einmalig in der Geschichte der Werbung, hat sich durchgesetzt.

Der Gürzenich

Weiter entlang der Straße Quatermarkt, die ihren Namen nach einer der mittelalterlichen Patrizierfamilien Kölns trägt, sind die Ruine der Kirche Alt St. Alban und das Festhaus der Stadt, der Gürzenich, nach den Zerstörungen des Zweiten Weltkrieges zu einer architektonischen Einheit verbunden worden.

St. Alban, neben der ebenso zerstörten Kirche St. Kolumba eine der ältesten Pfarrkirchen der Stadt, war Ende des 17. Jahrhunderts unter Nutzung des älteren Baubestandes zu einer dreischiffigen Hallenkirche mit gotisierenden Stern- und Netzgewölben über den erhaltenen Pilasterpfeilern umgebaut worden. Nach den Kriegszerstörungen hat man die Ruine zwar gesichert, sich aber nicht für einen Wiederaufbau entschlossen. Das Patrozinium wurde auf **Neu St. Alban** im Stadtgarten übertragen. Dort entstand 1957–59 aus den Trümmerziegeln des alten Opernhauses am Rudolfplatz nach den Plänen Hans Schillings einer der interessantesten Kirchenbauten Kölns der Nachkriegszeit. Alt St. Alban dagegen wurde von Rudolf Schwarz und Karl Band in den Wiederaufbau des Gürzenich 1952–55 einbezogen.

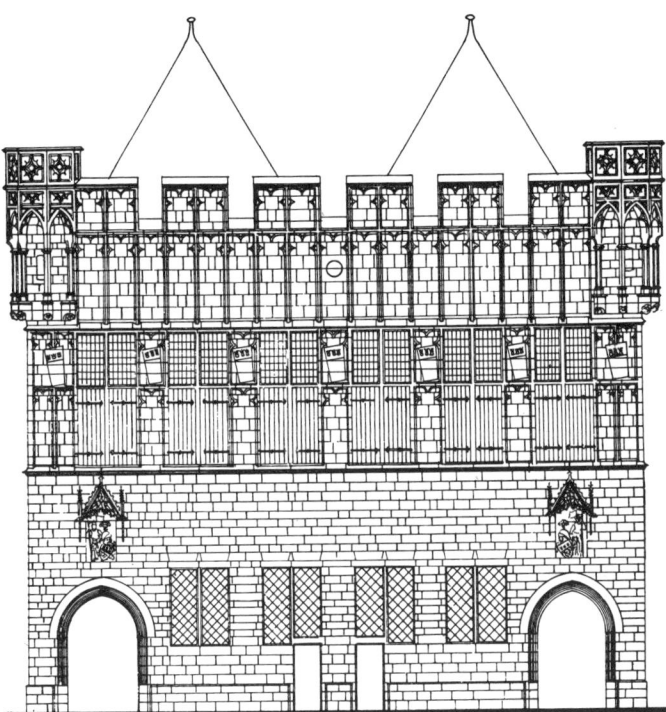

Gürzenich, Ostseite,
Rekonstruktion

Nach dem politischen Demonstrationsbau des Rathausturmes 1408–14 beschloß der Rat kaum eine Generation später den Bau eines durchaus politischen Repräsentationsbaus. 1437 wurde der Bauplan dem Rat vorgelegt und genehmigt. Mit 80 000 Gulden, wie überliefert, lagen die Kosten noch erheblich höher als beim Rathausturm. ›Dat groisse koestliche dantzhuys boven Muren‹ – das große köstliche Tanzhaus oberhalb der (römischen) Stadtmauer wurde 1441–47 nach den Plänen Johanns von Bueren, des Stadtbaumeisters und Neffen des Dombaumeisters Nikolaus von Bueren, erbaut. Seinen Namen erhielt der Bau nach dem Rittergeschlecht derer von Gürzenich, die lange zuvor, im frühen 13. Jahrhundert, hier ein Stadthaus besessen hatten.

Der bedeutendste Profanbau des 15. Jahrhunderts im deutschen Reich ist im äußeren Erscheinungsbild ein ins Monumentale gesteigertes gotisches Patrizierhaus. Rasterförmig rahmen die Stäbe des vorgelegten Blendmaßwerks die Wände, bestimmen die Maße der Zinnen vor dem Dachansatz. Auf Konsolen gestelzte Eckwarten, kleine Schmucktürmchen, betonen die Kantigkeit der Architektur. Zwischen den Fenstern tragen heraldisch schräg gestellte Stadtwappen bürgerlichen Stolz zur Schau. Im späten 15. und frühen 16. Jahrhundert sah der Festsaal Reichstage und große Feste mit Kaisern und Fürsten. Gab man sich vielleicht dem Traum von Köln als heimlicher Hauptstadt des Reiches hin? In diesen Jahren lag das nahe.

Die alten Hauptportale liegen rheinseitig, nach Osten, von woher die mit Schiff angereisten Gäste zu erwarten waren. Über den Portalen erzählen die von Christian Mohr 1855 erneuerten Skulpturen des Agrippa und des Marsilius vom Stolz der Bürger auf ihre römische Vergangenheit: »DER HERRLICHE AGRIPPA EYN HEYDENSCH MANN – VUR GOTZ GEBURT AGRIPPINAM NU COELNE BEGANN« – vor Christi Geburt gründete der hervorragende Agrippa, ein heidnischer Mann, die (Stadt)Agrippina, nun Köln. Der bärtige unbehelmte Marsilius: MARSILIUS HEYDEN IND SER STOULTZE BEHILDE COELNE IND SY VOEREN TZO HOELTZE« – der heidnische und sehr stolze Marsilius bewahrte Köln und sie fuhren zu Holze. Dem Reimzwang folgend ist die Chronologie der sagenhaften Ereignisse hier umgedreht worden. Marsilius hatte die Feinde mit den Kölner Frauen, die er als Krieger verkleidet

›Tünnes und Schäl‹, Türgriff, Gürzenichtüren von
Ewald Mataré, 1956

vor der Stadt Holz holen ließ, getäuscht. Hinterrücks griff er die Losstürmenden an, die so zwischen zwei Feuer gerieten. Mit den Kölner Frauen war der Sage nach also nicht zu spaßen. Die ›Holzfahrt‹ am Donnerstag nach Pfingsten war durch Jahrhunderte in Erinnerung an dieses Ereignis ein Fest verteidigter Bürger- und Stadtfreiheit römischer Tradition.

Das neue Hauptportal liegt daneben. In Kupfer getrieben rufen die Arbeiten Ewald Matarés hier noch einmal die Vergangenheit Kölns in Erinnerung. Sie öffnen den Weg zu einem der schönsten Räume Kölns und zur auf jeden Fall elegantesten *Treppenanlage* der Stadt (Abb. 83). Die Backsteinwände beziehen Form und Gestalt der Südseite und des Chores der **Ruine Alt St. Alban** mit ein. Bewußt hat man 1959 die Gedenkstätte der Zerstörung und der Toten der Weltkriege in der Ruine in den Festcharakter des 1952–55 wieder aufgebauten Gürzenich einbezogen. Inmitten der Ruine sind die ›**Trauernden Eltern**‹ – wir haben sie beim Weg um den Gürzenich bereits zwischen den Pfeilern der Ruine knien sehen – eine stille, aber eindringliche Mahnung (Abb. 82). Käthe Kollwitz schuf die Skulpturen für den Soldatenfriedhof von Roggevelde bei Dixmuiden, wo 1914 ihr Sohn

Peter gefallen war und sein Grab gefunden hatte. 1954 hat Ewald Mataré die Wiederholung für Köln gefertigt.

Unter dem Foyer, das sich zu Karneval mit buntem Treiben füllt, ist in Gewölben aus Backstein eine stimmungsvolle Gaststätte eingerichtet worden. Im Obergeschoß des Gürzenich entstanden zwei *Festsäle*, die mit den Türlaibungen von Theo Heiermann, der Decke des Großen Saales von Ludwig Gies, den Fenstern von Wilhelm Teuwen und Paul Weigmann, den Türlaibungen der Holztüren von Paul Nagel, Erika Vonhoff, Elmar Hillebrand, Sepp Hürten und Klaus Balke und der Durchgestaltung von der Bestuhlung bis zur Beleuchtung eine der gelungensten Arbeiten des Wiederaufbaus in Köln sind.

Über der Straße Kleine Sandkaul, deren Name noch an die Sandgruben erinnert, die bei den Fundamentierungsarbeiten für den Gürzenich Schwierigkeiten bereiteten, geht es weiter nach Süden. Über die Cäcilienstraße hinweg, eine Ost-West-Achse quer durch die Innenstadt, die das mittelalterliche Straßengefüge zerschneidet, entdeckt man bereits St. Maria im Kapitol. Fast mitten auf der Cäcilienstraße steht noch der **Turm** der 1824 abgerissenen **Pfarrkirche Klein St. Martin,** der in der Spätgotik noch romanische Stilelemente aufgreift.

St. Maria im Kapitol

Die Rom in Erinnerung rufende Bezeichnung wird zwar erstmals im 12. Jahrhundert notiert, aber sie ist nicht nur ein Versuch in der Nachfolge römischer Vorbilder, sie trifft zu, wie die Grabungen belegt haben. Der römische Tempel der kapitolinischen Trias der Götter Jupiter, Juno und Minerva bestimmt bis heute durch sein Fundamentmauerwerk das Maß der Architektur, die Breite des Schiffs. Den Tempel der Staatsgottheiten hatte man im 1. Jahrhundert, nach der Erhebung zur Colonia, nicht am Forum inmitten der Stadt, sondern oberhalb des Flußufers in der Südostecke des neuangelegten Mauergürtels erbaut. Nach dem Sieg des Christentums, dem Abzug römischer Verwaltung und unter fränkischer Herrschaft seit der Mitte des 5. Jahrhunderts, wird von der großzügigen Anlage nicht viel übriggeblieben sein. Hier, im Bereich des ehemaligen Tempels, scheinen die Hausmeier der Merowinger ihren Sitz genommen zu haben, die Verwalter des Königs, die bald auch die Könige selbst verwalteten. Pippin der Mittlere, der Urgroßvater Karls des Großen, war in der Hoffnung gestorben, daß seine Gemahlin Plektrudis das Amt für seinen Enkel bewahren könne. Seinem außerehelichen Sohn, der nach der Schlacht von Tours und Poitiers 732 gegen die Araber den Beinamen Martell, der Hammer, erhalten sollte, mißtraute er, und Plektrudis setzte ihn gefangen. Karl Martell brach aus und schickte die böse Stiefmutter nach Köln ins Exil. Hier starb sie nach 717 und fand in der Kirche, die über und aus dem Mittelteil des Tempels entstanden war, in einem feingearbeiteten Kalksandsteinsarkophag ihr Grab.

Eine kleine Gruppe von Geistlichen betrieb von der noch unscheinbaren Kirche aus Seelsorge für die Umgebung. Erzbischof Bruno (953–65) versetzte diese Geistlichen nach St. Andreas und siedelt hier Benediktinerinnen aus Remiremont in den Vogesen an. Immerhin 100 Pfund Silber, etwa 25 kg, setzt Bruno in seinem Testament für die Vollendung der neuen Kirche des Klosters St. Maria im Kapitol aus.

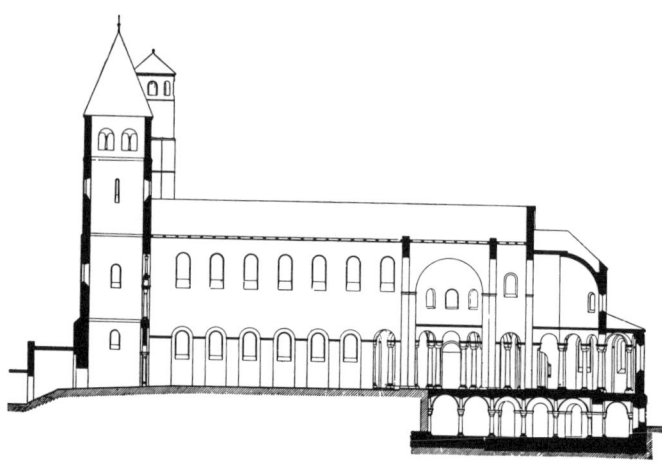

St. Maria im Kapitol,
Schnitt

Aber auch das ist noch nicht der Bau, den man mit Albert Verbeek als den ›Schöpfungsbau‹ der rheinischen Baukunst‹ der Romanik bezeichnen kann. Nur geringe Spuren im Westbau zeugen von der durch Bruno finanzierten Bautätigkeit. Erst Äbtissin Ida, eine der letzten Nachkommen der ottonischen Dynastie, ließ Mitte des 11. Jahrhunderts hier eine der anspruchsvollsten Architekturkonzeptionen der frühen Romanik Europas verwirklichen.

Idas Vater, Pfalzgraf Ezzo, hatte Matilde, die Tochter Kaiser Ottos II. und der byzantinischen Prinzessin Theophanu, also eine Schwester des großen Träumers Otto III., zur Frau erhalten. Sechs Töchter aus dieser Ehe wurden Äbtissinnen, eine weitere, Richeza, Königin von Polen. Bruder Hermann war als Hermann II. Erzbischof von Köln (1036–56). Obwohl nun mit den Saliern eine neue Dynastie die Kaiserkrone der Familie übernommen hatte, fühlte man sich der Herkunft verpflichtet. Das große Vorbild war schon für den Onkel der Äbtissinnen, für Kaiser Otto III., immer Karl der Große als Begründer abendländischen Kaisertums gewesen. Da lag es nahe, sich an seinem wichtigen Bau, der Pfalzkapelle in Aachen zu orientieren. Ida wie auch ihre nach ihrer Großmutter benannte Schwester Theophanu in Essen kopierten aber nun nicht einfach, was durchaus ehrenhaft gewesen wäre, sie zitierten. Im Essener Münster findet man drei Seiten des Aachener Oktogons im Westen des Schiffes vor. Ida begnügt sich mit einer Seite des Oktogons als Westabschluß des Schiffes, der mit seinem Arkadengitter über dem Durchgang zum Schiff zugleich als Empore für die Gottesdienstteilnahme der frommen Frauen der nächsten Jahrhunderte diente. Schlanke Säulen mit aufwendigen Kapitellen, vielleicht noch aus dem Bau Erzbischof Brunos, zitieren hier eine Architektur, die über Aachen hinaus kaiserliche Antike in Erinnerung rufen sollte.

Für den Neubau wurde im Osten ein Unterbau erforderlich, um den Abfall zum Rhein hin auszugleichen. Ähnlich ausgedehnt wie die Krypta des Domes zu Speyer, den die neue Dynastie der Salier errichten läßt, wird hier der gesamte Bereich des Trikonchos unterfangen. Dabei sind in das gut 7 m starke Mauerwerk der östlichen Konche drei Kapellen

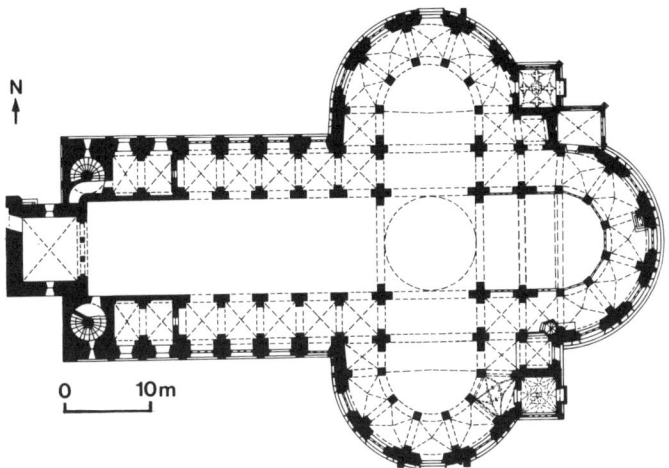

St. Maria im Kapitol,
Grundriß

eingefügt. Dieser eigenartige Grundriß wurde für den Neubau der Abteikirche St. Nikolaus in Brauweiler (ein lohnender Ausflug), den Schwester Richeza in Auftrag gab, ebenso übernommen wie erstaunlicherweise für die Krypta der Kathedrale von Canterbury. Der Raum, der also offensichtlich die Zeitgenossen beeindruckte, gehört auch für uns zu den faszinierendsten Raumschöpfungen der Romanik. Die Fenster, die der Geländeabfall zum Rhein möglich macht, modellieren mit ihrem Licht das Konzert streng geschnittener Wände und der stolzen Säulen mit ihren Würfelkapitellen (Abb. 29).

Mit dem Bau der Krypta wurde um 1040 begonnen. Mit schlanken Säulen statt Pfeilern werden rings um die drei Konchen die Seitenschiffe weitergeführt. Eine Raumgestalt wie geschaffen für die Prozessionen, die nach dem Vorbild des Klosters Cluny festlicher Bestandteil der Gottesdienste waren. Kuppel und Tonnengewölbe rings um die Vierung wurden allerdings erst Mitte des 12. Jahrhunderts zur Modernisierung anstelle der flachen Holzdecken eingefügt. Sie betonen den Zentralraumcharakter. Das damals auch flachgedeckte Schiff war wohl bereits vollendet, als Papst Leo IX. im Jahre 1049 den Kreuzaltar im Osten des Schiffes weiht. Das war die Gelegenheit, zu der das kostbare Herimannkreuz entstand, das sich heute im Diözesan-Museum befindet (s. S. 130). Aber weder Hermann, dem 1056 Anno auf den Kölner Thron folgte, noch Ida, die um 1060 starb, haben die Vollendung des Baus erlebt. 1065 kann der reform- und baufreudige Anno die Kirche weihen.

Mit der Fertigstellung der *Dreikonchenanlage* war, gegenüber dem Zitat des Aachener Münsters im Westen, nun im Osten der Kirche ein zweites Zitat zu sehen (Farbabb. 15). Bis in einzelne Maße hinein folgt der Trikonchos dem Vorbild der Geburtskirche in Bethlehem. Vielleicht haben Pilger aus dem Heiligen Land die Maße mitgebracht und eine Vorstellung des Baus überliefert, der über der Geburtshöhle errichtet worden war, die das Geheimnis der Menschwerdung Christi gesehen hatte. Ein halbes Jahrtausend nach der Umgestaltung der

St. Maria im Kapitol, Ansicht nach Osten, Lithographie von Domenico Quaglio, um 1830

Geburtskirche unter Kaiser Justinian um 530 wird sie im fernen Abendland als Vorbild wirksam. Groß St. Martin und St. Aposteln in Köln, St. Quirin in Neuss oder Liebfrauen in Roermond folgten mehr als ein Jahrhundert später dem Beispiel der Kirche auf dem Kölner Kapitolshügel.

Die Bezeichnung ›in capitolio‹ wird allerdings erst geläufig, nachdem mit dem Neubau des 11. Jahrhunderts wohl die letzten Reste des Kapitolstempels verschwunden waren. Die vornehmen Damen des Stifts, in das man das Kloster umgewandelt hatte, um ihnen eine spätere Heirat nicht zu verbauen und ihnen auch ein angenehmeres Leben zu sichern, werden auf den wohlklingenden antikischen Duft der weiten römischen Welt besonderen Wert gelegt haben. Und für Plektrudis bemühte man sich nun mit einer eleganten Grabplatte um die Titel einer Königin und Heiligen. Aber sehr erfolgreich war man damit nicht. Über die Mauern des Stiftes hinaus verbreitete sich die Verehrung kaum.

Bis zu seinem Einsturz im Jahre 1637 trug der Westturm (den man auch nach dem Kriege im Zuge des Wiederaufbaus nicht rekonstruiert hat) die Sturmglocke der Stadt. Und nicht nur sie hielt Verbindung zum städtischen Leben. Die großen Bittprozessionen jedes Jahr, häufiger noch in Notzeiten, führten unter Teilnahme des Rates hierher. Oft wurde zur Feier der Einführung eines neuen Bürgermeisters hier ein Hochamt zelebriert. Und Stiftungen wie die spätgotischen Maßwerkgitter der Chorschranken, 1464 von Bürgermeister Johann Hardenrath und seiner Ehefrau Sibilla Schlößgin geschenkt, die im Jahre darauf auch die Salvatorkapelle im südlichen Winkel des Trikonchos finanzierten, erinnern noch daran. Mit der kleinen Sängerempore, die von der Salvatorkapelle aus in den Umgang eingefügt ist, und dem Sangesmeisterhäuschen südlich der Kirche ruft die Kapelle auch die reiche musikalische Tradition der Kirche in Erinnerung. Das Gegenstück auf der Nordseite stiftete Bürgermeister Johann von Hirtz 1493. Daran anschließend entstand die Sakristei. Mit gotisierenden Fenstern in den Seitenschiffen setzte man die Modernisierungsarbeiten fort – teils sind die Maßwerke nach dem Krieg durch interessante Versuche in Beton ersetzt worden.

Trotz aller Ausstattungsmoden, denen die Damen des Stiftes folgten, trotz der Verluste durch die Säkularisation und der Zerstörungen des Zweiten Weltkrieges hat St. Maria im Kapitol noch Reichtümer aufzuweisen, die erstaunen und begeistern. Die um 1060 entstandenen *Holztüren* sind darunter der größte Schatz. Nichts Vergleichbares im gleichen Material ist überliefert. In Bronze wären sie vielleicht auch eingeschmolzen worden. Geschützt von der Vorhalle der stadtseitigen Nordkonche waren sie vor den Unbilden des Wetters bewahrt, aber welche anderen Gefahren hätten drohen können: Brand, Fäulnis, Modernisierung... Als stadtseitiger Zugang zeigen sie mit Szenen der Geburt und Kindheit Jesu auf dem einen Flügel und der Passion auf dem anderen Flügel den Weg des Glaubens in die Kirche. Mit dichtgedrängten Szenen und fast vollplastisch gearbeiteten Gestalten rufen die Reliefs Elfenbeinschnitzereien in Erinnerung (Farbabb. 16). Die Rankenstäbe und Knäufe schützen die Bildwerke wie bei Buchdeckeln.

Heute stehen die Türflügel im Westen des südlichen Seitenschiffs. Nahebei hängen ›Zint Mergens Repp‹, das älteste Museum Kölns. Die Rippen Mariens – womit die Eigentums-

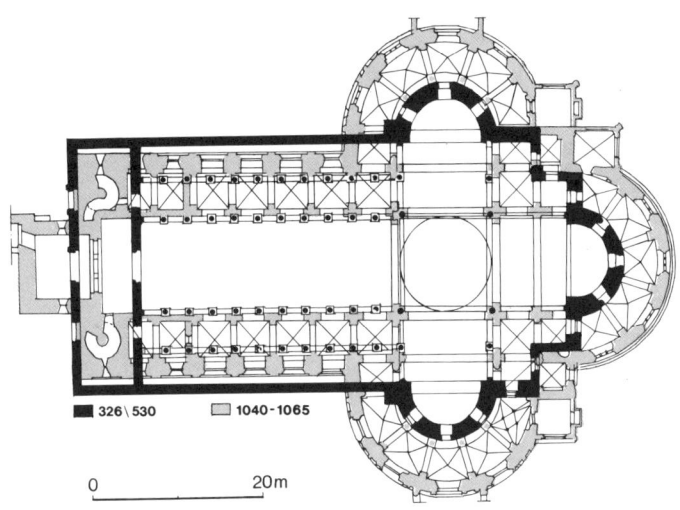

St. Maria im Kapitol, Grundriß mit eingetragenem Grundriß der Geburtskirche in Bethlehem, nach Otmar Schwab

326 \ 530   1040 - 1065

0   20m

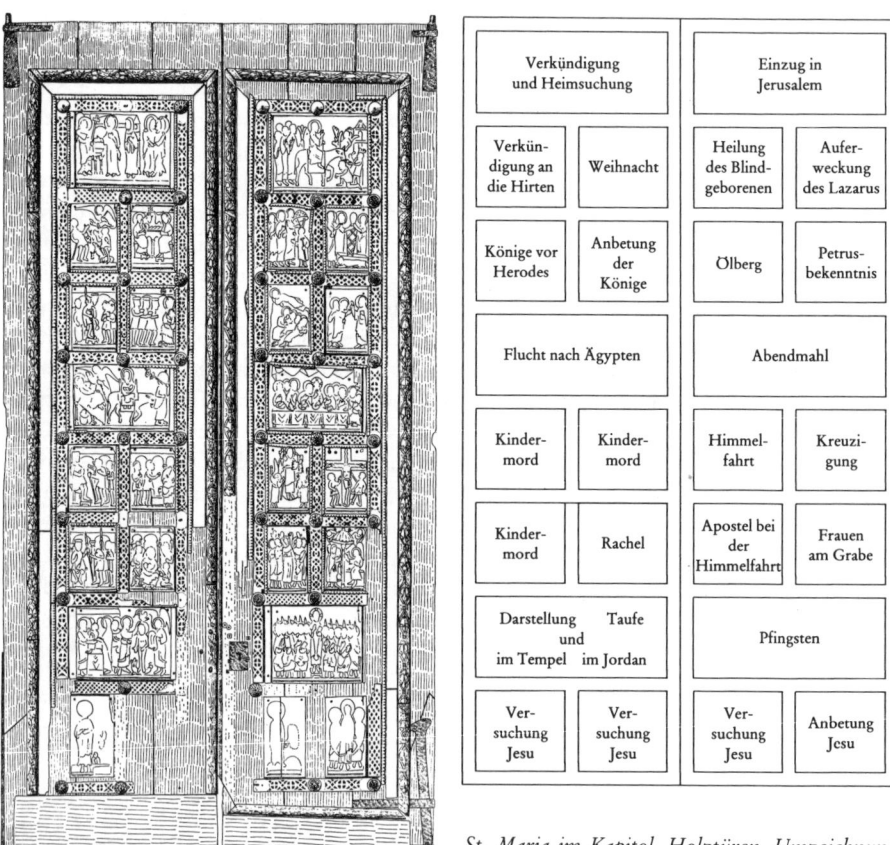

Verkündigung und Heimsuchung		Einzug in Jerusalem	
Verkündigung an die Hirten	Weihnacht	Heilung des Blindgeborenen	Auferweckung des Lazarus
Könige vor Herodes	Anbetung der Könige	Ölberg	Petrusbekenntnis
Flucht nach Ägypten		Abendmahl	
Kindermord	Kindermord	Himmelfahrt	Kreuzigung
Kindermord	Rachel	Apostel bei der Himmelfahrt	Frauen am Grabe
Darstellung im Tempel	Taufe im Jordan	Pfingsten	
Versuchung Jesu	Versuchung Jesu	Versuchung Jesu	Anbetung Jesu

St. Maria im Kapitol, Holztüren, Umzeichnung und Programm

rechte, nicht Reliquien gemeint sind – stammen von einem pleistozänen Grönlandwal, der sich vor Jahrtausenden in den Gewässern des Urrheins verirrte. Hatte man sie bei Bauarbeiten für die Kirche gefunden? Im Westen des Schiffes stehen sich die beiden Grabplatten für das Grab der Stifterin, das sich einst inmitten des Schiffs befand, einander gegenüber. Die ältere, um 1160 entstanden, betont mit dicht gereihten, parallel gezogenen Falten, nach dem Vorbild der Portalskulpturen von St. Denis oder Chartres, die schlanke Gestalt der zur Heiligen und Königin beförderten Stifterin. Sie trägt ein Spruchband mit dem Psalmvers: »DOMINE DILEXI DECORUM DOMUS TUE« – Herr, ich habe den Schmuck deines Hauses geliebt. Die jüngere, zweite Plektrudisgrabplatte gegenüber entstand um 1280 als Stiftung der vornehmen Patrizierfamilie Lyskirchen. In der eleganten Haltung, im Schnitt der Augen und der Gestaltung des Gewandes ist auch hier französischer, nun hochgotischer Einfluß zu spüren. Hier trägt Plektrudis ein kleines Modell ihrer Kirche als Stifterin in der Hand.

Am nordwestlichen Vierungspfeiler, vor dem Lettner, steht in der bunten Farbenpracht der letzten Restaurierung die ›Limburger Madonna‹. Die Ende des 13. Jahrhunderts entstandene Holzskulptur war ursprünglich für das Kloster Limburg an der Haardt bestimmt. Erst 1879 gelangte sie, beschädigt nach einem Brand des Klosters, aus einer Privatsammlung in die Kirche. Der *Lettner* selbst ist nach Beseitigung der Kriegsschäden an seinem ersten Standort wieder aufgestellt worden, für den ihn die Stifter 1517 in Mecheln in Auftrag gegeben hatten. 1523 vollendet, wurde er nach langen Verhandlungen über Zollbefreiungen 1525 aufgestellt. In den Reliefs der Westseite werden Verkündigung, Geburt Christi, Anbetung der Könige und Darstellung im Tempel geschildert. Dazwischen Propheten des Alten Testamentes, die auf Christus hinweisen. Im Osten, dem Hauptaltar zugewandt, werden zwischen Heiligenfiguren das Abendmahl als Vorbild der Eucharistie und entsprechende Szenen des Alten Testamentes mit Abraham und Melchisedech, dem Mannaregen oder der Speisung des Elias geschildert. Die Wappen der Stifterfamilien dazwischen sollte man natürlich auch nicht übersehen.

In der kleinen Kapelle zwischen Nord- und Ostkonche hängt der berühmte, einst als wundertätig verehrte *Pestkruzifixus* der Kirche. 1304 wurde er für den Kreuzaltar mitten vor dem Lettner der Kirche geweiht. Mit einer ähnlichen Crux horribilis erregte der deutsche

St. Maria im Kapitol, Limburger Madonna, Ende 13. Jh.

223

Bildhauer Thydemann 1305 einen Skandal in London. Das Kreuz wurde aus der Kapelle, die dadurch zu einem vielbesuchten Ort geworden war, rasch wieder entfernt. Schon vor den Pestepidemien Mitte des 14. Jahrhunderts fanden die Beter hier Antwort auf die Frage des eigenen Leides. In der benachbarten *Hirtzkapelle* sind ein Triptychon der Zeit um 1600, das Hans von Aachen zugeschrieben wird, und ein doppelseitiges Tafelbild mit Tod Mariens und der Trennung der Apostel eines Schülers des Hans Baldung Grien aufgestellt. Der gen Himmel fahrende Christus im Zentrum der Ostkonche war, zumindest weiß und gold gefaßt, einst Teil des barocken Hochaltars. Die Fenster des Umgangs dahinter von Paul Weigmann schildern die zehn Geheimnisse des Rosenkranzes. Unterhalb der Fenster findet man zwischen den dort aufgestellten Sarkophagen auch den feingearbeiteten Kalksandstein-sarkophag der Plektrudis.

Zwischen Ost- und Südkonche ist die *Hardenrathkapelle* angebaut, in der neben dem erhaltenen spätgotischen Kreuzigungsfenster zwei qualitätvolle Skulpturen Christi und Mariens aus dem Umkreis des Nikolaus Gerhaert aufgestellt sind.

Die Fenster des Obergadens dagegen hatte Anton Wendling bereits vor Ausbruch des Zweiten Weltkriegs entworfen, aber erst jetzt, nach Abschluß der Restaurierungsarbeiten, hat man die wieder entdeckten Entwürfe verwirklicht.

Die Grablegungsgruppe des frühen 16. Jahrhunderts im Westbau entdeckt man meist erst beim Hinausgehen. Aber noch vorher sollte man an der Ostwand des Westbaus die Madonna des frühen 13. Jahrhunderts beachten, die einst die nicht wieder rekonstruierte Nische über der Ostkonche füllte. Die inzwischen verlorenen Glasaugen müssen den Blick in die Ferne, in Erwartung der Rückkehr Christi im Jüngsten Gericht, noch beeindrucken-der gemacht haben. Die seltsame Haltung der Füße des Kindes geht auf die stehende Mutter-gottes über dem Hermann-Joseph-Altar daneben zurück. Diese Skulptur wird um 1180 als Teil eines Reliefs entstanden sein. Ihren Ruhm verdankt sie der heißen Verehrung des heiligen Hermann Joseph. Er bot ihr für das Kind einst beim täglichen Gebet auf dem Weg zur Schule einen Apfel an. Maria nahm ihn in Empfang – und so liegt meist auch heute ein Apfel zu ihren Füßen, wenn sie ihn nicht gerade wieder genommen hat.

Links der langgestreckten Vorhalle ist hier noch ein Fragment der meist verlorenen *Kreuz-gänge* erhalten. Trotz der vielen erneuerten Teile ein Raum von dichter Atmosphäre mit manchem Grabstein zum Studieren.

Auf dem Weg

Auf der Straßenseite gegenüber der Vorhalle ist als schlichter Bau der Mitte des 18. Jahrhun-derts noch das **Äbtissinnenhaus** erhalten. Die Gedenktafel über dem Portal erinnert an den Aufenthalt von Friedrich und Dorothea Schlegel von 1804–06 in diesem Hause, der für die Zukunft Kölns entscheidende Impulse brachte. Friedrich Schlegel (1772–1829), Bruder des vier Jahre älteren August Wilhelm, hatte zwar als Schriftsteller Erfolg, aber keine feste Stellung. In Paris, wo er sich um eine Professur an der Sorbonne bemühte, trafen Sulpiz und Melchior Boisserée und deren Freund Johann Bertram auf den Gelehrten – und ließen sich gegen Honorar Privatvorlesungen halten. Begeistert lud man Schlegel und seine kluge Frau,

38 Rathaus, die ›Neun Guten Helden‹ im Hansasaal

◁ 37 Overstolzenhaus, um 1225–30

39 Rathausplatz mit Apsis der römischen Basilika, Laube und Turm, rechts Reliefwand von Ernst Wille ▷

40 Minoritenkirche, Schiff nach Osten ▷

42　Hahnentor am Rudolfplatz

◁ 41　Minoritenkirche, Blick von Südosten

43　Eigelsteintor, im Hintergrund St. Agnes ▷

44   Doppelhaus ›Zur Brezel‹ und ›Zum Dorn‹ am Alter Markt

45   St. Maria vom Frieden ▷

47 St. Stephanus, das ›Krieler Dömchen‹ in Lindenthal
◁ 46 Alt St. Heribert, Deutz
48 Wehrturm in Porz-Zündorf

49 Flora, 1863, Riehl

50 Zeughaus (Kölnisches Stadtmuseum)

51 4711-Haus in der Glockengasse
53 Theodor-Heuss-Ring Nr. 10, 1894/95, Fassade
von Hermann Pflaume

52 Jan-von-Werth-Brunnen auf dem Alter Markt,
1884
54 Zoologischer Garten, Elefantenhaus, 1863

56   Gereonsdriesch, Mariensäule, 1855–58 von Vincenz Statz

◁ 55   Synagoge, Roonstraße

57 Trinitatiskirche, 1857–61

58 Friedhof Melaten, Portal, 1810, Lindenthal

59 Optische Telegrafenstation, 1833, Flittard

Tochter des Philosophen Moses Mendelssohn, nach Köln ein. Aber auch hier erreichte er keine feste Anstellung. Erst nach der Konversion Schlegels, nach Trauung des Paares in der Dompfarre, erfolgte die Berufung nach Wien als Hofsekretär. Die vornehme Wohnung im Äbtissinnenhaus, bei Frau von Blankart, der letzten Äbtissin des Stifts, hat daher sicher manches Gespräch erlebt, das man gern gehört hätte, mancher Gedanke wird hier formuliert worden sein, der zumindest für die Zukunft des Domes und die Erforschung Kölner Kunst entscheidend war.

Die Kasinostraße nach links, nach Süden, und dann den Marienplatz hinunter, führt unser Weg am neuromanischen Haus Nr. 11–13 vorüber, um 1880 nach den Plänen von Jan Mertens entstanden, einer der seltenen Kölner Bauten der Zeit in diesem Stil. Die benachbarte Kirche hat dabei wohl als genius loci gewirkt. Eine schlanke gotische Pforte, wenige Schritte weiter, führt über ein paar Stufen in den Lichhof vor den weitgeschwungenen Apsiden des Kleeblattchores von St. Maria im Kapitol. Wiederhergestellt – ohne die reiche Modernisierung des frühen 13. Jahrhunderts – im Stile der Mitte des 11. Jahrhunderts, der noch ohne Plattenfries und Zwerggalerie auskam, spannen sich die glatten Wände, mit Halbsäulen geschmückt. Zierlich dazu die spätgotischen Kapellenbauten, neben dem gotischen Portal das Sangesmeisterhäuschen, in dem tatsächlich gewohnt wird (Abb. 24).

Das bereits durchschrittene gotische Portal ist das **Dreikönigenpförtchen** (Abb. 24). Im Gehäuse oberhalb des Durchgangs ist (als Abguß, die Originale im Schnütgen-Museum) eine Anbetungsgruppe aufgestellt, die mit allem Charme des frühen 14. Jahrhunderts daran erinnert, daß an dieser Stelle – wie die Legende glaubhaft versichert – die Reliquien der Heiligen Drei Könige am 23. Juli 1164 in Köln einzogen. Zumindest aber ist die nach dem Krieg wieder aufgebaute Pforte das letzte in Köln erhaltene Tor einer Immunität. Zugang zu einem der Bereiche rings um die Stifte und Klöster, in denen die Gesetze der Stadt keine Gültigkeit hatten, ihre Steuern nicht erhoben wurden, ihre Büttel nur nach Erlaubnis des Abtes oder Dekans Zugang hatten.

Vor der Nordkonche steht nun wieder die ›**Trauernde**‹ von Gerhard Marcks (Farbabb. 15). Als Totenmal im Auftrag der Stadt 1946–49 entstanden, bewahrt sie die Erinnerung an die über 20 000 Toten, die der Krieg allein in Köln im Luftkrieg unter der Bevölkerung gefordert hat.

Über die Treppenanlage des späten 19. Jahrhunderts geht es in die Plektrudengasse. Über die Straße Am Malzbüchel hinweg, schräg gegenüber das traditionsreiche *Brauhaus ›Malzmühle‹*, halten wir uns aber nach rechts und stehen mit dem Haus An der Malzmühle 1 vor der Südostecke der Römerstadt. Erst bei Bauarbeiten im Jahre 1965 stieß man hier auf den massiven Quaderbau aus großen Tuffsteinblöcken, an den die eigentliche Stadtmauer erst nachträglich angesetzt wurde. Der Wachtturm an der Hafeneinfahrt zum römischen Hafen im Bereich von Heumarkt und Alter Markt steht auf Eichenholzpfählen, die im Jahr 4 n. Chr. gefällt worden sind. Erbaut wurde diese älteste Architektur Kölns also noch zur Zeit des Oppidum Ubiorum, vor der Gründung der CCAA (s. S. 12 ff.) – daher ›**Ubiermonument**‹. Die seltenen Gelegenheiten zur Besichtigung erfragt man beim Römisch-Germanischen Museum.

Über die Straße hinweg gehen wir in die Rheingasse. Hier ist der romanische Bau des **Overstolzenhauses** einen Umweg wert (Abb. 37). Um 1225–30 von Werner Overstolz erbaut, hieß es eigentlich ›Zur Rheingassen‹, wie bis ins 19. Jahrhundert noch ein Spruch an der stolzen Fassade belegte: »ZOR RIJNGASZEN BIN ICH GENANT / GODEN LUIDEN WAIL BEKANT.« Über der veränderten Gliederung im Untergeschoß ist die weit offene Halle im Obergeschoß noch gut ablesbar. Die reichen gerahmten Fenster sind ohne Glas oder Klappläden vorzustellen, ein offener Festsaal wie ihn auch die gleichzeitigen Burgbauten kennen. Auch die Patrizier träumten von einem ritterlichen Leben, stiegen in den Ritterstand auf und ließen sich Turnierdarstellungen an die Wände malen. Eine davon ist im Bau trotz aller Zerstörungen und Veränderungen der vergangenen Jahrhunderte noch erhalten. Die oberen Geschosse haben als Lagerräume gedient. Das schönste und aufwendigste der romanischen Patrizierhäuser auf deutschem Boden hatte nicht nur repräsentative, sondern auch nützliche Seiten. Es ist zugleich der einzige Bau von einst vielleicht hundert, der in Köln erhalten geblieben ist.

Wir gehen zurück und biegen in die nächste, parallele Seitenstraße, den Filzengraben ein. Hier entstand 1857-61 die **Trinitatiskirche** (Abb. 57) als zweite protestantische Kirche

Haus ›Zur gelben Lilie‹, Filzengraben, um 1750, Aquarell von W. Scheiner, 1889, Kölnisches Stadtmuseum

Kölns. Das schmale Areal bot und bietet dem Bau nicht die gewohnte Entwicklungsfreiheit, aber die gewünschte Möglichkeit, im Stadtpanorama aufzutreten. Friedrich August Stüler, dessen Bau in Berlin nicht weiter auffallen würde, hat eine Emporenbasilika im Geschmack des Berliner Spätklassizismus errichtet, der in betontem Kontrast zur romanischen oder neugotischen Architektur Kölns steht. Vor der Fassade, durch ein Gitter verschlossen, ist eine Säulenvorhalle in die Straßenfront eingefügt, die deutlich die Handschrift des königlichen Amateurarchitekten Friedrich Wilhelm IV. verrät.

Am rheinseitigen Ende des Filzengrabens, wo der *Duffesbach* – nachdem er zuvor den Färbern und Gerbern an Blaubach und Rotgerberbach gedient hatte – vor der Mündung in den Rhein den Filzmachern diente, ist mit dem **Haus ›Zur gelben Lilie‹**, einem Bau der Mitte des 18. Jahrhunderts, das letzte Laubenganghaus Kölns erhalten.

St. Maria Lyskirchen

Südlich der römischen Stadtmauer und – bevor das Rheinufer im 19. Jahrhundert ausgebaut wurde – in direktem Uferkontakt, ist St. Maria Lyskirchen in ihrer frisch erneuerten Farbigkeit ein reizvoller Akzent im Stadtbild. Unter den großen romanischen Kirchen Kölns ist sie die kleinste, aber auch die einzige, die immer Pfarrkirche war. Und besäße sie nicht in ihren Gewölbemalereien des 13. Jahrhunderts einen Schatz, dem in der weiteren Umgebung nur das ein Jahrhundert ältere Schwarzrheindorf vergleichbar ist (einen Ausflug wert!), dann hätten die Kölner wohl im Jahre 1985 die ihnen viel natürlichere Zahl von elf romanischen Kirchen bejubelt. An Wiederaufbau war hier erfreulicherweise nicht so viel erforderlich gewesen. Nur der Dachstuhl mußte neu errichtet werden. Regenwasser hatte bereits die ersten Schäden an den Gewölbemalereien hinterlassen. Und der südliche Turm der typischen Kölner Chorfassade war von Anfang an unvollendet geblieben.

Das scheint aber mehr ein soziales als ein finanzielles Problem gewesen zu sein. Was vor Jahrhunderten im frühen Mittelalter als kleine Kapelle eines Herrn Lysolf inmitten einer kleinen Fischersiedlung begonnen hatte, erstmals im Jahre 948 erwähnt, war inzwischen Pfarrkirche eines Stadtbezirks geworden, in dem mit der Patrizierfamilie Lyskirchen (die ihren Namen vom Wohnort nahm) oder den Overstolz, die sich zur gleichen Zeit um die Ecke einen stolzen Bau leisten, durchaus Kölner Oberschicht wohnte. Und die ließ sich, wenn es um die eigene Pfarrkirche und das eigene Seelenheil ging, nicht lumpen.

Kölner Pfarrkirchen hatten nur einen Turm. St. Maria Lyskirchen wäre die Ausnahme geworden. Hatten die Stiftsherren von St. Kunibert am anderen Ende des Stadtpanoramas bei ihren Kollegen von St. Georg reklamiert? Dorthin war die Pfarre inkorporiert. In die Kasse des Stifts floß der Zehnt der Pfarre. Die Stiftsherren stellten dafür den Pfarrer, kümmerten sich um die Seelsorge. Beanspruchte die Gemeinde mit zwei Chortürmen etwas, das ihr nicht zustand?

Um 1220 hatte man mit dem Bau der Pfarrkirche begonnen. Der unregelmäßige Grundriß erzählt noch heute von den Schwierigkeiten mit dem Bauplatz. Der Straßenverlauf bedingt die Schrägstellung der Fassade. Die Pfeiler des Mittelschiffs ruhen auf den Fundamentmauern des Vorgängerbaus. Der früheste nachrömische Fußboden liegt fast drei Meter unter

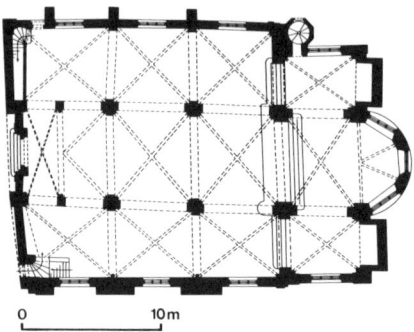

0   10m

St. Maria Lyskirchen, Grundriß

dem heutigen Fußbodenniveau. Man versuchte eben doch, dem Hochwasser des Rheins auszuweichen. Aber die Hochwassermarken am Westportal belegen, daß dies längst nicht immer gelang.

Zurück zum Grundriß. Das nördliche Seitenschiff ist breiter. Hier stand wohl mehr Platz zur Verfügung als südlich. Und man baut auch über den Seitenschiffen die Emporen aus, um die gewachsene Zahl der Gemeindemitglieder unterbringen zu können. Nur in St. Ursula finden wir das Vorbild in einer Stiftskirche, sonst wird der Emporenbau nur von Pfarrkirchen übernommen. In St. Ursula werden aber auch statische Gründe zur Übernahme normannischer Bauvorbilder angeregt haben, um den weiten Dachstuhl zu sichern – solide genug, um später sogar ein gotisches Gewölbe zu tragen. Die Untergeschosse der Türme sind ins Schiff einbezogen. Aber sie bleiben separate Kapellen, werden nicht Teil eines Chorbereichs wie im etwas früheren Bau der Stiftskirche St. Kunibert. Es gelingt keine Chorlösung von der Raffinesse, die St. Kunibert für den personenreichen Stiftsgottesdienst benötigt, aber für den schlichteren Pfarrgottesdienst war dies auch nicht erforderlich.

Die Ausstattung aber entsprach bildungsbürgerlichen Ansprüchen an ein vollmundiges theologisches Programm, das man auch den Verwandten, die in eines der Klöster oder Stifte in der Stadt eingetreten waren, zeigen konnte. Die Einrichtung mit Wandmalereien begann um 1220 im Westen über dem Portal mit der Szene der Anbetung der Heiligen Drei Könige. Ein hochaktuelles Thema für Kölner Bürger, die gerade miterlebten, daß die neuerworbenen Reliquien der Heiligen Drei Könige ihre Stadt zu einem Wallfahrtszentrum machen. An den *Gewölben* (Farbabb. 14) wird dann Mitte des 13. Jahrhunderts Gelehrsamkeit ausgebreitet. Jeweils auf der Südseite, rechts, werden Szenen des Neuen Testaments Szenen des Alten Testaments, links, gegenübergestellt. Damit wird das Alte Testament typologisch interpretiert, der dritte Sinn der Schrift neben dem historischen und moralisch-ethischen Verständnis – die Ereignisse des Alten Testamentes deuten die Geschehnisse des Neuen Testamentes bereits an, verkünden sie vorher.

Das erste, östliche Gewölbe zeigt auf der Südseite aus dem Neuen Testament: 1. Die Verkündigung, 2. Die Geburt Christi, 3. Die Darstellung im Tempel, 4. Die Taufe Christi im Jordan. Dem entsprechen auf der Nordseite aus dem Alten Testament: 1. Die Verheißung von Nachkommenschaft für Abraham, 2. Die Geburt Isaaks, 3. Die Aufopferung Samuels im Tempel, 4. Das Bad des Naeman auf Befehl des Propheten Eliseus.

Im mittleren Gewölbe auf der Südseite: 1. Die Verklärung Christi, 2. Der Einzug Christi in Jerusalem, 3. Das letzte Abendmahl, 4. Die Geißelung Christi und entsprechend auf der Nordseite: 1. Moses mit den Gesetzestafeln, 2. Salomos Einzug in Jerusalem, 3. Das Gastmahl des Ahasver, 4. Hiob auf dem Misthaufen.

Im westlichen Gewölbe folgt in der neutestamentlichen Erzählung: 1. Kreuzabnahme, 2. Christus befreit Adam und Eva aus der Hölle, 3. Himmelfahrt Christi, 4. Die Ausgießung des Heiligen Geistes an Pfingsten. Und gegenüber: 1. Die Anbetung und Zerstörung der ehernen Schlange, 2. Samson mit den Toren von Gaza, 3. Die Himmelfahrt von Elias und Enoch, 4. Elias im Opferwettkampf mit den Baalspriestern.

Es fällt auf, daß die Kreuzigung selbst im neutestamentlichen Bericht fehlt. Aber entweder wurde sie durch eine in den Quellen erwähnte plastische Kreuzigungsgruppe ersetzt oder zusätzlich noch durch eine der untergegangenen Wand- oder Gewölbemalereien im Chorbereich geboten.

Ein Jahrzehnt später, der ›Zackenstil‹ der Linienführung ist noch etwas unruhiger geworden, wird das südliche Chorseitengewölbe ausgemalt. Hier wählt man Szenen aus der Nikolauslegende. Seit die Reliquien des Heiligen von Myra in Kleinasien nach Bari in Süditalien übertragen worden waren, hatte Nikolaus große Popularität gewonnen – durch seine Wunder, die Seeleuten halfen, besonders bei Fischern und Schiffern.

Der zumindest ebenso populären Katharina von Alexandria wird ein Jahrzehnt später das Gewölbe der nördlichen Chorseitenkapelle gewidmet. Hier ist der Zustand der Restaurie-

St. Maria Lyskirchen, Ausschnitt aus der Nikolauslegende, um 1270

rungen des späten 19. Jahrhunderts in Ölfarbenmalerei noch erhalten. Erst 1879, als man bereits einen Vertrag mit einem Dekorationsmaler geschlossen hatte, entdeckte dieser bei den Vorarbeiten die Wandmalereien. Wohl im 17. Jahrhundert, als einschneidende Veränderungen im Chorbereich vorgenommen wurden, waren die Gewölbe übertüncht worden.

Schon im frühen 16. Jahrhundert hatte man mit den Fenstern im nördlichen Seitenschiff begonnen. Im Chorbereich läßt man dann die alte Gewölbekappe und außen auch Zwerggalerie und Plattfries verschwinden. Die Chorfenster werden vergrößert, erhalten gotisierendes Maßwerk. Dabei gingen wahrscheinlich die Themen der Kreuzigung und des Jüngsten

Gerichtes als Wandmalereien der Gewölbe und der Apsis unter. Auch die Öffnungen der Emporen werden erweitert, neue Balustraden eingefügt.

Wichtiges Zeichen der Selbständigkeit der Pfarrkirche war immer ein eigener Taufstein. Ende des 13. Jahrhunderts leistet man sich hier einen neuen mit feinen Blattkapitellen, die im Gegensatz zu den primitiv wirkenden Köpfen die Datierung belegen. Zur alten Ausstattung gehört auch noch, neben einigen Kostbarkeiten im Kirchenschatz, eine Madonna des zweiten Viertels des 13. Jahrhunderts. Die ›Schiffermadonna‹ dagegen, die in ihrer Mantelfülle bis 1868 außen an der Kirche die vorbeifahrenden Schiffe grüßte, ein bezauberndes Beispiel des Weichen Stils, war erst nach der Säkularisation aus Walberberg in die Kirche gelangt, stand also nur relativ kurze Zeit an der freien Luft.

Der Flügelaltar mit der Beweinung Christi ist eine Kopie. Das Original des Joos van Cleve vom Kölner Ratsherrn Gobelins Schmitgen 1524 der Kirche gestiftet, gehört heute – rechtmäßig – zu den Sammlungen des Frankfurter Städels. Bevor man die Kirche verläßt, sollte man das Fresko von Peter Hecker aus der Zwischenkriegszeit, das an

St. Maria Lyskirchen, sog. Schiffermadonna, um 1420

der Westwand die Tradition der Schifferkirche in expressionistischer Manier aufnimmt, beachten. Von Peter Heckers Arbeiten sind nur wenige erhalten.

Außen endlich hat man nun Ruhe (und die Pflicht), das *Westportal* zu betrachten. Die Fassade ist zwar historisierend im 19. Jahrhundert romanisiert worden, das Portal aber stammt aus der romanischen Bauzeit vor Mitte des 13. Jahrhunderts. Man leistete sich für ein wahrscheinlich gemaltes Tympanon eine Spitzenleistung der Kölner Bildhauerkunst dieser Jahre als Rahmung. Reiche Ornamentik, prächtige Girlanden, Kapitelle mit kleinen Vögeln im Pflanzendickicht, Böses abwehrende Löwenköpfe und ein Rundbogenfries rings um die leere Fläche des Tympanons. Der Türsturz zeigte auf einem Medaillon einst ein Lamm. »SE DOLET HOC TITULO STRATA RABIES INIMICA« – vor diesem Zeichen des apokalyptischen Lammes grämt sich dahingestreckt die feindliche Wut.

Auf dem Weg
An der Südseite von St. Maria Lyskirchen vorbei, durch die Große Witschgasse, geht es weiter zur Rheinuferstraße. Mit der Bezeichnung Am Leystapel erinnert sie hier an die umfangreiche Verwendung von Schiefer für die Dächer der Häuser. Wir überqueren die Straße und stehen am **Malakoffturm** – ein Gebäudetypus, der normalerweise als massiver Förderturm im Kohlebergbau anzutreffen ist. Er wurde 1855 als Teil der preußischen Befestigungsanlage für den Rheinauhafen errichtet und erhielt den Namen des Eroberers von Sewastopol, dessen Fall nach elf Monaten Belagerung das Ende des Krimkrieges im gleichen Jahre bedeutet hatte.

Der **Rheinauhafen** nutzt den natürlichen Schutz, den hier schon seit Jahrhunderten eine kleine, dem Ufer vorgelagerte Insel, das Werthchen oder die Rheinau, bot. Im Süden mit dem Ufer verbunden, Mitte des 19. Jahrhunderts in Nutzung genommen, Ende des 19. Jahrhunderts großzügig ausgebaut, konzentriert sich hier noch ein wichtiger Teil des Kölner Hafenbetriebs. Vor der Neueröffnung des Hafens 1898 war schon 1896 die hydraulisch zu bewegende Drehbrücke hinüber zum Hafenzollamt, seit Ende 1993 als Schokoladenmuseum genutzt, in Betrieb genommen worden. Sie wird nun als technisches Denkmal erhalten und noch regelmäßig benutzt, um außerhalb der Öffnungszeiten des Museums den Zugang zum Hafengelände zu schließen.

Neben der Brücke müht sich seit 1908 ›Der Tauzieher‹ des in Köln geborenen Bildhauers Nikolaus Friedrich, das Thema ›Arbeit‹ denkmalfähig zu machen.

Die neugotischen Hafenbauten, das Hauptzollamt und die Zollhallen, die nach den Schäden des Krieges nur unvollständig wieder aufgebaut wurden, griffen die Formen der Kölner Spätgotik z. B. des Gürzenich oder des Stapelhauses auf. Weiter südlich, jenseits des **Hafenamtes** in seiner Prunkrenaissance und des **Bayenturms,** des südlichen Abschlusses der mittelalterlichen Stadtmauer, ist nach den Plänen Hans Verbeeks noch ein weiteres über 200 m langes **Lagergebäude** erbaut worden. Dieser erste große moderne Stahlbetonbau, 1908/09 erbaut, ist durch seine vielteilige Gliederung trotz seines Volumens gut in das Stadtbild eingebunden. Seine Silhouette, die Fülle der spitzen Giebel hat ihm den Spitznamen ›Siebengebirge‹ eingetragen. Aber der Weg dorthin ist weit, den Anblick genießt man

Rheinauhafen, Holzstich, um 1890

noch besser vom Wasser aus auf einem der Schiffe, die rheinaufwärts bis Rodenkirchen fahren.

Uns führt der Weg zurück in Richtung Dom, vorüber am Großbau des Hotels Maritim, unter der Deutzer Brücke hindurch. (Vormittags könnte man, dann steht die Sonne richtig, natürlich auch über die Brücke das andere Rheinufer erreichen, das Stadtpanorama genießen und über die Hohenzollernbrücke zum Dom gehen oder gar noch einen Spaziergang im Rheinpark anschließen.) Mitten durch die spitzgieblige Häuserfront der Altstadt führt die schmale Salzgasse stadteinwärts in Richtung Heumarkt. Man überquert die Straßen Butter-

Bayenturm am Rhein, Kupferstich von Wenzel Hollar, um 1635

markt und Auf dem Rothenberg mit dem immer wieder fotografierten Blick auf Groß St. Martin und trifft dann links auf die ebenso schmale wie kurze Tipsgasse, durch die man den *Eisenmarkt* erreicht. Die Kölner, die hierhin streben, zieht kein Eisen an, sondern das traditionsreiche Stockpuppentheater des **Hänneschens**. Damit ist zugleich die Hauptperson des volkstümlichen Theaters für Kinder und Erwachsene benannt, das nun schon Generationen von Kölnern in gepflegtem Kölsch Unterhaltung bietet (Abb. 62). Einer der heitersten Wege, die Vielfalt Kölner Humors und Kölner Charaktere kennenzulernen. Vor dem Hänneschen-Theater hat **Willy Millowitsch** Platz genommen. Für den Ehrenbürger der Stadt Köln hat Harry Owens bereits zu Lebzeiten ein Denkmal organisiert, das auf sympathischvolkstümliche Weise ein Leben für die Erheiterung unseres Gemütes ebenso würdigt wie die lange Tradition der Volksbühne der Familie Millowitsch, die vor einem Jahrhundert vom Spielen der Stockpuppen als Hänneschen-Theater zum Auftritt der Spieler auf der Bühne selbst wechselte. Der Düsseldorfer Bildhauer Raimund Kittl schuf das Denkmal, auf dem auch für Sie noch ein Sitzplatz frei sein könnte. Auf der Salzgasse weiter gelangt man zum *Heumarkt.*

Der vom Verkehr zergliederte Platz wird, wenn in einigen Jahren die Grabungen abgeschlossen sind, die wichtige Ergebnisse zu unserer Kenntnis des Lebens in der mittelalterlichen Stadt erwarten lassen, neu gestaltet werden. Neben dem benachbarten Alter Markt war der Heumarkt einer der Mittelpunkte des lebendigen Handels der Metropole Köln, Umschlagplatz für zahlreiche Güter, die am Rheinufer gelöscht wurden. Mit der Einrichtung der Schiffsbrücke im Jahre 1822, deren westliches Ende an die heutige Markmannsgasse anschloß, konzentrierte sich hier nun ein ständig wachsender Strom von Fuhrwerken und Fußgängern.

Daher bot sich an dieser Stelle der ideale Standort für ein Denkmal an, dessen Planung auf den Vorschlag des Kölner Oberbürgermeisters Joseph Hermann Stupp zurückgeht, der den »dankbaren Rheinlanden« im Jahre 1855 eine Ehrung für König Friedrich Wilhelm III. nahelegte. Nach langen Debatten über die Entwürfe mit den Künstlern und dem Hofe Wilhelms I., der in der Konzeption zu sehr bürgerliche Gesinnung verspürte, wurde 1869 endlich der Auftrag an Gustav Blaeser vergeben. Die zahlreichen Vertreter des Bürgertums, die reformfreudigen Militärs, die sich am Sockel des **Reiterdenkmals** versammelten, bedeuteten eine nachträgliche Konfrontation des ›Geehrten‹ – und auch seines reaktionären Sohnes – mit den Tendenzen, gegen die er sich zeit seines Lebens gewandt hatte. Doch schließlich, nach dem Tode des Künstlers konnte das Denkmal 1876 in Anwesenheit Kaiser Wilhelms I. enthüllt werden.

Der Zerstörung Kölns im Zweiten Weltkrieg war 1944 auch das Denkmal zum Opfer gefallen. Der ›Kölner Verkehrsverein e. V.‹ nahm sich schließlich die Wiederherstellung des Denkmals zum Ziel. Mit Erfolg. Der Bildhauer Raimund Kittl (s. auch oben) rekonstruierte, unter Verwendung der erhaltenen Fragmente, den Reiter und auch die Reliefs. Die Standfiguren darunter, lange Jahre über die Stadt verstreut, kehrten zurück. Nun fehlen nur noch Granitverkleidung und Gitter, um das Denkmal Kölner Widerspenstigkeit und bürgerlichen Freiheitsanspruchs zu vollenden.

Vom Heumarkt führt uns Unter Käster weiter in Richtung Dom. Gleich rechter Hand öffnet sich das schmale Kastellsgäßchen zum *Ostermannplatz*. Unmittelbar nach dem Tode des populären Kölner Liederdichters und Sängers Willi Ostermann im Jahre 1936 begann Thomas Liessem, der langjährige Vorsitzende des Festausschusses Kölner Karneval, Gelder für die Errichtung eines *Denkmals* zu sammeln. Schon zu Weiberfastnacht 1938 konnte der Brunnen mit den populärsten Figuren der Lieder eingeweiht werden. In leicht veränderter Form ist das Werk des Bildhauers Willi Klein am 11. 11. 1970 an der alten Stelle wieder aufgestellt worden (Abb. 60).

Und noch ein Denkmal: Über den Alten Markt, den wir ja schon kennen (S. 205), nach links in die Kleine Budengasse (wo man auch hier nun den Fahrstuhl in die Römerzeit, s. S. 211, nehmen könnte) erreicht man mit der Straße Unter Goldschmied den *Roncalliplatz* an der Südseite des Domes. Unser letztes Denkmal steht zuvor wenige Schritte nach Westen an der Straße Am Hof. Vater und Sohn, Edmund und Heinrich Renard, erhielten den Auftrag des Kölner Verschönerungsvereins, hier zum 100. Geburtstag des Dichters August Kopisch seinem Gedicht ›Die Heinzelmännchen zu Köln‹ ein Denkmal zu setzen. Pünktlich 1899 war der **Heinzelmännchen-Brunnen** vollendet, dessen Reliefs das Wirken der Zwerge für die faulen Kölner zeigen, während die ›wissenschaftliche‹ Neugier der Schneidersfrau über dem Brunnenbecken dem faulen Zauber – im direkten Sinn der Worte – ein Ende bereitet. Seitdem arbeiten die Kölner wieder selbst.

3 Zwischen Hohe Straße und Hahnentor

An der Nordwestecke des Domes setzt die *Komödienstraße* an, die ihren Namen nach dem 1782/83 dort errichteten Theater erhielt. Damals hieß sie allerdings noch Schmierstraße, nach den Fetthändlern, die dort ihr Gewerbe betrieben, und war nicht nach den Komödien des Theaters so benannt. Der 1828 klassizistisch erneuerte Bau des Theaters brannte 1859 und erneut 1869 ab. Dann verlegte man schließlich das Theater. Die Komödienstraße läuft dicht an der Außenseite der römischen Stadtmauer entlang. St. Andreas (S. 130) erscheint in den Quellen ja auch zuerst als St. Matthäus in fossa, im Stadtgraben. Über den Fundamenten eines Rundturmes der römischen Stadtmauer, mit teils noch oberirdischem Mauerwerk, entstand nach dem Krieg das Treppenhaus des Hauses Komödienstraße 19. Und vor dem Haus Nr. 45 trat durch Rückverlegung der Fluchtlinie der Häuserfronten sogar ein aufgehendes Stück Mauer zutage. An diesem ›**Grab der Agrippina**‹, wie es manchmal im Volksmund spöttisch bezeichnet wird, ist der Aufbau des Mauerwerks aus zwei Schalen verfugter Steine außen und dem Kern von Gußmauerwerk mit Grauwackesteinen gut zu erkennen.

Das Turmfundament an der Kreuzung der Komödienstraße mit der Nord-Süd-Fahrt trug bis zum Ende des 16. Jahrhunderts den **Lysolphturm,** so nach einem Anwohner im

Rundgang 3: Zwischen Hohe Straße und Hahnentor. Ausschnitt aus dem Luftbildplan von Günter ▷
Merkenich

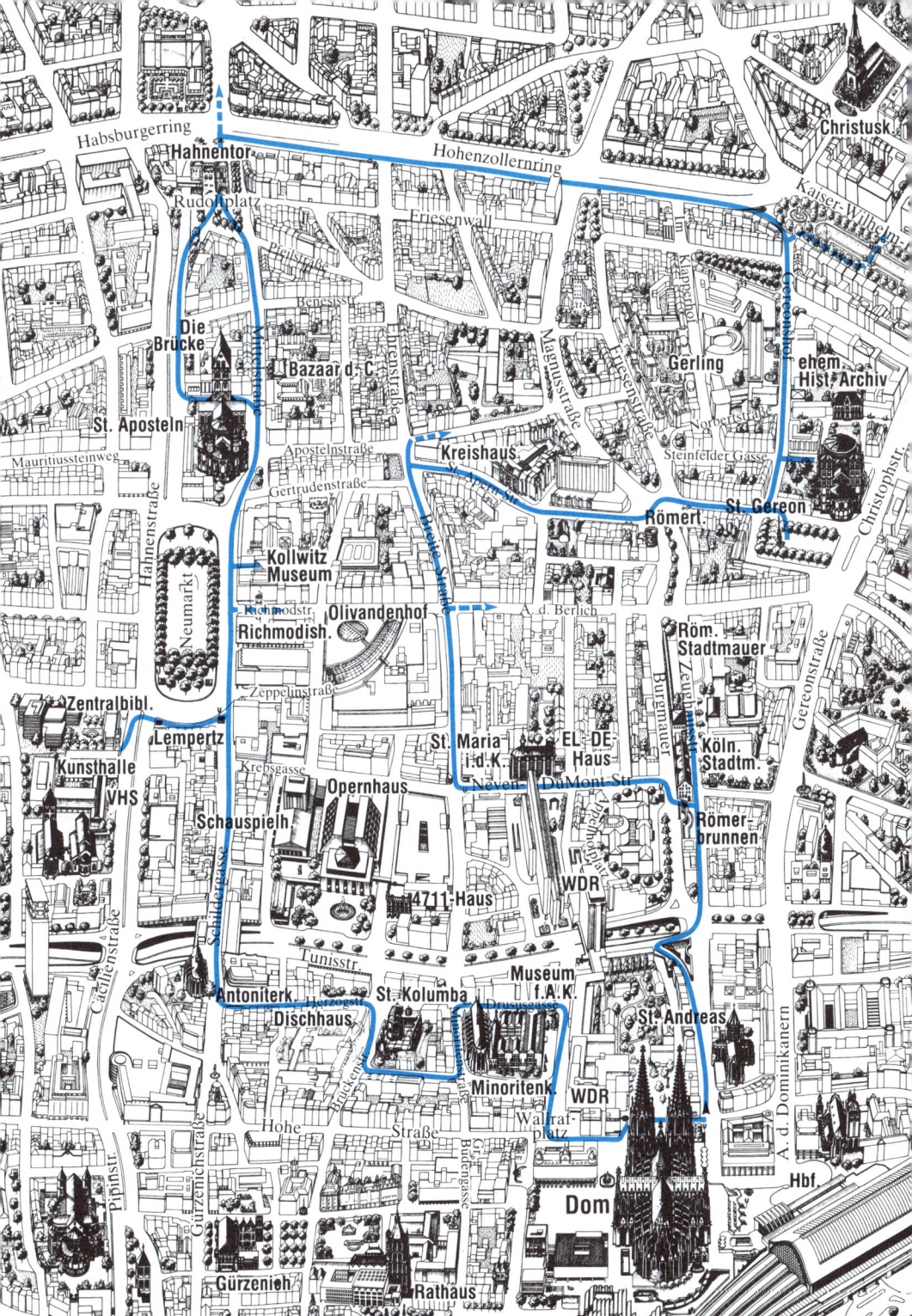

Habsburgerring
Hahnentor
Hohenzollernring
Christusk.
Rudolfplatz
Kaiser-Wilhelm-
Die Brücke
Bazaar d. C.
Gerling
ehem.
Hist. Archiv
St. Aposteln
Mauritiussteinweg
Apostelnstraße
Kreishaus
Steinfelder Gasse
Norbertstr.
Gertrudenstraße
Römert.
St. Gereon
Christophstr.
Kollwitz Museum
Richmodstr.
Olivandenhof
A. d. Berlich
Richmodish.
Röm. Stadtmauer
Neumarkt
Zeppelinstraße
Burgmauer
Köln. Stadtm.
Zentralbibl.
Lempertz
St. Maria i. d. K.
EL-DE Haus
Römer brunnen
Kunsthalle
VHS
Krebsgasse
Opernhaus
Neven DuMont-Str.
Schauspielh.
WDR
4711-Haus
Cäcilienstraße
Tunisstr.
Museum f. A. K.
Antoniterk.
St. Kolumba
St. Andreas
Dischhaus
Herzogstr.
Minoritenk.
WDR
Hohe
Straße
Walraf-platz
Gürzenichstraße
Pipinstr.
Gr. Budengasse
Dom
Hbf.
Gürzenich
Rathaus
A. d. Dominikanern
Hahnenstraße
Schildergasse
Neue

13. Jahrhundert benannt. Erst beim Bau der U-Bahn in Richtung Hauptbahnhof und der Anlage der neuen Straßenführung in den sechziger Jahren wurden die Reste des Lysolphturms wiederentdeckt und – wenn auch nur teilweise – erhalten. Der Aufbau der Stadtmauer in ihren unteren Teilen ist hier noch gut über der viereckigen Fundamentfläche zu erkennen.

Auch jenseits der Nord-Süd-Fahrt läßt sich die Mauer weiter verfolgen. Sie hat beim **Römerbrunnen** Franz Brantzkys vor dem Zeughaus den Grundriß bestimmt. Mauerzug und das ausladende Rund des Turms sind nachgezogen. 1914/15 errichtet, hat Karl Band nach dem Krieg die erhaltenen Fragmente zu einer neuen Gestalt zusammengefügt. Über allem hält die römische Wölfin auf einem kraftvollen Doppelpfeiler Ausschau. Über den Reliefs mit Szenen aus dem römischen Köln, die nicht alle erhalten blieben, sind noch Fragmente der Inschrift zu sehen, die den Bericht des Tacitus zur Gründung Kölns zitierte. Über dem Wasserschleier der linken Seite des Brunnens sind die Kaiser und Kaiserinnen zu sehen, die in der Antike ins Schicksal der Stadt eingriffen – auch wenn es wie bei Helena nur die Legende überliefert.

Das Kölnische Stadtmuseum

Auch in der Südwand des Zeughauses ist das Mauerwerk der *römischen Stadtmauer* gut zu sehen, läßt sich weiter nach Westen verfolgen, begleitet eine der wenigen noch störenden Baulücken Kölns jenseits der ›Alten Wache‹, die zur Zeit noch als Parkplatz genutzt wird, und leitet dann zum Römertum, dem wir noch begegnen werden (S. 256). Die kleine Treppenanlage zwischen Römerbrunnen und Zeughaus demonstriert noch einmal die geschickte Wahl der römischen Strategen für die zentrale Siedlung des Rheingebietes. Das Plateau bot zusätzliche Sicherheit, der Geländesprung wurde durch den Graben noch betont.

In diesem erst spät bebauten Bereich vor der römischen Stadtmauer wird Mitte des 14. Jahrhunderts erstmals ein Zeughaus, städtisches Arsenal für Rüstungen und Waffen aller Art, erwähnt. Ende des 16. Jahrhunderts ist ein Neubau fällig. Ein schlichter Backsteinbau niederrheinischer Art mit Stufengiebeln und einem achteckigen Treppenturm als Zugang zu den oberen Geschossen entsteht (Abb. 50). Nach Westen anschließend entstand gleichzeitig ein neues Kornhaus für die Vorräte in Notzeiten. (Das ebenso wichtige Salz wurde übrigens in Türmen der Stadtmauer eingelagert.) Die 1594 begonnenen Bauarbeiten waren 1606 abgeschlossen. Der Zweckbau blieb nicht schmucklos. Ein aufwendiges Portal wurde bereits 1595 von Peter Cronenborch entworfen. Über dem reich mit rustizierten Quadern gerahmtem Portal wird das Wappen der Stadt von aufwendigem allegorischen Beiwerk umgeben. Im Obergeschoß war aus der Werkstatt des Melchior von Rheidt eine prunkvolle Intarsientür eingesetzt, die heute die Verbindung zwischen Hansasaal und Prophetenkammer im Rathaus schließt. Gerne zeigte man hohen Gästen die Waffen der Stadt, und neben technischem Fortschritt wies man auch mit Vergnügen auf Souvenirs der Vergangenheit hin – wie z. B. den Fahnenwagen des Kölner Erzbischofs, den die Kölner 1288 in der Schlacht bei Worringen erbeutet hatten. Zwischen den Waffen war offenbar Platz genug, um dort auch Festessen zu geben, ein fideles Zeughaus.

Typar des Gotischen Stadtsiegels von 1268,
Kölnisches Stadtmuseum

Manche der Waffen, die einst zu Verteidigungszwecken oder um historischen Erinnerungen zu pflegen, hier aufbewahrt wurden, sind seit dem Einzug des Kölnischen Stadtmuseums 1958 hierher zurückgekehrt. Dazu gehört der schwere geschmiedete Mörser des Jahres 1377, eine der frühesten Kanonen, die erhalten ist.

Die beiden Geschosse der 1984 eröffneten Neueinrichtung im Zeughaus haben wir bei der Vorbereitung für zwei Rundgänge genutzt. Im Untergeschoß führt der Weg durch die Stationen der Stadtgeschichte. Zuerst von der Nachkriegszeit aus rückwärts bis zum Ersten Weltkrieg. Dort steht dann das Stadtmodell nach dem Plan von Arnold Mercator von 1571, mit einem Lichtprogramm und einer Erläuterung auf Kölsch vom Band (lohnt sich!). Von dort aus führt der Weg durchs Mittelalter mit dem kostbaren gotischen Stadtsiegel von 1268 bis zum Ende des 19. Jahrhunderts, nun brav chronologisch. Siegel, Münzen, Waffen – darunter der besagte Mörser von 1377, Ratssilber, ein Exemplar des Verbundbriefs von 1396 (S. 47), Ausrüstung der Bürgerwehr von 1848/49, dazu eine der zwei Fahnen in Schwarz, Rot und Gold, die aus dieser Zeit erhalten sind ... Souvenirs aus der Kölner Vergangenheit.

Im Obergeschoß werden – soweit es überhaupt dafür Objekte gibt – die alltäglichen Bereiche von Wirtschaft, Verkehr, Handwerk und Industrie, Frömmigkeit und Wissenschaft, Wohnen für arm und reich dokumentiert. Bei manchen alltäglichen Geräten hat es uns gereizt, die Entwicklung der letzten hundert Jahre zu verfolgen, in denen sich mit Kühlschrank oder Grammophon, mit Fön oder Taschenrechner eine Revolution des Alltags vollzogen hat, die man heute gerne als Industriekultur bezeichnet.

Nach Westen schließt sich an den Eingangsbereich die **Alte Wache** an. Im Stil florentinischer Paläste 1840/41 nach den Plänen des in Köln stationierten Majors Schuberth errichtet, die in Berlin von Carl Ferdinand Busse in der Oberbaudeputation überarbeitet wurden, um Büros und Zellen der Wache gegenüber dem Regierungspräsidium unterzubringen. Die beiden Geschosse werden heute für Sonderausstellungen genutzt.

Seit April 1991 leuchtet, tagsüber im Licht der Sonne, abends angestrahlt, auf den Treppenturm des Zeughauses HA Schults ›**Denk Mal Auto**‹. Der beflügelte Fiesta aus Kölner Produktion stellt als heftig umstrittener Akzent im Stadtbild ein Symbol unseres Zeitalters zur Diskussion.

Nach Westen anschließend füllte das **Artilleriewagenhaus** den Rest der Straßenzeile aus, die heute noch als Parkplatz genutzt wird. Auch hier wird noch einmal ein langes Stück der römischen Stadtmauer sichtbar, wenn auch in einem erbärmlichen Zustand. Gegenüber ist vom langgestreckten klassizistischen Bau des **Regierungspräsidiums** von Matthias Biercher 1830–32 nur noch ein Flügel erhalten. Der Nachkriegsneubau trägt über dem Haupteingang das von Ludwig Gies gestaltete Wappen des Landes Nordrhein-Westfalen.

Das EL–DE-Haus

Am Zeughaus entlang zurück, über die Treppenanlage am Römerbrunnen, über die vielbefahrene Straße Burgmauer, die an die römische Stadtmauer erinnert, hinweg, am Gerichtsgebäude vorbei, trifft man auf das EL-DE-Haus. Das nach dem Kriege nur vereinfacht wieder aufgebaute **Gerichtsgebäude** am Appellhofplatz wurde 1883–93 in von niederländischen Vorbildern beeinflußter Neorenaissance von Paul Thömer und August Endell errichtet.

Das EL-DE-Haus an der Ecke Elisenstraße trägt seinen Namen nach dem ursprünglichen Besitzer Leopold Dahmen, der 1935 gezwungen wurde, das noch nicht vollendete Gebäude an die Gestapo zu vermieten. Häftlinge bauten die Kellerräume zu einem Hausgefängnis mit zehn kleinen Zellen von 4 bis 9 m² aus, in denen bis zu 33 Personen eingesperrt worden sind (Abb. 88). Eine Fülle von Wandinschriften berichtet von erschütternden Schicksalen (Abb. 66, 67). Verhöre, Folter und Ermordungen von Häftlingen spiegeln sich hier und in den Berichten von Überlebenden. Mindestens 792 Opfer liegen auf einem von der Gestapo mit Beschlag belegten Teil des Westfriedhofs. Durch die Glastüren vor den Zellen hat man einen Blick auf die Wandinschriften, die erst vor wenigen Jahren durch das Engagement einer Bürgerinitiative gesichert und der Öffentlichkeit zugänglich gemacht wurden. Im Haus selbst hat inzwischen das Dokumentationszentrum des Historischen Archivs der Stadt Köln Räume bezogen, das versuchen soll, die oft kurz vor Kriegsende vernichtete Überlieferung der Geschehnisse des Dritten Reichs in Köln zu rekonstruieren.

St. Maria in der Kupfergasse

Die Kupfergasse, der die Kirche ihren Beinamen verdankt, liegt gegenüber, jenseits der Neven-DuMont-Straße, verschwindet fast unter dem hoch aufragenden **Vier-Scheiben-Haus des WDR**, das nach den Plänen der Architekten Helmut Hentrich und Hubert Petschnigg 1966–70 erbaut wurde. Eine leichte und elegante Lösung für ein Bürogebäude im Gegensatz zum **Archivgebäude des WDR**, von Paul Doetsch 1965–68 quer über der Nord-Süd-Fahrt errichtet.

Zur Kirche müssen wir aber noch die Schwalbengasse überqueren und werfen zuvor noch einen Blick auf die Haustür der Schwalbengasse 2a. Der Hausherr hat hier seine Auseinandersetzungen mit städtischen Beamten und Behörden um die Gestaltung des Baus verewigt. Er selbst, Erich Lampe, tritt dabei als Dompteur auf. Egino Weinert hat versucht, das Drama zu gestalten.

Die Niederlassung einer neuen klösterlichen Gemeinschaft wurde vom Rat der Stadt Köln mit Mißvergnügen gesehen. Unter dem Schutz des Erzbischofs Ferdinand zogen 1630 die von den Calvinisten aus s'Hertogenbosch vertriebenen Karmelitinnen zwar in Köln ein, aber weder sahen das ihre Ordensbrüder in Köln mit Freuden noch sahen die Stadtväter wirtschaftlichen Nutzen. Als sie 1635 den Neuenahrer Hof rings um die heutige Kirche erwarben, gelang dies nur, nachdem der kaiserliche Hof vermittelt hatte und den frommen Nonnen die Erlaubnis zur dauernden Niederlassung gewährt wurde. 1660 bekamen sie endlich die Genehmigung zu größeren Bauarbeiten. Erst 1673 änderte sich das Bild. Eines Abends zu Beginn des Jahres stand einer der beiden regierenden Bürgermeister, Johann Jakob von Wissius, vor der Klosterpforte und verlangte die Priorin zu sprechen. Ein Unbekannter, wohl er selbst, hätte eine Wallfahrt nach Loreto gelobt und wolle nun, da er nicht reisen könne, statt dessen eine Kapelle nach dem Bilde des Hauses Mariens zu Loreto stiften. Bereits am 8. September 1675 konnte die Kapelle geweiht werden, in die das wundertätige Marienbild der Karmeliterinnen übertragen wurde.

Zahllos war bald der Strom der Beter, und wieder zeigte sich das Baubedürfnis, welches der Rat der Stadt so scheute. Erst die Fürsprache des Wiener Hofes und der Kaiserin selbst hatte Erfolg. 1705–15 konnte die Kirche erbaut werden, die mit ihren beiden westlichen Portalen das Loreto-Haus umschließt. Nur der westliche Turm, der allerdings eine erkennbar moderne Glockenstube trägt, gehört noch zum ursprünglichen Neuenahrer Hof an dieser Stelle. Nach der Säkularisation, im Jahre 1802, wurde die bis dahin dem hl. Josef geweihte Klosterkirche nun Pfarrkirche und – im Anschluß an die in der Loreto-Kapelle verehrte Marienfigur – Maria geweiht.

Manches ist nach den Zerstörungen des Krieges nur vereinfacht wieder aufgebaut worden. Aber der Grundeindruck des ersten in Backstein errichteten barocken Kirchenbaus in Köln ist geblieben. Vernichtet wurde auch der reich geschnitzte Hochaltar. An seine Stelle tritt seit 1967 der aus der 1808 abgebrochenen Machabäerkirche kommende Machabäeraltar. 1717 wurde er von Johann Franz van Helmont und Johannes van Damm vollendet. Auch die Kommunionbank gehört dazu. Die Kanzel mit der Darstellung der Jonasgeschichte stammt aus St. Andreas, aus der dort weitgehend verlorenen eleganten Barockausstattung.

Die Neven-DuMont-Straße weiter entlang treffen wir auf die Fußgängerzone der *Breite Straße* und biegen rechts ab. Hier hat der traditionsreiche Zeitungsverlag des **Hauses M. DuMont-Schauberg** seinen Sitz. Einige Schritte in die Breite Straße weiter ruft der *DuMont-Brunnen* Theo Heiermanns aus dem Jahre 1986 am Rande einer von Josef Faßbender entworfenen Pflasterung (1966–68) die Geschichte des Hauses in Erinnerung (Abb. 78). Eine Reliefplatte trägt das Porträt des Gründers Marcus DuMont (1784–1831), dessen ›Kölnische Zeitung‹ für Jahrzehnte eines der wichtigsten Blätter Deutschlands war und erst 1945, trotz aller vorhergehenden Angriffe und Eingriffe der Nationalsozialisten, ein letztes Mal erschien. Der ›Kölner Stadt-Anzeiger‹, der heute hier erscheint und die Nachfolge übernommen hat, war 1876 als Anzeigenblatt begonnen worden, hatte aber auch bald einen redaktionellen Teil erhalten. Er ist heute das auflagenstärkste Blatt Kölns. Am Brunnen schildern ein Zeitungsverkäufer, ein Zeitungsleser und ein Kind, das sich einen Hut aus einem Zeitungsblatt gefaltet hat, die Allgegenwärtigkeit des Produkts. Den Brunnen, der auch Trinkwasser bietet, hat Theo Heiermann mit einem ›Heiermann‹, der volkstümlichen Bezeichnung für ein Fünfmarkstück, signiert.

Wir überqueren die Straße Auf dem Berlich, wo im 16. Jahrhundert das vom Rat konzessionierte Freudenhaus der Stadt eingerichtet wurde. Nahebei, am Klarenkloster, zu dessen Bereich der Römerturm gehörte, an dem wir gleich noch vorbeikommen, war für die Damen ein Sonderfriedhof angelegt. Aber von alledem spürt man hier heute nichts mehr. *Auf dem Berlich* ist eine der vielen interessanten Geschäftsstraßen Kölns, die mit der Galerie Orangerie-Reinz auch einen Abstecher lohnt. Wir setzen den Weg auf der Breite Straße fort bis zur *St.-Apern-Straße,* in der sich ein großer Teil des Kölner Antiquitätenhandels konzentriert hat. Damit hat man sich vom Berufsbild des heiligen Aper, der im 6. Jahrhundert Bischof von Toul war, weit entfernt. Er galt als Patron der Schweinehirten.

Wer an Kunstliteratur interessiert ist, der geht ein paar Schritte weiter zu Walther König an der Ecke Ehrenstraße und Albertusstraße und achtet darauf, daß ihm keines der Bücher, die Julien Opie die Fassade der Buchhandlung hinunterstürzen läßt, auf den Kopf fällt. Und für moderne Literatur braucht man nur ein paar Schritte weiter zu Klaus Bittner in die Albertusstraße hineinzugehen. Zu den Großbuchhandlungen am Neumarkt bieten beide mit ihrer Spezialisierung eine wichtige Ergänzung.

Der Bummel entlang der St.-Apern-Straße verläuft vor der römischen Stadtmauer. Fast am Ende der Straße ist inmitten einer kleinen Anlage noch ein Halbturm, der *Helenenturm,* zu sehen. Auf der anderen Straßenseite, schräg gegenüber, ist das **Kreishaus**, einst Sitz der Verwaltung des Landkreises Köln, eine wuchtige Architektur von Carl Moritz, in ein Geschäftszentrum verwandelt worden. Mit dem Ende der St.-Apern-Straße haben wir die Nordwestecke der römischen Stadt erreicht. Hier ist der **Eckturm** der insgesamt rund 4 km langen römischen Stadtmauer erhalten geblieben (Abb. 12). Der Anlaß dafür ist etwas anrüchig. Die Franziskanerinnen des Klarenklosters, dessen großartigen Hauptaltar wir im Dom bewundert haben, nutzten den Turm als Latrine. Zumindest etwa zwei Meter des römischen Turmes stecken heute in der Erde. Einiges fehlt auch oben, wo seit Ende des 19. Jahrhunderts ein Zinnenkranz das echte Aussehen wiederherstellen soll. Anlaß dafür war der Bau eines der wenigen erhaltenen neugotischen Häuser Kölns, wohl ein Entwurf des Diözesanbaumeisters Fuchs, in das 1901 Dombaumeister August Hertel einzog. Heute ist hier die Galerie Baecker zu besuchen, die z. B. Wolf Vostell in Köln vertritt.

Erstaunen erregt immer wieder die mosaikartige Dekoration des Mauerwerks des römischen Turms. Über einem fischgrätähnlichen Muster unten folgen Halbkreise und Rhomben, und in der oberen Reihe wechseln Kreise mit deutlich erkennbaren Tempelfrontdarstellungen. Der Einsatz unterschiedlicher Natursteine, der in einfacherer Form auch an anderen Mauerstücken zu sehen ist, machte diesen dekorativen Erfolg möglich, mit dem den Besuchern der Stadt der Stolz römischer Kultur vorgeführt wurde und wird.

Mariensäule auf der Gereonstraße von Vincenz Statz, Einweihung 1858, Aufnahme von 1896

Über die Kreuzung hinweg blicken wir links in die *Friesenstraße* hinein, die in den letzten Jahren mit hohem finanziellem Einsatz erneuert worden ist, und gelangen durch die stille Steinfelder Gasse zum *Gereonsdriesch*. Auf dem Platz, verborgen zwischen den Bäumen, steht die **Mariensäule,** die Vincenz Statz 1855 entworfen hatte (Abb. 56). Nach einigen heißen Diskussionen wurde nicht erlaubt, das (durchaus auch antipreußisch zu verstehende) Denkmal, das aus Anlaß der Verkündigung des Dogmas der Unbefleckten Empfängnis Mariens durch Papst Pius IX. am 8. Dezember 1854 konzipiert wurde, auf dem Alter Markt aufzustellen. Man sah die Konkurrenz zum gerade in Angriff genommenen Plan für das Denkmal König Friedrich Wilhelms III. auf dem Heumarkt (s. S. 249). Am 8. September 1858 konnte die Mariensäule feierlich eingeweiht werden. 1901 mußte sie aus verkehrstechnischen Gründen ihren Platz mitten auf der Gereonstraße räumen und ist nun, jüngst restauriert, etwas verborgen zwischen den Bäumen ein Denkmal vergangener Zeiten.

Zur Fülle der Bäume, die mit zunehmendem Wachstum den Blick auf den Chor von St. Gereon verstellen werden, hat Joseph Beuys kurz vor seinem Tode noch mit der Pflanzung eines Baumes beigetragen.

St. Gereon

Die erste Stelle nach dem Dom nahm für Jahrhunderte das Stift St. Gereon ein, voller Stolz auf seine Adelsherrlichkeit. Und sieht man auf die Bauten, die uns diese vergangenen Jahrhunderte hinterlassen haben, könnte man leicht zum gleichen Ergebnis kommen.

Kern und formbestimmender Ursprung des heutigen Baus ist nach mehr als 1600 Jahren Baugeschichte immer noch ein Höhepunkt spätantiker Architektur. Nordwestlich vor den Mauern des römischen Köln lag hier eines der ausgedehnten Gräberfelder, die uns entlang der großen Straßen vor den Toren des römischen Köln immer wieder auffallen. Eine große Anzahl von Grabfunden, zahlreiche Inschriften, etwa die Hälfte der frühchristlichen Inschriften, die für Köln bekannt sind, zeugen für die eifrige Nutzung des Gräberfeldes.

Wer aber hier den grandiosen Entwurf, ein Oval mit acht Nischen, einer größeren Vorhalle dazu nach Osten und einer westlichen im späten 4. Jahrhundert errichten ließ, wissen wir nicht. Die Legende, auf die wir noch genauer eingehen werden, nennt den Namen der Mutter Kaiser Konstantins des Großen, der als eifriger Kirchengründerin bekannten Kaiserin Helena. Aber das kann nicht sein. Die Zerstörungen des letzten Krieges, die fast das Ende des Dekagons, des Zentralbaus, bedeutet hätten, haben aus dem Fundament des nordwestlichen Pfeilers, der heute symbolkräftig die Friedenstaube Theo Heiermanns trägt, einen zerbrochenen Weihestein der Göttin Isis freigegeben. In einer Vertiefung fand sich eine Münze, die nicht vor 345 in Trier geprägt worden ist. Danach erst kann daher der Bau entstanden sein, nach dem Tode der Kaiserin. Einer Lösung sind wir damit nicht näher. Einig ist man sich nur, daß es eine dem Hofe nahestehende Persönlichkeit gewesen sein muß, wenn nicht ein Mitglied der kaiserlichen Familie selbst, die den Bau in Auftrag gab. Aber der Anlaß bleibt offen. Für wen war der Prunkbau bestimmt? Jede herausragende Persönlichkeit hätte ihre Grabkirche im Herzen des Reiches, vielleicht noch in Trier, gebaut oder erbaut erhalten. War es ein Gedächtnisbau für Märtyrer?

Die Legende berichtet von den Märtyrern der Thebäischen Legion, die ihr Grab hier gefunden hätten. Die Anfänge dieses Berichtes werden Mitte des 5. Jahrhunderts von Bischof Eucherius von Lyon formuliert. Die Legion aus der christlichen Thebais soll unter Diokletians Kaiserkollegen Maximian die Verfolgung von Christen verweigert haben. Schritt für Schritt, von Oberitalien bis nach Xanten, Köln oder Bonn, über Europa verteilt, sollen sie daraufhin selbst das Martyrium erlitten haben. Märtyrergräber, die man noch kannte, die man auch nach Jahrhunderten noch verehrte, deren Geschichte anscheinend in den dunklen Jahrhunderten der Völkerwanderung verlorengegangen war – Xanten und Bonn sind dafür gleichfalls gute Beispiele –, erhielten so einen überzeugenden Hintergrund. Um 1000 wird das legendäre Geschehen endgültig in einer Festpredigt zusammengestellt, die später dem Zisterzienser Helinandus im Frankreich des frühen 13. Jahrhunderts zuge-schrieben wird. 318 Gefährten sollen nun zur Kölner Gruppe der Thebäischen Legion gehören, die vom hl. Gereon geführt wurde. Aber den Brunnen, in den die Leichname der Märtyrer gestürzt worden sein sollen, haben auch die jüngsten Ausgrabungen nicht auffin-den können.

Der Boden in und rings um St. Gereon ist allerdings auch mehr als genug durchwühlt worden. Wenn es auch nicht Kaiserin Helena selbst gewesen sein kann, die mit ihren Grabungen in Jerusalem zur Mutter der christlichen Archäologie wurde, die hier tätig war, so haben sich doch eine ganze Reihe von Heiligen als Archäologen betätigt. Erzbischof Anno (1056–75) ist der erste, der allerdings nachdrücklich durch geträumte Strafandrohun-gen von den Heiligen selbst aufgefordert wird, zu graben. Der hl. Gregor Maurus und einige seiner 360 Gefährten werden dabei im Dekagon entdeckt, die gemeinsam mit den Thebäern hier ihr Grab gefunden hatten. Zu Beginn des folgenden Jahrhunderts, im Jahre 1121, gräbt der hl. Norbert, Gründer des Prämonstratenserordens, mit mehr Erfolg, als alle erwartet hatten.

Man erkennt mit Begeisterung, daß er die Gebeine Gereons selbst gefunden habe. Nor-bert erhält schließlich einen bescheidenen Anteil an seinem Fund. Eine größere Zahl von Entdeckungen wird dann erneut in den Jahren um 1200 notiert. Eine Altarweihe im Chor im Jahre 1212 scheint diese erfolgreiche Aktion abgeschlossen zu haben. Das gehört aber bereits zur Baugeschichte, die zugleich Geschichte des Stiftes spiegelt, und damit sollten wir nun beginnen.

Der römische Bau ist innen wie außen an einigen Stellen in der Ummantelung des frühen 13. Jahrhunderts noch offen sichtbar. An einer Konche der Nordseite ist noch eine größere Fläche spätrömischen Mauerwerks frei zu sehen, nicht sehr sorgfältig gearbeitet, aber mit einem Ornament aus sternförmig in die Wand gesetzten Ziegeln. Innen ist in den acht hufeisenförmig geschnittenen Nischen noch mehrfach die Ziegelplattengrundlage des Gewölbes zu sehen, nur von einer dünnen modernen Schlämmschicht überzogen. Darüber wurde dann die eigentliche Gewölbekappe angelegt, mit eingefügten Amphoren, die das

St. Gereon, Schnitt mit Blick nach Osten, isometrische Zeichnung von F. Schmitz, 1885 ▷

Gewölbe leichter machen und dem Druck gut standhalten. Vier solcher Amphoren, die man im 19. und 20. Jahrhundert geborgen hat, sind in der Krypta aufgestellt.

Die acht Nischen sind zu einem ovalen Raum zusammengefügt, der eine größte Breite von 19 m erreicht. Eine Länge von 23,5 m wurde mit Ostapsis und Vorhalle auf 28 m gestreckt. Mit dem nach Osten orientierten Ovalraum (Abb. 14) ist dem spätantiken Architekten eine interessante Lösung der ständigen Auseinandersetzung christlicher Architektur um längsgerichteten oder zentralen Raum gelungen, der erst die barocke Zeit vergleichbare Qualität entgegenzusetzen hat. Für die Spätantike selbst hat nur der Mittelmeerraum an wenigen Orten Bauten von gleichem Rang aufzuweisen.

Zur ursprünglichen Höhe und Dachgestalt läßt sich vorläufig nichts Endgültiges sagen. Aber das Ausweichen der Wände, das Otmar Schwab festgestellt hat, spricht für ein leichtes Gewölbe. Über den Nischen ist teils noch der stützende Mauerbogen, der den Tambour trug, zu entdecken. Regelmäßig wechseln Tuffstein und zwei Ziegelplatten. Die Mauer des Ovalbaus ist darüber bis in den Fußboden des zweiten Laufgangs, in fast halber Höhe des heutigen Baus, erhalten. Neben dem Eingang erreicht die Spindel der antiken Wendeltreppe im Südwesten sogar noch 16,5 m Höhe.

Die Ausstattung des spätantiken Baus entsprach in ihrer Pracht dem hohen Anspruch der Architektur. ›Die Goldenen Heiligen‹, so wurde für Jahrhunderte die Kirche genannt, bevor St. Gereon als Namenspatron hervortrat. Zahlreiche mit Blattgold hinterlegte gläserne Mosaiksteine, die bei den Grabungen gefunden wurden, bestätigen das an Ravenna erinnernde Bild. Von der Wandverkleidung unterhalb mit Säulen und Marmor, mit rotem und grünem Porphyr zeugen nur geringe Spuren. Das gröber angelegte Fußbodenmosaik, immer noch aufwendig genug, ist mit einem Fragment in der ersten Nische der Südseite, das den ornamentalen Rahmen zeigt, zugänglich. Auch zwei Kapitelle der Innenraumgliederung stehen dort. Außen ist die Frage der Gestaltung nicht zu lösen. War das nicht sehr ordentliche Mauerwerk verputzt? War es verkleidet oder nur rot gefaßt? Wie sicherte man den Bau gegen das für mittelmeerische Architektur unfreundliche Kölner Klima?

Daß ein solcher Bau die Franken beeindruckte, daß Gereon in die Reihe der Heiligen eintrat, die in den Laudes bei der Krönung fränkischer Herrscher zu dessen Schutz angerufen wurden, wundert nicht. Die Adelsgräber haben dann die Ausgräber des späteren Mittelalters mit ihrer Ausstattung begeistert. Es wundert auch nicht, daß sich rings um einen solchen Bau frühzeitig geistliches Leben sammelt, vielleicht seit der Spätantike nicht mehr erlosch. Die Grabungen im Chorbereich haben z. B. Baumaßnahmen nachgewiesen, die wohl mit der Sorge Erzbischof Hildebolds für die Kirche zusammenhängen, in der dieser bedeutende Mann – für Köln und für den Hof Karls des Großen – dann 818 sein Grab fand. Eine moderne Grabplatte hält in der östlichsten Konche der Südseite die Erinnerung wach. Hier fand er die Nähe der Heiligen des Heiligen Köln, die notwendige Fürsprache im Jüngsten Gericht.

Die Heiligen selbst, Gregor Maurus und seine Gefährten, sorgen tatkräftig für die nächste Baumaßnahme. Erzbischof Anno, den seine lebhaften Träume mehrfach zu wichtigen Entscheidungen führten, wird eines Nachts von Gregor und seinen Kameraden bedroht. Sie

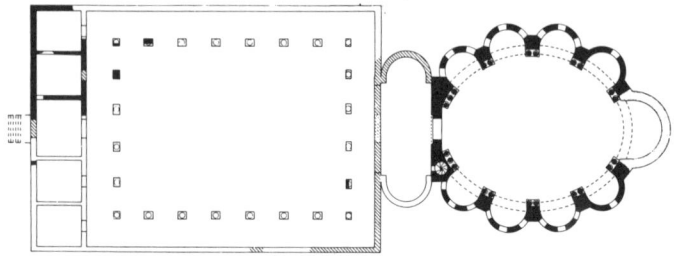

St. Gereon, Grundriß
des spätantiken Baus,
nach G. Binding und
H. Hellenkemper

fühlen sich vernachlässigt, zu wenig geehrt. Anno wird zu Schlägen verurteilt und erwacht gänzlich zerschlagen. In Furcht, dies könnte sich wiederholen, ruft er Baufachleute zusammen, und nach Abriß der fränkisch-karolingischen Choranlage wird ein neuer Langchor für die Erfordernisse der gewandelten Liturgie des Stiftes angefügt. In der Krypta ist mit den typisch annonischen roten Sandsteinsäulen, wie in St. Georg oder der Säule vom Verbindungsgang zwischen Dom und St. Maria ad Gradus vor dem Domchor, die Ausdehnung des annonischen Chores noch gut zu erkennen. Zwei mit Fischgrätmuster geriffelte Säulen, optisch in Bewegung gesetzt, zeigen den ehemaligen Standort des Altars an. Das in sich gedrehte Bewegungsmotiv der Colonna Santa, der heiligen Säule, an die gelehnt der junge Christus einst im Jerusalemer Tempel lehrte, ist oft wieder aufgegriffen worden. In Alt St. Peter erschien es ebenso wie bei Berninis Altaraufbau heute in St. Peter – die Kirche als Abbild des Tempels in Jerusalem charakterisierend. 1067 kann Anno dann die Nikolauskapelle neben der Krypta weihen, in deren Wände heute ein großer Teil der frühchristlichen Inschriften eingemauert ist, die rings um St. Gereon gefunden wurden. 1069 wird die ganze Kirche neu geweiht.

Wenige Jahrzehnte später genügte der Chor bereits nicht mehr den Ansprüchen. Es entsteht die reichste Chorfassade, eine von zwei flankierenden Türmen gerahmte Apsis, die die rheinische Romanik kennt. Wohl seit der Spätantike führt eine Prozessionsstraße vom Dom aus durch das heutige Bankenviertel auf St. Gereon zu. Hier zog 1277 die erste Fronleichnamsprozession, Zeichen der neuen gotischen Frömmigkeit, die den Leib des Herrn

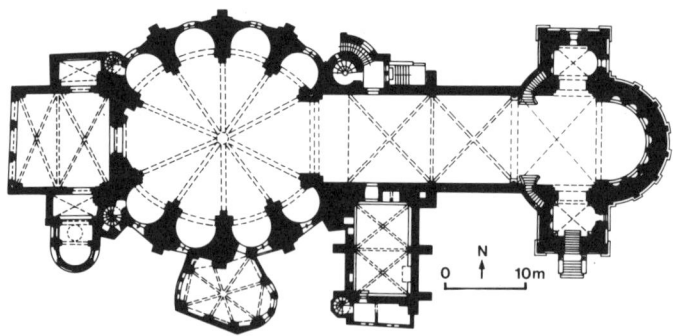

St. Gereon, Grundriß

St. Gereon, Ansicht
von Südosten

sehen und verehren wollte. Aber zu diesem Zeitpunkt war die neue Choranlage mit ihrer prunkvollen Gestaltung als Blickpunkt der Prozessionsstraße bereits ein Jahrhundert alt.

Statt wie bisher ein antikisches Gitterwerk aufeinanderstehender Säulen über die Apsis zu spannen, werden nun die Geschosse und Wandschichten durch kräftig profilierte Gesimse voneinander getrennt. Es lohnt sich, einen genaueren Blick darauf zu werfen. Selbst spätere Kölner Chorfassaden, St. Aposteln oder St. Kunibert, erreichen nicht diese Gestaltungsvielfalt. Vier Geschosse werden ausgebildet. Über einem mehrfach gestuften Sockel werden im Geschoß der Kryptafenster nur schlichte Rahmungen mit Lisenen und Rundbogenfries angewandt. Ein dreifach gestufter Mauerrücksprung trägt darüber die Dreiviertelsäulen des Choruntergeschosses, die durch Rundbögen, aus einer Wandschicht geschnitten, verbunden werden. Die Zerlegung der Wand in fein differenzierte Schichten wird an diesen Rundbögen durch einen flachen begleitenden Rundbogenfries betont. Über einem kräftig hervortretenden Gesims beginnt dann die Fensterzone des Chores.

In gleichmäßigem Abstand umspannen wieder sieben Blendarkaden die Fensterzone. Die drei Fenster liegen, tief in die Wand geschnitten, weit zurück. In einer Stufung der Wand sind Säulen und Rundbogenwulst als Rahmung der Fensterlaibung eingestellt. So wird das Fenster selbst schmal gehalten, und auch auf der Innenseite der Chorapsis kann wieder ein gleichmäßiger Rhythmus eingehalten werden. Das gilt für die Sockelzone, die in schlanke

263

Nischen gegliedert ist, gleichermaßen. Die Kalotte der Apsis trägt innen eine noch erkennbare Darstellung Christi als Richter des Jüngsten Gerichtes, zwischen die Fenster treten wohlgerüstet Heilige der Thebäischen Legion.

Außen schließen sich über den Fenstern Plattenfries und Zwerggalerie an, ein prächtiger Zusammenklang, der hier wohl erstmals auftritt. Das ausladende Dachgesims schließt die Apsisgliederung. Die Türme werden nun eigenständig fortgeführt. Den drei Geschossen mit Säulen und Rundbogen folgen zwei Geschosse, gegliedert mit Lisenen und Rundbogenfries. Erst das letzte Geschoß öffnet sich mit zwei Doppelarkadenfenstern unter doppelten Dreiecksgiebeln für das reiche Faltdach. Das Dach greift dabei das Motiv der achtseitigen Vierungstürme auf, die mit ihren Giebeln die Dächer des Himmlischen Jerusalem in Erinnerung rufen. Der schlanke Giebel zwischen den Türmen wiederholt noch einmal das Motiv der Zwerggalerie und öffnet sich mit Nischen für längst verlorene Skulpturen. Die Chorfassade dominiert in ihrer überlegt konzipierten Gestalt immer noch den Straßenzug, auch wenn die Häuser ringsum längst Höhen erreicht haben, die weit über dem mittelalterlichen Maß liegen (Farbabb. 12).

Die Gestaltung des Verbindungsbereiches zwischen Ovalbau und Chor scheint den Abschluß der Bauarbeiten am Chor gebildet zu haben. Ende des Jahres 1190 werden die Reliquien der Märtyrer in die ›nova crypta‹, in die Confessio mit ihren drei übereinandergestellten Sarkophagen übertragen. Im August 1191 wird der Gereonsaltar darüber – die alte Altarplatte wird heute an der gleichen Stelle wieder benutzt – geweiht. Der obere der drei Sarkophage in der Confessio trägt die Inschrift: »HIC RECONDITA SUNT CORPORA THEBEORUM MARTYRUM« – hier sind die Gebeine der thebäischen Märtyrer wieder aufbewahrt worden, ein Hinweis auf die Übertragung der Gebeine. Sieben weitere solcher Sarkophage waren in den Nischen des Dekagons aufgestellt. Teils nannten die Inschriften dort sogar die Zahl der Heiligen, die untergebracht worden waren. Nur zwei sind nach dem Zweiten Weltkrieg nicht mehr erhalten. Zwei andere, ebenfalls längst zerstört, die die Altarplatte des Hauptaltars im Langchor trugen, waren mit einer 1212 datierten Inschrift versehen.

Nimmt man die überlieferten Zahlenangaben der Sarkophage, und längst nicht alle Inschriften machten so detaillierte Angaben, kommt man auf 81 Skelette, die in einer Aktion nach der Vollendung des Langchores erhoben worden sind. Keine Quelle berichtet, daß man bewußt nach Reliquien gegraben habe. Das läßt die Vermutung zu, daß die Reliquienfunde nicht das eigentliche Ziel der Grabung waren, sondern ein (unvermeidliches) Ergebnis der ersten Bauarbeiten am Dekagon.

Natürlich hatte man im Laufe der Jahrhunderte, seit der Erbauung waren ja nun schon acht Jahrhunderte verstrichen, Reparaturen durchgeführt und neue Dekorationen eingefügt. Fragmente von hervorragenden Fresken des frühen 12. Jahrhunderts, vielleicht durch Norberts glückliches Grabungsergebnis veranlaßt, sind über dem Westeingang des Dekagons an der Stelle aufgehängt, an der sie entdeckt worden sind. Inzwischen aber scheinen sich die Stiftsherren bewußt geworden zu sein, daß ein neuer Chor nur der Anfang ist und das ehrwürdige Alter des Ovalbaus allein ihnen nicht zur Ehre gereicht. Baufällig, fällig zum Bauen wird er sowieso gewesen sein. Vom Bauen wird erstmals 1219 gesprochen, als neue

Geldquellen für das Bauvorhaben erschlossen werden. Das Stiftskapitel greift über die Gelder hinaus, die der Kirchenfabrik, dem Baufonds zustehen, in die eigene Tasche. Freudig notiert wird dann nur wieder 1227, daß das Gewölbe des Dekagons geschlossen worden ist.

Das ist auch schon ein bemerkenswertes Ereignis. Zwischen der Kuppel der Hagia Sophia in Konstantinopel und der Kuppel Brunelleschis in Florenz ist diese Kuppel das größte Beispiel eines solchen architektonischen Wagnisses. Das Unterfangen hält sich mit einer Scheitelhöhe von 34,55 m bei Durchmessern von 16,90 m und 21 m an die zeitgenössischen Maße großer Kathedralen Frankreichs. Und das gilt auch für die architektonischen Vorbilder selbst. Ein Blick zeigt Strebepfeiler und Strebebogen in technisch fast schon perfektem Gebrauch. Es fehlt die Auflast auf dem Strebepfeiler, aber das hat man auch in Frankreich erst später gelernt. Man entdeckt den gotischen Schnitt der Obergadenfenster, typische Gruppenfenster, aus einer dünnen Wandschicht herausgeschnitten, ähnlich wie in Chartres. Das Maßwerkfenster, wie wir es für gotische Architektur gewohnt sind, wird auch erst 1212 in Reims entwickelt. Und zu diesem Zeitpunkt war unser Architekt längst an der Arbeit. Die Fundamentierung mit ihrem Reliquiensegen war abgeschlossen. St. Gereon ist damit ein gutes Beispiel für die langsame Ausbreitung gotischer Formen. Erst die nächsten Schritte auf dem Boden des Deutschen Reiches, mit der Liebfrauenkirche in Trier und der Elisabeth-Kirche in Marburg, werden perfekter, aber kaum reizvoller.

Die Mauern des römischen Baus werden wie Reliquien vom Reliquiar der neuen Mauern eingefaßt. Die tiefen Winkel zwischen den Nischen werden ausgefüllt, an den Ecken des Zehnecks, was schlicht griechisch Dekagon heißt, zu massigen Pfeilern umgestaltet. Damit ist die Stabilität für den steilen Wandaufbau gesichert. Pfeiler und Dienste treten innen noch zusätzlich davor, tragen die Rippen der gewaltigen *Kuppel*, die als Symbol ewigen Lebens in einem Granatapfel als hängendem Schlußstein zusammenlaufen (Farbabb. 13).

Der Laufgang über den Nischen dient, wie in einem Kirchenschiff das Triforium, als eine zusätzliche statische Sicherung. Fächerfenster füllen den Raum zwischen Langchorgewölbe und dem geschlossenen Kreis der Obergadenfenster, vor denen erneut ein Laufgang entlang führt. Insgesamt für gotische Verhältnisse etwas altmodisch, man hätte z. B. die Laufgänge eleganter teils nach außen legen können. Aber hier, jenseits der Grenzen Frankreichs, ist das hochmodern, fortschrittlicher für Köln als die später errichtete Taufkapelle.

Die Kuppel, bei gut 40 cm Gewölbestärke von gewaltigem Gewicht und ohne Verständnis gotischer Prinzipien entworfen, wurde durch Zwerggalerie mit Plattenfries darunter und hoher Mauerauflast, die unter dem Dach verborgen ist, gesichert. Zusätzlich hierzu und zu Strebepfeiler und Strebebogen hielt ein hölzerner Ringanker die wagemutige Konstruktion. Heute folgt ein stählerner Ringanker seinem Lauf im Boden der Zwerggalerie, um die wiederhergestellte Architektur zu sichern.

Die *Taufkapelle* ist ein Juwel später Romanik. Abgesehen vom lanzettförmigen Schnitt der Fenster ist kein Hauch gotischen Architekturdenkens zu entdecken. Die Zeit, als man beim Erneuern des Zentralbaus modernsten Tendenzen folgte, ist vorüber. Um 1230/40 stellt Dekan Hermann zwei der Jahreseinkünfte seiner Pfründe dafür zur Verfügung. Er bezieht offensichtlich ein beachtenswertes Einkommen. Der Bauplatz südlich des Dekagons

St. Gereon, Dekagon nach Westen, Foto um 1900

war durch einen langen Gang, der von der östlichen Immunitätsmauer am Gereonsdriesch zur westlichen Vorhalle der Kirche führte, stark eingeengt. So gibt nur das achtstrahlige Gewölbe mit seinen zierlichen Rippen das traditionelle Achteckmotiv der Baptisterien wieder. Sonst ist der Grundriß unregelmäßig. Ein kleines Chörlein wird nach Osten ausgebildet. Reich sind noch die Fragmente der etwas jüngeren Wandmalereien mit Heiligen der thebäischen Legion, Helena darf dabei natürlich nicht fehlen. Ein Jüngstes Gericht in den Zwickeln über dem Altar und ein blauer Himmel mit goldenen Sternen rings um den prächtig ornamentierten Schlußstein rundete das Bild.

Der geringe Zeitabstand zwischen Vollendung des Dekagons und Errichtung der Taufkapelle hat einen wichtigen Fund ermöglicht. Das Dekagon war, wie für diese Zeit auch nicht anders zu erwarten, verputzt und farbig gefaßt. Vom hellen Klang des weißen Baukörpers setzen sich schwarze Fugenstriche ab, ohne Rücksicht auf den tatsächlichen Fugenverlauf gesetzt. Wir können dazu erwarten, daß reicher gearbeitete, skulptierte Bauteile farbig gefaßt waren, teils sogar vergoldet. Spuren vergoldeter Ornamente hat man am Ende des 19. Jahrhunderts noch auf den Bleiplatten rings um den Dachknauf endeckt. Man sollte sich ein wenig von den Farben der gleichzeitigen Buchmalerei in seine Vorstellung der Bauten romanischer und gotischer Zeit mitnehmen.

Vom Eifer für die Liturgie haben wir bereits gesprochen. Vielleicht war es Dekan de Schinnis, der 1277 die Fronleichnamsprozession einführte. Er finanzierte auch ein gotisches Fenster für die zweite Nische der Nordseite des Dekagons und stiftete 40 Mark, etwa 10 kg Silber, also ein beachtliches Kapital für den Unterhalt des Sängerchores. Dazu kommen noch zwei Mark für die Verbesserung der Orgel, und ein Triumphkreuz auf einem Balken zwischen Langchor und Ovalbau läßt er restaurieren. Wohl gemeinsam finanzieren die Stiftsherren den 1319 vollendeten Neubau der Sakristei auf der Südseite. Mit ihren Maßwerkfenstern und dem Blendmaßwerk an der Südwand innen läßt sie den Einfluß des Domes erkennen, den man ja gleichzeitig auch im Hansasaal des Rathauses sehen kann. Das Fragment der farbigen Fenster in der Sakristei, einen Heiligenfries, hat Wilhelm Buschulte kongenial ergänzt. Heute ist die Sakristei zugleich Schatzkammer, die kostbares Gerät vom frühen Mittelalter an bewahrt und Teile der Grabungsfunde zeigt. Darunter befindet sich auch der Weihestein für die tausendnamige Isis ›ISIDI MYRIONYMO‹, der mit der in einer Vertiefung des Steines entdeckten Münze zur Datierung des römischen Baus beitrug.

Ende des 14. Jahrhunderts wird die Vorhalle erbaut. Wieder stiftet ein Mitglied des Kapitels, Heinrich Suderland, den Bau mit seinen Dämonen als Konsolen der Gewölberippen. Er finanziert auch die neuen Gewölbe und Fenster des Langchors, der so mit gotischen Lichtverhältnissen versehen wird, und dazu zwei Flügel des westlich der Kirche vorgelagerten Kreuzgangs. Damit sind, vor nun mehr als einem halben Jahrtausend, die Bauaktivitäten abgeschlossen.

Die Ausstattungen allerdings wechseln je nach Mode und hinterlassen hier und da Spuren, kostbare Fragmente einst umfassender Konzepte. So vollständig und umfassend auch z. B. August von Essenweins gründliches Konzept im vergangenen Jahrhundert verwirklicht wurde, so wenig Spuren hat der historisierende Glanz des späten 19. Jahrhunderts hinterlassen. Dagegen ist nun aber die neue Ausstattungsrunde, die auf das von Wilhelm Nyssen entwickelte Programm zurückgeht, als Beispiel opulenter moderner Gestaltung vollendet.

Ein Rundgang durch die Kirche, bis in die Krypta, soll auf einige der Kostbarkeiten hinweisen. Außen haben wir auf der Nordseite bereits den kleinen Abschnitt offen liegenden römischen Mauerwerks gesehen. Daneben trägt der im Zweiten Weltkrieg zerstörte nordwestliche Pfeiler nun eine Friedenstaube von Theo Heiermann als Zeichen der Hoffnung. An der Nahtstelle zwischen Langchor und Dekagon ist der Grundriß der im frühen 19. Jahrhundert zerstörten Cäcilienkapelle zu erkennen, der auf einen spätantiken Anbau zurückgeht. Von Werner Schürmann stammt das Bronzetympanon über dem Zugang zur Krypta, dem einzigen Raum, den man für Jahrzehnte nach dem Krieg nutzen konnte. Die Rahmung des Nordportals der Krypta schuf in den zwanziger Jahren Lambert Schmidthausen mit dem Thema der Verkündigung, begleitet von Johannes dem Täufer und Johannes dem Evangelisten.

In der *Vorhalle*, vor der noch Pfeiler und Traufrinne des römischen Vorhofs zu sehen sind, hüten zwei mächtige romanische Löwen, wohl erst nachträglich an diese Stelle versetzt, den Eingang zum Dekagon. Das Tympanon über dem Eingang schildert in leuchtenden Farben Christus als den Weg des Heils, begleitet von den Heiligen Gereon und Helena. Die Inschrift darunter: »Templum Sanctorum Gereonis sociorum eius CCCXVIII Thebeorum Martyrum, et Gregorii sociorum eius CCCLX Maurorum Martyrum« ruft die Heiligen Gereon und Gregor Maurus mit ihren 318 oder gar 360 Gefährten ins Gedächtnis. Der stolze Ruhmestitel der Kirche in den weiten Landen des Reiches, die sich außerhalb Kölns nur weniger Märtyrer rühmen konnten.

Der in den Fußboden der Vorhalle eingelassene Grundriß, eine Bronzearbeit von Andreas Dilthey, zeigt zur Orientierung für die Besucher auch die untergegangenen Stiftsgebäude. Die im Glanz des wilhelminischen Historismus prunkende Kapelle an der Südseite der Vorhalle, erst 1897 errichtet, hat über die Bomben hinweg eine Michelangelo folgende Pietà in schimmerndem Marmor des Düsseldorfer Bildhauers Johann Reiss aus dem gleichen Jahr bewahrt. In der kleinen Kapelle auf der Nordseite hängt ein Kreuzigungsbild der Mitte des 16. Jahrhunderts. Neben Maria und Johannes treten die Heiligen Gereon, Papst Sylvester, Bischof Hildebold und Helena mit dem Modell ihrer Kirche, wie es sich für eine, wenn auch legendäre Stifterin gehört. Auch Grabdenkmäler sind erhalten geblieben. Wie das des Propstes Krytwyss des frühen 16. Jahrhunderts oder das der beiden Grafen Königsegg, die als Dekan und Koadjutor das Stift leiteten. Wobei allerdings der Jüngere, entgegen den Erwartungen des offenkundigen Nepotismus, früher starb. Das Fenster mit dem Prolog des Johannesevangeliums ist eine Arbeit Georg Meistermanns.

Grundthema der Überlegungen Wilhelm Nyssens für die Gestaltung des *Dekagons* (Abb. 15), in dem die Gemeinde erstmals am 6. Oktober 1984 wieder ihren Gottesdienst feiern konnte, war das Martyrium, das Zeugnis für den Glauben bis in den Tod, wie es Gereon oder Gregor Maurus und ihre Gefährten vertreten. Das führen die Inschriften vor den Nischen im Fußboden des Dekagons aus, das deutet auch die Farbgebung des Gewölbes, die »im Rot der Zeugenschaft die Flammengarben des Pfingstgeistes aufleuchten läßt, der jedes

Martyrium in der Kirche bewirkt.« Im Fußboden, den Elmar Hillebrand und Andreas Dilthey entwarfen, steht daher im Zentrum des teppichhaften Grundschemas die Enthauptung des hl. Gereon, in leichtem Relief als Steinmosaik gehalten. Ihn umgeben der vom Löwen geschlagene Stier, Daniel in der Löwengrube als Opferzeichen, dazu als Mahnung und Erinnerung eine Darstellung des zerstörten Dekagons.

Die Fenster, besonders die der beiden oberen Geschosse nach den Entwürfen Georg Meistermanns, haben heftige Diskussionen ausgelöst. Die Fenster der Konchen unten hat Wilhem Buschulte in klarem Glas gehalten. Dichte, vergitternde Ornamente werden mit optisch wirksam geschliffenen und polierten Gläsern zu zurückhaltendem Ausdruck geführt. Im Emporengeschoß zeigen die Fenster nach Entwürfen wieder Wilhelm Buschultes in leicht eingängigen Farben und Linien Heilige wie Josef und Albertus Magnus, Heribert und Petrus Canisius auf der Nordseite und Maria, Ursula, Hildegard von Bingen und Adelheid von Vilich im Süden. Die Fenster Georg Meistermanns in den Etagen darüber

St. Gereon, Ansicht von Südwesten, Zeichnung von Johann Peter Weyer, Lithographie von J. A. Wünsch, 1827

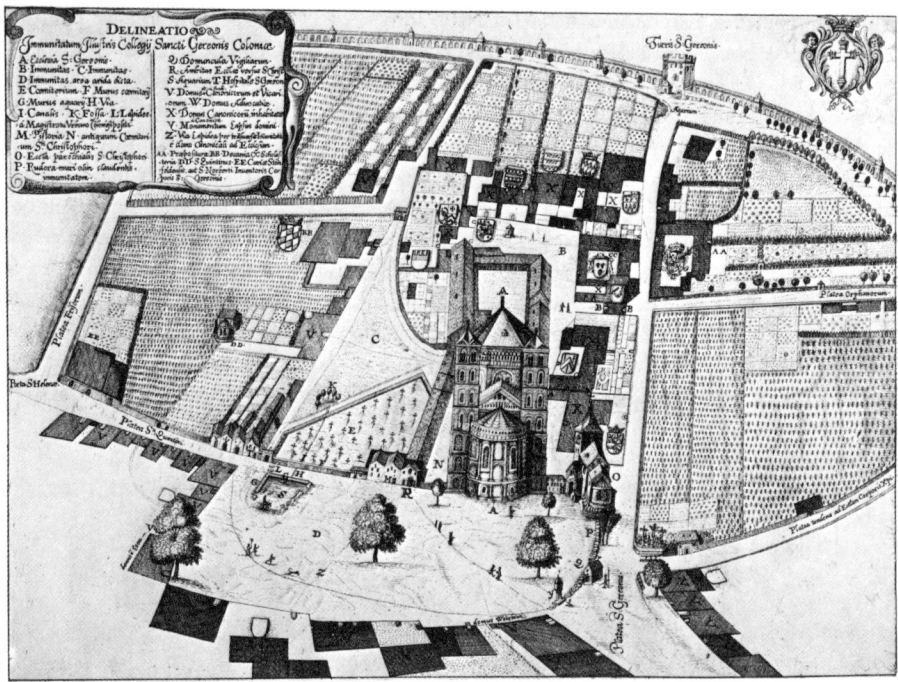

St. Gereon, Plan des Stiftsbereichs, Kupferstich, 1646

folgen ebenso dem Vorschlag Wilhelm Nyssens: »Der Sieg Christi in seinen Heiligen, die Einheit vom Himmlischen und Irdischen Jerusalem.« Im breiten Fenster nach Osten über dem Langchor erscheint Christus als Richter des Jüngsten Gerichtes, fürbittend daneben Maria und Johannes der Täufer. Das Lamm der Apokalypse steht dabei im Mittelfenster über dem edelsteinhaften Leuchten des Himmlischen Jerusalem. Apostel und Propheten füllen die rechts und links anschließenden Fenster. Das große Westfenster schildert in seinen Kontrasten Pfingsten und Himmelfahrt. Das kleine Westfenster darunter zeigt die Heiligen Drei Könige mit ihren rot leuchtenden Gaben. Himmlische Wesen, apokalyptische Reiter und die Zeichen der Evangelisten bevölkern die Fächerfenster dieser Ebene. Auch die drei Fenster der Apsis des Langchores mit Verkündigung, Heiligem Geist und Maria, die ebenfalls Georg Meistermann entwarf, bringen ungewohnte Farbklänge und eine nicht immer auf den ersten Blick lesbare, dichte Linienführung des Bleis. Dem Ungeduldigen gegenüber, der eine leichte Bildsprache erwartet, sperren sie sich. Aber auch ihn vermag die Kraft und der Reichtum der Farben zu faszinieren.

Augenfälliger Schmuck des Zentralraumes ist eine Madonna der 2. Hälfte des 14. Jahrhunderts, die mit ihrem Faltenwurf und dem weichen Liebreiz von Gestalt und Antlitz noch die

Verkündigungsgruppe in St. Kunibert in Erinnerung ruft. Die auf einer Mondsichel stehende Figur gelangte erst Ende des 19. Jahrhunderts nach St. Gereon. Für Jahrhunderte war sie zuvor in St. Maria ad Gradus beheimatet. Über dem Westeingang sind die schon erwähnten Fresken des frühen 12. Jahrhunderts zu sehen. Ausschnitthaft ist das Motiv zu erschließen: ein Apostel, der auf den Schultern eines Propheten ruht. Das Neue Testament, das auf dem Alten Testament aufbaut, wird uns so geschildert. Neben dem Westeingang ist für ein Säulenbruchstück schon im Bau des 13. Jahrhunderts kunstvoll eine Nische ausgespart worden. Die Inschrift schildert uns diesen Überrest einer der römischen Granitsäulen des spätantiken Baus als mittelalterlichen Lügendetektor: »Adde fidem, fuit hic pridem fusus cruor idem ad lapidem, si dem me male, punit idem.« (Glaube mir, hier wurde vor langer Zeit Blut an dem Stein vergossen, wenn ich mich übel verhalte, straft er.) Die Säule soll schon an der Stelle des Martyriums Gereons und seiner Gefährten gestanden haben. Deren Blut floß darüber, und so gewann sie ihre furchterregenden Eigenschaften. Auch das Grab Hildebolds und die Mosaikfragmente des spätantiken Baus auf der Nordseite sollte man nicht übersehen.

Einen unübersehbaren Akzent setzt im ersten Joch des Langhauses der *Barockaltar* aus St. Kolumba. Raumfüllend und doch durchschaubar strahlt rekonstruiert und restauriert in Gold, weißem und dunklem Marmor der 1719 von Johann Franz van Helmont vollendete Altaraufbau, der aus den Trümmern der zerstörten Innenstadtpfarrkirche gerettet wurde. Es ist sicher ein Genuß – im an Barock armen Köln –, den wiederauferstandenen Altar hier bewundern zu können. Ob er die endgültige Lösung der Problemzone zwischen Langchor und Dekagon bietet, werden erst die nächsten Jahre entscheiden können. Altäre gehören schließlich zum Mobiliar, zur beweglichen Ausstattung. Hier, im Langchor, hat auch das Altarbild des untergegangenen Sebastianusaltares einen neuen Platz gefunden. Mitten im Dreißigjährigen Krieg entstand damals ein Zeichen des Selbstgefühls des Heiligen Köln von eindrucksvoller Kraft. Sebastian selbst tritt zwar etwas in den Hintergrund, aber um so grandioser öffnet sich der Himmel voller Heiliger des Heiligen Köln über dem Panorama der Stadt. Dieses stammt von Johann Toussyn, während die Heiligenschar farbenprächtig von Johann Hulsmann dargestellt wurde.

Die Relieftüren zur Sakristei, Maria als Mater dolorosa und Christus als Schmerzensmann, der an ein ehemaliges Gnadenbild des Domes im Diözesan-Museum erinnert, entstanden Anfang des 16. Jahrhunderts. Das Sakramentshaus ist 1608 datiert und zeigt, daß bereits barocke Elemente in die Renaissanceformen eindringen. Und immerhin die Hälfte der großen Tapisserien, die 1765 in Aubusson entstanden, ist erhalten.

Neben dem Gereonsaltar mit seinem Durchblick in die Confessio führt ein schmaler Gang in die *Krypta* hinunter. Hier ist die Confessio weit geöffnet, und die Kreuzigung darüber schildert seit dem Ende des 13. Jahrhunderts die Heiligen Gereon und Helena mit ihrem Kirchenmodell als Assistenzfiguren. An den ersten, westlichen Teil der Krypta mit den roten Sandsteinsäulen der annonischen Bauzeit des späten 11. Jahrhunderts schließt höher und mit hellen Sandsteinsäulen die Verlängerung nach Osten an, die nach der Mitte des 12. Jahrhunderts entstand. Hier ist der Kreuzigungsaltar Mittelpunkt, der die Anfänge

eigenständiger Renaissance um 1540 in Köln in reizvoller Mischung mit gotischen Grundformen bietet. Die bei aller Kraft der Farben zurückhaltenden Fenster Alfred Manessiers,
1964 entstanden, geben der Krypta ein ungewöhnliches Licht.

Ein Höhepunkt schließlich, trotz der umfangreichen Ergänzungen, die teils Neuschöp-
fung bedeuteten, ist das *Fußbodenmosaik* im Ostteil der Krypta (Abb. 16). In staufischer
Zeit für den Chor entworfen, werden Tierkreiszeichen und Szenen um Samson und David
als Vorläufer Christi in fast auf schwarz und weiß konzentrierten Tönen geschildert. Als
Puzzle in Bruchstücken im 17. Jahrhundert in Zweitverwendung in der Krypta verlegt, hat
Tony Avenarius im 19. Jahrhundert die Stücke wieder zusammengefügt und vieles, was
fehlte, manchmal recht viel, ergänzt. Auf dem Mosaik entdeckt man auch die Amphoren, die
zu den Gewölben der Nischen des spätantiken Baus gehörten.

Auf dem Weg

Dem Westeingang der Kirche St. Gereon gegenüber ist 1893–97 ein neugotischer Bau für das
Stadtarchiv nach den Plänen Friedrich Carl Heimanns errichtet worden. Inzwischen ist das
Stadtarchiv mit den Reichtümern seiner historischen Schätze längst in einen großzügigen
Neubau an der Severinstraße gezogen. Die neugotische Architektur des ehemaligen Stadtar-
chivs ist als Teil einer Erweiterung des **Gerlingkonzerns** erhalten geblieben. Dessen Büro-
bauten gestalten inzwischen fast ein Stadtviertel eigener Art. Bis in die Pflasterung der
Bürgersteige hinein wird hier ein neoklassizistisches Ensemble gestaltet. Kern der Anlage
war vor den Zerstörungen des Zweiten Weltkrieges die *Villa* von 1882 des Architekten
Hermann Pflaume für den Industriellen Eugen Langen. Die von ihr bestimmte neoklassizi-
stische Architektur wirkt bis heute. Nachdem der Konzern die Villa 1920 erworben hatte,
griffen die Erweiterungsbauten das Vorbild auf und beeinflußten ihrerseits die Planungen
nach dem Kriege. Architektur des Hochhauses, Beratung und Skulpturen von Arno Breker
reizten dann aber zu Widerspruch und Spott. ›Neue Reichskanzlei‹ war das beliebteste
Stichwort. Inzwischen hat sich, eine der Folgen der Postmoderne, die Sehweise wieder
geändert, und das Amt des Stadtkonservators wie die Fotografen beginnen hier, qualitätvolle Architektur zu entdecken.

Einen guten Eindruck der Atmosphäre, die die Bauten der Architekten Groote, Hennes,
Sobottka, Müller, Koerfer und Menne zur Einheit werden läßt, bietet der Gang durch die
Straße *Gereonshof,* die südwestlich St. Gereon ansetzt. Über die Von-Werth-Straße hinweg
trifft man dann auf den *Kaiser-Wilhelm-Ring.* Nach jahrelangen Arbeiten, die mit der
Verlegung der Straßenbahn unter die Erde verbunden waren, ist er nun seit September 1988
in neuer Gestaltung benutzbar (Abb. 80). Eine großzügige Parkanlage und die Verlegung
des Verkehrs auf die stadtauswärtige Seite des Boulevards laden zum Bummeln ein und
machen Geschäfte wie das Möbelhaus Pesch wieder für Fußgänger zugänglich.

Unser Weg führt uns weiter nach Süden, links den Ring hinunter, über Hohenzollernring,
Friesenplatz zum Rudolfplatz mit der Hahnentorburg. Dabei hat man von der Einmündung
der Straße Gereonshof auf den Ring durch die gegenüberliegende Herwarthstraße einen
guten Blick auf die evangelische **Christuskirche.** Vom 1891–94 nach Plänen August Hartels

von Heinrich Wiethase errichteten Bau ist nur noch die städtebauliche Dominante des Turms erhalten. Direkt dahinter öffnet sich der *Stadtgarten* mit Hans Schillings **Neu St. Alban,** 1957–59 aus den Trümmerziegeln des alten Opernhauses am Rudolfplatz erbaut.

Der Gang über den Hohenzollernring läßt viel von dem komplexen und ständigen Wechsel städtischen Lebens spüren, der Köln auch für den Kölner immer wieder zu einem überraschenden Erlebnis werden läßt: Fragmente der Architektur des späten 19. Jahrhunderts, als Hermann Josef Stübben nach seinen Plänen das Wachstum der Neustadt lenkte, Neubauten der Nachkriegszeit, wie Hans Schillings dominierender Bau mit weit auskragender Betonplatte als Abschluß für den Eckbau an der Flandrischen Straße aus der Mitte der fünfziger Jahre, oder die aufwendigen Bauten der letzten Generation, die teils noch unvollendet, dem Ring wieder einen neuen Charakter geben. Inmitten des Verkehrs ruht als kantige Betonskulptur Wolf Vostells ›**Ruhender Verkehr**‹, sein 1969 einbetonierter Opel-Kapitän, ein frühes Zeichen künstlerischen Protestes.

Im Mittelpunkt des *Rudolfplatzes* ragt das **Hahnentor** auf (Abb. 42). Auch wenn die Bauten ringsum und der längst verfüllte Graben vor dem Tor nicht mehr seine alte eindrucksvolle Höhe zur Wirkung kommen lassen, ist das vor der Mitte des 13. Jahrhunderts vollendete westliche Stadttor immer noch ein beredter Zeuge der mittelalterlichen Größe Kölns. Vor dem Hahnentor spielte sich aber auch die entscheidende Szene des 6. Oktober 1794 ab, als ein Kölner Bürgermeister die Schlüssel der Stadt an den General der nun einziehenden Truppen der französischen Revolution übergab. Weise hatte man erkannt, daß die für Jahrhunderte sicheren Verteidigungsanlagen Kölns dieser Entwicklung keinen Widerstand leisten konnten. Und so hatte man in den kommenden Jahren zwar manchen Verlust an Eigentum und Kunstwerken zu beklagen, Ferdinand Franz Wallraf konnte dies gegenüber den Preußen wortreich darstellen, aber kein verlorenes Leben zu betrauern. Die Ehrengarde der Stadt Köln, eine der traditionsreichen Karnevalsgesellschaften, die inzwischen hier als Hausherr eingezogen ist, nimmt also eine sehr ehrenwerte Vergangenheit unter ihre Obhut.

Eine Gedenktafel am Tor, das seinen Namen nach einem Nachbarn Hagano trägt und mit Hähnen daher nichts zu tun hat, erinnert an Hermann Josef Stübben (1845–1936), den bedeutenden Städteplaner, der von 1881 bis 1904 die Entwicklung Kölns und besonders der Neustadt nach seinem Plan leitete.

Die nach Westen führende *Aachener Straße* folgt noch der von römischen Landvermessern gezogenen Linie, führt vorüber am traditionsreichen *Volkstheater der Familie Millowitsch* und jenseits der Eisenbahnbrücke vorbei am *Museum für Ostasiatische Kunst.*

Die nach Osten anschließende *Hahnenstraße* ist erst im Dritten Reich zu dieser Breite geöffnet und nach den Zerstörungen des Krieges von Wilhelm Riphahn ab 1947, noch vor der Währungsreform, mit schlichten Flachbauten als Geschäftszeile zu einer interessanten Lösung geführt worden. Kennzeichnend ist, daß mit ›**Der Brücke**‹, dem Gebäude des British Council, und dem Bau des **Amerika-Hauses** gegenüber der Kirche St. Aposteln hier auch die Kristallisationskerne des neuen kulturellen Bewußtseins angesiedelt wurden.

St. Aposteln

So wie der hohe Westturm weit nach Westen bereits auf der Aachener Straße als Blickpunkt Aufmerksamkeit verlangt, so dominiert der Kleeblattchor immer noch den Neumarkt (Farbabb. 28), den im 10. Jahrhundert zusätzlich und als Entlastung für Alter Markt und Heumarkt im Westen der Stadt angelegten Marktplatz mit seinem planmäßigen rechteckigen Zuschnitt. Der Platz liegt innerhalb der römischen Stadtmauern, an der alten Römerstraße, die sich noch weit und gradlinig in die Landschaft hinein verfolgen läßt. Für den, der von außerhalb kam, war der fast 67 m hohe Westturm seit der Mitte des 12. Jahrhunderts Wahrzeichen der Stadt. Und vom Neumarkt aus, wo die römische Stadtmauer vor dem Chor der Kirche erst Ende des 18. Jahrhunderts Stadtverschönerungsmaßnahmen zum Opfer fiel, war die darüber schwebende Choranlage der Stiftskirche jenseits der Mauer ein Blickpunkt, den niemand vergaß (oder heute vergißt), der ihn jemals sah.

Auf die Höhe der römischen Stadtmauer von 7,80 m weist noch eine vermauerte Tür in der Ostkonche des Kleeblattchores hin. Sie soll einst als Zugang zur Kirche gedient haben, durch eine kleine Holzbrücke mit der römischen Mauer davor verbunden. Innen führt eine Treppe zum Umgang in Fensterhöhe.

Eine kleine Kirche mit dem anspruchsvollen Patrozinium wird, wir erinnern uns, erstmals erwähnt, als der Leichnam des in Reims verstorbenen Erzbischofs Bruno hier 965 zuerst aufgebahrt wird (s. S. 31). Der Hinweis hat nicht gleich Folgen. Erzbischof Warin (976–85) übergibt das Kirchlein mit seinen Einkünften aus der wachsenden Vorstadtgemeinde erst einmal dem Stift St. Ursula. Auch die Überlegungen des hl. Heribert (999–1021) tragen noch keine Frucht. Tatsächlich war es sein weniger beliebter, aber politisch geschickter Nachfolger Pilgrim (1021–36), der z. B. den Kölner Erzbischöfen das Recht der Krönung des deutschen Königs in Aachen sicherte, der hier sein Andenken mit der Gründung eines Stiftes dem Gebet der Stiftsherren und der staunenden Nachwelt übergeben wollte. Im Westbau, der auch in St. Mauritius oder in St. Pantaleon mit dem Grab Theophanus das Stiftergrab würdig hervorhob, setzte er sich sein Denkmal mit einer Grabanlage, die erst 1643 barockem Reinigungsdrang weichen mußte. Heute befinden sich Pilgrims sterbliche Reste in einem antikisierenden Sarkophag in der Südkonche.

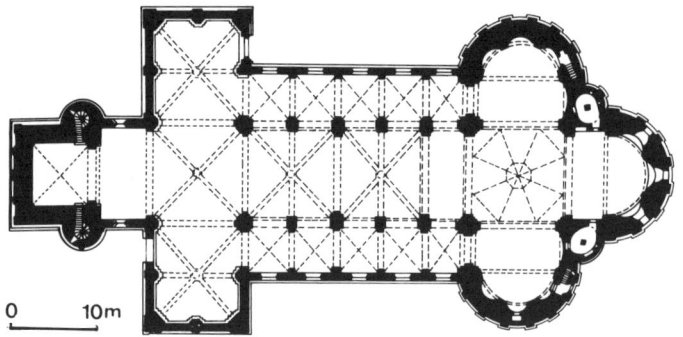

0   10m

St. Aposteln, Grundriß

St. Aposteln, Schnitt

Der strenge Grundriß des von Pilgrim, der an mathematischen und musikalischen Harmonien fachmännisches Interesse zeigte, in Auftrag gegebenen Baus ist auch in der staufischen Erneuerung des späten 12. und frühen 13. Jahrhunderts noch ablesbar. An den Pfeilern des Schiffs kann man noch gut Mauerwerk aus Pilgrims Zeit und vorgeblendete reichere staufische Gliederung unterscheiden. Grundmaß der Architektur ist die Vierung im Westen, Ruhestätte des Stifters. Mit einem halben Zwischenjoch als Anschluß wird ihr Maß vom Außenmaß der Turmgrundmauern wiederholt. Drei Joche nach Osten vom gleichen Maß muß man sich vorstellen, von denen zwei noch heute die Gestalt des Schiffes bestimmen. Das dritte und der rechteckige Chorschluß, den Grabungen nachgewiesen haben, zeichnen die niedrigen Mauern im Chorbereich nach. Hier im Osten hat, nachdem man Mitte des 12. Jahrhunderts den Westturm mit einer Westkrypta darunter errichtet und ihn außen mit der Skulptur des S(anctus) PAUL(us) AP(postolus) als Vertreter der Patrone des Stiftes geschmückt hatte, ein Brand für die Chance eines Neubaus gesorgt.

Cäsarius von Heisterbach reagiert allerdings ausgesprochen verwundert, daß bei einem (nicht genau zu datierenden) Brand, der weite Teile Kölns erfaßte, sich die Schar der Apostel

St. Aposteln, Ansicht von Osten, Zeichnung von Johann Peter Weyer, Lithographie von Anton Wünsch, 1827

auf Bitten der Besitzerin mehr um die Erhaltung eines Brauhauses sorgte als um den Bestand der ihnen geweihten Kirche. Die nach den Löscharbeiten durstigen Kölner werden das anders gesehen haben, und der Architekturhistoriker folgt – wenn auch aus anderen Gründen – ihrem Beispiel. Der Neumarkt war inzwischen zu einem immer lebhafteren Zentrum von Handel und Wirtschaft geworden. Er verlangte nach einer wirksamen Platzfassade. Das sahen wohl auch die Apostel so. Im Gespräch war das schon länger. Wieder ist es Cäsarius von Heisterbach, der davon berichtet. Er erzählt als lobenswertes Beispiel, daß der reiche Zöllner Karl dem Stift und damit seinen Patronen, den Aposteln, eine ganze Schiffsladung Basalt geschenkt habe, die bei einem Neubau Verwendung finden sollte. Karls Absicht war dabei, daß beim Jüngsten Gericht vor den Augen der Apostel etwas Gewichtiges als Gegengewicht zu seinen Sünden in die Waagschale zu legen sei. Ich habe das früher für Ironie des weltklugen Patriziers gehalten. Heute sehe ich das anders. Karl gehörte auch zu den Auftraggebern der romanischen Stadtmauer mit ihren drei zusätzlichen Torburgen, die nicht dem Verkehr dienten, sondern nur erforderlich waren, um ein reguläres Abbild des Himmlischen Jerusalem zu erreichen. Wer dafür Gelder bereitstellt, nimmt auch das Jüngste Gericht ernst.

Der Entschluß zum Bau eines neuen aufwendigeren Chores scheint rasch gefaßt gewesen zu sein. Nach den Steinmetzeichen haben teils die gleichen Arbeitskräfte, die am Turm gearbeitet haben, auch am Chor mitgewirkt. Was hier aber nun entstand, als dritte der Kölner Trikonchosanlagen nach St. Maria im Kapitol und Groß St. Martin, ist vom Neumarkt, etwa von der Einmündung der Schildergasse aus, eine der schönsten Architekturansichten, die ich kenne.

Der *Kleeblattchor* tritt uns, überragt vom Westturm, wie ein in sich ruhender Zentralbau entgegen. Details betonen die Geschlossenheit der Konzeption. Die gleiche Wandgliederung mit Rundbögen und hohen Lisenen über dem profilierten Sockel umzieht Konchen und die einbezogenen Treppentürme. Mehr queroval als rund werden sie durch Plattenfries und Zwerggalerie in das kreisende Schwingen der Apsiden einbezogen. Die Giebel über den drei Apsiden, mit gestaffelten Nischen für längst verlorene Skulpturen, werden in den kleinen Giebeln der Türme aufgenommen. Darüber sollte eigentlich ein Faltdach mit kräftigen Schlagschatten den letzten Akzent setzen. Dem Achteck der Treppentürme in ihren drei Obergeschossen entspricht das Achteck des Vierungsturmes, wieder mit Plattenfries und Zwerggalerie und der Laterne darüber. Sie gibt der zentralen Vierungskuppel innen das akzentuierende Licht (Abb. 18).

Innen werden die drei Konchen durch schmale Zwischenjoche mit dem Quadrat der Vierung verbunden. An diese Tonnengewölbe schließen sich die Trompen an, die zum Achteck überleiten, das noch eine weitere Fensterzone trägt. Ein achtseitiges Klostergewölbe öffnet sich darüber dann zur Laterne. So erhält die Vierung als liturgisches Zentrum ihr eigenes Licht.

Die Lösung der Wandgliederung mit den Fenstern, die außen gleichmäßig in die Rundbögen eingestellt sind, erreicht – im Gegensatz zu Groß St. Martin – eine schlichte Ruhe. Der Laufgang innen im Obergeschoß vor den Fenstern macht es möglich, die Wandreste, die bei gleicher Fensterbreite innen ja schmaler sind als außen, ganz zu reduzieren. Dabei werden die beiden Säulen links und rechts der Fenster, zwischen denen eigentlich noch Wand sein könnte, zu einem Paar zusammengefügt. Der Wandrest wird zum Pfeiler, der die beiden Säulen trägt. Die Doppelschaligkeit der Wand ergibt so innen ein Bild der gleichen Ausgewogenheit, die uns das Äußere so bewundern läßt.

Nach der Vollendung des Trikonchos fehlte noch die Modernisierung des *Schiffs* (Abb. 19). Die Strenge der glatt geschnittenen Wand des salischen Baus erhält Gliederung mit Gesims und angedeutetem Triforium, und statt der flachen Holzdecke, die den Raum mächtig und kühl wirken ließ, werden nun die geschwungenen Baldachine der Gewölbe eingesetzt. 1219 sind sie vollendet. Im Westquerschiff wird das System dann noch vereinfacht. Auf das Triforium wird ganz verzichtet. Die Fenster werden tiefer herabgezogen. Mehr Licht füllt den Raum, den noch bis 1643 das Grab des Stifters Pilgrim dominiert.

Dann wird für eine barocke Ausstattung das erhöhte Monument, von dessen Niveau die hochliegenden Basen der Vierungspfeiler noch berichten, niedergelegt. Aber auch von der mit dieser Zerstörung einsetzenden Barockausstattung ist wenig erhalten geblieben. Zwei große Apostelfiguren, Petrus und Paulus, erinnern im Westbau daran. Hier ist auch ein Fragment der grandios konzipierten Ausstattung der Jahrhundertwende erhalten. Unter Pfarrer August Savels (1888–1915) entstand eine Mosaikdekoration der Gewölbe nach Entwürfen des Kirchenmalers Friedrich Stummel von byzantinischer Pracht. An der Nordseite des Westquerhauses ist als Erinnerung daran nur noch der Gute Hirte zu sehen, ein Mosaik, das die Pfarrgemeinde ihrem Pfarrherrn zum goldenen Priesterjubiläum geschenkt hatte. Die umfangreicheren Reste, die nach den Zerstörungen des Krieges erhalten waren, hat man purifizierend und voll Abscheu vor den Untaten der Väter beim Wiederaufbau verschwinden lassen – so wie man jetzt sich bemüht, die Arbeiten der fünfziger Jahre verschwinden zu lassen. Dafür muß nun hier in St. Aposteln, nachdem die kahle Nüchternheit der ersten Nachkriegszeit als überholt gilt, erneut über Ausstattung nachgedacht werden.

Erste Farbversuche hat man mit der Vierungskuppel und der Laterne darüber bereits vor Jahren nach Entwürfen von Willy Weyers und Manfred Ott gemacht. Um die Ausmalung der Gewölbe durch Hermann Gottfried ist ein intensiv geführter Streit ausgebrochen. Der Hauptaltar darunter, mit der Verbindung von Leuchter und eucharistischer Taube, versucht mittelalterliche Geräte und Vorstellungen neu aufzunehmen. Diese Ausführung war Sepp Hürten übertragen.

Ein neuer Versuch, zugleich alte Ausstattung einzubeziehen, ist das 1988 vollendete Altarretabel Paul Nagels. Hier finden die eleganten Eichenholzfiguren des frühen 14. Jahrhunderts eine neue Aufstellung, die einst vielleicht Teil eines Flügelaltares, wie des Klarenaltars im Dom, oder Schmuck eines Chorgestühls waren.

Die Pfarrgemeinde, die lange ihr Opfer am Kreuzaltar vor dem untergegangenen Lettner im Schiff gefeiert hatte, war schließlich in die Nordkonche abgedrängt worden. In einer Halle an der Nordseite durfte sie ihren Wortgottesdienst feiern. Aber auf die aufwendige Barockausstattung, die das Stiftskapitel finanziert hatte, wollte sie doch ihre eigene Antwort geben. So erhielt 1673 der Kölner Maler Johann Wilhelm Pottgießer den Auftrag, für 100

St. Aposteln, Blick nach Osten, Foto um 1915

Gulden das Martyrium der hl. Katharina darzustellen. Der Altaraufbau ist zerstört, das Gemälde ist nun wieder in der Nordkonche zu sehen.

Ein Gegenstück zur bereits 1786 niedergelegten Halle an der Nordseite entstand im Bereich des im 19. Jh. abgerissenen Kreuzgangs 1955/56 auf der Südseite des Schiffs für den Werktagsgottesdienst der Gemeinde. Ludwig Gies hat für diesen Raum, den auch eine Serie von Apostelbildern des 17. Jahrhunderts schmückt, eine großzügige Fensterwand entworfen. Straff ornamental zusammengefaßt hat er das Fest der Aussendung der Apostel, Petrus allen voran, geschildert, das am 15. Juli zugleich Festtag der Kirche selbst ist.

An die untergegangene Kapelle der Vierzehn Nothelfer erinnern die Skulpturen dieser Heiligen im Westquerhaus, Arbeiten des 16. bis 18. Jahrhunderts von recht unterschiedlicher Qualität. Zur Ausstattung gehören außerdem ein Christus als Schmerzensmann (um 1450), eine Madonna (um 1470) und ein eleganter St. Georg, ein Gegenstück zum Erzengel Michael in St. Andreas. Ihm gelingt die Überwindung des Drachens mit der gleichen Leichtigkeit, wie sie Otto Mengelberg 1838/39 für den Erzengel auf seinem riesigen Gemälde dargestellt hat. Der Kunstverein für die Rheinlande und Westfalen stiftete es der Kirche.

Prunkstück des Kirchenschatzes ist der *Heribertkelch.* Der heilige Kölner Erzbischof (999–1021), den die Legende als Stifter des Stifts St. Aposteln dem Politiker Pilgrim (1021–36) vorzog, soll diese Kostbarkeit des frühen 13. Jahrhunderts zuerst besessen haben. Graviert umspannt die Gruppe der Apostel die Kuppa des Kelchs, die gestanzten Medaillons auf dem Fuß mit Verkündigung, Geburt, Kreuzigung und den Frauen am Grabe findet man auch auf anderen gleichzeitigen Kelchen wieder. ›Ars multiplicata‹ des Mittelalters. Die zugehörige Patene zeigt Christus als Richter des Jüngsten Gerichtes. Das Siegel des Stiftes, spitzoval mit Maria inmitten der Apostelschar, entstand in den gleichen Jahren.

Auf dem Weg

Aus der Ruhe der Kirche heraus steht man, wie im Mittelalter, plötzlich wieder inmitten des Trubels einer Großstadt. An der Nordseite der Kirche St. Aposteln verläuft die Mittelstraße, eine der traditionsreichen Geschäftsstraßen Kölns, in die der Baukomplex des **Bazaar de Cologne** mit seiner Fülle von Angeboten zum Einkaufen, Speisen, Kaffeetrinken und zur Unterhaltung neues Leben gebracht hat. Diese Art, durch vielfältige Möglichkeiten den Einkauf zu erleichtern und zum Erlebnis zu machen, hat inzwischen mit dem **Olivandenhof** (Abb. 86), am Ende der Zeppelinstraße nördlich des Neumarkts, oder mit der **Kreishausgalerie** (s. S. 256) seine Nachfolger gefunden. Eine weitere Galerie dieser Art treffen wir direkt an der Nordseite des **Neumarkts** inmitten des großen Baukomplexes der Kreissparkasse. Hier ist die Buchhandlung Gonski zugleich ein Beispiel der neuen Großbetriebe in diesem Gewerbe. Die Bücherstube am Dom, am Eingang zur Schildergasse, und die Mayersche Buchhandlung an der Ostseite des Neumarkts machen gemeinsam den Platz zu einem Buchhandelszentrum von erstaunlichem Ausmaß, das sein traditionsreiches Gegengewicht rings um den Dom findet.

In den letzten Jahren hat die **Kreissparkasse** neben ihrer seit langem gepflegten *Geldgeschichtlichen Sammlung* eine bedeutende *Sammlung mit Werken von Käthe Kollwitz*

Richmodissage, links im Hintergrund der Hackeneysche Hof, rechts der Chor von St. Aposteln, Kupferstich, 1667

(1867–1945) aufgebaut. In großzügigen Räumen können nun die graphischen und plastischen Arbeiten der sozial engagierten Künstlerin besichtigt werden. Mit dieser jüngsten Museumsgründung Kölns konnte der Stadt eine Sammlung gesichert und den Bürgern und Besuchern Kölns zugänglich gemacht werden, die sonst Köln verlorengegangen wäre.

Die Gebäude der Kreissparkasse nehmen das Gelände des 1255 gegründeten Dominikanerinnenklosters St. Gertrud ein, an das die Gertrudenstraße noch erinnert. Östlich anschließend wurde dann zu Beginn des 16. Jahrhunderts der **Hackeneysche Hof** erbaut, der manchen Kaiserbesuch am Neumarkt beherbergte. Die dazwischenliegende Richmodstraße, erst im 19. Jahrhundert angelegt, erinnert an eine der populärsten Legenden Kölns. Sie rankt sich um die beiden *Pferdeköpfe*, die aus einem der Fenster des Treppenturms ragen, der noch immer an den Hackeneyschen Hof erinnert (Abb. 76). Das Haupt eines Pferdes gehört zu den Bestandteilen des Wappens der Familie Hackeney. Die Legende sieht darin ein Denkmal für zwei Pferde, die einst einen ungläubigen Ehemann davon überzeugten, daß seine Ehefrau noch lebt und nicht als Gespenst vor der Haustür steht. Im Haus ›Zum Papageien‹ – neben dem späteren Hackeneyschen Hof – lebte Mitte des 14. Jahrhunderts der vornehme Patrizier Mengis von Aduscht mit seiner Gemahlin Richmodis. 1357, so präzise ist der Bericht, rafft eine Pestepidemie die junge Frau dahin. Die beiden Totengräber, die

Richmodis auf dem Friedhof am Chor der Kirche St. Aposteln begraben, bemerken mit Gier ihren kostbaren Ring. Nachts kehren sie zurück, öffnen den Sarg und stürzen von dannen, als sich Richmodis aufrichtet. Wankend legte sie den kurzen Weg zum Haus zurück, wo sie im Leichenhemd anklopft und Schrecken erregt. »Eher laufen meine beiden Pferde die Treppe hinauf, als daß meine Frau noch lebt«, soll der Ehemann ausgerufen haben. Die beachtliche Zahl der nach diesem Ereignis noch geborenen Kinder des Paares spricht dafür, daß er nicht entsetzt, sondern erfreut war, als er auf diesen Ausruf hin Pferdegetrappel auf der Treppe hörte. Und um diese romantische Geschichte nicht aus den Augen zu verlieren, hat man Turm und Pferdeköpfe bewahrt und erneuert zu ewigem Angedenken.

Ob auch Max Bruch, der hier am 6. Januar 1838 als Sohn des stellvertretenden Kölner Polizeipräsidenten das Licht der Welt erblickte, in seiner Kölner Jugend diese Geschichte erzählt bekam? Man darf es wohl annehmen. Eine Gedenktafel erinnert an den großen Komponisten.

An der Südseite des Neumarkts, dessen Untergrund inzwischen als archäologisches Bodendenkmal unter Schutz gestellt worden ist, öffnet sich als Fortsetzung des Ost-West-Durchbruchs der Hahnenstraße die *Cäcilienstraße*. Hier lag jenseits der Cäcilienstraße einst das Gelände der römischen Thermen. Heute stehen dort die **Volkshochschule** mit dem Relief Arnaldo Pomodoros ›Große Huldigung an das technische Zeitalter‹ von 1964, die **Josef-Haubrich-Kunsthalle,** verbunden mit den Räumen des traditionsreichen **Kölnischen Kunstvereins** und an der Südseite der nüchterne und sparsam gegliederte Bau der **Zentrale der Stadtbibliothek.** Vor diesen der Kultur gewidmeten Bauten erhebt sich inzwischen ein komfortables **Ärztehaus,** passend zum Gesundheitsamt der Stadt an der Südseite des Platzes im ehemaligen **Haus Bing,** das Heinrich Müller-Erkelenz 1908 vollendete.

Auf der Ostseite des Neumarktes, noch diesseits der Cäcilienstraße, residiert das **Kunsthaus Lempertz,** dessen Anfänge als Auktionshaus für alte Bücher bis in die napoleonische Zeit zurückreichen. Johann Mathias Heberle begann mit diesen Aktivitäten in der Zeit der Säkularisation, die dann Heinrich Lempertz übernahm. Das Kunstauktionsgeschäft der Bonner Filiale, die seit 1875 im Besitz der Familie Hanstein war, die heute noch die Geschäfte führt, wurde 1917 nach Köln verlegt. Alte und moderne Kunst, Ostasiatica und erneut Buchauktionen führen in regelmäßigen Abständen ein internationales Publikum nach Köln.

Die *Schildergasse* trägt ihren Namen nach den Malern der Wappenschilde, aber auch nach den Malern der Kölner Malerschule, die hier ihr Zunfthaus hatten und von denen mancher hier auch seine Werkstatt führte. Im späten 19. Jahrhundert beginnt die Entwicklung zur modernen Geschäftsstraße, bei der man heute eigentlich nur noch auf eine Überdachung wartet, wie sie nahebei in der Zeppelinstraße bereits durchgeführt worden ist. Die intensive Nutzung als Geschäftsstraße und der Durchbruch der Nord-Süd-Fahrt unter der Schildergasse hindurch haben das Erscheinungsbild verwandelt. Hier und in der Hohe Straße hat man vor einer Generation mit der Einrichtung von Fußgängerzonen begonnen. Nach all diesen Wandlungen wirkt nun die Antoniterkirche fast als Fremdkörper in dem Getümmel des geschäftigen Lebens.

Die Antoniterkirche

1298 rief Erzbischof Wigbold von Holte (1297–1304) die Antoniter nach Köln und übereignete ihnen den Besitz des sich auflösenden Ordens der Sackbrüder. Die Antoniter lebten als Chorherren nach den Regeln des heiligen Augustinus als beschauliche Weltgeistliche, der Krankenpflege zugetan und ursprünglich auf die Pflege derer konzentriert, die vom Antoniusfeuer ergriffen worden waren. Die Folgen einer Vergiftung mit den durch Pilze verursachten Wucherungen des Mutterkorns im Getreide reichten von Halluzinationen bis zum Verlust ganzer Gliedmaßen. Aus der Krankenpflege, die sich rings um die Reliquien des heiligen Antonius im Süden Frankreichs entwickelt hatte, war der Orden erwachsen. Zeichen des Ordens war das T-förmige Kreuz in Erinnerung an den Abtsstab des Mönchsvaters Antonius im 4. Jahrhundert. Eine Form, die auch noch der Stab des hl. Heribert im Domschatz aufweist.

Überliefert ist, daß die neue Kirche der Antoniter 1350 begonnen wurde und 1384 von Erzbischof Friedrich von Saarwerden (1370–1414) geweiht worden sein soll. Es entstand ein schlichter basilikaler Bau, nur im Osten freistehend, im Westen in die Häuserreihe einbezo-

Antoniterkirche in der Schildergasse, Aufnahme um 1910

283

gen. Erst 1964 wurde der neue Westabschluß vollendet, den die Anlage der Nord-Süd-Fahrt erforderlich gemacht hatte. Späte Gotik tritt hier als betonte, fast trockene Schlichtheit vor uns. Jeder spielerische Effekt ist vermieden. Die Maßwerke der hohen schlanken Fenster des Chores sind im 16. Jahrhundert neu gestaltet worden, die der Seitenschiffe und des Obergadens im Mittelschiff sind erst Ende des 19. Jahrhunderts entworfen worden. Aber die einschneidendste Umgestaltung wurde unter der Leitung von Ferdinand Franz Wallraf 1805 durchgeführt. Am 7. Juli 1802 war die Kirche nach der Säkularisation und der Aufhebung des Antoniterordens den Protestanten Kölns als erste Kirche für ihre Gottesdienste übergeben worden. Um die gotische Architektur protestantischen Vorstellungen anzupassen, die von Emporen und einem weit für Predigten geöffneten Raum ausgingen, wurden vier der sechs Pfeiler des Schiffs entfernt, weite Korbbögen zu den Seitenschiffen geöffnet, deren Gewölbe entsprechend geändert und die unterbrochenen Dienste mit vergoldeten Trauben geschmückt.

Ende des 19. Jahrhunderts hat man die in die Seitenschiffe eingefügten Emporen entfernt und so den heutigen Raumeindruck hergestellt. Beim Entfernen des zentral im Chorraum aufgebauten Predigtstuhls ist das Fragment der Kreuzigungsszene des 16. Jahrhunderts, mit zwei Antonitern als Stiftern, wieder sichtbar geworden. Das Taufbecken aus Namurer Blaustein, eine ebenso kraftvolle wie primitive Arbeit des 12. Jahrhunderts, ist eine Leihgabe des Schnütgen-Museums.

Der nördliche Nebenchor ist als Gedächtniskapelle für die Toten der beiden Weltkriege eingerichtet. Über einer Platte, die nur die Daten in Erinnerung ruft, hängt Ernst Barlachs bronzener *Todesengel,* der mit dem stillen an Käthe Kollwitz erinnernden Gesicht die über den Schlachtfeldern schwebende Klage Gestalt annehmen ließ (Abb. 69). Der erste, 1927 für den Dom zu Güstrow entstandene Guß ist 1937 im Dritten Reich vernichtet worden. Hier hängt ein 1942 entstandener Neuguß. Umgeben vom bunten Leben der Schildergasse bleibt die Stille dieses Raums nachhaltig und prägt ein Bild, das man nicht vergißt.

Nach links, durch die Herzogstraße führt uns der Weg zu Gottfried Böhms kleiner Kapelle in den Trümmern der Pfarrkirche St. Kolumba. Der gegenüberliegende Eckbau an der Brückenstraße ist das vor wenigen Jahren restaurierte **Dischhaus.** Es trägt den Namen des im 19. Jahrhundert renommierten Hotels Disch weiter, das 1929/30 durch das von Bruno Paul entworfene Verwaltungsgebäude ersetzt wurde. Wie ein Schiffsbug ragt der in eleganter Kurve geschwungene Bau in den Straßenraum hinein (Abb. 70). Die Fenster sind zwischen der glatten Natursteinverkleidung zu schmalen Bändern zusammengefaßt. Berühmt ist das geschwungene Treppenhaus (Abb. 71), und noch darf der erhaltene Paternosteraufzug benutzt werden, bis die Betriebserlaubnis erlischt. Vielleicht läßt Sie der Pförtner einen Blick darauf werfen.

St. Kolumba

Vielen Kölnern heute mehr als ›*Madonna in den Trümmern*‹ geläufig, war St. Kolumba einst die reichste und bedeutendste Pfarrkirche Kölns. Über die Sammlung Boisserée gelangten die ›Anbetung der Könige‹ Rogiers van der Weyden, der Bartholomäusaltar des Bartholomäusmeisters und drei weitere Bilder der Kölner Malerschule in die alte Pinakothek nach München und ins Germanische Nationalmuseum nach Nürnberg. Die Zerstörung des romanischen Kirchturms am 2. März 1945 vollendete das Vernichtungswerk des Zweiten Weltkriegs. Nur die Marienfigur am nordöstlichen Chorpfeiler, eine Arbeit des späten 15. Jahrhunderts voll kölnischen Liebreizes, war wie durch ein Wunder erhalten geblieben, stand einsam in den Trümmern, bewegte die Gemüter der Menschen. Sie wurde zu einem Zeichen der Hoffnung.

Den Turmstumpf nahm Gottfried Böhm als Zugang und Vorraum für einen kleinen achtseitigen Zentralraum im Bereich des früheren Mittelschiffs, der bereits am 7. Dezember 1950 geweiht werden konnte. Die Madonnenfigur fand an seiner Ostwand ihre neue Aufstellung (Farbabb. 20). Ein Joch des Schiffes wurde als Verbindungsraum ausgestaltet. Nach Norden anschließend, zum Kloster der Franziskaner, die inzwischen auch die Pfarre

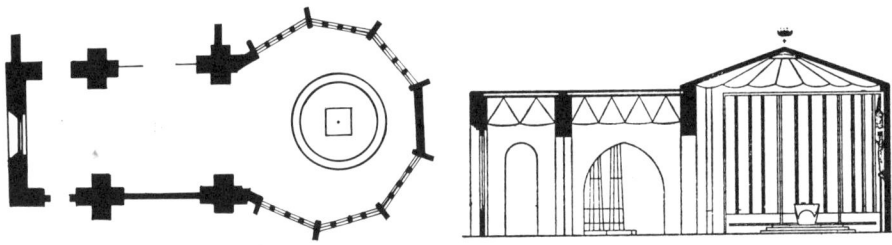

St. Kolumba, ›Madonna in den Trümmern‹, Gottfried Böhm, Grundriß und Schnitt

betreuen, wurde 1956 die dunkel gehaltene Sakramentskapelle vollendet. Die Fenster des Oktogons links und rechts der Madonnenfigur entwarf Ludwig Gies 1954 mit einem Engelchor, der sich der Muttergottes zuwendet. Oberpfarrer Joseph Geller setzte damit seine Initiativen fort, die mit dem Heilig-Geist-Fenster von Jan Thorn Prikker im Zwischenjoch, 1911 entworfen und 1918 eingesetzt, begannen. Die Skulptur des heiligen Antonius von Padua, der dem Vorbild des heiligen Franziskus folgend den Fischen predigte, von Ewald Mataré 1937 geschnitzt, gehört ebenso dazu wie das Westfenster mit der heiligen Katharina von Siena, das Georg Meistermann 1948 schuf. Rings um den Tabernakel von Elisabeth Treskow in der Sakramentskapelle ragen vier Säulen kerzentragend auf, aus dem gleichen geäderten Mamor, aus dem auch der Altar entstand. Aus dem dunklen Basalt der Westwand sind die Kreuzwegstationen von Rudolf Peer herausgearbeitet worden.

Der große Barockaltar der einstigen ›parochia primaria‹, der Hauptpfarre der Stadt, ist inzwischen in St. Gereon wieder aufgestellt worden (s. S. 271). Einige Ausstattungsstücke der alten Kirche sind auch hier erhalten. Eine Pietà des frühen 15. Jahrhunderts des Schönen Stils, eine Anna selbdritt, wie sie am Niederrhein um 1500 nicht selten war, und das Renaissancetaufbecken der Mitte des 16. Jahrhunderts gehören dazu. Aber wenig genug berichtet vom einstigen Glanz der volkreichsten und größten Pfarre der Stadt Köln, von einer fünf-schiffigen Kirche, von der gerade noch ein paar Reste der Außenwände stehen.

Die in den letzten Jahren durchgeführten Grabungen haben die nachweisbare Geschichte der Kirche bis ins frühe 8. Jahrhundert zurückgeführt, die in den schriftlichen Quellen erstmals 988 erwähnt wird. Schritt für Schritt läßt sich das Wachstum des Baus von einer kleinen Kapelle über eine schlichte Saalkirche bis zur großen Pfarrkirche, in der im Laufe der Jahrhunderte 38 Bürgermeister Kölns ihr Grab fanden, nun verfolgen.

Die heilige Kolumba ist in Frankreich schon früh populär gewesen. Die Legende berichtet von der Märtyrerin, daß sie Kaiserin Aurelian auf einem Feldzug in Gallien als Christin vorgeführt wurde. Ein Bär, der als ihr Begleiter in der Skulptur vor dem Eingang zu sehen ist, verteidigt ihre Unschuld und ihre Freiheit, bis sie selbst zum Martyrium bereit ist. So spricht auch die Wahl der Patronin der Kirche für eine frühe Gründung der Pfarre, und frohen Mutes schreibt die Legende die Weihe der ersten Kirche Bischof Severin zu.

Wir gehen die Brückenstraße entlang der Außenmauer der zerstörten Kirche und biegen nach links in die Ludwigstraße ein. Hier hat sich das **WWF**, das **Westdeutsche Werbefernsehen,** ein aufwendiges Domizil eingerichtet.

Die Ludwigstraße selbst aber erinnert nicht an die großen Stifter und Ehrenbürger Kölns, sondern nahm den Vornamen der beiden Unternehmer an, die im 19. Jahrhundert die Straße zur Erschließung ihrer Grundstücke anlegten. Sie bietet einen guten Blick auf den Chor der Minoritenkirche.

Die Minoritenkirche

Die ehemalige Minoritenkirche **St. Mariä Empfängnis** und der Bau des ehemaligen Wallraf-Richartz-Museums, der nun das *Museum für Angewandte Kunst* beherbergt, bilden eines der eindrucksvollsten Bauensembles der Stadt. Der Museumsbau von Rudolf Schwarz und Josef Bernard schließt sich in Schlichtheit und Gestalt an die gotische Architektur der Kirche an. Die westlichen Giebelfronten des Museumsbaus nehmen das Motiv der Westfassade der Kirche wieder auf, bleiben aber zugleich unter der Traufhöhe des Kirchendachs, gewähren ihm den optischen Vorrang. Im Osten wird die Wirkung des Chorrundes durch den Anschluß der Ostwand des Museums an die Mauern der Sakristei bewahrt, und auch hier begegnet wieder das Giebelmotiv (Abb. 41). Im Museumsbau wird das Maß des spätgotischen Kreuzgangs aufgenommen, der in wenigen Bögen der Westseite die Zerstörungen des Krieges überstand.

Nachweisbar sind die Franziskaner erstmals 1229 in Köln mit einer kleinen Niederlassung im Severinsviertel. Erst 1245 überließ ihnen der Bischof von Lüttich den Obstgarten seines Kölner Stadthauses und gewährte ihnen dort Unterkunft zusammen mit seinen in Köln anwesenden Kanonikern. 1248 überließ er ihnen das gesamte Anwesen, und wohl nun, im Jahre der Grundsteinlegung des Domes und der Eröffnung des Studiums generale, der Ordensuniversität der Dominikaner in Köln, wurde mit dem Bau der Kirche begonnen. 1260 bereits konnte der Hauptaltar geweiht werden, spätestens zu Beginn des 14. Jahrhunderts war die Kirche vollendet.

Während zur gleichen Zeit der Chor des gotischen Domes errichtet wird, der noch einmal das volle Instrumentarium der Architektur für eine Kathedrale vorführt, entsteht mit der Minoritenkirche ein Beispiel neuer, wegweisender Entwicklung gotischer Architektur. Auf kostspieligen bildhauerischen Schmuck wird dabei ebenso verzichtet wie auf detailreiche Durchgestaltung der Architektur. Klare Flächen treten wieder in Erscheinung, geben dem Bau einen kristallenen Klang gegenüber der durchgezeichneten Raffinesse der Kathedrale. Sparsamkeit und Armutsideal des Ordens werden dabei ihre Rolle gespielt haben. Aber auch die andere Tradition zisterziensischer Gotik und die neuen Entwicklungen in Italien, der Heimat der Franziskaner, haben hier ihren Einfluß ausgeübt. Der Wiederaufbau der Kirche nach dem Kriege, bei dem zusätzlich auf manches Detail verzichtet wurde, hat diesen Eindruck noch verstärkt.

Der klare Eindruck eines einheitlich konzipierten Baus täuscht aber trotzdem. Zumindest eine Planänderung, die das Erscheinungsbild einschneidend verändert hat, ist mit einem

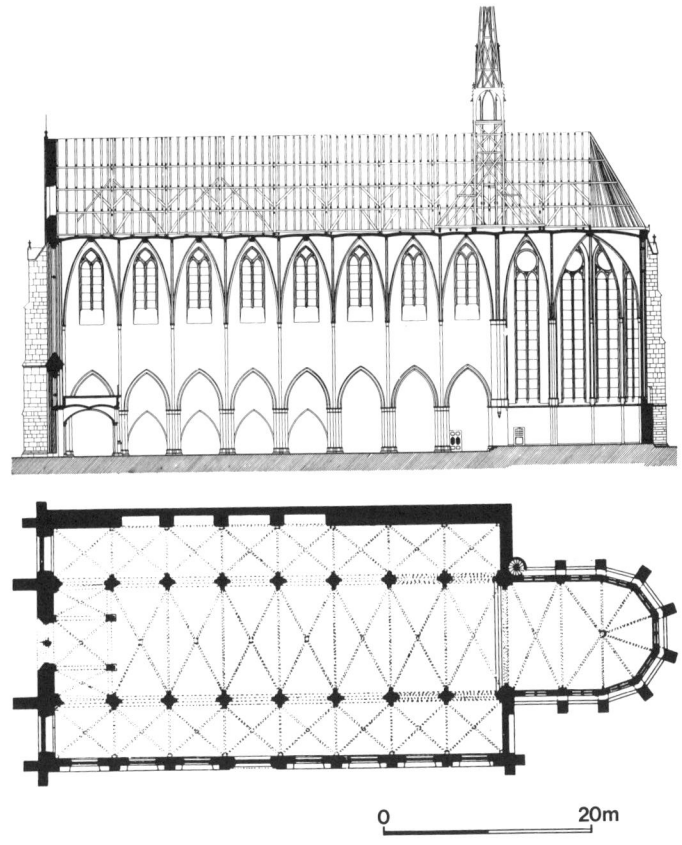

Minoritenkirche,
Grundriß und Schnitt

0   20m

Blick auf die Gestaltung der Rundpfeiler am Ansatz des Chorjochs gut ablesbar. Die aufgehende Wand des Mittelschiffs (Abb. 40) schließt unausgeglichen an den fortgesetzten Rundpfeiler an. Der kriegszerstörte Bau gab preis, daß erst nachträglich die Wand an den Rundpfeiler angefügt wurde. Hier war also, bevor man sich dann für eine bescheidenere querschifflose Basilika entschied, ein Querschiff eingeplant gewesen, das nicht über die Seitenschiffsmauern hinausreichen sollte. Das Schiff wäre entsprechend kürzer geraten, aber insgesamt wäre der Eindruck sicher prächtiger gewesen. Konkurrenzvorstellungen nicht nur gegenüber dem ansässigen Klerus, der seine Stellung wie von Ketzern bedroht sah, sondern auch gegenüber den Dominikanern mögen bei der ersten Planung den Aufwand gerechtfertigt haben. Schließlich stiftet Albertus Magnus, als einstiger Bischof von Regensburg ein mehr als wohlhabender Mann, seinem Dominikanerkloster Heilig Geist – dort wo heute die Hauptpost steht – noch während der Bauzeit der Minoritenkirche einen neuen größeren Chor. Die kantonierten, also von vier Dreiviertelsäulen umstellten Rundpfeiler des Schiffs (Abb. 40) tragen jeweils eine schmale Kapitellzone. Zwischen den schlanken Diensten ist eine weite Wandfläche frei für Wandmalerei, und bewußt sind die Fenster nicht unter die Gewölbeanfänge heruntergezogen. Betonte Schlichtheit. In der Außenwand des südlichen Seitenschiffes hat man im 19. Jahrhundert statt der spitzbogig geschlossenen Fenster mit Fischblasenmaßwerk des 16. Jahrhunderts früh wirkende Rundfenster rekonstruiert, die das Okulusmotiv des Maßwerks der Chorfenster wieder aufnehmen.

Die Initiative für den Aufbau der Kirche ging nach dem Krieg von den Mitgliedern des Kolpingwerkes aus. Adolf Kolping (1813–65) war 1849 als Domvikar, seit 1862 auch Rektor der Minoritenkirche, einer Annexkirche des Domes geworden. Von Köln aus hat er unermüdlich das Wachstum und die Ausbreitung der Gesellenvereine betrieben, und zur Zeit seines frühen Todes zählte die Organisation über 400 örtliche Vereine mit etwa 24000 Mitgliedern. Den Kölner Gesellenverein hatte Adolf Kolping am gleichen 6. Mai des Jahres 1849 gegründet, als Karl Marx seine Ideen im Gürzenich verkündete.

Aber auch einer der großen Gelehrten der Franziskaner, Johannes Duns Scotus (1265–1308) hat hier sein Grab gefunden. Josef Höntgesberg hat den Sarkophag 1958 für die Gebeine des Seligen geschaffen. Eine Inschrift am Fußende faßt die Lebensgeschichte zusammen: »Scotia me genuit; anglia me suscepit; gallia me docuit; colonia me tenet« – Schottland hat mich geboren, England nahm mich auf, Frankreich lehrte mich, Köln hält mich. Der geborene Schotte war nach Studien in England und Paris zu einem der großen Gelehrten der Franziskaner geworden. An ihrem Kölner Studium generale hat er allerdings nur kurze Zeit vor seinem frühen Tod gelehrt. Auf ihn geht die theologische Überlegung zur Unbefleckten Empfängnis Mariens zurück, die Erläuterung des Glaubens, daß Maria unbefleckt von der Erbsünde geboren sei, wie es auch im Titel der Kirche angesprochen wird (s. auch die Mariensäule vor St. Gereon S. 258). Auf den Seiten des aufge-

60   Willi-Ostermann-Brunnen ▷

61 Tünnes und Schäl, von Ernst Reuter
63 Detail vom Fastnachtsbrunnen auf dem Gülich-
    platz

62 Das Kölner ›Hänneschen‹ im Martinsviertel
64 Der ›Kallendresser‹ von Ewald Mataré am Alter
    Markt

65   Messebauten von Adolf Abel, 1927/28

66, 67   EL-DE-Haus, Zelleninschriften

69   Antoniterkirche, Engel von Ernst Barlach ▷

68   EL-DE-Haus, Gestapokeller

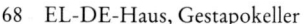

70, 71   Dischhaus, Bruno Paul, 1929/30, Ansicht und Treppenhaus

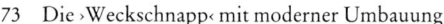

72   St. Engelbert, Dominikus Böhm, 1931, Riehl

73   Die ›Weckschnapp‹ mit moderner Umbauung

74 Tanzbrunnen im Rheinpark von J. op gen Oorth und Frei Otto, 1950 und 1957, Deutz

75 Kürassierdenkmal, Alt St. Heribert und Lufthansahochhaus

76 Turm des ›Richmodishauses‹ mit den beiden Pferdeköpfen

77 Dionysosbrunnen, Karl Burgeff, 1973

78 DuMontbrunnen in der Breite Straße, Theo Heiermann, 1986

79 Die Bastei am Rhein, Wilhelm Riphahn, 1924

80 Kaiser-Wilhelm-Ring

81 Roncalliplatz mit Römisch-Germanischem Museum und ›Columna pro caelo‹ von Heinz Mack
83 Gürzenich, Treppenhaus, Rudolf Schwarz und Karl Band, 1952–55 ▷
82 Ruine Alt St. Alban, ›Trauernde Eltern‹, Ewald Mataré nach der Skulptur von Käthe Kollwitz

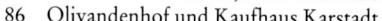

85 Ebertplatz, Wasserkinetische Plastik, Wolfgang Göddertz, 1977
◁ 84 Kölner Philharmonie, Peter Busmann und Godfrid Haberer, 1986
86 Olivandenhof und Kaufhaus Karstadt

87   Kirche Christi Auferstehung, Gottfried Böhm, 1967–70, Lindenthal

88   Fernmeldeturm ›Colonius‹, 1978–80, Höhe 243,30 m ▷

schlagenen Buches in seiner Hand sind die entscheidenden Stichworte gegeben. »Decuit/
Potuit/Fecit« – Maria gebührte es, es war in Gottes Macht und er tat es.

Das Marienthema steht auch im Mittelpunkt des Alfelder Altars, den Weihbischof Baudri
1889 aus der Nicolaikirche in Alfeld bei Hannover erworben hat. Links und rechts der
Gestalt Mariens als Himmelskönigin erzählen Szenen aus dem Leben Jesu und aus den
Legenden der Heiligen Nikolaus und Katharina, der beiden Patrone der Alfelder Kirche.

Aber auch die Chorfenster von Helmut Kaldenhoff 1965/66 schildern einen Marienzy-
klus mit Verkündigung, Heimsuchung, Geburt, Anbetung der Heiligen Drei Könige, Darstellung im Tempel, Hochzeit zu Kana, Kreuzigung, den Frauen am Grab und der Krönung
Mariens. Das große Westfenster, für das Franz Pauli den Entwurf vor seinem Tode 1961
noch fertigstellte, ist 1966/67 eingesetzt worden. Auch hier steht Maria im Zentrum des
Programms. Ganz unten links tritt Johannes auf, aus dessen apokalyptischer Vision das
Grundthema stammt, während links Johannes Duns Scotus seine Schau Mariens vertritt.

Auf dem Weg
Neben der Westfassade der Minoritenkirche steht auf einem Granitsockel *Adolf Kolping* mit
einem der Gesellen, denen er sein Leben widmete. 1903 wurde die Arbeit des Kölner
Bildhauers Johann Baptist Schreiner hier aufgestellt. An der Südseite hat 1992 Werner
Stötzers Marmorskulptur ›*Adan Schall von Bell*‹ ihren Platz gefunden. Zum 400. Geburtstag wurde so an den in Köln geborenen Jesuiten erinnert, der am Hof zu Peking, Kölns
heutiger Partnerstadt, als Astronom Karriere machte.

In der kleinen Anlage vor dem Museumsbau ist ein Stück der *römischen Wasserleitung*, die
über eine Gesamtlänge von 100 km Eifelwasser nach Köln brachte, als technisches Denkmal
untergebracht. Vor dem am 25. Mai 1957 eröffneten Neubau des Museums haben auch die
Denkmäler für den Vater der Kölner Museen, *Ferdinand Franz Wallraf,* und für den Stifter
des ersten, im Kriege zerstörten Museumsbaus, Johann Richartz, erneut Aufstellung gefunden. 1897 hatte zwar Johann Baptist Schreiner den 1. Preis des Wettbewerbs gewonnen, die
Ausführung wurde aber Willy Albermann übertragen. Die Schätze des Museums, für das sich
die beiden Herren engagiert hatten, sind umgezogen, und nun zeigt hier das **Museum für
Angewandte Kunst**, im Jahre 1888 als Kunstgewerbemuseum gegründet, seine Sammlungen. In Zusammenarbeit mit dem Architekten Walter von Lom ist dabei eine Ausstellungs-
konzeption entstanden, die in den großen Oberlichtsälen des Baus die Wohnkultur der
Epochen vom Mittelalter bis zum Jugendstil an herausragenden Beispielen zeigt. Die kleineren Seitenlichtsäle dazwischen bieten den Raum, begleitend zu den Epochen die Kleinkunst
und die kostbaren Gerätschaften des Wohnens, des Schmucks und der Tafelkultur in der Fülle
unterschiedlicher Materialien auszustellen. Damit kann endlich das neben dem Berliner
Kunstgewerbemuseum und dem Hamburger Museum für Kunst und Gewerbe bedeutendste
deutsche Museum dieser Art mehr als eine Generation nach dem Krieg wieder seine Sammlungen der Öffentlichkeit zugänglich machen, ein Fest fürs Auge.

Gegenüber dem unprätentiösen Museumsbau hat sich mit dem ersten, 1953 von Peter
Friedrich Schneider fertiggestellten Bau am Wallrafplatz und An der Rechtschule der **WDR**

niedergelassen und sich mit **Archiv-Gebäude** und **Vier-Scheiben-Haus** nach Westen ausgebreitet und auch das **Reichardhaus** gegenüber dem Dom ausgebaut. Die weiße Marmorwand am Bauteil gegenüber dem Museum zeigt Strukturen, die das kostbare Material lebendig werden lassen. Der Berliner Bildhauer Karl Hartung (1908–67) hat die Reliefs mit ihren informellen Korallenformen, wie dahinschwebend vor der Wand, 1959 entworfen. 1964 wurden die Steine versetzt.

Über den *Wallrafplatz* führt der Weg wieder zum Dom zurück. Er erinnert zu Recht an den Sammler, dessen Wirken man im Kölner Kulturleben immer wieder begegnet. Anstelle des Platzes erhob sich hier bis 1830 die *alte Dompropstei*, in der Wallraf lange Jahre seine Sammlungen untergebracht hatte. Als man den Bau für ein neues Vikariegebäude niederlegte, entdeckte der städtische Baurat Biercher den ungewohnten Blick auf den Dom und überzeugte die zuständige Kommission, hier am Ende der Hohe Straße einen Platz einzurichten. Und trotz allem hektischen Treibens sollte man sich diese Perspektive der Domansicht nicht entgehen lassen.

4 Vom Dom nach Süden (Plan auf S. 308/09)

Auf dem Weg

Die *Hohe Straße* von der Westfassade des Doms nach Süden ist der Kern der City, eine der intensivsten Geschäftsstraßen Europas mit einem dichten Strom von Kunden und Schaulustigen, mit unglaublich hohen Ladenmieten und all den Folgen, die eine solche Lage mit sich bringt. Auch wenn sie erst seit 1813 und damals vornehm französisch als Rue Haute ihren Namen trägt, ist die mittelalterliche strata lapidea oder ›up deme steynwege‹ eine der ersten gepflasterten Straßen Kölns gewesen, mit anspruchsvollen Gewerben, die einzelnen Teilen der Straße ihren Namen gaben: Vor dem Dom war ›Vor der fett hennen‹, nach einem Hause so benannt, rasch ein Zentrum des Buchhandels, ›An der gulder wagen‹ erinnert an das wichtige Instrument eines jeden, der mit größeren Summen in Goldmünzenform umgehen durfte, an die Goldwaage; ›Onder spormechern‹ und ›Onder Wapensticker‹ versorgte den ritterlichen Adel mit standesgemäßen Ausstattungen, eine Geschäftsform, die auch heute noch auf der Hohe Straße beheimatet ist, ein Blick in die Auslagen belegt die Tradition.

Dabei liegt die Straße tatsächlich hoch. Dem Fußgänger im alten römischen Stadtbereich fällt dies bald auf. Er spürt auch noch die kleinen Niveauunterschiede, die der Autofahrer gar nicht mehr bemerken kann. Von der Hohe Straße geht es in Richtung Rhein bereits sanft abwärts, längst bevor der deutlichere Niveausprung zum Rheinufer unterhalb des Domes oder zum Alter Markt und zum Heumarkt einsetzt. In der Fortsetzung des römischen cardo maximus, denn die gleiche Linie zog schon die römische Nord-Süd-Achse Kölns, spürt man das ebenfalls, stärker im Süden, an den ›Bächen‹, als im Norden. Auch die Senkrechte dazu, der römische decumanus maximus, ist als Schildergasse zu hohen Geschäftsehren gekommen. Das sind schon mehr als zwei Jahrtausende, über die man beim Gang durch das alltägliche geschäftige Treiben nachsinnen darf.

Nur einmal sollte man dabei seinen Blick nach oben richten. Mitten auf der Hohe Straße hat Otto Piene, einer der Begründer der Düsseldorfer Gruppe ZERO, im Auftrage des Unternehmers Theo Wormland 1966 die Fassade des **Wormlandhauses** als elektronisch programmierte Lichtplastik gestaltet, die tagsüber, besonders aber abends die reflektierende Metallwand des Baus in ein ›Lichtballett‹ verwandelt.

Der Weg führt weiter, an den Einmündungen der Schildergasse und der Gürzenichstraße vorbei zum Baukomplex des **Kaufhofs.** Hier hat Wilhelm Kreis 1912 den Eckbau zwischen den drei Straßen mit seinem monumentalen Geschäftshaus **Palatium** geformt und konnte ihm 1912–14 mit dem **ehemaligen Warenhaus Tietz**, dem heutigen Kaufhof, einen ebenbürtigen Partner im Stadtbild geben. Aus wuchtigen Natursteinquadern aufgetürmt, klassizistisch im Charakter, unter Verwendung römischer Architekturmotive sind hier frühe Kölner Großstadtbauten erhalten worden. Die Erweiterung zur Cäcilienstraße hat mit dem **Parkhaus** des Kaufhofs in seiner Klarheit der Linienführung einen Höhepunkt der Architektur der fünfziger Jahre in Köln erhalten. Die kühle Eleganz der Glasfassade mit ihrem Markenzeichen der Bänder aus grünem Drahtglas und den schmalen Profilen aus eloxiertem Aluminium entstand 1956/57 nach den Entwürfen der Architekten Hermann Wunderlich und Reinhold Klüser, die auch sonst für den Konzern tätig waren und zuvor, 1954, die Bauten der **Hauptverwaltung** des Kaufhofs in der Leonhard-Tietz-Straße vollendet hatten.

Über die Cäcilienstraße hinweg geht es dann an der Sternengasse vorüber, in der Peter Paul Rubens einige Jugendjahre verbrachte, und die Hohe Pforte hinunter zur Grenze der römischen Stadt mit der Straße Mühlenbach. ›Über die Bäche‹, wie die Kölner diese Reihe der Straßen zusammenfassen, folgt der Linie des Duffesbaches, der in der römischen Befestigung Kölns der Südseite der Stadt zusätzliche Sicherheit gab. Jenseits der Mauerlinie liegt der *Waidmarkt,* einst Handelszentrum für die wichtige Farbpflanze, bevor ihr Blau durch das des Indigo ersetzt wurde. Blaues Garn und blaugefärbte Stoffe, Farbstoff für den Blaudruck waren wichtige Handelsartikel der Stadt weit über das Mittelalter hinaus. Heute ruft der Waidmarkt nur das **Polizeipräsidium** in Erinnerung, das als typischer Bau der fünfziger Jahre von Eugen Blank und seinen Mitarbeitern entworfen wurde.

Ihm gegenüber wird als **Brunnen** von Wilhelm Albermann über einigen raufenden und spielenden Kindergruppen die Legende vom *heiligen Hermann Joseph* in Erinnerung gerufen. Er soll – die Madonna und ihren Apfel kennen wir ja bereits aus St. Maria im Kapitol (s. S. 224) – seinen Schulapfel Maria für ihr Kind angeboten haben. Der Kölner Verschönerungsverein schloß mit dem 1894 gestifteten Brunnen die Lücke, die der Abbruch der Pfarrkirche St. Jakob ins Stadtbild gerissen hatte.

St. Georg

Mit dem Untergang von St. Jakob, dessen Pfarrgemeinde die prächtigere Stiftskirche übernahm, tritt die Wucht, mit der der massige Klotz des Westbaus von St. Georg die Straße hier

Rundgang 4: Vom Dom nach Süden. Ausschnitt aus dem Luftbildplan von Günter Merkenich ▷

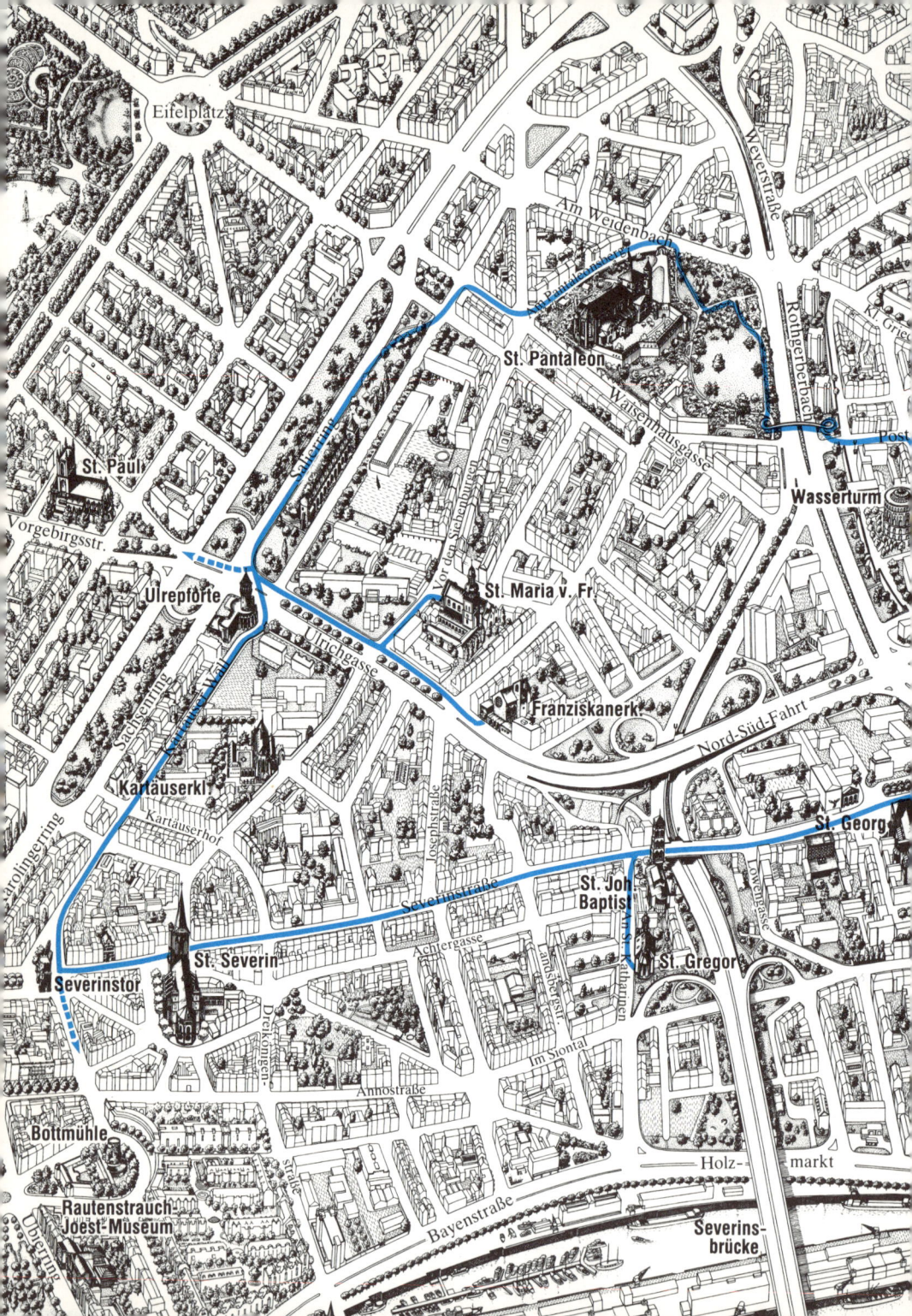

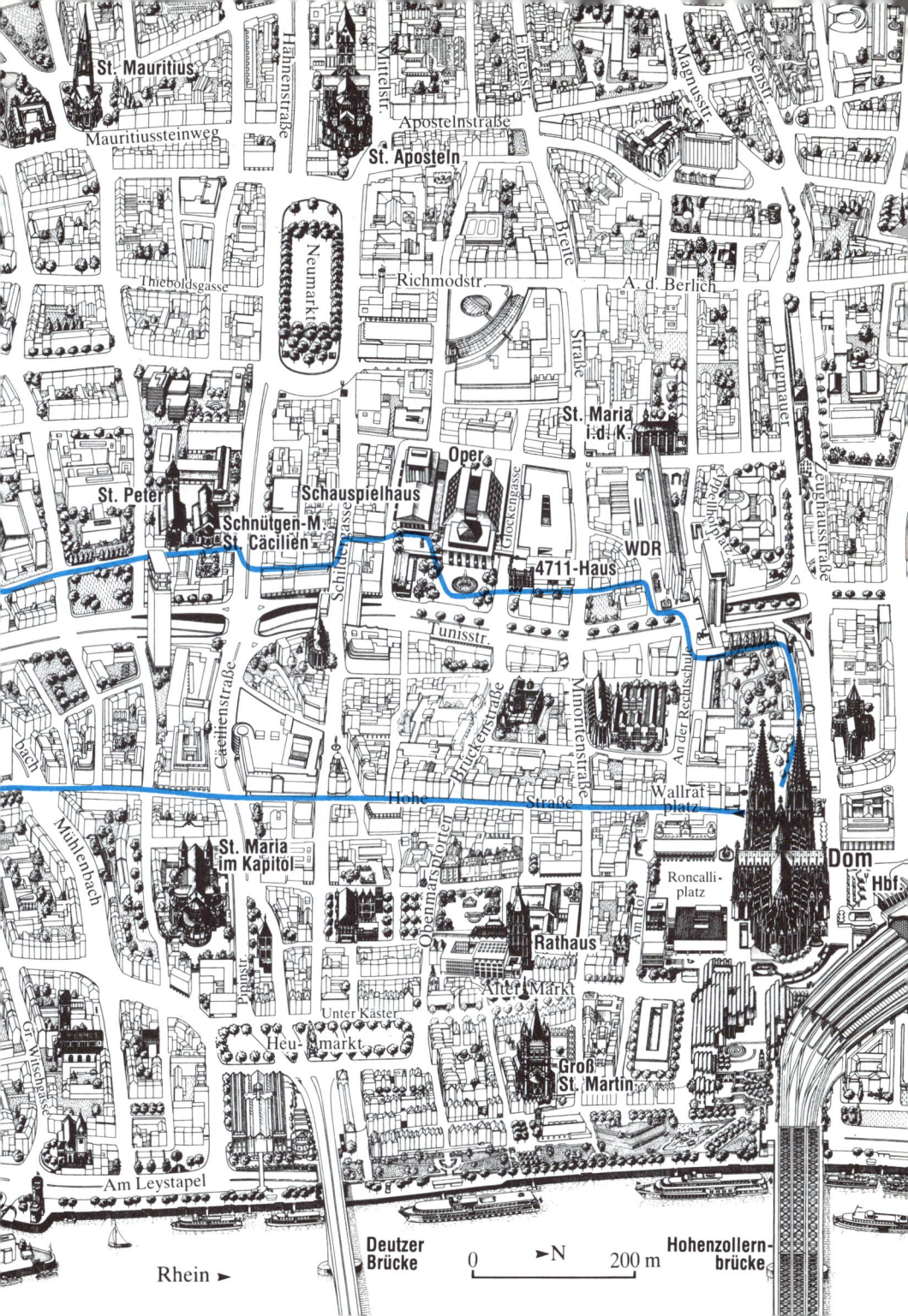

St. Mauritius

Mauritiussteinweg

Hahnenstraße

Mittelstr.

Apostelnstraße

St. Aposteln

Ehrenstr.

Breite

Magnusstr.

Lintgasse

Thieboldsgasse

Neumarkt

Richmodstr.

A. d. Berlich

Straße

Burgmauer

Zeughausstraße

St. Peter

Schnütgen-M
St. Cäcilien

Schauspielhaus

Oper

St. Maria
i. d. K.

Glockengasse

Schildergasse

4711-Haus

WDR

Breitestr.

Domplatz

St. Peter

Cäcilienstraße

Tunisstr.

Minoritenstraße

Brückenstraße

An der Rechtschule

bach

Hohe   Straße

Wallraf
platz

Mühlenbach

St. Maria
im Kapitol

Obermarspforten

Am Hof

Roncalli-
platz

Dom

Hbf

Pipinstr.

Rathaus

Gr. Witschgasse

Alter Markt

Unter Kästen

Heu-   markt

Groß
St. Martin

Am Leystapel

Deutzer
Brücke

Rhein ➤

0 ➤N 200 m

Hohenzollern-
brücke

zum Ausweichen zwingt, noch klarer hervor. Jahrhundertelang zog die römische Straße in gerader Linie nach Süden. Den römischen Verkehr kontrollierte hier am Stadtrand die Besatzung einer Benefiziarierstation, altgediente Soldaten, die nun Polizeifunktionen erfüllten. Der Bau der Station, erheblich bescheidener in den Ausmaßen als das Polizeipräsidium gegenüber heute, ist später für einen kleinen Kirchenbau in Zweitverwendung genommen worden. Die Ausgrabungen vor dem Zweiten Weltkrieg haben gezeigt, daß der Altar schon dieser Kirche genau an der Stelle des Kreuzaltars der Stiftskirche lag, ein wenig östlich des heutigen Vierungsaltars von Sepp Hürten. Der Altar des kleinen Vorgängerbaus, der nicht genau zu datieren ist, hatte offensichtlich den Standort des Kreuzaltars der Stiftskirche bestimmt. Und damit war, bei der mittelalterlichen Hartnäckigkeit, an Altarstandorten festzuhalten, fast vorauszusehen, daß beim Bau einer größeren Kirche die Straße in Bedrängnis kommen würde. Heute zwar eine geradezu unerhörte Vorstellung, daß man eine Hauptverkehrsstraße verlegen könnte, um den Altar nicht versetzen zu müssen, aber richtig macht sich das erst in der zweiten Bauphase, mit dem voluminösen Westbau, der unvollendet blieb, für den Verkehr bemerkbar.

St. Jacob und St. Georg, Zeichnung von Johann Peter Weyer, Lithographie von Anton Wünsch, 1827

Papst Nikolaus II. nahm am 1. Mai des Jahres 1059 die vom eifrigen Stifts- und Klostergründer Erzbischof Anno (1056–75) errichtete und mäßig ausgestattete Kirche vor den Mauern Kölns in seinen Schutz. Da Anno erst 1056 sein Amt angetreten hat, kann man kaum annehmen, daß der Bau der Kirche bereits abgeschlossen war. Auf das Jahr 1067 ist dann die Urkunde Annos datiert, die die Besitzungen des Stiftes für den Unterhalt der Stiftsherren aufzeichnet. Das könnte gut zugleich das Jahr der Kirchweihe gewesen sein, in dem nun die Kanoniker ihre Aufgabe, für das Seelenheil des Stifters zu beten, nachgehen konnten. Genaueres erfahren wir nicht zur Baugeschichte der einzigen romanischen Säulenbasilika Kölns.

Am Rande wird erwähnt, daß der Bau noch eingerüstet ist, als Anno glückstrahlend eine Armreliquie des hl. Georg aus St. Pantaleon entführt und seiner neuen Stiftung übergibt. Aber wir erfahren das nur, weil wunderbarerweise keine Verletzten oder gar Toten zu beklagen sind, als das mit zahllosen Schaulustigen überladene Gerüst zusammenbricht.

Anno ließ eine dreischiffige Säulenbasilika mit Querschiff erbauen, die trotz der Mitte des 12. Jahrhunderts eingefügten Gewölbe noch gut zu erkennen ist. Ende des 12. Jahrhunderts wurde dann der Westbau (Abb. 23) anstelle eines bescheidenen Westchores angefügt und die Straße abgedrängt. Die Seitenschiffe werden über das Querhaus hinaus nach Osten verlängert und mit kleinen Apsiden geschlossen. Zum Chor ist nur ein kleiner Durchgang von der Nebenapsis aus frei. Allerdings liegt, bedingt durch die Krypta und das Bedürfnis, den Chor abzugrenzen, der gesamte Chorbereich höher als das Schiff. Unter Anno waren nur die Arme des Querhauses eingewölbt, früh für so große Bauteile. Sonst begrenzten flache Holzdecken die Räume.

Schlanke Sandsteinsäulen, sieben rote und eine helle, tragen die Wand des Hochschiffs. Heute drängt sich ein Pfeiler auf jeder Seite in die elegante Reihe der Säulen, um die Gewölbe zu stützen, die – wie gesagt – Mitte des 12. Jahrhunderts eingefügt wurden. Der Raum erreicht nun nur noch im Scheitel der schweren Kreuzgratgewölbe die einstige Höhe der Holzdecke. Vierung und Chorjoch treten als drittes und viertes Gewölbe in die Reihe, die dann nach Westen mit dem kraftvollen Westbau und seiner Kuppel geschlossen wird. Der Westbau mit seinen wuchtigen staufischen Formen ist, obwohl Dekan Isfrid 1188 bereits für die Beleuchtung stiftet, nicht vollendet worden. Die finanzielle Decke des Stiftes ist wohl von Anfang an zu dünn gewesen.

Unter dem Nachkriegspyramidendach, Ersatz für eine barocke Lösung, die wiederum eine romanische Holzkonstruktion ersetzt hatte, sind noch die Ansätze der weiterführenden Planung zu erkennen. Eine Zwerggalerie sollte über dem dichtgeschlossenen Mauerwerk des Untergeschosses den Neubau umziehen. Das gut 4 m starke Mauerwerk hätte noch manches an weiterem Aufbau getragen, und mit den begleitenden Treppentürmchen, deren Treppenspindeln im Osten ansetzen, wäre ein markanter Blickfang in die Nordsüdachse Kölns gesetzt worden. Schade.

Über dem mächtigen vielfach gestuften Sockel des Westbaus öffnen sich in den glatt geschnittenen Wänden des blockhaften Baus nur drei Fenster, die durch Säulen und Rundbogenwulst, in eine einfache Stufung eingestellt, gerahmt werden. Um so erstaunlicher ist der Reichtum der Gestaltung innen. Nach Osten, zum Schiff öffnet sich im Westbau ein hoher sechsfach gestufter Bogen. Die unterste Arkade wird von zwei Halbsäulen getragen. In die beiden anschließenden Stufen sind dunkle, schieferfarbene Säulen eingestellt, die das Maß der Säulen ringsum in den Arkaden und Nischen des Westbaus aufnehmen. Tiefe Nischen gliedern die fensterlosen Wände des Untergeschosses. Ein Laufgang im Oberge-schoß vor den Fenstern belegt die Zweischaligkeit der Wände, die dann über einem weiten Bogen die Kuppel tragen.

Im Zentrum des Westbaus steht der etwas jüngere romanische Taufstein, um 1240, dessen Gestaltung mit Arkaden und Säulen das Motiv des Kirchenschiffs aufnimmt. Und in der zentralen Nische der Westwand ist eines der erstaunlichen ›Pestkruzifixe‹ untergebracht, die zu den großen Leistungen der sakralen Kunst des 14. Jahrhunderts im Rheinland gehören (Abb. 35). Eine neue Frömmigkeit, bewußt der oft unsäglichen Leiden des einzelnen, versenkt sich hier in die Schrecken der Passion des Herrn, erkennt dann – die ersten Kreuze dieser Art sind älter – in den Spuren der Geißelung seit der Mitte des 14. Jahrhunderts die Beulen der Pest.

Gegenüber, die weite Spanne von Schiff und Vierung dazwischen, hängt im Chorbogen der berühmte Kruzifixus von St. Georg. Er stammt aus der Gründungszeit des Stiftes und ist um 1070 entstanden. Die Bearbeiter der Kunstdenkmälerinventarisation fanden das kost-bare Stück, dessen Original heute zu den wichtigsten Schätzen des Schnütgen-Museums in St. Cäcilien gehört, zu Beginn des Jahrhunderts in der Krypta vor. Arme und Beine der straff wie ein Bogen gespannten Gestalt sind zum Teil Ergänzungen. Das Vorbild des Gerokreu-zes im Dom, der tote Christus am Kreuz, hat hier eine Verwandlung in den siegessicheren Träger des Leides erfahren. Das zerfurchte und angespannte Gesicht des Erlösers gehört zu den eindrucksvollsten Zeugen der Frömmigkeit der Zeit des Investiturstreites.

Das große Altarbild im Chorraum, ein Triptychon, gab Propst Johann Gebhard von Mansfeld, später Erzbischof von Köln (1558–62), noch während seiner Amtszeit im Stift bei Barthel Bruyn d. J. in Auftrag. Die Mitteltafel zeigt die Beweinung Christi, an der, Fürbitte erflehend, auch der Stifter rechts im Bilde teilnimmt. Hinter ihm steht, im doppelten Sinne

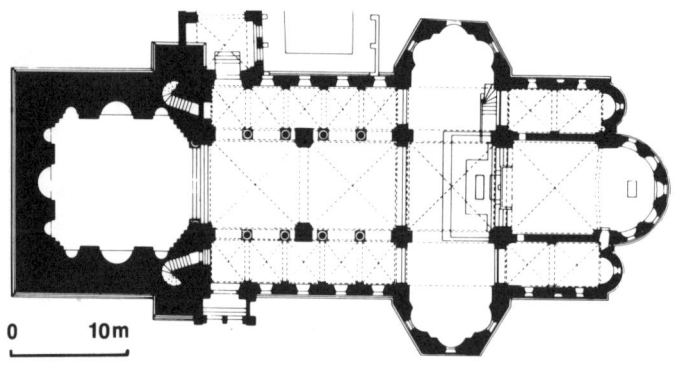

0   10m

St. Georg, Grundriß

St. Georg, Ansicht von Schiff und Chor, ohne Westbau

des Wortes, der hl. Georg als Patron des Stiftes. Die Seitenflügel zeigen Kreuztragung und Auferstehung Christi. Auf den Außenseiten der Flügel treten die Heiligen Cäsarius und Georg, Anno und Petrus auf. Cäsarius soll der Patron der ersten kleinen Kirche, vor der Einrichtung des Stiftes unter Anno, gewesen sein. Er wird als Zisterzienser, wohl in Erinnerung an Cäsarius von Heisterbach, mit großer Schreibfeder dargestellt. Aus der Zeit Johann Gebhards von Mansfeld stammt auch die lange Vorhalle an der Nordseite, durch die man heute die Kirche betritt. Sie entstand 1551/52 als Verbindungsgang zwischen St. Georg und der Pfarrkirche St. Jakob, zu deren Gemeinde in diesen Jahren der große Chronist Kölns, Hermann von Weinsberg, zählte. Er hat in seinen Memorienbüchern Alltägliches und Politisches aus dem Köln seiner Zeit in Fülle notiert, beides gleichermaßen faszinierend zu lesen.

Von diesem Gang aus hat man auch Zugang zu einem kleinen Friedhof, auf dem Pfarrer Heinrich Fabry und einige Mitglieder der Gemeinde, die durch einen Bombenangriff in der Kirche den Tod fanden, beigesetzt wurden. Pfarrer Heinrich Fabry hatte entscheidend an der Sicherung und Restaurierung der Kirche mitgewirkt, die nach dem Ersten Weltkrieg vom Einsturz bedroht war. Mit Wilhelm Hartmann als Architekt, Wilhelm Schorn als Statiker und Clemens Holzmeister für die künstlerische Konzeption entstand 1928–30 eine sehr nüchterne (un)sachlich in Weiß gehaltene Erneuerung des Baus, die völlig der mittelalterlichen Ausstattungsvorstellung widersprach, aber gerade nach dem Zweiten Weltkrieg zahlreiche Nachfolge fand. Nur daß man dabei dem Hang zur Schlichtheit oft noch mehr nachgab.

Das großartige Gegengewicht zur auf Mauerwerk reduzierten Architektur wurden die farbigen Glasfenster Jan Thorn Prikkers, des Niederländers, der damals an der Kölner Kunstgewerbeschule lehrte, die unter Konrad Adenauer als Oberbürgermeister (1917–33) einen Höhepunkt ihrer Entwicklung erlebte. Neben einer Serie von Symbolfenstern in den Seitenschiffen entstanden als wichtigste die drei Fenster im Westbau mit den Heiligen Anno, Georg und Jakob. Im Jahre 1987 wurden diese Arbeiten Thorn Prikkers um eine große, bereits 1913 entstandene Mosaikikone ergänzt. Das Marienbildnis hängt im nördlichen Nebenchor: »Nos cum prole pia benedicat virgo Maria« – mit dem Kinde segnet uns die fromme Jungfrau Maria. In kräftigen Farbklängen und klar komponierten Linien ist hier ein Gnadenbild geschaffen worden – eine Bereicherung des Kirchenschatzes.

Auf dem Weg

In Richtung Süden geht es entlang der Severinstraße weiter. Schräg gegenüber St. Georg, wo der gestufte Sockel gut mannshoch aufsteigt, bevor die aufgehende Wand beginnt, liegt das **Friedrich-Wilhelm-Gymnasium,** vor dem vom Wachgebäude der preußischen Zeit noch eine Giebelwand erhalten ist, ein Gegenstück zur Alten Wache am Zeughaus. Am Schulgebäude der späten fünfziger Jahre bäumt sich vor einer glatten Ziegelwand Ikarus gegen seinen Absturz auf. Der Bildhauer Kurt-Wolf von Borries hat hier 1957 eine Warnung vor jugendlichem Übermut mit Sympathie für Wagemut verbunden, eines der schönsten Beispiele für ›Kunst am Bau‹ in Köln.

Wenige Schritte weiter steht man vor der tiefen Schneise, die mit der **Severinsbrücke** und ihren Zufahrten in den nördlichen Teil des Severinsviertels geschlagen wurde. An der Spielmannsgasse, die bereits im 13. Jahrhundert als platea mimorum in den Quellen erscheint, steht Elmar Hillebrands marmorne **Severinsfigur** und breitet segnend als Brückenheiliger ihre Arme aus. Mit der 1964 aufgestellten Skulptur hat man bewußt diese Tradition wieder aufgenommen. Der einst romantischen Spielmannsgasse fehlt heute die Bebauung der nördlichen Straßenseite zur Brückenauffahrt.

Einen der romantischsten Winkel der südlichen Altstadt zierte lange die spätgotische Nische am Küsterhaus mit ihrer Kreuzigungsgruppe der Zeit um 1460/70, von der auch heute noch der Kruzifixus zu sehen ist. Aber der einstige Charme der engen Spielmannsgasse fehlt.

Gerd Lohmers seilverspannte Straßenbrücke wurde am 6. November 1959 in Betrieb genommen. Sie wird von einem A-förmigen Pylon getragen, der die 691 m lange Brücke im Verhältnis 1:2 teilt. Die elegante asymmetrische Lösung hat im Laufe der Jahre manchen Nachfolger entlang des Rheines gefunden und bleibt ein gutes Beispiel dafür, daß die Stileigentümlichkeiten der Epoche auch in der ›reinen‹ Technik des Brückenbaus ihren Ausdruck finden.

Eine erste Erinnerung an die reiche Vergangenheit der Pfarre St. Johann Baptist und an vergangenen Reichtum bringt uns vor der Kirche der **Arnold-von-Siegen-Brunnen** von Elisabeth Baumeister-Bühler, der 1962 entstand. Die Bildhauerin, die als erste Frau in der Dombauhütte tätig gewesen ist, hat die Struktur des Wappens der Familie von Siegen für den Brunnen aufgegriffen. Sieben schräg übereinandergesetzte Schiffchen leiten das Wasser von oben in die runde Brunnenschale. Arnold von Siegen (1484–1569) war einer der großen Kölner Bürgermeister des 16. Jahrhunderts, reicher Tuchhändler, großzügiger Stifter für seine Pfarrkirche, Bauherr eines Hofes, in dem auch Kaiser Karl V. zu Gast war.

Ein interessantes Gegenstück ist über die Severinstraße hinweg auf dem *Karl-Berbuer-Platz* zu sehen. Karl Berbuer (1900–77) war einer der beliebtesten und erfolgreichsten Dichter und Komponisten des Kölner Karnevals. 1987 wurde der von Bonifatius Stirnberg gestaltete **Brunnen** eingeweiht, der aus Spenden Kölner Bürger finanziert worden ist. Über dem Narrenschiff, das die Gestalten seiner Lieder bevölkern, steht Karl Berbuer selbst. An die Stelle fast abstrakter Anregung ist nun ein draller Realismus von volkstümlicher Fröhlichkeit getreten.

St. Johann Baptist

Unter den vielen Vorschlägen zur Neugestaltung der romanischen Kirchen Kölns in den Diskussionen und Wettbewerben der Nachkriegszeit ist Zint Jan das einzige ausgeführte Beispiel. Sonst hat man sich in so durchgreifender Art nur mit historisierenden Kirchenbauten der Jahrhundertwende beschäftigt, wie z. B. St. Mauritius oder Herz Jesu. Langsam gewinnen wir nun zur Konzeption Karl Bands den historischen Abstand, sie verliert ihre Modernität, wächst in die Würde des Baudenkmals hinein.

Eine rein romanische Kirche war St. Johann Baptist allerdings schon vor der Zerstörung nicht mehr. Die 1210 geweihte Emporenbasilika war längst im 15. und frühen 16. Jahrhundert mit drei zusätzlichen Seitenschiffen versehen worden. Anstelle der Flachdecke der romanischen Zeit hatte man gotische Gewölbe eingezogen und die Emporen wieder entfernt. Schließlich entfernte man sogar zwei der romanischen Mittelschiffpfeiler und öffnete die Wände des Chorjochs in weitem Bogen, um den Vorstellungen der bürgerlichen spätgotischen Hallenkirche möglichst nahe zu kommen. Nur vier Joche des gotisch eingewölbten Mittelschiffs aus romanischer Zeit und Fragmente der Außenmauern blieben inmitten der Trümmer stehen. Als hoher Baldachin über dem Altarraum hat Karl Band das Fragment in seinen niedriger konzipierten Neubau einbezogen und sich in der Gliederung der Backsteinarchitektur seines Turmes an die Gestalt des untergegangenen Westturmes der zerstörten Kirche angeschlossen. Mit der Bewahrung des noch Erhaltenen ist Karls Bands 1963 vollendete Schöpfung bescheiden als neue Epoche in die Architekturgeschichte der alten Kölner Pfarrkirche getreten, eine Qualität, die mit zeitlichem Abstand wächst.

Erstmals erwähnt wird die ›ecclesia Johannis‹ im Jahre 948 bei der Festlegung des Pfarrsprengels von St. Severin, innerhalb dessen Grenzen sie liegt. Einbezogen als Kirche des Stadtteils Oversburg in die Stadterweiterung des Jahres 1106, abgegrenzt von der Pfarre St. Severin, beginnt die Selbständigkeit zu wachsen, aber die Rechte des Stiftes bei der Besetzung der Pfarrstelle bleiben erhalten. Im Pfarrbezirk konzentrierte sich die Ansiedlung der Weber, deren Versuch, die Patrizierherrschaft zu stürzen, 1371 in der Weberschlacht blutig scheiterte.

In diesen Jahren der zweiten Hälfte des 14. Jahrhunderts entstand der hölzerne, vergoldete Antoninaschrein, der heute hinter dem Altar aufgestellt ist. Die heilige Antonina, deren Reliquien bereits zu Beginn des 13. Jahrhunderts im Besitz der Kirche waren, gehört zu den Jungfrauen der hl. Ursula. Ihr Schrein, eine präzise konstruierte gotische Architektur, zeigt auf den Frontseiten Christus als Richter des Jüngsten Gerichtes und eine Jungfrau, Ursula oder Antonina, als Schutzmantelheilige. An den Langseiten treten die Apostel in qualitätvoller Schnitzarbeit auf. Im südlichen Seitenschiff, das heute als Taufkapelle genutzt wird, ist das Renaissancetaufbecken aufgestellt, das 1566 Arnold von Siegen seiner Pfarrkirche stiftete. Stolz stellt sich der vornehme Kölner Bürgermeister als ›HER ARNOLDT VON SIEGEN RITTER KAISERLICHER MAJESTAIT AO 1566‹ vor, seiner herausragenden Dienste im Auftrag des Kaisers sehr bewußt. Zwei barocke Adlerpulte und manche Skulptur, die die Zerstörungen überstand, ein neu erworbenes spätgotisches Kreuzigungsfenster und die Ausstattung der sechziger Jahre runden das Bild ab.

Elendskirche St. Gregor

Südlich der Kirche St. Johann Baptist erinnert die Straße An St. Katharinen an die untergegangene Kirche der ehemaligen Deutschordenskommende. Wenige Schritte in diese Straße hinein tritt der wuchtige Bau der Elendskirche St. Gregor, der letzte Kirchenbau der freien Reichsstadt, dem Blick entgegen. Hier, auf dem ›ellendigen kirchoeve‹, fanden die in Köln verstorbenen Fremden, Ketzer, Heimatlosen und Armen ihre letzte Ruhe, darunter auch der protestantische Sohn Hieronymus des Arnold von Siegen. Später wurden hier auch die Gebeine aus anderen Kirchhöfen untergebracht. 1678 gründete Jakob von Groote eine Familienstiftung zur Abhaltung eines öffentlichen Gottesdienstes in der Kapelle St. Michael, die er erweitern ließ und mit dem zusätzlichen Patron St. Gregor versah. Den Neubau gaben 1764 Eberhard Anton de Groote, Kanonikus an St. Gereon und St. Maria im Kapitol und sein Bruder Franz Jakob de Groote, Bürgermeister Kölns, in Auftrag. Den Bau der von Balthasar Spaeth entworfenen Kirche leitete Heinrich Nikolaus Krakamp.

Der einschiffige gewölbte Backsteinbau des rheinischen Rokoko ist nach dem Kriege, den nur die Außenmauern überstanden, mit schlichterer Innenausstattung wiederaufgebaut worden und ist immer noch im Besitz der von Grooteschen Familienstiftung. Die vom Hauch des Todes angerührte Sentimentalität des späten 18. Jahrhunderts wird besonders im Triumph des Todes über dem Westportal deutlich. Mit einer Tiara gekrönt, grinst ein Totenschädel siegesbewußt, umgeben von den Zeichen der Macht, über einem geöffneten Sarg. Die Gewißheit der Eitelkeit des Irdischen wird als Rokokotändelei vorgetragen.

Wir kehren ins pralle Leben der Severinstraße zurück.

St. Severin

Das Herz der bei Kölnern und Zugereisten in ihrer Fülle von Kneipen und gastronomischen Möglichkeiten beliebten Südstadt ist die ehemalige Stiftskirche St. Severin. Sie liegt am Rande, fast am innerstädtischen Ende der römischen Nord-Süd-Achse quer durch die Stadt, erst nach 1179 durch die große Stadtmauer in die Stadt selbst einbezogen, inmitten eines römischen Gräberfeldes, wie sie entlang der großen Ausfallstraßen aus der Stadt immer wieder begegnen – und hier ja am Chlodwigplatz das Grabdenkmal des Poblicius freigegeben haben (s. S. 160).

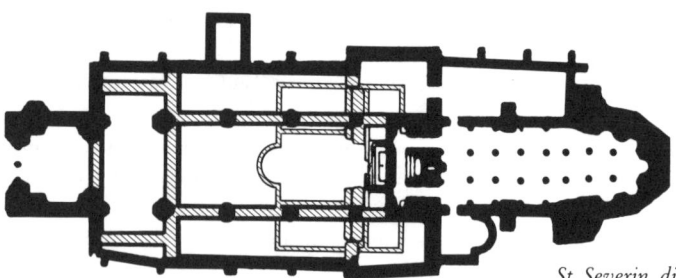

St. Severin, die Grabungen (schraffiert)

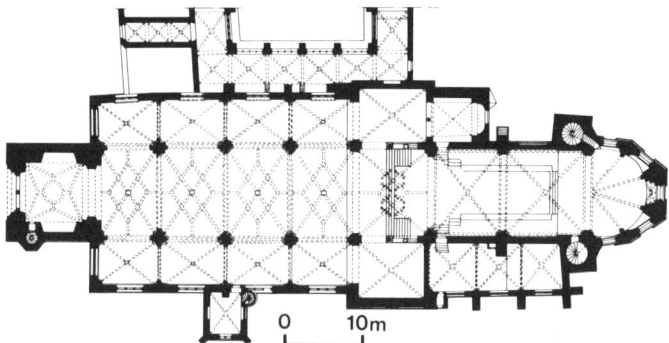

St. Severin, Grundriß

Inmitten des römischen Gräberfeldes wurde auch in nachrömischer Zeit weiter begraben, rings um ein kleines Kirchlein des späten 4. Jahrhunderts. Christen hatten seit langem hier inmitten der Heiden ihr Grab gefunden. Die Mauern der kleinen Kirche, deren Apsis entgegen dem hochmittelalterlichen Brauch nach Westen gerichtet ist, sind in den zugänglichen Ausgrabungen unter St. Severin das wichtigste Zeugnis frühchristlichen Kultes (Abb. 10). Aber eines Kultes für wen? Das ›Martyrologium Hieronymianum‹ erwähnt spät, im 8. Jahrhundert, zwei Märtyrer für Köln, Asclinus und Pampilus. In der Apsis der kleinen Kirche, wo alle anderen Spuren durch eine Stiftsherrengruft des 17. Jahrhunderts vernichtet wurden, hat Fritz Fremersdorf zwei Skelette entdeckt und die Nachricht des Martyrologiums auf seinen Fund bezogen. Oder lag im Bereich der kleinen Kirche Severin begraben?

»Unser Wissen über den Kölner Bischof beruht allein auf der Erzählung Gregors von Tours, die selbst schon den Charakter der Legende aufweist.« So schätzt Wilhelm Levison unsere Kenntnisse über Severin ein. Gregor von Tours berichtet in seiner Sammlung von Wundergeschichten rings um seinen Amtsvorgänger, den hl. Martin von Tours, vom Kölner Bischof Severin. Er habe am Todestag des hl. Martin dem Chor der Engel lauschen dürfen, der Martin im Himmel empfing. Das führt in die Jahre um 400, gibt aber nicht gerade historische Sicherheit. Ende des 9., Anfang des 10. Jahrhunderts wird die Legende des hl. Severin nach dem Bild der Legende Severins von Bordeaux geformt. War in Köln keine Überlieferung greifbar? Hatte man auch die Märtyrer, wenn es welche waren, vergessen? Vergleicht man die Anfänge St. Severins mit anderen Kölner oder rheinischen Kirchen, erscheint das als wahrscheinlich.

Obwohl St. Severin und das Gräberfeld ringsum als Grabstätte beliebt waren, um 700 sogar zwei Kölner Bischöfe, Giso und Anno I., sich hier begraben ließen, vergaß man ihre Grabstätten, vergaß die Geschichte Severins, vergaß die historische Überlieferung der Märtyrer – eben unordentliche Zeiten. Im nördlichen und südlichen Seitenschiff schildern 20 Tafeln des ›Meisters von St. Severin‹, um 1500 gestiftet und geschaffen, die offizielle Legende des Titelheiligen der Kirche, mit der alle historischen Fragen geklärt wurden.

Es beginnt damit, daß 1. Serverins Vorgänger Euphrates abgesetzt wird. Er gilt als Häretiker. 2. Severin wird zum Bischof geweiht. 3. Seine Predigt. 4. Tod des hl. Martin von Tours.

St. Severin, Zeichnung von Johann Peter Weyer, Lithographie von Anton Wünsch, 1827

5. Die bereits bekannte Vision des hl. Severin bei dieser Gelegenheit. 6. Ein junger Edelmann verläßt auf Mahnung eines Engels alles während der Hochzeit. 7. Ihm wird nach langer Buße offenbart, daß er mit Severin in den Himmel einziehen werde, und er wird zu einem zu Severins Ehren veranstalteten Gastmahl geführt. 8. Severins Wundertaten. 9. Severin wird im Traum aufgefordert, in seine Heimat Bordeaux zu reisen. 10. Er wird dort empfangen. 11. Er erweckt den Sohn eines Ehepaars vom Tode. 12. Severin stirbt in Bordeaux. 13. Er wird dort beerdigt. 14. Fürbitte Severins befreit Bordeaux von der Belagerung durch die Goten. 15. Unter Bischof Evergislus von Köln herrscht bereits seit drei Jahren Dürre. 16. Einem Geistlichen wird offenbart, daß erst mit der Rückkehr der Gebeine des heiligen Severin die Dürre ein Ende finden werde. 17. Die Kölner bitten in Bordeaux um die Reliquien. 18. Sie erhalten (einen Teil) in einem Schrein. 19. Ankunft in Köln. 20. Verehrung der Reliquien im Chor von St. Severin. Unter den Szenen wird auf den einzelnen Tafeln auch die zugehörige Erläuterung gegeben und der Stifter der jeweiligen Tafel mit seinem Wappen präsentiert.

Das schrittweise Wachstum der Kirche und auch des Gräberfeldes läßt sich gut in den Grabungen beobachten. Manche Grabfunde, aus dem der reichen Frau oder aus dem des Sängers, sind im Römisch-Germanischen Museum zu sehen. Das Kirchlein wird zuerst um Seitenschiffe erweitert, eine Vorhalle wird im Osten angefügt, dann wird die gesamte Anlage nach Westen verlängert. So sieht der immer noch bescheidene Fachwerkbau aus, der auf den in den Grabungen sichtbaren Grundmauern errichtet worden ist. Er wird im 8. Jahrhundert durch einen ersten Steinbau, immer noch mit bescheiden dünnen Wänden, ersetzt. Erst danach, als die Verehrung Severins und das Einkommen des Stiftes aufblühen, Köln zur bedeutenden Stadt heranwächst, entsteht wohl im 10. Jahrhundert ein auf breiten Fundamenten errichteter Steinbau mit breitgelagertem Westwerk und – das ist das entscheidend Neue – mit einem Chor und einer Confessio darunter nun im Osten. Die Orientierung des bedeutend größeren Baues ist geändert worden. Das Grab Severins, bisher vor dem Osteingang der Kirche, wird nun zur Grundfeste des Hauptaltars. Und rings um die neue Grabanlage für die Gebeine Severins entsteht eine Ringstollenkrypta wie in St. Pantaleon oder im Dom nach römischem Vorbild. Der Westteil dieser Anlage ist noch heute westlich der jüngeren romanischen Krypta erhalten.

Hier waren die Gebeine Severins nun seit 948, wenn wir einer verfälscht überlieferten Urkunde des Erzbischofs Wichfried (924–53) aus diesem Jahre glauben können, in einem neuen Sarg untergebracht worden. Schmale Schächte über diesem zentralen Ort der Kirche, fenestellae, ermöglichten Verbindung vom Chor zum Grab des Heiligen. Man konnte z. B. Tüchlein herunterlassen und sie als Berührungsreliquien mitnehmen. Im nächsten Bau, den Erzbischof Hermann II. 1043 weihen konnte, wird die Confessio mit aufgenommen.

Dieser salische Bau, der auf die Grundmauern des Vorgängers zurückgreift, bestimmt bis heute die Gestalt der Kirche. Nur der staufische Langchor des frühen 13. Jahrhunderts und der Westturm der späten Gotik gehen darüber hinaus. Mit der nordöstlichen Nebenapsis und den durch Säulen abgetrennten Querhäusern ist er noch gut zu erkennen. Schritt für Schritt wird er bis ins 16. Jahrhundert verändert, eine kleine Kölner Architekturgeschichte.

Ein Höhepunkt staufischer Romanik ist darin der 1237 geweihte *Langchor,* dessen Apsis außen fünfseitig statt rund geschlossen wird. Ein straffer kristalliner Eindruck entsteht, der ältere, ottonische Vorbilder in Köln aufnimmt, ein Eindruck, den die scharf vierkant geschnittenen Chorflankentürme, die ihre endgültige Gestalt im 14. Jahrhundert erhielten, noch betonen (Abb. 25). Die Ausstattung des romanischen Chores ist trotz eines barocken Ausstattungszwischenspiels weitgehend erhalten. Sie beginnt bereits mit dem kostbaren Fußboden in Opus alexandrinum, geometrisch aus gelblichem und schwarzem Marmor zusammengesetzt. Das reichgeschnitzte Chorgestühl entstand Ende des 13. Jahrhunderts. Blickfang des Chores ist aber die Aufstellung des *Severinusschreines.* Zwar ist vom Schrein des 11. Jahrhunderts nur eine Scheibe in Goldemail erhalten, die als Leihgabe im Diözesan-Museum zu sehen ist. Sie zeigt Severin thronend als Erzbischof in feinstem Zellenschmelz nach byzantinischem Vorbild (Farbabb. 6). Für französische Kontributionen wurde der Rest des Schmuckes geopfert. 1819 wurde der Schrein neugotisch – ein sehr frühes Beispiel – erneuert und 1936 umgearbeitet. Aber das bemerkt man kaum hinter den Gittern des schützenden Gehäuses. Es steht auf vier romanischen Säulen, so daß man als Pilger oder bei Prozessionen frei unter dem Schrein hindurchgehen konnte.

Die Achtpaßfenster im östlichen Joch des Langchores, auf der Nordseite außen noch gut zu sehen, wurden im 14. Jahrhundert vermauert. Hier sind jetzt Wandgemälde des 19. Jahrhunderts zu sehen. Die Posaunen der Engel ringsum öffnen sich weit in die Wand hinein. Hier sind Steinzeugtöpfe in die Wand eingelassen. Eine Idee, die man wohl bei Vitruv, dem einzigen aus der Antike überlieferten Architekturschriftsteller, entdeckt, aber nicht ganz verstanden hatte. Sie sollten (in größerer Zahl und unter dem Fußboden) schallverstärkend wirken. Hier in St. Severin sind sie nur ein witziger Akzent der Wandmalerei.

In den drei Fenstern der Apsis sind 1986 Szenen der Apokalypse nach Entwürfen von Paul Weigmann eingesetzt worden. Darunter bietet das Gewölbe des *Ägidiuschörleins* mit seinem Schlußstein ein kleines spätromanisches Architekturjuwel – eine Charakterisierung, die man auch auf das ganze Ensemble von Chor und Krypta anwenden kann. Wenn auch der Lettner fehlt, bleibt der Chor von St. Severin ein stimmungsvolles Beispiel mittelalterlicher Atmosphäre (Abb. 26).

Die Stiftsherren gaben damit als Bauherren auch erst einmal Ruhe. Die Überlegungen setzen erst Ende des 13. Jahrhunderts wieder ein. Papst Honorius IV. verleiht im Jahre 1286 einen Ablaß, der für Spenden zum Bau bestimmt ist. Aber erst, als sich 1393 herausstellt, daß der romanische Westturm baufällig ist, kommen die Dinge in Gang. Der Westturm wird abgerissen. Ende des 15. Jahrhunderts wird ein gotisches Schiff bis in diesen Bereich durchgezogen. Damals entsteht auch der immerhin zur Hälfte nördlich der Kirche erhaltene *Kreuzgang.* Ein neuer *Westturm,* der nach langen Bauunterbrechungen erst Mitte des 16. Jahrhunderts vollendet wird, wird vor das neue Schiff gesetzt. Er ist der späte und südliche Vertreter eines Typs, der in den und für die weiten Ebenen des Niederrheins entstanden ist. Zwei Geschosse nur bilden den Turm. Die Pforte wird in den hohen Bogen des Westfensters einbezogen. St. Severin ist so der bedeutende spätgotische Bau unter den großen romanischen Kirchen Kölns.

Die Ausstattung des Chores und die Tafeln der Severinslegende kennen wir bereits. Vom selben ›Meister von St. Severin‹ stammen auch zwei Altarflügel mit den Heiligen Agatha, Cornelius, Stephan und Helena und – zumindest aus seiner Werkstatt – die Vorlage für das westlichste Fenster im südlichen Seitenschiff. Bis zur Entfernung des barocken Hochaltars 1825 war es vom Baldachin verdeckt und so der aufklärenden Zerstörung entgangen. Hans Lünenborg hat die Kreuzigungsdarstellung mit seiner Füllung des Maßwerks darüber, dem apokalyptischen Lamm, um den Hinweis auf das Jüngste Gericht ergänzt.

Am südöstlichen Vierungspfeiler findet man eine Madonna des späten 13. Jahrhunderts, die einst vielleicht zum Marienaltar der stolzen romanischen Krypta gehörte. Im südlichen Querhaus befindet sich ein zurückhaltendes Beispiel der Kölner Reihe der Pestkruzifixe. Ein schmiedeeiserner Leuchter auf Steinsockel, 1664 datiert, trug die jeweils von der Bauerbank, der Genossenschaft der Bauern im Bereich von St. Severin, gestiftete Kerze. Zum Schatz der Kirche gehören neben anderen Kostbarkeiten ein silbernes Stabreliquiar für den Bischofsstab des heiligen Severin und ein Horn mit Reliquien der Märtyrer Cyprian und Cornelius. Sie gelten nach der Legende als die Patrone der Kirche, die von Severin begründet wurde. Einmal in der Woche, Montagabends zur ›Hörnchensmesse‹, werden diese Reliquiare ausgestellt. So bleibt noch nach Jahrhunderten inmitten des ›Vringsveedels‹, reich an Kölner Atmosphäre, die frühchristliche Vergangenheit lebendig.

Auf dem Weg
Noch vor dem Severinstor steht auf der rechten Straßenseite eines der großen Bürgerhäuser des Barock in Köln. Mit seinem repräsentativen Erker ist es auch kaum zu übersehen. Er brachte dem Bauherrn Heinrich Deutz, einem Bierbrauer, Ärger mit den Nachbarn. Aber der Rat erteilte für die »Ark, der er aufm untersten Stockwerk auszuhangen gesonnen, an drei Fuß außenwerts, in die breide sechs Fuß ungefehr erstreckend« eine Sondergenehmigung, und das Haus ›zum Goldenen Bären‹ durfte auch optisch aus der Reihe tanzen. Das muß, solange gegenüber dieser Straßenseite der Blick noch frei über die Weingärten ging, prächtig ausgesehen haben. Hinter dem mehrfach geschweiften Umriß des Giebels und der sonst glatten Fassade, die heute die Bauten ringsum dominiert, verbarg sich ein bürgerlicher Nutzbau von durchaus noch mittelalterlichem Zuschnitt mit hohem Erdgeschoß samt Durchfahrt in den Hof und einem heute geschlossenen Zugang zum Keller, einem Zwischengeschoß, einem bewohnbaren Obergeschoß und vier Speichergeschossen. Wohltuend ist die geschickte Verteilung der Fenster, und – wenn man etwas zurücktritt – wird in den Zahlen und Buchstaben der Maueranker, die die Balken der Geschoßdecken im Mauerwerk absichern, das Baudatum 1676 und das barocke Glaubensgefühl des Bierbrauers lesbar: »SOLI DEO GLORIA«. Noch zur Jahrhundertwende war der Bau im Besitz der bierbrauenden Gebrüder Balchem. Und nach ihnen wird er heute oft als Haus Balchem bezeichnet.

Die Severinstorburg, zu Festlichkeiten anmietbar, mit einem schönen Blick über die Dächer des Vringsveedels, ist die eleganteste der drei erhaltenen Torburgen (Farbabb. 22). Während Hahnentor und Eigelsteintor breitgelagert als Doppelturmtore auftreten, wirkt der einzelne Turm des Severinstores steiler und durch die feldseitige Brechung des Mauerwerks, die an die Struktur des gleichzeitigen Chores der Stiftskirche erinnert, auch schlanker. Das stadtseitige Untergeschoß mit rundbogiger Durchfahrt und Tonnenwölbung gehört zu den ersten Bauabschnitten nach 1180. Die feldseitige Durchfahrt ist mit ihrem spitzbogigen Schluß und der Hälfte eines Kreuzgratgewölbes jünger, vor der Mitte des 13. Jahrhunderts entstanden. Die so staufisch wirkenden Buckelquader der Feldseite und die in Backstein angebauten Geschützkammern wurden Ende des 16. Jahrhunderts angefügt. Die Entwicklungen der Waffentechnik zwangen hier die Stadtverwaltung denkmalpflegerische Gesichtspunkte zurückzustellen, was nicht daran hinderte, den Verbindungsgang zwischen den runden Geschützkammern dekorativ über die Durchfahrt zu setzen. Für uns ist heute kaum noch vorstellbar, daß bis weit ins 19. Jahrhundert hinein hier und an den anderen Zugängen zur Stadt alles kontrolliert werden konnte und des Nachts die Tore geschlossen wurden.

Zwei weitere Teile der großen mittelalterlichen Stadtbefestigung liegen ganz in der Nähe: die Ulrepforte, auf unserem Weg weiter in Richtung St. Pantaleon, und die von Efeu überwucherte **Bottmühle**, die man mit einem Besuch im Rautenstrauch-Joest-Museum verbinden kann. Der ›Bott‹ ist die 1550–52 nach den Plänen Alexander Pasqualinis angeschüttete Wallplattform an der Innenseite der Stadtmauer, auf der 1587 eine Bockwindmühle errichtet wurde. Stadtsteinmetz Andreas von Gülich ließ erst 1677/78 den später noch einmal aufgestockten steinernen Mühlenturm erbauen, südlich dessen noch ein Stück Stadtmauer mit historisierenden Ergänzungen erhalten ist.

Nach links um die Ecke, am Ubierring, steht seit 1906 Edwin Crones Bau für die völkerkundlichen Sammlungen des **Rautenstrauch-Joest-Museums** im Stil italienischer Barockpaläste. Die beiden Kölner Familien stifteten nicht nur einen großen Teil der Sammlungsbestände, sondern auch die Mittel für das opulente Museumsgebäude, in dem nun seit mehr als einer Generation ›provisorisch‹ die Kammerspiele des Kölner Schauspiels untergebracht sind. Im Vordergrund der ständigen Ausstellung stehen die großen Themen der Sammlungen zu Afrika, Alt-Amerika, Nordamerika, Alt-Indonesien, Thailand und Ozeanien. Zu den Objekten, deren hohe Kunst wir neben der Befriedigung ethnologischer Neugier nun inzwischen auch entdeckt haben, gehören seit wenigen Jahren auch Kostbarkeiten des präkolumbischen Amerikas als Leihgaben des Museums Ludwig.

Zur Ulrepforte lohnt sich der Weg ein Stück auf der Severinstraße zurück durch An St. Magdalenen und die Kartäusergasse. Hier lag, wie der Name leicht erschließen läßt, das Kölner **Kartäuserkloster**. Spät, erst 1334 siedelte sich der Orden in der Geburtsstadt seines Gründers, des heiligen Bruno († 1101), am Rande der Stadt an. Auch wenn der große Kreuzgang mit den Einbauten für die Kartäusermönche untergegangen ist, zeichnet den Baukomplex noch heute eine dichte Atmosphäre spätmittelalterlichen Charakters aus. Backsteinbauten stehen im Vordergrund. 1393 wurde die einschiffige **Kirche St. Barbara** geweiht, für die kostbare Altäre, wie der Thomasaltar und der Kreuzaltar des Bartholomäus-Meisters, von Kölner Bürgern gestiftet wurden. Das ehemalige Priorat dient heute der evangelischen Pfarrgemeinde als Pfarrhaus, die barocken Wirtschaftshöfe werden vom evangelischen Stadtkirchenverband genutzt. Im Osten der Kirche ist nun, lange nach der Kriegszerstörung, auch das doppelgeschossige *Kapitelhaus* wiedererrichtet worden, in dem einst die kostbare Bibliothek des Klosters untergebracht war, das sich zur Zeit Luthers engagiert für eine katholische Reform einsetzte.

Die Ulrepforte erreicht man nach links über die autogerecht als Fortsetzung der Nord-Süd-Fahrt ausgebaute Ulrichgasse, die wie die Ulrepforte an die Ulner, die Töpfer erinnert. Über die Schnellstraße hinweg kann man auch die **Karmelitinnen-Klosterkirche St. Maria vom Frieden** oder ›**in der Schnurgasse**‹ erreichen. 1637 ließen sich die aus Belgien kommenden Karmeliterinnen hier nieder, die vor dem Kriege auch Edith Stein zu den Ihren zählten, bevor sie 1942 in Auschwitz ermordet wurde. 1643–49 wurde das Kloster erbaut, 1692 konnte die Kirche geweiht werden und schließlich war auch 1716 die Barockfassade vollendet, die von den seitlichen Klostergebäuden hinter dem hohen straßenseitigen Gitter gerahmt wird (Abb. 45). Über dem Portal tritt Maria als Friedenskönigin auf, in Erinnerung an das Gnadenbild, das Maria de Medici, französische Königin im Kölner Exil, dem Karmel schenkte. Die zerstörte Einrichtung konnte nach dem Wiederaufbau durch Ankäufe ersetzt werden. Es gelang sogar, eine zweite, etwas jüngere Ausführung des verlorenen Gnadenbildes zu erwerben.

An der Ulrichgasse selbst hat Emil Steffann die Ruine der neugotischen Backsteinkirche **St. Marien** des Franziskanerklosters 1953/54 als Oratorium der Mönche wiederhergestellt und im rechten Winkel dazu einen Laienraum angesetzt. Die sichere Hand, das Maßgefühl und die franziskanischem Ideal entsprechende Schlichtheit der Materialien des Architekten Emil Steffann (1899–1968) bewiesen sich auch hier.

Nun endlich zur **Ulrepforte**, die tatsächlich – was man nicht mehr auf den ersten Blick erkennen kann – ihre Laufbahn als Stadttor begonnen hat. Aber das Doppelturmtor des frühen 13. Jahrhunderts hat seine Torfunktion bald verloren. Es ist eines der Beispiele für die

Franziskanerkloster-kirche St. Marien, Ent-wurfsskizze von Emil Steffan, 1953/54

Café-Restaurant ›Ulrepforte‹ am Sachsenring, Anzeige aus ›Grevens Adreßbuch‹
von 1888

erstaunliche Tatsache, daß sich die Kölner Bürger aufwendige Torbauten erlaubten, überflüssige, nur um die Zwölfzahl der Tore des Himmlischen Jerusalem abbilden zu können. Die kreuzgratgewölbte Durchfahrt ist geschlossen. Auf der Südseite ist eine kleine Bastion mit Kanonen angebaut. Der einst drei- oder viergeschossige Aufbau fehlt. An seiner Stelle hat man Mitte des 15. Jahrhunderts den eleganten Mühlenturm hochgezogen, der den Kern des nördlicheren Turmes aufnimmt. Nach den Kriegszerstörungen des Baudenkmals, das einst eines der beliebten Restaurants der Jahrhundertwende in der Neustadt an den Ringen war, haben die Roten Funken als Nachfolger der Kölner Stadtsoldaten und traditionsreiche Kölner Karnevalsgesellschaft hier ihr Kasino eingerichtet.

Es wundert dann nicht – wir denken z. B. an die Ehrengarde im Hahnentor –, daß man im über die Ulrichgasse hinweg folgenden **Halbturm** den Treffpunkt der Blauen Funken findet. Hier ist sogar ein längeres Stück der *mittelalterlichen Mauer* erhalten, und für unseren Weg wählen wir daher auch die Feldseite, nach einem Blick über den Ring hinweg auf **St. Paul,** die eleganteste der neugotischen Kirchen der Neustadt. Stephan Mattar (1875–1944) war der Architekt dieser Kirche, die in Erinnerung an den Kölner Erzbischof des Kulturkampfs, Dr. Paulus Melchers, ihren Patron erhielt. 1906–09 erbaut, läßt die Hand Stephan Mattars hier im Spiel mit den Formen der Neugotik eine weite Halle entstehen und in der Gestaltung der Formen den Zeitgeschmack des Jugendstils durchschimmern.

Im Mauerstück ist das älteste **Denkmal** auf deutschem Boden eingelassen, das ein historisches Ereignis in Erinnerung ruft. Was hier in der Nacht vom 14. auf den 15. Oktober geschah, hat sich in allen den Jahrhunderten der Stadtbefestigung auch nicht wiederholt. »Anno Domini MCCLXVIII in der heilger more naicht do wart hier durch de mure gebroche.« In der Nacht der heiligen Mohren, also vor dem Festtag der aus Mauretanien stammenden Mitglieder der thebäischen Legion, von Gregor Maurus geführt, gelang es den Verbündeten des Kölner Erzbischofs Engelbert II. von Falkenburg (1261–74), durch ein Loch in der Mauer in die Stadt einzudringen.

Die Legende berichtet, daß der Schuster Havenit, dessen Vermögensverhältnisse wohl seinem Namen alle Ehre machten, sein einseitig an die Mauer angelehntes Haus für die verräterische Missetat nutzte und das Loch durch die Mauer grub und brach. Der Bruder des Erzbischofs, dazu Graf Dietrich VII. von Kleve, Herzog Adolf V. von Limburg und 5000 Bewaffnete sollen, mit der Kölner Patrizierpartei der ›Weisen‹ verbündet, in Köln eingedrungen sein. Aber die Heiligen schützten ihr Heiliges Köln. Man sieht die Reliquiare zwischen den Mauerzinnen stehen, dahinter die Gesellschaft der Märtyrer aus der thebäischen Legion und der hl. Ursula und ihrer Gefährtinnen und die beiden Bürgermeister darüber Hilfe erflehend unter dem Kreuz knien. Die Kampfszene darunter wird von zwei Engeln beherrscht, die zugunsten der Stadt eingreifen, und den Teufel, auf Seiten des Erzbischofs kämpfend, verdrängen.

Die Bürger Kölns waren frühzeitig der eindringenden Trupps gewahr geworden, und in dunkler Nacht entwickelte sich ein heftiges Gefecht im Baumgarten der Overstolz, der sich hier hinter der Mauer erstreckte. Die ›Freunde‹ unter der Führung von Matthias Overstolz siegten. Es war das einzige Mal, daß Feinde die Festungsanlagen Kölns überwanden.

Das Denkmal wird erstmals erwähnt, als in den Stadtrechnungen 1378 die Ausgaben für die farbige Fassung der ›pictura foraminis‹ erscheinen. Das wird auch kurz nach dem Entstehen des Denkmals geschehen sein. Es zeigt in seinen kühnen perspektivischen Verkürzungen und der kräftigen Plastizität manche Parallele zum Tympanon des Petersportals des Domes, das unter dem Einfluß parlerischer Bildhauer in den gleichen Jahren entstanden ist. Auch die Art der Bewaffnung tritt dort wieder auf. Das stark verwitterte und durch Steinwürfe jugendlicher Zerstörungslust beschädigte Relief wurde 1886 von Dombildhauer Peter Fuchs erneuert. Dies ›Original‹ befindet sich seit 1983 im Kölnischen Stadtmuseum, und hier ist nun ein Abguß in die Mauer eingesetzt worden.

Über die Straße Am Trutzenberg und über die Waisenhausgasse hinweg in die Straße Am Pantaleonsberg hinein, dann an den Finanzämterbauten der fünfziger Jahre an der Straße Am Weidenbach entlang erreicht man nun den spätgotischen Bogen, der in das Gelände der ehemaligen Benediktinerabtei St. Pantaleon hineinführt.

St. Pantaleon

»Still und von der lästigen städtischen Unruhe entfernt«, so schildert Ruotger, der Biograph Erzbischof Brunos (953–65), die Lage des neugegründeten Benediktinerklosters vor den römischen Mauern der Stadt Köln. Und obwohl heute das Areal mitten zwischen verkehrsreichen Straßen liegt, trifft die Beschreibung noch zu. Der angestammte Bereich des Klosters blieb von wesentlichen Änderungen verschont. Von den barocken Klosterbauten begleitet, ragt immer noch das Westwerk auf leichter Anhöhe vor dem Besucher auf (Farbabb. 11).

Stolz und wie eine Festung, hochgetürmte Mauern, Dächer und feste Türme, so stellte man sich das Himmlische Jerusalem der Apokalypse vor. Von der Antike bis zur Renaissance war der Himmel eine wohlgebaute Architektur. Erst danach entsteht die uns geläufige Vorstellung eines grenzenlosen Blaus mit ein paar weißen Wolken als Sitzgelegenheiten. Eine Grundtatsache, die für unsere Überlegungen zu mittelalterlicher Architektur immer wieder wichtig ist. Auf Münzen, in Miniaturen, als Rauchfaß, als Leuchter, als Siegel, auf Elfenbeinschnitzereien – immer in leicht unterschiedlicher Gestalt – tritt diese Architektur des Himmels auf. Noch staunenswerter als für uns war diese Architektur für den Besucher der Stadt, dem von außen kommend damals ein solcher Bau als erstes entgegentrat. Für Menschen also, die nicht das Maß von Hochhäusern an Kirchen legten.

Das Bild des Himmels stellt die Gründung Brunos mit ihrem Westwerk allen ablesbar vor Augen. Der Stifter selbst erlebte die Vollendung nicht. Bewußt wählte der Bruder Kaiser Ottos des Großen das kleine verfallene Kirchlein vor der Stadt, erstmals 866 erwähnt, um dort im Jahre 955 sein aus Rom überbrachtes Pallium, das Zeichen päpstlicher Anerkennung, entgegenzunehmen. Seine Pläne deuten sich an. Von den Vorbereitungen hören wir wenig. Aber im Jahre 964, ein Jahr vor seinem frühen Tode, kann er mit dem Mönch Christian aus St. Maximin in Trier, einem bedeutenden Reformkloster, seiner Neugründung den ersten Abt geben. Das verfallene Kirchlein könnte im Bereich des heutigen nördlichen Querhauses gestanden haben. Es hat wohl auf Mauerwerk einer römischen Villa auf dem Pantaleonshügel zurückgegriffen, von der noch Mauerreste im Westen der heutigen Krypta zu sehen sind.

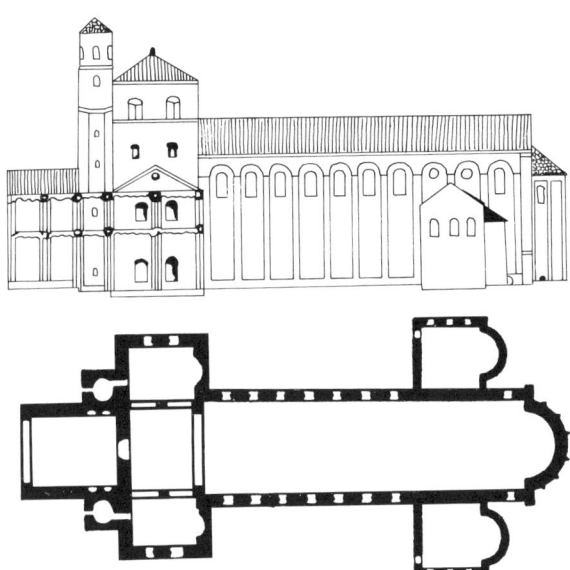

St. Pantaleon, Rekonstruktion,
Grundriß und Ansicht nach
P. A. Tholen

Und da sich die Vorstadtvilla am römischen Straßennetz ausrichtete, sich der heutigen Straße Am Weidenbach zuwandte, griff auch das Kirchlein die Lage wieder auf. Um 45 Grad weicht daher auch die Orientierung der Klosterkirche nach Süden von der üblichen Ausrichtung des Chores nach Osten ab.

Als 964 Abt Christian in St. Pantaleon einzog, waren wohl Chor und Schiff fertig. Das Westwerk - nicht das heutige – war in den Grundmauern angelegt, bei einem noch 10 m kürzeren Schiff. Zufrieden war Bruno noch nicht mit dieser Anlage. In seinem Testament des Jahres 965 setzt er die hohe Summe von 300 Pfund Silber ausdrücklich für die Erweiterung der Kirche aus, neben reichen Geschenken und 100 Pfund für die Vollendung der Klosterbauten.

In den nun folgenden Jahren wird das Schiff verlängert und ein neues Westwerk weiter ›östlich‹ errichtet. Insgesamt wächst der Bau um etwa die Hälfte. Der Chor des ersten Bauversuchs stürzt ein. Ein Teil der Gewölbe der Krypta wird dabei zerschlagen. Bei den nun im Jahre 966 erfolgenden Fundamentierungsarbeiten wird das Grab des Märtyrers Maurinus gefunden. Helle Begeisterung, Wunder und wohl auch fromme Gaben für die Baukasse sind die Folgen des aufregenden Fundes. War man auf das Grab eines Opfers der normannischen Eroberung Kölns im Winter 881/82 gestoßen? Am 24. Oktober 980 kann Erzbischof Warin die nun vollendete Kirche weihen.

Reiche Zuwendungen erhält das Kloster noch bis zum Ende des Jahrtausends aus der ottonischen Kaiserfamilie. Kaiserin Theophanu, eine byzantinische Prinzessin, scheint als angeheiratete Nichte des Gründers für den heiligen Pantaleon, den man in ihrer Heimat als Großmärtyrer verehrte, eine besondere Liebe entwickelt zu haben. Die Chroniken erzählen von prächtigen Geschenken für die Verschönerung der Kirche. Hierhin stiftet sie die Gebeine des hl. Albinus aus Rom, und vor seinem Altar, vielleicht im Westwerk, findet sie 991 ihr Grab. Es folgen dann reiche Stiftungen des Sohns, Kaiser Ottos III., dessen Leichnam auf dem Weg nach Aachen im Jahre 1002 in Pantaleon aufgebahrt wird. Lange war daher überlegt worden, daß die Kirche wohl erst um 1000 vollendet worden sei. Aber keine weitere Weihe wird nach 980 von den aufmerksamen Chronisten notiert, von Bauarbeiten wird nicht mehr gesprochen.

Das *Westwerk* ist trotz aller Zerstörungen und Restaurierungen, von denen wir noch hören werden, einer der Höhepunkte ottonischer Architektur, der Vorstudien zur Romanik, von herausragender Qualität. Über kreuzförmigem Grundriß stehen die drei Flügelbauten, im ›Osten‹ als vierter Flügel das Kirchenschiff. Der westliche Flügel mit seiner tiefen Vorhalle war ursprünglich doppelt so lang. Darüber der Vierungsturm und in die westlichen Winkel des Kreuzes eingestellt zwei Treppentürme. Vom quadratischen Grundriß werden sie über das Achteck zum Rund geführt. Die Gliederung der Geschosse wird mit rotem Sandstein hervorgehoben, die Rundbogenfriese werden mit antiken römischen Ziegeln akzentuiert. Geschoßhöhen und Gliederungsabstände wechseln, halten das Auge in Spannung. Ein Beispiel genügt: Die zwei quadratischen Turmuntergeschosse schließen jeweils mit einem Rundbogenfries, unten besteht er aus drei, oben aus vier Bögen.

Über zwei Geschosse des Westwerks öffnet sich der zentrale Raumschacht mit einem stolzen Bogen zum Schiff (Farbabb. 10). Ursprünglich ein Saal, erst Mitte des 12. Jahrhunderts werden die Seitenschiffe angefügt. Oberhalb der Arkaden zu den Seitenschiffen ist die ottonische Wandgliederung sichtbar. Enge Arkaden, von hohen Lisenen getragen, geben der Wand Struktur. Außen wurde dieses Motiv, das römische Vorbilder in Köln und Trier nachzeichnet, ebenfalls wiederholt. Ein Kaisersaal schließt an das Himmlische Jerusalem an. Das späte 10. Jahrhundert, in dem Architektur noch ein seltenes Ereignis ist, sucht sich bewußt seine Vorbilder.

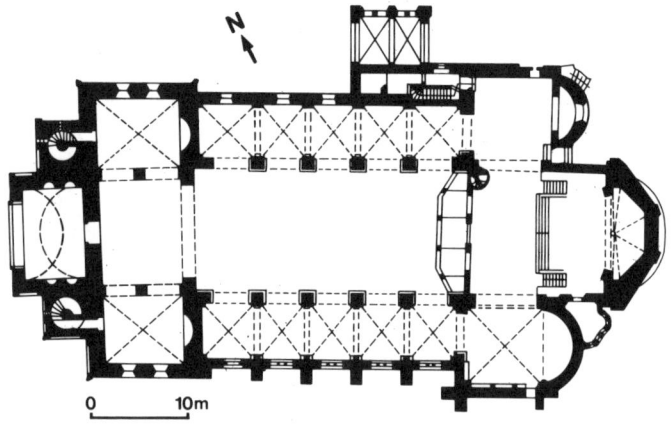

St. Pantaleon, Grundriß

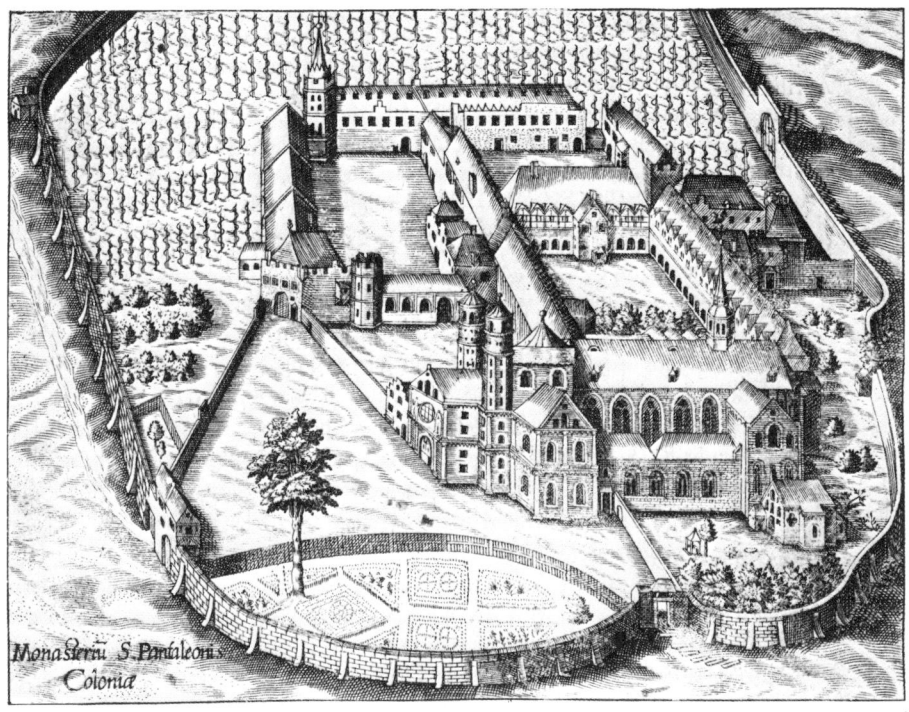

St. Pantaleon, die Klosteranlage von Süden, Kupferstich, 1636

Im Westwerk bieten die Emporen mit ihrem reizvollen Wechsel roten und weißen Steinmaterials Raum für die vornehmen Besucher, die St. Pantaleon bis zum Ende der ottonischen Dynastie zu verzeichnen hatte. Im Osten, im wieder aufgebauten Chor, nimmt Brunos Sarkophag in der Ringstollenkrypta nach dem Vorbild von St. Peter in Rom oder des Kölner Domes die Grabstelle des Heiligen ein. Ein Platz, der ihm trotz mancher Skepsis der Zeitgenossen, die bei seinem Biographen Ruotger zwischen den Zeilen erkennbar wird, zusteht. Sein Sarkophag ist nach der Zerstörung der Krypta im Barock wieder an die alte Stelle inmitten der Ringstollenkrypta zurückgekehrt und trägt einen von Sepp Hürten gestalteten Deckel aus rotem Sandstein.

Der Chor darüber bot Raum für den Gottesdienst der Mönche, die hier eifrig für das Seelenheil des Stifters wirkten und ihr eigenes natürlich nicht außer acht ließen. Das Arbeiten wurde neben dem Gebet nicht vernachlässigt. Bei Grabungen hat man z. B. Überreste der Bronzewerkstatt gefunden, die um die Jahrtausendwende hier tätig war. Die Schreibstube des Klosters mit seinen drei, vier Dutzend Mönchen käme auch für die viel gerühmte ottonische Malerschule der Buchmalerei in Frage. Goldschmiedekunst wurde hier ebenfalls

329

gepflegt. Der große Theoretiker (und Praktiker) Theophilus Presbyter, den man mit dem Goldschmied Roger von Helmarshausen identifizieren kann, war lange hier tätig und hat hier begonnen, sein Wissen schriftlich niederzulegen.

Selbst der heutige Zustand des Baus zeigt noch, daß die Kirche des bedeutenden Klosters manche Veränderungen über sich hat ergehen lassen müssen. Der Anbau der Seitenschiffe Mitte des 12. Jahrhunderts ist uns bereits geläufig. Erst dadurch wurden die Querhäuser mehr in den Raum des Schiffes einbezogen. Das südliche Querhaus wird dazu Anfang des 13. Jahrhunderts modernisiert, und auf der Nordseite des Schiffs wird über dem neuen Kreuzgang eine Schatzkammer eingerichtet, gedacht auch als Heiltumskammer für Reliquien, die durch ein Verbindungsfenster auch im Schiff der Kirche gezeigt werden konnten.

Erst als St. Pantaleon 1469 Mitglied der reformfreudigen Bursfelder Kongregation wird, kommt wieder Bewegung ins Baugeschehen. Aus den nun sanierten Finanzen kann Abt Johannes Lünink (1502–14) den eleganten spätgotischen Lettner errichten lassen. Sein kleines Wappenschild über dem mittleren Bogen zeigt einen Sperling als Wappentier. Darunter weist die hl. Veronika das Schweißtuch Christi vor. Darüber steht Maria, der sich Albinus und Pantaleon zuwenden. Links und rechts gedenken zwei Mönche mit Kerzen Brunos und Theophanus zu ihren Füßen. Vier Evangelistenfigürchen des 17. Jahrhunderts und weiter außen die Heiligen Johannes und Quirinus runden das nicht mehr vollständige Programm ab. Auch der Apostel Paulus und der Heilige Gereon, die jetzt daneben an den Pfeilern stehen, gehören zum *Lettner*. Versetzt ans Westende des Schiffs und nun wieder an die ursprüngliche Stelle zurückgekehrt, hat er Verluste erlitten. Trotzdem bleibt er ein Spitzenwerk der Kölner Spätgotik. Darüber erhebt sich der barocke Orgelprospekt. Die moderne Gestaltung des Lettners mit dem Kreuzaltar von Elmar Hillebrand als Pfarraltar und der farbigen Fassung der Rückwand durch Clemens Fischer und einem spätgotischen Pestkruzifixus, ähnlich denen in St. Maria im Kapitol oder St. Georg, ist von gelungener Zurückhaltung.

Die große Verwandlung des Kirchenraums brachte erst das 17. Jahrhundert. Christoph Wamser, Architekt der Jesuitenkirche St. Mariä Himmelfahrt, entwirft Gewölbe und Obergaden für Schiff und Chor. 1622 sind die Arbeiten abgeschlossen. Der Kölner Glasmaler Heinrich Braun liefert die Glasfenster für den Chor. Erst 1747–49 entsteht dann der Hochaltar im Chorbereich. So besitzt St. Pantaleon als einzige der romanischen Kirchen noch einen beachtlichen Bestand an barocker Ausstattung, auch wenn man die Gewölbe des Schiffes nach dem Kriege durch eine flache Holzdecke ersetzte und damit dem ottonischen Raumeindruck etwas näher kam.

Dem Westwerk sieht man sein Schicksal, das seinen Bestand gefährdete, heute nicht mehr an. 1757 stürzte der südliche Treppenturm ab. 1766–68 wird der zentrale Turm mit barocker Haube erneuert, der nördliche Treppenturm wird bis auf die gleiche Höhe des südlichen reduziert. Der Westflügel, die Vorhalle, wird abgebrochen. Nach der Säkularisation wird die Kirche erst einmal Pferdestall, dann Pfarrkirche, dann evangelische Garnisonskirche und seit 1922 katholische Pfarrkirche. Das heutige Westwerk mit seinem verkürzten westlichen Flügel – mittelalterliche Unregelmäßigkeiten müssen halt beseitigt werden – ist daher erst ein

St. Pantaleon mit barocker Haube, Zeichnung von Johann Peter Weyer, Lithographie von Anton Wünsch, 1827

Ergebnis der sonst sorgsamen Restaurierung 1890–92 unter Heinrich Nagelschmidt. Die barocke Haube hatte sogar Mitte des 19. Jahrhunderts noch der Einrichtung eines optischen Telegraphen weichen müssen. Aber dank des erhaltenen Bestandes und der Überlieferung durch die Zeichnungen des 16. und 17. Jahrhunderts ließ sich die erste Blüte nachantiker Architektur in Köln wiederherstellen.

Nach dem wechselvollen Schicksal der Kirche im 19. und 20. Jahrhundert ist nur verständlich, daß nicht viel der alten Ausstattung erhalten blieb. Dennoch sind großartige Stücke darunter. Die Höhepunkte birgt die *Schatzkammer*. Der kleine Raum über den zwei Jochen des Kreuzganges, die an der Südseite des Schiffes erhalten blieben, mit seinen ungeschickt sternförmig in einem hängenden Schlußstein zusammenlaufenden Rippen, schützt die Skulpturenfragmente vom Westflügel des Westwerks und die Schreine der Heiligen Albinus und Maurinus, um nur die wichtigsten Stücke zu nennen. Die Westfront des Westflügels war, wie es die Zeichnungen des 17. Jahrhunderts andeuten, mit Skulpturen geschmückt. Der Kopf einer Christusfigur, Fragmente zweier Engel, Teile eines Heiligen,

St. Pantaleon, Kopf einer überlebensgroßen Figur (Christus?) von der Westfront des Westwerks, um 1000

vielleicht St. Pantaleon, sind bei den Arbeiten 1890–92 gefunden worden. Ende des 10. Jahrhunderts entstanden, gehören die beeindruckenden Fragmente zu den Neuanfängen nachantiker Skulptur im Europa der Jahrtausendwende. Das Haupt Christi besitzt trotz aller Beschädigungen eine Ausdruckskraft, die man nicht vergißt.

Die zwei Schreine sind zwar beide ihres in Silber getriebenen Figurenschmucks beraubt, aber die Kupferreliefs der Dachflächen, die prunkvollen Firstkämme und die wundervollen Emails blieben erhalten. Etwas strenger ist der um 1170 entstandene Maurinusschrein mit den technischen und kompositorischen Höhepunkten der Engeldarstellungen an den Langseiten. Aus derselben Werkstatt – im Kloster? – stammt das Albertuskreuz, dem wie bei den Schreinen hier die silbergetriebene Gestalt Christi fehlt. Etwas jünger, bewegter gestaltet, ist der um 1186 vollendete Albinusschrein. Gewänder, jüngeres liturgisches Gerät und einige Einzelteile von den Schreinen ergänzen die Schätze.

Im südlichen Querhaus, das Anfang des 13. Jahrhunderts ›modernisiert‹ worden war, steht für die große Patronin Theophanu ein moderner Marmorsarkophag, gestaltet von Sepp Hürten. Hier ist auch ein neuerworbenes Triptychon des frühen 16. Jahrhunderts aus dem Umkreis des Barthel Bruyn d. Ä. aufgestellt. Von einem Doppelhochgrab sind hier auch die beiden Grabfiguren des Grafen Friedrich IV. von Moers und seines Sohnes Vinzenz eingemauert worden, Werke des späten 15. Jahrhunderts aus der Werkstatt des Tilman van der Burch.

Im Schiff trifft man auf die Kanzel des Jahres 1749, Gegenstück zum Altar. Ein Kreuzigungsbild des frühen 16. Jahrhunderts niederrheinischer Schule hängt im südlichen Seitenschiff. Im Westwerk ist eine Pietà des 15. Jahrhunderts aufgestellt.

Diese Reichtümer ergänzt moderne Ausstattung, entstanden in den sechziger Jahren für das Westwerk. Ein frühes Fußbodenmosaik von Elmar Hillebrand, ein siebenarmiger Leuchter von Rolf Bendgens, das Deckengemälde des Himmlischen Jerusalem von Gerhard Kadow und die Türflügel des Westportals von Theo Heiermann, die seit 1984 durch drei

Fenster von Dieter Hartmann ergänzt werden. So ist hier in den Nachkriegsjahren ein gelungenes Ensemble moderner Arbeiten in den ottonischen Bau eingefügt worden.

Einen letzten Moment der Aufmerksamkeit müssen wir der Pflasterung vor dem Westwerk widmen. Hier werden mit roten Ziegelsteinen die Grundmauern eines wohl nie vollendeten Zentralbaus nachgezogen. Er wurde gleichzeitig mit dem ersten, kürzeren Bau der Kirche begonnen als man die Klosterkirche im zweiten Baudurchgang verlängerte. Wofür war der Zentralbau gedacht? Als Grabbau für den Stifter Bruno? Als Reliquienkapelle? Die schriftlichen Quellen geben darauf keine Antwort.

Auf dem Weg
Durch die in die barocken Abteigebäude einbezogene gotische Pforte hindurch sollte man einen Blick auf die Südseite der Kirche werfen und östlich davon das kleine Fragment des ottonischen Kreuzgangs, das man nach dem Krieg auffand, betrachten. Dann führt der Weg durch die am Rothgerberbach vorgelagerten Grünanlagen über die weitgespannte Fußgängerbrücke wieder ins römische Köln. Alte Mauer am Bach – das sagt schon als Straßenbezeichnung alles, und weit ausladend überspannt der *Kaufmannshof Hanse* ein weiteres Stück der südlichen römischen Stadtmauer.

Nach links biegen wir in die *Kaygasse* ein. Hier ruft eine Gedenktafel eines der beliebtesten Kölner Lieder in Erinnerung: »In der Kaygaß Numero null, steht en steinahl Schull,...« Den Lehrer Welsch, auf den das Lied anspielt, hat es tatsächlich gegeben; sozial engagiert war er an einer Hilfsschule in Kalk bis zu seinem Tode 1935 tätig – nicht aber an der Schule in der Kaygasse. Die ›Drei Laachduve‹ haben ihn in ihrem 1938 formulierten Lied einfach versetzt. (Übrigens für die, die es nicht mehr wissen sollten: »Dreimol null eß null, bliev null« ist zutreffend.)

Hinter den Häusern der Kaygasse erhebt sich am höchsten Punkt der Innenstadt der ehemalige **Wasserturm**, der nach den Entwürfen John Moores 1872 vollendet wurde. Ein auch architektonisch sehr reizvoller Backsteinbau, der nun für Hotelzwecke nach den Kriegszerstörungen wieder aufgebaut worden ist. Nach rechts in die Straße Großer Griechenmarkt hinein, die nicht an griechische Begleiter Theophanus erinnert, sondern an feuchtes Gebiet, und dann links in die Kämmergasse gehend treffen wir an der Ecke Leonhard-Tietz-Straße auf die **Hauptverwaltung des Kaufhofs.** Leonhard Tietz (1849–1914) war Gründer der Kaufhauskette, die 1933 ›arisiert‹ wurde. Hermann Wunderlich und Reinhold Klüser waren die Architekten des glänzend gestalteten Verwaltungsgebäudes mit der typischen Glas-Aluminium-Vorhängefassade mit den Bändern grünen Drahtglases als Markenzeichen des Konzerns.

St. Peter
St. Peter und St. Cäcilien sind das letzte Beispiel für ein vor der Säkularisation häufiges Bild der Nachbarschaft von Pfarrkirche und Stifts- oder Klosterkirche. Hier, im Thermenbereich des römischen Köln, haben die Grabungen der Nachkriegsjahre einen dreischiffigen frühen Kirchenbau nachgewiesen, der nach Umbauten Mitte des 12. Jahrhunderts durch eine frühe

St. Peter und St. Cäcilien, Zeichnung von Johann Peter Weyer, Lithographie von Anton Wünsch, 1827

romanische Basilika ersetzt worden ist. Der romanische Westturm blieb im spätgotischen Neubau der Kirche von 1515–25/30 erhalten, wurde sogar Anfang des 17. Jahrhunderts romanisierend um ein Geschoß aufgestockt und mit einem weithin sichtbaren steilen Knickhelm versehen. Die spätgotische (fast) Hallenkirche mit Emporen war der letzte Kirchenbau der Gotik in Köln, der die Entwicklung der Pfarrkirchen der Innenstadt in nun einem großen Wurf zusammenfaßte. Aus Vermächtnissen und Stiftungen finanzierten die Arbeiten Pfarrer Peter von Nassau und seine Kirchmeister Johann Rommel und Johann Byse. Bis zu den Zerstörungen des letzten Krieges überspannte ein Netzgewölbe den weiten Raum, der durch den Verzicht, auch die östlichen Joche der Seitenschiffe mit Emporen zu nutzen, einen querschiffartigen Abschluß erhält. Im Westen steht der romanische Turm durch die spätgotische Verbreiterung des Mittelschiffs nicht mehr in der Bauachse. So ergibt sich hier ein unregelmäßiger Raumabschluß.

Nach den Zerstörungen des Krieges hat man das Gewölbe des Mittelschiffs nicht wiederhergestellt und an seine Stelle eine schlichte hölzerne Kassettendecke eingezogen, die die einstige Homogenität des Raumes empfindlich stört. Gerettet wurden wichtige Teile der frühen Renaissancefenster, die von modernen Ergänzungen der sechziger Jahre gerahmt werden. Das mittlere Chorfenster mit der Kreuzigungsszene ist eine Stiftung der Äbtissin Elisabeth von Manderscheid aus dem Jahre 1528. Die Pfarrkirche war dem Vermögen des Stiftes und späteren Klosters St. Cäcilien inkorporiert, was neben solchen Stiftungen, die auch den Anspruch der Oberhoheit dokumentieren, sich auch mehrfach in heftigen Auseinandersetzungen zwischen den beiden Institutionen äußerte.

Eberhard Jabach, der große Kunstsammler, aus wohlhabender Kölner Familie, stiftete zum Andenken an seinen 1636 verstorbenen Vater einen neuen Hauptaltar. Sein Altarbild war die berühmte *Kreuzigung Petri*, die noch heute zu den großen Schätzen der Kirche gehört (Farbabb. 18). Den Auftrag erhielt Peter Paul Rubens, der seine ersten Lebensjahre in Köln, in der Sternengasse, als Nachbar der Jabachs verbracht hatte. Und so ergänzte er seine Annahme des Auftrags auch mit den Worten: »Ich ben seer geaffectioneerdt voor de stadt Ceulen, om dat aldaer ben opgevoedt tot het thienste jaer myns levens.« In Bewegung und Gegenbewegung, im schroffen Wechsel von Licht und Schatten entstand ein dramatisches Bild. Schräg liegend bringt der sich aufbäumende athletische Körper des Apostels Spannung in das hohe Bild. Mühsam bändigen die Schergen Petrus. Als Rubens 1640 starb, war das Gemälde vollendet. Die Erben verkaufen es für 1200 Gulden an Jabach, und 1642 ist der Hochaltar vollendet. Schon 1716 bemüht sich Kurfürst Jan Wellem, das Gemälde seiner Düsseldorfer Galerie einzuverleiben. Vergeblich. Erfolgreicher sind die Franzosen. 1794,

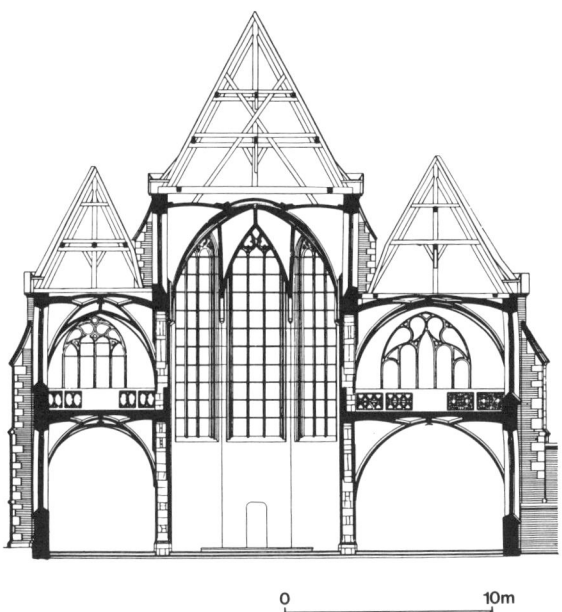

St. Peter, Schnitt

0   10m

nach ihrem Einzug in Köln, wird es nach Paris gebracht, und erst 1815 gelingt es Eberhard von Groote, das Bild wieder nach Köln zurückzubringen.

St. Cäcilien

Seit 1956 haben die Schätze des **Schnütgen-Museums** in St. Cäcilien, einer der bescheideneren Bauten im Kranz der romanischen Kirchen Kölns, eine neue Heimat gefunden (Farbabb. 19). Der Verwaltungsbau an der Nordseite, zugleich Eingang, rundet den Eindruck der Bauten südlich St. Peter für die Jesuiten, die ebenfalls Karl Band entworfen hat, zu einer einheitlich gestalteten Bauinsel in der Vielfalt der Großstadt ab. Ein Teil nur der großartigen Schätze, die Domkapitular Alexander Schnütgen (1843–1918) zusammengetragen hat, kann hier zugänglich gemacht werden. Nur wenige Stücke der kostbaren Glasfenster oder der reichen Skulpturensammlung können dem Publikum gezeigt werden.

Den schlichten romanischen Bau umgibt legendärer Glanz. Lange glaubte man und hat es bis in die Gegenwart diskutiert, daß sich hier der erste Kölner Dom befunden habe. Die Grabungen haben aber hier für die frühe Zeit nur einen schlichten einschiffigen Bau mit rechteckigem Chor, in dessen Mitte ein aufgegebener Brunnenschacht lag, nachgewiesen. Es wird die Kirche des Nonnenklosters sein, das Ende des 9. Jahrhunderts gestiftet worden sein muß. Tränenreich beklagen die vornehmen Damen aber unter Erzbischof Wichfried (924–53), daß ihre Einkünfte nicht reichen, sie das Jahr über zu ernähren. Reiche Stiftungen beheben die Not, und aus Erzbischof Brunos Testament des Jahres 965 erhalten sie 50 Pfund Silber für die Vollendung des Neubaus, der wohl auf die Stiftung Wichfrieds hin begonnen wurde. Bruno schenkt dem Stift auch die Reliquien seines heiligen Vorgängers Evergislus, die er in Termogne entdeckt zu haben glaubt. Eine Krypta wird, wohl für diese Kostbarkeit, im Westen angelegt. Heute steht der Schrein, eine interessante Arbeit des frühen 19. Jahrhunderts, als Ersatz für den verlorenen mittelalterlichen Schrein im Turmuntergeschoß von St. Peter.

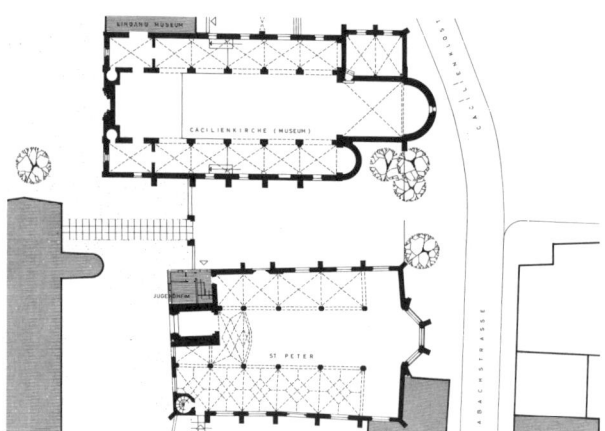

Lageplan von St. Cäcilien, St. Peter und den angrenzenden Gebäudegruppen, von Karl Band

Die *Krypta* ist im Westen des heutigen Kirchenbaus noch erhalten. Mitte des 12. Jahrhunderts entschließt man sich, wohl um im allgemeinen Baufieber mithalten zu können, zu einem jedoch bescheiden konzipierten Neubau. Eine dreischiffige flachgedeckte Pfeilerbasilika entsteht. Nur die Seitenschiffe erhalten einfache Kreuzgratgewölbe, deren Gestaltung an die etwa gleichzeitig angefügten Seitenschiffe in St. Pantaleon erinnert.

Außen fällt am schlicht gehaltenen *Chor* ein kleiner Okulus auf, der Licht vom Osten auf den Altar führte (Abb. 13). Die ehemalige Sakristei südlich neben dem Chor entstand Ende des 15. Jahrhunderts, nachdem Augustinerinnen das nur noch von der Äbtissin bewohnte Stift als Ausweichquartier zugewiesen bekommen hatten. Elisabeth von Reichenstein hat noch versucht, um ihre Rechte zu kämpfen. Vergeblich, weder Kirche noch hoher Adel interessierten sich für das verarmte Etablissement. Die Nachfahren der einstigen Stifter hatten in den Wirren des Burgundischen Krieges (s. S. 69) andere Sorgen. Noch lange vor diesen Problemen stiftete Elisabeth für ihre Kirche die kostbare Madonna mit dem Veilchen aus der Werkstatt Stefan Lochners, die sich heute im Diözesan-Museum befindet. Ins zuvor flachgedeckte Mittelschiff ließen die Augustinerinnen ein Gewölbe einfügen, aber das ist nach dem Krieg ebensowenig erneuert worden wie der barocke Dachreiter.

Noch bevor man durch den ›fränkischen‹ Bogen den Museumseingang erreicht, kommt man am *Nordportal* vorüber. Für Jahrhunderte hat eine Maternuskapelle, die die Legende vom Alten Dom wachhielt, hier das romanische Tympanon geschützt. Inzwischen, nachdem die Kapelle im 19. Jahrhundert entfernt wurde, mußte das Tympanon durch eine Kopie ersetzt werden. Das Original ist nun museal im Inneren der Kirche zu sehen.

Es schildert die hl. Cäcilia, Patronin der Kirchenmusik, mit ihrem Bräutigam und dessen Bruder Tiburtius. In der Hochzeitsnacht von seiner Braut bekehrt, gewann Valerian auch seinen Bruder für seinen neuen Glauben. Die Umschrift des Tympanons hält den Stiftsdamen und später den Nonnen ausdrücklich das Ideal der Jungfräulichkeit vor: »VOS QUI SPECTATIS HEC P(RE)MIA VIRGINITATIS – EXSPECTATE PARI PARITER VIRTUTE BEARI« – Ihr, die ihr diesen Lohn der Jungfräulichkeit erblickt, hofft durch gleiche Tugend gleichfalls selig zu werden. Das scheint nie sehr viele Damen überzeugt zu haben. Andere Damenstifte in Köln, wie St. Maria im Kapitol oder St. Ursula, scheinen reicher und attraktiver gewesen zu sein.

Der bereits erwähnte ›fränkische‹ Bogen ist nicht von so ehrwürdigem Alter, wie es ihm die Bezeichnung zuzuweisen scheint. Er gehört zu den Bauarbeiten ottonischer Zeit wie die Westteile der Krypta im Westen der Kirche. Bis 1851 waren noch vier solcher Bögen in einer Reihe erhalten. Sie lassen sich nach den Grabungen zu einem Innenhof von etwa 14 × 17 m ergänzen. Das Baumaterial, Tuff mit dekorativen Ziegeleinlagen aus römischem Material – vielleicht ja aus den Trümmern der römischen Thermen, die hier im Westen der Stadt lagen –, erinnert an St. Pantaleon. So großzügig, wie es dieser straff geschnittene Bogen erahnen läßt, ist an St. Cäcilien nie wieder gebaut worden.

Zum (vermauerten) *Westportal* muß man sich den Weg erst suchen. Hinter dem Verwaltungstrakt entdeckt man dann die neue Fassade, die Johann Peter Weyer, der langjährige Kölner Stadtbaumeister, Mitte des 19. Jh. entwarf. Die Klostergebäude opferte man 1843–47 dem Neubau des Bürgerspitals (dabei entdeckte man das römische Philosophenmosaik) und übernahm St. Cäcilien als Spitalskirche. Die einst weiter nach Westen vorgezogene Fassade, ähnlich St. Andreas, wurde begradigt und eine frühe neoromanische Architektur entwickelt. Etwas trocken wirkt sie noch heute auf grüner Wiese, von Bäumen halb verdeckt. Über die Breite des vermauerten Portals hinweg spannt seit 1980 ein gesprühtes Geripppe des ›Sprayers‹ Harald Naegeli sein inzwischen bereits erneuertes dürres Gebein als Klagelied.

Vom einstigen Schmuck der Stifts- und Klosterkirche ist wenig erhalten. Reste von Fresken entdeckt man als Rahmung eines Fensters im Schiff und an den Wänden des Chorjochs, stark restauriert. Mit Mühe entziffert man auf der Südseite Szenen des Lebens Christi, auf der Nordseite Bilder aus der Legende der hl. Cäcilia.

Aber die Reichtümer des Museums sind mehr als Ersatz. Die Einrichtung nimmt dabei Rücksicht darauf, daß noch zweimal im Jahr, am Namensfest der Patronin und an Weihnachten, als im Mittelalter und danach die Kölner Erzbischöfe hier eine Messe lasen, Gottesdienst gefeiert wird. Beliebt (und reizvoll) ist auch die Nutzung des Raumes für Konzerte.

Auf dem Weg

Vom Museum aus überqueren wir die Cäcilienstraße und erreichen durch die Antonsgasse die Schildergasse, gehen ein kurzes Stück nach links und biegen rechts in die Kreuzgasse ein. Über die Brüderstraße hinweg sieht man dann bereits Schauspielhaus und Opernhaus. Kreuzgasse und Brüderstraße halten noch die Erinnerung an die Kreuzbrüder fest, die hier ihr Kloster nach der Augustinerregel bewohnten. Der gesamte Baukomplex rings um den neugeschaffenen Offenbachplatz ist erst nach dem Krieg entstanden. Er zeigt die gestalterischen Möglichkeiten des Architekten Wilhelm Riphahn in konzentrierter Form. Inmitten der Trümmerwüste der Innenstadt wurde bereits 1957 das **Opernhaus** vollendet. Es war der erste Neubau dieser Art der Nachkriegszeit in der Bundesrepublik. Durch die Schlichtheit der Gestaltung und die Stringenz der Formen überzeugt ›das Grabmal des unbekannten Intendanten‹ – eine Aufgabe, die inzwischen manchen klangvollen Namen gereizt hat – noch immer, so sehr man den aus dem gleichen Zeitgeist zu verstehenden Abriß des alten Opernhauses am Rudolfplatz bedauern mag. Durch einen Verbindungsgang ist das 1958 vollendete Theaterrestaurant zu erreichen. 1962 folgte das **Schauspielhaus**, zurückhaltend in den Hintergrund gerückt. Über die Nord-Süd-Fahrt hinweg gehören auch noch die beiden gelbgeklinkerten Häuser zur Planung Riphahns.

Die Benennung des *Offenbachplatzes* erinnert an den in Köln als Sohn des Kantors der Synagoge in der angrenzenden Glockengasse geborenen Jacques Offenbach (1819–80). 1833 bereits siedelte er nach Paris über, und seine Karriere dort braucht wohl kaum weiter erläutert zu werden. Emile-Antoine Bourdelles (1861–1929) bronzene **Sappho** ruft das lyrische Thema in ihrer Art erneut ins Bewußtsein. 1887 entworfen, wurden die fünf existierenden Güsse der Plastik erst 1925 angefertigt. Hans Jürgen Grümmers **Opernbrunnen** des Jahres 1966 spielt dagegen mit Wasser und verschiedensten Materialien, darunter Fensterglas der Berliner Gedächtniskirche oder Kacheln eines Badezimmers der Onassisjacht ›Christina‹. Eine Callasreliquie für Opernfans?

Ein wenig im Hintergrund zwar, aber mit zarten Farben und zierlichem Glockenspiel immer wieder Aufmerksamkeit erheischend, wird mit dem **Stammhaus der Firma 4711** an der Glockengasse neben dem Opernhaus noch eine andere Kölner Tradition lebendig gehalten (Abb. 51). Kölnisch Wasser ist wohl das bekannteste Produkt, das den Begriff Kölnisch als selbstverständlich in die Welt exportiert, Zeichen des Qualitätsbewußtseins. Peter Joseph Mülhens ließ hier neben dem Haus, das einst unter französischer Besatzung die glückliche Nummer 4711 erhalten hatte, 1852–54 durch den Architekten Johann Jakob Claassen eines der ersten neugotischen Häuser Kölns errichten. Nach den Kriegszerstörungen wurde der Bau etwas versetzt an der Ecke Schwertnergasse im Anschluß an die Formen des alten Baus mit seinen Anklängen an die Architektur des Gürzenich wieder aufgebaut. Ein offensichtlich erfolgreicher Gedanke, ständige Werbung und ein Muß für jede Stadtrundfahrt durch Köln.

Entlang der Nord-Süd-Fahrt geht es über die Fußgängerbrücke am Archivgebäude des WDR vorbei und auf der anderen Straßenseite gleich links in die Mariengartengasse hoch und durch die Straße Burgmauer, die direkt an der Innenseite der römischen Stadtmauer entlangführt, wieder zum Dom.

Abstecher und Ausflüge

Die vier vom Dom ausgehenden Rundgänge durch die Innenstadt erfassen nicht einmal in diesem Bereich alles, worauf man gerne hinweisen möchte und was man sehen sollte. Vieles andere, was einen Besuch lohnt, liegt außerhalb der ›Ringe‹. Bei der Ausdehnung des Kölner Stadtgebietes mit gut 400 km² handelt es sich dann manches Mal schon um einen Halbtagesausflug. Und der Zeitaufwand steigert sich dann kaum noch, wenn man einige der schönsten Ausflugsziele jenseits der Stadtgrenze mit hinzunimmt.

Beginnen wir mit dem immer notwendigen Überblick, den man sich in Köln leicht verschaffen kann. Der **Südturm des Domes** kann über gut 500 Stufen hoch bis zur Aussichtsplattform bestiegen werden. Bei klarer Sicht ist das ein unvergleichliches Erlebnis. Aber auch bei weniger guter Sicht lohnt schon die Nahsicht auf die Architektur des Domes den mühsamen Weg. Man sollte dafür in jedem Fall den Vormittag vorziehen, um nicht gegen das Licht Ausschau auf die Stadt zu halten.

Auf dem ›**Colonius**‹ – wie der 1978–80 erbaute Fernmeldeturm benannt wurde – gilt es den Nachmittag oder Abend zu nutzen. Man erlebt dann bei Kaffee und Kuchen oder zum Dinner ein langsam vorüberziehendes Panorama. Dafür liegt der den Besuchern zugängliche Teil auch nicht in der Höhe von 243,30 m, die der Turm insgesamt mißt. Gute Alternativen sind das Restaurant des **Messeturms** und natürlich auf ihre Art die **Bastei** am Nordende des Panoramas, das die Krümmung des Rheinlaufs großzügig vor den Speisen der Gäste dort ausbreitet.

Stadtansicht mit Deutzer Ufer, Ausschnitt aus dem Panorama von Anton Woensam, Holzschnitt, 1531

Mit Neu St. Heribert in Deutz treffen wir jenseits der Rheinpromenade, die immer noch (morgens) den schönsten Blick auf das Kölner Panorama bietet, auf einen der wenigen neuromanischen Bauten im Kranz der Kirchen des Historismus in Köln. Zu diesem Thema des Kirchenbaus des Historismus samt Domvollendung, Banken und Postbauten, dazu den Wohn- und Geschäftshäusern kann man in Köln reiche Studien betreiben. **Neu St. Heribert** wurde 1891–96 nach den Plänen des Architekten Caspar Clemens Pickel errichtet. Ins strenge Gefüge einer ordentlichen historisierenden Kirche mit Doppelturmfassade, Querhaus, Vierungsturm und Chorflankentürmen hat Pickel eine Fülle architektonischer Details der rheinischen Romanik aufgenommen. Neben dem selbstverständlichen Akzent von Plattenfries und Zwerggalerie erkennt man den Westturm oder die Treppentürme des Trikonchos von St. Aposteln. Aber das trotz aller Gliederungen flache Relief der Mauern, der steile Schnitt des Raums und der irritierende Wechsel zwischen Säulen und Pfeilern bringen ungewohnte Klänge ins Bild. Die Ausstattung der Nachkriegszeit, die dem Bau statt der ursprünglichen Gewölbe ein schlichtes Holzdach gab, Schiff und Türme mit flacheren Dächern versah, auf den Vierungsturm verzichtete, ist einer der vielen Versuche, die Bauten des Historismus der Gegenwart anzupassen. Hier haben Rudolf Schwarz und Josef Bernard den Wiederaufbau geleitet.

Hinter dem Hauptaltar ist in einem verglasten Gehäuse – in Anlehnung an mittelalterliche Aufstellungsweisen – der *Heribertschrein* verwahrt (Farbabb. 7). Unter den überkommenen mittelalterlichen Schreinen ist er der am besten erhaltene. Um 1160/70 haben zwei Werkstätten, die des Heribertmeisters und die des Marienmeisters, die kostbare Hülle für die Gebeine des Klosterstifters hergestellt. Mit großen Emailmedaillons wird auf den Dachflächen die Geschichte des Kölner Erzbischofs Heribert (999–1021) erzählt. An den Längsseiten begleiten Könige und Propheten in Email die getriebenen Figuren der Apostel. Maria und Heribert finden wir an den Frontseiten des Schreins, den die Inschriften als Abbild des Himmlischen Jerusalem erläutern. Geschaffen wurde der Schrein damals für die ehemalige Abteikirche **Alt St. Heribert** (Abb. 46), für die Gebeine des Stifters. 1020 wurde die Kirche geweiht. Aber als Ansatz für eine Konkurrenz zum Handelszentrum Köln war die Abtei den Kölnern immer ein Dorn im Auge. 1382 und wieder im 17. Jahrhundert wurde die Kirche zerstört und zuletzt gotisierend 1659–63 wieder aufgebaut.

Mit St. Mauritius südlich des Neumarktes und den Kirchen der Neustadt kann man seine Studien zum Kirchenbau des Historismus – und zum Umgang damit im Wiederaufbau – fortsetzen. *St. Agnes* (s. S. 150) und *St. Paul* (s. S. 325) haben ihre Gestalt weitgehend bewahrt oder wieder erhalten. Die evangelische *Trinitatiskirche* (s. S. 242f.) ist zumindest äußerlich unversehrt. **St. Mauritius,** ursprünglich die älteste in allen Teilen gewölbte romanische Kirche Kölns, dazu eine rein bürgerliche Stiftung, 1141 geweiht, wurde wegen Baufälligkeit abgerissen. 1861–64 entstand an ihrer Stelle einer der interessantesten Kirchenbauten des Historismus im Rheinland, ein neugotischer Bau, dessen Entwurf Vincenz Statz an die Liebfrauenkirche in Trier anlehnte. Sein von einer Marienfigur bekrönter Turm prägt noch heute manche Blickachse der Stadt. Fritz Schaller hat die Kriegszerstörungen zu einer raffinierten Umgestaltung genutzt. Der ehemalige Komplex des **Benediktinerinnen-**

Alt St. Heribert in Deutz, Vorkriegszustand,
Federzeichnung nach einer Fotografie, 1956

klosters, nach der Säkularisation bis 1901 als Alexianerkloster genutzt, ist, wenige Schritte entfernt, nun Sitz des Kölner Männergesangvereins. Die Bauten des späten 18. Jahrhunderts übernehmen als **Haus Wolkenburg** den Namen des früheren Vereinssitzes und bieten mit verschiedenen Restaurants und einem großen Saal manche Annehmlichkeit.

In Blickkontakt zu St. Mauritius entstand in der Neustadt, am Zülpicher Platz, 1893–1900 nach den Plänen des in Köln am Dom geschulten Architekten Friedrich von Schmidt die **Pfarrkirche Herz Jesu.** Sein Sohn Heinrich konnte 1909 den Bau mit der Vollendung des Turmes abschließen. Hier hat man die Kriegszerstörungen zu einer Reduktion des Raumes genutzt. Aber Ähnliches gilt auch für **St. Maternus,** als letzte der Neustadtkirchen von Stephan Mattar 1913–16 am Maternuskirchplatz erbaut, und für **St. Michael** am Brüsseler Platz, wo Eduard Endler 1902–06 eine reizvolle Mischung romanischer und byzantinischer Formen entstehen ließ.

Startzeichen für die Lösung vom Historismus im Kirchenbau war zwar die **Stahlkirche** Otto Bartnings auf der Pressa des Jahres 1928 (s. S. 87), die in wenigen Wochen errichtet wurde, aber sie blieb nicht in Köln, wurde nach der Ausstellung in Essen-Steele wiederaufgebaut. In Köln selbst ist Dominikus Böhms **St. Engelbert** in *Riehl,* im Norden Kölns am Riehler Gürtel, der Beginn modernen Kirchenbaus (Abb. 72). Aus acht parabolisch geschnittenen Wänden wächst der Rundbau. Ein schlanker hoher Turm setzt seinen rechteckigen Kontrapunkt zu den gerundeten Formen des Kirchenraumes.

Die Zerstörungen des Krieges gaben neben den Versuchen, Teilverluste von Bauten des 19. Jahrhunderts durch eigenständige moderne Architektur zu ersetzen, auch reichen Raum für Neubauten. So entstand nach den Plänen von Rudolf Schwarz 1947–50 die **Kalker Kapelle** neu, in der eine Pietà des frühen 15. Jahrhunderts seit langem Wallfahrtsziel ist, Wallfahrten, die im Dritten Reich demonstrationsartigen Charakter annahmen. Fast zeitlos runden sich die schlichten Formen des Backsteinbaus. Aus Rechtecken und kubischen Räumen wächst dagegen die **Kirche St. Mechtern** desselben Architekten in der Mechternstraße in *Köln-Ehrenfeld*, errichtet 1953/54. Auch Dominikus Böhm verzichtet 1953/54 beim Bau der **Kirche St. Maria Königin** in *Köln-Marienburg* an der Goethestraße auf komplizierte Formen – klare Linien und eine weitgespannte Fensterwand prägen das Erscheinungsbild. Bewegter werden die Linien wieder mit **St. Joseph** von Rudolf Schwarz und Josef Bernard an der Braunstraße in *Köln-Braunsfeld* 1954 oder mit Hans Schillings raffinierter Planung für **Neu St. Alban** (s. S. 273). Der reine Backsteinkubus von **St. Laurentius** an der gleichnamigen Straße in *Köln-Lindenthal* von Emil Steffann 1961/62 bietet dagegen angespannte Ruhe. Neue Lösungswege, geradezu bildhauerische Raumentwicklungen und Bauformen findet Gottfried Böhm, Sohn und langjähriger Mitarbeiter seines Vaters Dominikus, mit zwei seiner Kölner Arbeiten: **St. Gertrud** in der Krefelder Straße 1962–65 und der **Pfarrkirche Christi Auferstehung** 1967–70 in *Köln-Lindenthal* an der Brucknerstraße (Abb. 87), die wirkungsvoll die Blickachse des Kanalverlaufs abschließt. Aber das ist nur eine kleine Auswahl. Manches mehr an interessanten Entwicklungen haben neben weiteren Bauten in der Stadt und den Stadtteilen die Vororte zu bieten.

In größerer Entfernung vom Stadtzentrum, einige Kilometer von der mittelalterlichen Stadtmauer entfernt, findet man auch die Spuren der mittelalterlichen und oft noch älteren Besiedlung. Kleine Dörfer und große Höfe, Wasserburgen und Herrensitze prägten die Landschaft, bevor das rasante Wachstum der Siedlungen und der Industrie im 19. und 20. Jahrhundert das heutige Erscheinungsbild der städtischen Ballungszone entstehen ließ. Viele der kleinen Landkirchen und Herrensitze sind in diesem Prozeß untergegangen, durch Neubauten des 19. Jahrhunderts ersetzt worden. Manche Kirche bewahrt noch einen Turm, einen Taufstein, ein paar Grabdenkmäler.

Aber fünf Beispiele zeigen, welchen Reiz gerade die reduzierte Form der großstädtischen Romanik entwickeln konnte; denn die Auftraggeber waren die gleichen. Die Pfarren waren Stiften oder Klöstern Kölns inkorporiert. Ihnen kamen die Einkünfte zugute, aber sie mußten auch die Verantwortung für den Bau der Kirche und die seelsorgerische Versorgung tragen.

Noch nahe der Stadt, in *Kriel* am Suitbert-Heimbach-Platz, hat man neben der **Albertus-Magnus-Pfarrkirche,** einem schlichten Nachkriegsbau von Otto Bongartz mit einer Chorausmalung von Peter Hecker, das ›**Krieler Dömchen**‹ bewahrt (Abb. 47). Das St. Stephan geweihte, für Hochzeitsmessen beliebte Kirchlein enthüllt bei näherem Hinsehen eine komplizierte Baugeschichte. Drei karolingische Memoriensteine berichten vom Friedhof einer wohl im Normannenüberfall des Winters 881/82 zerstörten Kirche. An ihr, so berichtet die Legende, habe Hildebold als Pfarrer gewirkt. Hier sei er dann Karl dem Großen begegnet, der nach einem Jagdausflug noch eine Messe habe feiern lassen wollen. Das schlichte und strenge Gemüt des Geistlichen, der sein Goldstück zurückwies und ihm empfahl, sich besser mit einer Beichte von seinen Sünden zu lösen, habe Karl so beeindruckt, daß er Hildebold bei nächster Gelegenheit auf den Kölner Bischofsthron berufen habe.

Die kleine Kirche wird 1224 als Eigenkirche des Stiftes St. Gereon erstmals erwähnt – des Stiftes, zu dem Hildebold enge Beziehungen pflegte und sich auch dort begraben ließ. Die Memoriensteine sind in den späteren Kirchenbau eingefügt. Um 900 entstand eine kleine Saalkirche, das heutige Mittelschiff aus einfacher Grauwacke, Feldsteinen und römischen Ziegeln: leicht erreichbares Baumaterial, für das keine weiten Transportwege zu überwinden waren. Erst die jüngeren Bauteile verwenden dann auch Tuff, der bereits ein ausgebautes Bauwesen mit Steinbrüchen am Rhein voraussetzt. Um die Jahrtausendwende wird ein etwas schmalerer Rechteckchor angefügt. Mitte des 13. Jahrhunderts, Zeichen der auch auf dem Lande aufblühenden Wirtschaft, wird das nördliche Seitenschiff angefügt und an der Südseite eine Gerichtshalle für den ländlichen Besitz des Stiftes angebaut. Das Chorjoch erhält dabei ein Rippengewölbe. Die Ende des 18. Jahrhunderts angefügte Sakristei hat man nach dem Kriege noch vergrößert.

Alt St. Katharina an der Sebastianstraße in *Niehl,* im Norden Kölns, war Eigentum des nahe gelegenen Stiftes St. Kunibert, in dessen Besitz es erstmals 1236 erwähnt wird. Der ursprünglich sogar dreischiffige Bau, eine kleine Basilika mit breitem Westturm, hat später sein südliches Seitenschiff verloren. Dafür wurde an den Bau des 12. Jahrhunderts ein polygonaler Chor angefügt und 1260 geweiht und um 1400 auch das Langhaus gewölbt.

Durch die Lage auf einer hochwasserfreien Anhöhe über der Rheinaue und die noch frische farbige Fassung der harmonischen Architektur ist **St. Amandus** in *Rheinkassel,* noch weiter rheinabwärts, die reizvollste Anlage. Die reichen Erträge der Pfarre führten im 12. Jahrhundert zu Streitigkeiten zwischen dem Grundherrn des Dorfes, dem Stift St. Gereon und dem nahe gelegenen Kloster Knechtsteden (s. S. 348), die erst Erzbischof Engelbert I. (1216–25) mit der Inkorporation in das Vermögen des Stiftes St. Gereon im Jahre 1220 löste.

Der Name des Patrons verweist wohl auf noch ältere Rechte, auf St. Amand, den ›Apostel Belgiens‹. Wohl seinem Kloster Elno in Flandern, das er im 7. Jahrhundert gegründet hatte, gehörte ursprünglich die erste Eigenkirche an dieser Stelle. Die Archäologen haben Grundmauern des 9. oder 10. Jahrhunderts aufspüren können. Aber die entscheidende Bauzeit beginnt für den heutigen Bau erst nach der endgültigen Übernahme durch das Stift St. Gereon. Vorher, um 1200, hatte man den wuchtigen Westturm errichtet. Erster und offensichtlich demonstrativer Bauakt der neuen Herren war dann um 1230 die Errichtung des staufischen Langchores. Vereinfacht greift er den Chor der Stiftskirche als Vorbild auf. Die reiche Gliederung der Apsis von St. Gereon wird auf zwei Geschosse reduziert und mit schlichten Lisenen und Rundbogenfriesen nachgebildet. Vier Geschosse erhalten die kantig geschnittenen Chorflankentürme, die über den Deich hinweg die typische Kölner Chorfassade in Erinnerung rufen.

Innen erinnern die mit Schaftringen versehenen schlanken schwarzen Säulen und das zentralisierende Gewölbe der Chorapsis an das gerade vollendete Dekagon von St. Gereon. Die Einwölbung des Schiffs scheint man allerdings erst im 17. Jahrhundert vollendet zu haben, als auch der Westturm seines dritten Geschosses beraubt wurde. Von einer schlichten kölnischen Madonna der Zeit um 1300 bis zu prunkvollen Ausstattungsstücken des historisierenden 19. Jahrhunderts ist auch die Ausstattung sehenswert.

Ganz im Süden des heutigen Köln, in *Rodenkirchen*, erinnert **Alt St. Maternus** (Farbabb. 31) am Rheinufer inmitten des kleinen alten Friedhofs an ein legendäres Ereignis, bei dem Köln den kürzeren zog: Als Maternus (s. S. 29) starb, bemühten sich alle drei Bistümer, die er geleitet hatte, um seine sterblichen Überreste. Schließlich legte man sie in Köln in ein Boot und wartete die Entscheidung höherer Gewalt ab. Zur Enttäuschung der Kölner verharrte das Boot nicht am Ufer, trieb auch nicht, wie man für Tongeren erwartete, nach Norden, sondern fand seinen Weg gegen den Strom nach Süden. Erst hier, in Rodenkirchen legte das Boot, nachdem die Entscheidung nicht mehr disputiert werden konnte, wieder an. Zwar wird Rodenkirchen erst 989 erstmals genannt, aber zwei Memoriensteine und römische Funde belegen die erheblich ältere Besiedlung des Gebietes. Ein Saalbau mit kleiner halbrunder Apsis stand am Anfang der Bauentwicklung im 11. Jahrhundert. Im 15. Jahrhundert wurde auf der Südseite ein Seitenschiff angefügt und im 17. Jahrhundert ein Turm errichtet. Westlich hat man die Sakristei angefügt. Vor dem entfernten Panorama der Stadt Köln bietet sich hier ein reizvolles Bild als Endstation kleiner Schiffstouren vom Stadtzentrum aus.

Ein Stück stromaufwärts, am gegenüberliegenden Rheinufer, inzwischen für Fußgänger und Radfahrer durch eine Fähre von Weiß aus besser zu erreichen, liegt unser letztes Beispiel. Hoch über einem alten Rheinarm liegt in *Porz-Zündorf* die alte **Pfarrkirche St. Michael** des Ortsteils Niederzündorf. Im ummauerten Friedhof an der Burgstraße steht der kleine einschiffige Bau des 11. Jahrhunderts, dessen Turm 1170 errichtet wurde. Über dem Südportal ist als Türsturz ein Memorienstein und daneben ein merowingisches Rankenrelief eingelassen. Der Chor wurde 1692 erneuert, und 1906 riß man das nördliche Seitenschiff ab.

Ganz im Norden des rechtsrheinischen Köln bietet auch die heutige **Pfarrkirche St. Nikolaus** in *Dünnwald* ebenfalls Spuren romanischer Architektur. Das zu Beginn des 12. Jahrhunderts gegründete Stift wurde bereits 1143 von Prämonstratenserinnen des Klosters Steinfeld übernommen. Die Doppelklöster der Prämonstratenser hatten immer wieder Ärgernis erregt. So löste man die Abteilungen räumlich voneinander, Dünnwald blieb aber unter Steinfelder Aufsicht. Den ersten Bau, eine kurze dreischiffige Pfeilerbasilika, verlängerten die Damen um drei Joche nach Westen, mit einer Nonnenempore und einer Doppelturmfassade, von der wohl nur der Nordwestturm vollendet wurde. Das nördliche Seitenschiff wurde im 14. Jahrhundert umgebaut und eingewölbt. Vor 1640 erhielt die Nordostapsis eine geschweifte Haube und das nördliche Seitenschiff seine drei Quergiebel, die heute das Erscheinungsbild bestimmen. Sehenswert sind die 1948 freigelegten Wandmalereien des 15. Jahrhunderts.

In Dünnwald kann man eine Rundfahrt zu Kölner Herrensitzen beginnen. Man kann bei **Haus Haan** am Ortsrand auch noch erkennen, daß es sich ursprünglich um eine Wasserburg handelte. Inzwischen ist der einstige Feudalherrensitz in feudale Wohnungen umgewandelt worden. Aus der Fülle solcher Herrensitze wollen wir wenigstens einige herausgreifen, die besonders ins Auge fallen. Im südlich von Dünnwald gelegenen *Holweide* steht anstelle des **Rittersitzes Iddelsfeld,** der bereits 1222 erwähnt wird, nur noch eine Hofanlage an der Neufelder Straße mit einem Herrenhaus des späten 18. Jahrhunderts. Die **Isenburg** in ihrer großen Parkanlage wird dagegen zwar erst 1364 erstmals erwähnt, ist aber durch ihr Schloß-restaurant zu einem bei Feinschmeckern beliebten Ziel geworden. Der wuchtige Turm des 17. Jahrhunderts mit dem angebauten Herrenhaus des Klassizismus aus dem Jahre 1803 ist der markanteste Bauteil der zweigliedrigen Anlage.

Auf der anderen Rheinseite ist in *Roggendorf-Thenhoven* im Norden Kölns mit **Schloß Arff** die prächtigste Anlage (von außen) zu besehen. Hier saßen im Jahre 1366 die Ritter van der Arffe. Den Bau gaben aber erst 1750 die beiden Kanoniker von Buschmann beim Architekten des Kölner Kurfürsten, Michel Leveilly, in Auftrag, der zuvor Bauleiter bei dessen Jagdschloß Falkenlust gewesen war. 1755 war die elegante Barockanlage vollendet, die nun seit 1803 im Besitz der Freiherrn Geyr von Schweppenburg ist. Ähnliches, aber noch als richtige Wasserburg bauten sich die Grafen von Schall zu Bell Mitte des 18. Jahrhunderts nach den Plänen des Mülheimer Architekten Johann Georg Leydel: **Schloß Wahn.** Als Mieter der Freiherrn Eltz zu Rübenach, der heutigen Besitzer der Anlage, ist hier das *Theatermuseum* untergebracht.

Wieder auf der linken Rheinseite ist die zu *Junkersdorf* gehörende **Burg Horbell,** eine ehemalige Wasserburg, mit einem Herrenhaus des frühen 18. Jahrhunderts und der dreiflü-geligen Vorburg in eine Wohnanlage umgewandelt worden. Aber an Wohnwert ist das alles noch nicht mit dem schlicht so benannten **Weißhaus** an der Luxemburger Straße in *Sülz* zu vergleichen. Obwohl von Wasser umgeben, kann man bei dieser Sommerresidenz der Äbte von St. Pantaleon trotzdem nicht von einer Wasserburg sprechen. An den achtseitigen Turm des 17. Jahrhunderts schließt sich das Herrenhaus des späten 18. Jahrhunderts an. Von Vincenz Statz kamen die Pläne für den rückseitigen Kapellenanbau, für den Johann Anton Ramboux einen Gemäldezyklus schuf. Ideal ist, wie gesagt, die Lage. Eine Straßenbahnhal-testelle vor der Tür und wenige Schritte nur bis zur Universität.

Allerdings erst, seit am 26. Oktober 1929, am Tage nach dem katastrophalen ›Schwarzen Freitag‹ der New Yorker Börse, hier der Grundstein für den Neubau der **Universität** nach den Plänen von Adolf Abel gelegt worden war. Wegen der Weltwirtschaftskrise mußten die Bauarbeiten zeitweise sogar eingestellt werden. Am 5. April 1935 erfolgte die feierliche Einweihung der zu diesem Zeitpunkt bereits seit einem Jahr genutzten Bauten. Nach dem Kriege diente der große Saal der Aula bis 1957 für Schauspiel, Oper und die Konzerte des Gürzenichorchesters. Mit den rapide anwachsenden Studentenzahlen sind eine ganze Reihe verschiedener Bauten neu hinzugekommen, ohne daß sich ein reines Universitätsviertel gebildet hätte. Eine reiche Durchsetzung mit altem Wohnhausbestand und Geschäften erhält das Viertel lebendig, vermeidet Sterilität. Durch die Tieferlegung der Universitäts-straße vor dem *Hauptgebäude* konnte hier mit *Philosophikum* und *Universitäts- und Stadt-bibliothek* ein Mittelpunkt des Universitätsbereichs entstehen, von dem Wilhelm Riphahns

Backsteinhochhaus der *Wirtschaftswissenschaftlichen Fakultät* und die *Zentralmensa* etwa gleich weit entfernt sind. Den Platz beherrscht die Skulptur des sinnenden *Albertus Magnus,* die Gerhard Marcks 1955 schuf (s. Abb. S. 43).

Hinter der Universitätsbibliothek, an der Straße Weyertal, ist mit dem **Geusenfriedhof** einer der stillsten Räume Kölns zugänglich. Seit 1576 sind hier weit vor den Toren und Mauern des katholischen Kölns die Bestattungen evangelischer Einwohner vorgenommen worden. Bis 1829 blieb der Friedhof in Nutzung. Eine Vielfalt von Grabsteinen und Grabplatten vom späten 16. bis ins frühe 19. Jahrhundert zeugen davon.

Hygienische Bedenken waren 1805 der Anlaß für ein Edikt Napoleons, wie in römischer Zeit Bestattungen innerhalb der Stadtmauern zu verbieten. 1810 wurde der neue – bis 1829 katholische – **Zentralfriedhof** eröffnet. Man nutzt dafür das Gelände des ehemaligen Leprosenhauses an der Aachener Straße, das in seiner Benennung **Melaten** noch den Hinweis auf ›malade‹ für krank enthält. Ein klassizistischer *Portikus* an der Aachener Straße trägt einen von Ferdinand Franz Wallraf formulierten Gruß (Abb. 58). Die *Friedhofskapelle,* heute als griechisch-orthodoxe Kirche genutzt, ist seit ihrer Bauzeit Ende des 15. Jahrhunderts mehrfach verändert und renoviert worden. Eine Fülle von Grabdenkmälern seit dem frühen 19. Jahrhundert und die regelmäßig gerasterte Anlage geben dem Friedhof seine charakteristische Atmosphäre, in der man Kunstgeschichte und Stadtgeschichte zugleich betreiben kann.

An der *Aachener Straße,* einige Kilometer weiter westlich, jenseits der Autobahn, trifft man mit der Hausnummer 328 auf die **römische Grabkammer** in *Weiden* (Abb. 6). Die Aufdeckung der unterirdischen Grabkammer im Jahre 1843 war eine Sensation. Mitte des 2. Jahrhunderts war die Grabkammer aus großen Tuffblöcken gemauert und eingewölbt worden. Eine Treppe mit verschließbarem Zugang führte hinunter. Hier wurden wohl die Toten der Besitzerfamilie eines nahegelegenen Gutshofes bestattet. Für die ursprünglichen Urnenbestattungen sind die kleinen Nischen in den Wänden gedacht. Als sich im Laufe des 3. Jahrhunderts die Sitten wandeln und Körperbestattungen vorgezogen werden, wird von einer stadtrömischen Werkstatt der Marmorsarkophag bezogen. Er war allerdings ursprünglich oberirdisch aufgestellt und stürzte erst mit dem Zusammenbruch des Gewölbes der Grabkammer hinunter. Die Einrichtung der Grabkammer mit Speiseliegen in den Wandnischen für die Männer und Korbsesseln, die in Kalkstein Weidengeflecht imitieren, entspricht den Darstellungen, die wir auch auf einfacheren Grabsteinen im Römisch-Germanischen Museum finden. Drei Porträtbüsten, die man bei der Aufdeckung fand, sollten wohl an hier beigesetzte Verstorbene des späten 2. Jahrhunderts erinnern. Reizvoll ist auch der Schutzbau darüber, den Ernst Friedrich Zwirner nach dem Erwerb der Grabkammer durch den preußischen Staat entwarf. Er versucht, römische Mauerwerkmotive und Baugestalt aufzugreifen.

Damit haben wir fast schon die Stadtgrenze erreicht und wagen uns mit einem Besuch im **Kloster Brauweiler** darüber hinaus. Knapp zwei Kilometer nördlich der Aachener Straße hat hier 1024 der lothringische Pfalzgraf Ezzo mit seiner Gemahlin Mathilde, der Tochter Kaiser Ottos II., ein Familienkloster gestiftet. Ezzos Tochter Richeza, Königin von Polen, finanziert einen Neubau in den Jahren 1048–61. Die *Krypta*, die den Grundriß der Kirche St. Maria im Kapitol, der Richezas Schwester Ida als Äbtissin und Bauherrin vorstand, übernimmt, kann bereits 1051 geweiht werden. Die *Kirche* weiht erst 1061 Erzbischof Anno. Vom frühen 12. Jahrhundert bis zum Beginn des 13. Jahrhunderts wird der Kirchenbau weitgehend erneuert. Um 1135 ist die Dreiturmgruppe im Westen vollendet, um 1215 sind dann mit Querhaus, Krypta und Choranlage die Arbeiten abgeschlossen. Inzwischen sind auch die barocken *Abteigebäude* teils wieder restauriert worden, in die einige Behörden des Landschaftsverbandes Rheinland eingezogen sind. Berühmt waren die Gewölbemalereien des Kapitelsaales, von denen, nachdem man die Übermalungen des 19. Jahrhunderts entfernt hat, nur noch wenig zu sehen ist. Sie stammten von derselben Werkstatt, die kurz darauf, 1151, die Kirche zu Schwarz-Rheindorf ausmalte.

Wieder gut zehn Kilometer weiter nördlich liegt **Kloster Knechtsteden,** heute von den Patres vom Heiligen Geist betreut. 1130 gründete hier auf einer Anhöhe oberhalb der Niederungen eines alten Rheinarmes der Kölner Domdechant Hog von Sponheim das Kloster als Familienstiftung und übertrug es dem aufblühenden Prämonstratenserorden. 1138 wurde der Grundstein für den *Kirchenbau* gelegt, und zwar von einer frommen Frau Udeldrudis oder Udalinde, so daß man annehmen kann, daß nicht nur Christian, der bald auch Propst des Stiftes wurde, die Finanzierung des Baus trug. Christian war zuvor Schatzmeister des Stiftes St. Andreas in Köln gewesen. Sein Vorgänger Heribert, der erste Propst des Stiftes, war vor dem Eintritt in den Prämonstratenserorden Scholastikus an St. Andreas gewesen. Er muß aber französische Architekturvorstellungen und vielleicht auch einen Architekten mitgebracht haben, als er in Knechtsteden einzog. Nur so sind eigentlich die Hängekuppeln nach südfranzösischem Vorbild zu erklären, die in Querhaus und Vierung und ursprünglich auch im Chorjoch die Gestalt des ersten Bauabschnittes prägen, der sonst rheinischer Bautradition folgt.

In der Neusser Fehde, die 1475 das Scheitern Karls des Kühnen von Burgund in der Belagerung von Neuss sah, wurde die Apsis zerstört und in schlichten gotischen Formen wiederaufgebaut. Bis zum Tode Christians 1151 waren Chor und Querschiff vollendet. Die Mittel für den Rest des Baues, Schiff und Westchor für die Nutzung als Pfarrkirche, stellte Albert von Sponheim zur Verfügung, der Neffe des Gründers und wie dieser Domdechant von Köln. Das Schiff in gebundenem System, bei dem zwei quadratische Joche der Seitenschiffe einem quadratischen Joch des Schiffes entsprechen, endet in einer gerundeten Westapsis, die noch das Wandgemälde der Erbauungszeit um 1160 erkennen läßt. Über elf Aposteln wird Christus als Weltenrichter von Petrus und Paulus begleitet, zu Christi Füßen erscheint kniefällig flehend Albert von Sponheim, der großzügige Stifter.

Die kleine und reizvolle Festungsstadt **Zons**, das ›Rotenburg des Rheinlandes‹, erreicht man von Knechtsteden aus in wenigen Minuten nach Nordosten, in Richtung Rhein. Die alte Zollstation am Rhein, die den Kölner Erzbischöfen reiche Einkünfte brachte, baute Erzbischof Friedrich von Saarwerden (1370–1414) zur Festung aus. Das regelmäßige Rechteck der Stadtanlage wurde zusätzlich durch die *Burg Friedestrom* gesichert. Mauern, Türme und Toranlagen, das Museum mit seinen wechselnden Ausstellungen im Schloß, die malerischen Straßen und Häuser machen Zons zu einem beliebten Ausflugsziel. Die *Pfarrkirche St. Martin* ist ein Neubau, 1875–79 nach den Plänen von Vincenz Statz als dreischiffige Hallenkirche in Backstein errichtet.

Rechtsrheinisch lohnt sich auf dem Weg nach Altenberg ein Blick – besonders bei gutem Wetter – in den *Japanischen Garten* in **Leverkusen**. Wer erwartet schon inmitten der Werksanlagen eines großen Chemieunternehmens einen Park von 200 000 m² und inmitten dieses *Carl-Duisberg-Parks* wiederum den Japanischen Garten von 10 000 m²? Zuerst im Jahre 1912 von japanischen Gärtnern angelegt, wurde er 1960 an der heutigen Stelle in neuer Gestalt zugänglich gemacht.

In **Bensberg** hat Gottfried Böhm die Ruine der *alten Burg der Grafen von Berg* mit den wuchtigen Formen seines *Rathausneubaus* in den Jahren nach 1964 verbunden. Noch nach nun bald einer Generation gilt diese Verbindung zwischen Bewahrung eines Baudenkmals und modernem Neubau als ein gelungenes Vorbild. Darüber in der Höhe ist von Graf Matteo Alberti 1703–10 als Oberbaudirektor des Kurfürsten Jan Wellem das *Neue Schloß* als großzügiges Jagdschloß errichtet worden. Mit Blickachse auf den Kölner Dom entstand eine strenge Barockarchitektur, deren Räume durch militärische Nutzung als preußische Kadettenanstalt und als Napola im Dritten Reich verkommen und heute als Kaserne auch nicht zugänglich sind.

Noch ein Stück weiter nordöstlich ins Bergische Land hinein liegt die **Kirche des ehemaligen Zisterzienserklosters Altenberg**. Hier hatten 1133 Graf Adolf I. von Berg und sein Bruder Eberhard bei ihrer alten Stammburg eine Zisterzienserabtei gegründet, eine Familienstiftung, da sie selbst sich mit Schloß Burg an der Wupper einen neuen Hauptsitz schufen. Die aus Morimond kommenden Zisterzienser unter Abt Berno verlegten ihr Kloster bald, den Vorstellungen des Ordens gemäß, ins Dhünntal. Der erste Kirchenbau des Klosters wurde 1255–1379 nach einheitlichem Plan durch die prächtige dreischiffige Basilika mit dreischiffigem Querhaus ersetzt. Die Arbeiten begannen mit der Grundsteinlegung der sieben ausstrahlenden Kapellen des Chores (Farbabb. 33) durch Graf Adolf IV. von Berg und seinen Bruder Walram von Limburg. Zehn Altäre, Zeichen eines raschen Baufortschritts, konnten bereits 1276 geweiht werden. Danach ging es aus Finanznot nur langsam voran. Auch bei der Weihe im Jahre 1379 waren die Arbeiten noch nicht abgeschlossen. Erst die Stiftungen des vom Deutschen Orden aus seinem Sitz vertriebenen Bischofs Wikbold von Kulm, der in Altenberg seinen Sitz nahm, ermöglichten im Jahre 1386 die Vollendung der westlichen Gewölbe des Schiffes und die prunkvolle Gestaltung des Maßwerks des großen Westfensters.

Altenberg ist keine Miniaturausgabe des Domes, wie man leicht auf den ersten Blick meint. Trotz einer vergleichbaren Bauzeit und der örtlichen Nähe waren für Altenberg Zisterzienserkirchen das entscheidende Vorbild. Die Abteikirche von Longpont oder die Abteikirche von Royaumont, die Ludwig der Heilige stiftete und als Grabkirche für ihn selbst und seine Söhne dienen sollte, spielen hier mit Grundriß, Wandaufbau und den Rundpfeilern die entscheidende Rolle. Neben den Orgelkonzerten in der Kirche sollte man sich einen Rundgang mit Blick auf die Entwicklung der Fenster nicht entgehen lassen. In den Grisaillefenstern der Chorkapellen erscheint noch naturalistisches Blatt- und Rankenwerk. Im Laufe des 14. Jahrhunderts treten in den Grisaillefenstern (schwach getöntes preiswertes Glas erhält eine Zeichnung mit Schwarzlot aufgebrannt) geometrische Formen hervor. Selten wird ein Stück farbigen Glases eingefügt. Das große achtbahnige Westfenster, zu Beginn des 15. Jahrhunderts von Herzog Wilhelm von Jülich-Berg und seiner Gemahlin Anna gestiftet, bringt dann das volle Leuchten des Spätmittelalters in den Raum.

Über alldem sollte man den Glanz des Barocks nicht vergessen, auch wenn er im Rheinland etwas seltener vertreten ist. Hier ist das durch die nicht seltenen Staatsempfänge zur Tagesschauberühmtheit gelangte **Schloß Augustusburg** zu *Brühl* ein hinreißendes Beispiel – auch wenn es sicher nicht soviel Besucher zählt wie das vor den Toren Brühls gelegene *Phantasialand*. Brühl war seit 1288 immer wieder und zunehmend Aufenthaltsort der aus Köln vertriebenen Kölner Erzbischöfe. 1689 hatten französische Truppen den traditionsreichen Sitz gesprengt. Aus Rache nahm sich Erzbischof Clemens August (1723–61) dann Versailles als Vorbild für einen Neubau, und mir persönlich gefällt das Ergebnis besser als das Vorbild.

Johann Conrad Schlaun schuf den Entwurf, mit dem 1725 der Bau begonnen wurde. Als dann der bayerische Hofarchitekt François Cuvilliés zu Rate gezogen wird, ändert sich alles. Die Südseite mit dem vorgelagerten Barockpark wird betont, und zwei lange Galerietrakte ergänzen das Bild. Dabei wird die Franziskanerkirche in eine Schloßkirche verwandelt mit einem zweigeschossigen Oratorium des Erzbischofs am Chor und einem 1745 vollendeten Hochaltar von Balthasar Neumann mit dem Skulpturenschmuck des Würzburger Hofbildhauers Johann Wolfgang von der Auwera.

Im Schloß selbst liefert Balthasar Neumanns *Treppenhaus* den Höhepunkt (Farbabb. 34). In die Nordwestecke des Schlosses eingebaut, ermöglicht es die Verbindung zu den Wohnräumen des Fürsten im Nordtrakt und den zeremoniellen Zugang zu den Repräsentationsräumen des Westflügels mit Gartensaal, Speisesaal und Musiksaal, auf dessen Galerie Musikanten und Zuschauer Platz fanden, die sich von dem Fest gebührend zu beeindrucken lassen hatten. Durch diese Räume hindurch erst gelangt man dann erschöpft und überwältigt in die Staatsappartements des hohen Herrn.

Auch das Treppenhaus (1743–48) mit seinen beiden kühnen rückläufigen Treppenzügen und den seitlichen Gängen verherrlicht den Bauherren. Den ersten Mittelpunkt bildet seine vergoldete Büste mit großem Trophäenaufbau. Und auch die vorzüglichen Stuckarbeiten und die Gemälde Carlo Carlones, die eine Kuppel vortäuschen, feiern auf der galerieumzogenen Decke die Huldigung der Künste vor dem Bauherren, der durch einen Obelisken mit dem auch sonst nicht seltenen Monogramm CA vertreten ist, und preisen den Sturz seiner Gegner. Auch Gartensaal und Musiksaal als großer Festsaal schließen sich den Huldigungen und Preisungen an.

Zur Entspannung diente die Jagd, ganz vornehm mit dem Falken. Dafür entstand 1729–40 wieder nach Plänen François Cuvilliés das nahe gelegene **Jagdschloß Falkenlust.**

Nach Köln darf man mit der Überlegung zurückkehren, ob ähnliche Bauten wohl Köln zieren würden, wenn die Kölner und nicht der Erzbischof die Schlacht bei Worringen 1288 (s. S. 40 f.) verloren hätten? Aber wäre dann Köln das, was es heute ist?

Parks und Gärten

Das Interesse an Grünanlagen läßt sich in Köln zumindest bis ins hohe Mittelalter zurückverfolgen, wenn man nicht schon die Villen der römischen Zeit rings um Köln als ein erstes Zeichen der Flucht aufs Land nehmen will. Albertus Magnus entzückte der Legende nach seinen hohen Gast, den deutschen König Wilhelm von Holland, mit einer kunstvoll arrangierten Gartenparty mitten im Winter samt blühenden Rosen. Dazu ist heute keine Heiligkeit mehr erforderlich. Jeder Blumenhändler bietet das. Flora und Botanischer Garten aber bieten einiges darüber hinaus.

Der traditionsreiche *Botanische Garten der Jesuiten* mußte dem 1859 vollendeten Hauptbahnhof weichen. 1863 wurde, damals weit vor den Toren der Stadt, in *Riehl*, im Norden Kölns, die ›**Flora**‹ angelegt (Abb. 49). Eine bunte historisierende Mischung unterschiedlicher Gartenstile nach den Entwürfen Peter Josef Lennés mit dem Palmenhaus als Eisen- und Glas-Konstruktion wurde zur Freizeitattraktion der Bürger. Erst 1906 entstand für eine Kunstausstellung der Frauenrosenhof nach dem Entwurf von Joseph Maria Olbrich. Beide Bauten sind nach den Zerstörungen des letzten Krieges noch nicht in ihrer ursprünglichen Qualität wiederhergestellt worden.

1914 wurde nördlich der **Botanische Garten** angeschlossen. Ein reicher Pflanzenbestand von etwa 12 000 Arten kann hier im Freien und in den verschiedenen Gewächshäusern entdeckt werden.

Die älteste erhaltene Grünanlage Kölns ist der erstmals 1827–29 angelegte **Stadtgarten,** 1860–64 und 1888 verändert, aber im Gegensatz zur vornehmen Flora mit freiem Eintritt bereits damals der gesamten Bevölkerung zugänglich. Jenseits des Kaiser-Wilhelm-Rings, mit dem Bau der Kirche Neu St. Alban als zusätzlicher Attraktion, ist der Park im klassischen Landschaftsstil eine Schatzkammer alter Solitärbäume inmitten der ringsum gewachsenen Neustadt.

Der **Volksgarten** im südlichen Teil der Neustadt, 1887–89 nach dem Entwurf von Adolf Kowallek angelegt, bezieht in seine differenzierte Gliederung eine Wasserfläche und das preußische Fort IV mit ein. In den ersten beiden Jahrzehnten unseres Jahrhunderts kamen

Die Flora um die Jahrhundertwende

unter Gartenbaudirektor Fritz Encke noch weitere kleinere Vorortparks zu den Kölner Grünanlagen hinzu. Für die damals jenseits der Neustadt wachsenden Stadtteile waren Anlagen wie **Klettenbergpark, Vorgebirgspark, Blücherpark** oder der noch 1895–98 von Adolf Kowallek gestaltete **Stadtwald** in *Lindenthal* wichtige Erholungsbereiche.

Mit dem Ende des Ersten Weltkrieges verlor Köln seinen – schon längst sinnlosen – Charakter als Festung. Damit war der Weg frei für eine großzügige Planung, die unter Konrad Adenauer als Oberbürgermeister von Fritz Schumacher entwickelt worden ist. Innerer und äußerer Grüngürtel nutzen Festungsgelände und vorgelagertes Rayongebiet, das freie Schußfeld. Damit entstanden variationsreiche Freizeit- und Erholungsgebiete, die nach dem Zweiten Weltkrieg durch Trümmerberge zusätzliche aparte Akzente erhielten. **Stadtwald** oder **Beethovenpark** geben die radial in die Stadt hineinreichenden Anschlüsse dazu.

Im Norden der über diese Planungen weit hinausgewachsenen Stadt ist mit dem Gelände rings um den **Fühlinger See** in den letzten Jahren eine zusätzliche linksrheinische Freizeit- und Erholungsanlage entstanden. Im Süden ist dagegen der **Forstbotanische Garten** in *Rodenkirchen* mit seinem Reichtum seltener Pflanzen zu einer Attraktion geworden, an die sich südlich der **Friedenswald** anschließt, in dem viele Länder der Erde mit typischen oder Symbolbäumen repräsentiert werden.

Das rechtsrheinische Gebiet Kölns bietet mit den weiten Flächen des **Königsforstes** ein beliebtes Ausflugsgebiet, das im Süden mit **Gut Leidenhausen,** nahe Porz-Eil, und seinem *Wildgehege,* der *Greifvogelschutzstation* und dem informativen *Haus des Waldes* eine zusätzliche Attraktion aufweist. Tierbeobachtungen bieten auch der *Wildpark Köln-Dünnwald* und *Wildgehege Brück* im Norden des Königsforstes. Und am Rhein entlang reicht das Angebot von der **Freizeitinsel** ›Groov‹ in *Porz-Zündorf* über die *Poller Wiesen* bis zum Rheinpark nördlich des Messegeländes und setzt sich auch noch weiter nach Norden fort. Im **Rheinpark** ist der *Tanzbrunnen* Josef Op gen Oorths 1950 mit dem *Sternwellenzelt* Frei Ottos des Jahres 1957 (Abb. 74) eine durch populäre Konzerte bekannte Institution. Aber auch die **Rheinseilbahn,** die zum Zoo hinüber verkehrt, wird gerne im Sommer genutzt. Und mit der Freude der Kölner, auf etwas Einzigartiges hinweisen zu können, haben sie entdeckt, daß dies die einzige Seilbahn ist, die eine Brücke, die *Zoobrücke,* überquert.

Der **Zoo** lag bei seiner Gründung im Jahre 1860 noch vor der Festung Köln. Inzwischen ist sein Gelände längst von der Stadt umschlossen worden. Mehrfach erweitert verfügt er inzwischen über eine Fläche von 20 Hektar und ist nach den Museen die besucherstärkste Einrichtung der Stadt. Aus den frühen Jahren des Zoos stammen noch das *Elefantenhaus* im maurischen Stil (Abb. 54) und das *Südamerikahaus* als Abbild einer russischen Kirche. Zoologischer Schwerpunkt der Arbeit des Kölner Zoos sind die Affen. Dem erfolgreichen *Lemurenhaus* des Jahres 1973 ist 1985 das *Urwaldhaus für Menschenaffen* gefolgt, in dem nur noch – bruchsichere – Glasscheiben zwischen Orang-Utans, Gorillas und Menschen stehen. Angegliedert sind ein großzügiges *Aquarium* und ein *Insektarium.*

Glossar

Ambo In frühchristlichen und frühmittelalterlichen **Basiliken** erhöhter Aufbau mit Lesepult; später im **Lettner** (Abtrennung zwischen Chorraum und Kirchenschiff) eingebaut oder durch Kanzel ersetzt

Anna selbdritt Darstellung der hl. Anna mit ihrer Tochter Maria und dem Jesusknaben

Antependium Bekleidung des Unterbaus eines Altars aus kostbaren Stoffen oder gestalteten Holz- oder Metalltafeln

Apokalypse Offenbarung Johannis, letztes Buch des Neuen Testaments

Apsis/Apsiden Seit der römischen Antike halbkreisförmiger, mit Halbkuppel überwölbter Raum als Abschluß eines Hauptgebäudes. Von der christlichen Kirchenbaukunst übernommen; Aufstellungsort des Altares bzw. Abschluß des **Chores.**

Arkaden Auf Pfeilern oder Säulen ruhende Bogenreihe

Armreliquiar Behälter zur Aufbewahrung der Überreste eines Heiligen in Armform

Atrium Ungedeckter Vorhof (hier einer Kirche), mit Säulengängen umgeben

Aula regia Hauptbau einer Pfalz

Baldachin Dachartiger Aufbau über einer geweihten Stätte oder einem Kultgegenstand

Balustrade Aus einer Reihe untersetzter Stützglieder gebildetes durchbrochenes Geländer

Baptisterium Taufkapelle, meist **Zentralbau**

Basilika In der Antike Bau für Handel und Gerichtsbarkeit. In die christliche Kirchenbaukunst übernommen.
Das gegenüber niedrigeren Seitenschiffen überhöhte Mittelschiff, durch eine Fensterreihe im **Obergaden** beleuchtet, ruht auf **Pfeilern** oder **Säulen,** die meist durch **Bögen** miteinander verbunden sind.

Blendarkade, -triforium, -maßwerk Die genannten Bauteile stehen nicht vor einer Maueröffnung, sondern vor geschlossener Wand. Sie sind ihr nur vorgeblendet.

Bogen Überbrückung einer Maueröffnung. Je nach Form der meist aus dem Halbkreis entwikkelten Bögen unterscheidet man z. B. **Rundbogen, Spitzbogen, Korbbogen u. v. a.**

Bogenfries s. **Fries**

Cella memoriae Im Frühchristentum kleiner Überbau über dem Grab eines Heiligen zur Erinnerung an den Toten.

Chor Ein für den Chorgesang und das Gebet von Geistlichen und Mönchen bestimmter Raum, meist im Osten der Kirche. Vom Gemeinderaum durch eine **Chorschranke,** ein Chorgitter oder einen **Lettner** abgeschlossen.

Chorwinkelturm Zwischen den Querarmen des Kirchenschiffes und dem Chor eingestellter Turm

Christogramm Christusmonogramm aus ineinandergestelltem X und P, den griechischen Anfangsbuchstaben des Namens Christi.

Ciborium Von Säulen gestützter Überbau über Altar oder Grab

Confessio Vorkammer eines Märtyrer- oder Heiligengrabes unter dem Hauptaltar. Sie ermöglichte dem Gläubigen die Annäherung bzw. die Berührung der Reliquien.

Dachformen Werden von der Anordnung der geneigten Dachflächen bestimmt. Z. B. **Pultdach** (einfachste Dachform aus nur einer schräg ansteigenden Fläche), **Rautendach** (von den Giebelspitzen steigen Grate zu einer gemeinsamen Spitze auf), **Faltdach** (die rautenförmigen Flächen sind nach innen gebrochen, wodurch eine Kehle entsteht), **Pyramidendach** (gebildet aus 4 oder 8 gleichen Dreieckflächen), **Kegeldach** (gleichmäßig aufsteigendes Dach über rundem Grundriß) u. v. a.

Dachreiter Kleiner, schlanker Turm, der auf dem Dachfirst zu reiten scheint.

Deësis Darstellung des thronenden Christus als Richter des Jüngsten Gerichts zwischen Maria und Johannes als Fürbittenden.

Dekagon Zehneckiger (Zentral-)Bau

Dienste In der Gotik lange, dünne Säulchen oder Halbsäulchen, die die **Gurte** oder **Rippen** der **Kreuzgewölbe** oder die Profile der **Arkadenbögen** aufnehmen; einem Pfeiler angegliedert oder der Wand vorgelegt

Dienstebündel Mehrere zusammengefaßte Dienste

Doppelschaligkeit Durch Laufgänge wird die Wand in eine äußere und eine innere Schale zerlegt. Säulen, Pfeiler, breite Öffnungen machen dies sichtbar, geben der Wand plastische Gestalt

Dreipaß s. **Paß**

Empore Raum über den Seitenschiffen zum Mittelschiff geöffnet

Expositorium Nische oder Öffnung zum Ausstellen einer konsekrierten Hostie, verwahrt in einer Monstranz

Faltdach s. **Dach**formen

Firstkamm Kammartig gezähnte Verzierung entlang dem Dachfirst

Fischgrätmuster Art des Mauerverbandes, bei dem die Steine horizontal ährenartig angeordnet sind

Flügelaltar Vor allem in der Gotik viel verwandte Altarform, bestehend aus einem Mittelteil (Altarschrank) und beidseitig angebrachten beweglichen Flügeln, geschnitzt oder bemalt

Fresken Malereien, die auf dem frischen (ital.: al fresco) Kalkbewurf der Wand aufgebracht werden

Fries Streifenförmige Flächen zum Abschluß, zur Gliederung, zum Schmuck einer Wand. An Außenwänden meist plastisch (**Plattenfries, Rundbogenfries**), innen auch gemalt.

Gabelkruzifixus, auch **Pestkreuz** Darstellung Christi mit skelettartig magerem Körper und vom Tod gezeichneten Antlitz an einem Kreuz, dessen Seitenarme astartig nach oben führen

Galerie Langer, gedeckter, seitlich offener Gang, z. B. an einer Fassade

Gebundenes System Konstruktionsprinzip einer romanischen **Basilika**, dem als Maßeinheit das **Vierungs**quadrat zugrundeliegt. Einem Quadrat im Mittelschiff entsprechen je zwei Quadrate im entsprechenden Seitenschiffabschnitt.

Gesims Waagerechtes Bauelement, das eine Mauer in horizontale Abschnitte gliedert

Gestelzt ist z. B. ein Bogen dann, wenn seine Krümmung erst oberhalb eines senkrecht-geraden Anlaufs (Stelze) ansetzt. Der Bogen wird dadurch höher, ohne daß die Spannweite vergrößert werden muß

Gewände Schräg geführte Mauerfläche (**Laibung**) seitlich eines Fensters oder eines Portals

Gewölbe Gemauerter krummflächiger oberer Abschluß eines Raumes. Einfachste Form: **Ton-**

nengewölbe mit halbkreisförmigem Querschnitt. Durchdringt eine Längstonne eine gleichhohe Quertonne, entsteht ein **Kreuz** bzw. **Kreuzgratgewölbe.** (Grate sind scharfe Kanten, die beim Zusammentreffen zweier Flächen entstehen.) Werden die Grate durch **Rippen** verstärkt, entsteht ein Kreuzrippengewölbe. Bilden (meist nur untergeblendete) Rippen ein zusammenhängendes Netz auf dem Gewölbegrund, nennt man das ein **Netzgewölbe.** Ein **Sterngewölbe** wird aus symmetrisch angeordneten Dreistrahlgewölben oder Rauten gebildet. Das **Klostergewölbe** besteht aus gekrümmten Flächen (Wangen), die ähnlich einer Kuppel unmittelbar auf der Umfassungsmauer vieleckiger Bauten aufsitzen.

Gewölbezwickel Bauelemente, die vom quadratischen oder vieleckigen Grundriß des Unterbaues zum Fußkreis einer **Kuppel** oder eines **Klostergewölbes** überleiten. Dazu gehören auch Hängezwickel (**Pendentifs**) und **Trompen** (Trichternischen).

Gurt, Gurtbogen Quer zur Längsachse eines Gewölbes verlaufender Verstärkungsbogen

Immunität Meist durch Mauern abgegrenzter Bereich rings um ein Kloster oder Stift, der der Herrschaft des Abtes oder Propstes untersteht, in dem weder die städtische Steuergesetzgebung greift noch städtische Rechte geltend gemacht werden können

Joch Raumabschnitt, der einer Gewölbeeinheit entspricht. Er wird in der Längsrichtung des Kirchenschiffs gezählt.

Kämpfer Gestaltete Zone, in der die Krümmung eines Bogens oder eines Gewölbes beginnt

Kämpferblock Würfelähnlicher, oft sich trapezförmig nach oben erweiternder Aufsatz über einem **Kapitell**

Kalotte Gewölbe in Form einer Viertelkugel als Abschluß einer Apsis

Kapelle Kleine Kirche ohne Pfarrrecht. Auch kleiner Sakralraum für bestimmte Zwecke (Taufe, Trauung, Beerdigung). Auch Ein- oder Anbau in Kirchen mit Altären

Kapitell Ausladendes Kopfstück einer Stütze (Säule, Pfeiler, Pilaster)

Kapitelsaal Im Kloster Raum, in dem den Mönchen Weisungen erteilt wurden; Versammlungsraum eines Domkapitels

Kegeldach s. **Dach**formen

Kleeblattchor s. **Trikonchos**

Klostergewölbe s. **Gewölbe**

Konche Halbrunde **Apsis,** auch die einer Muschel (lat.: concha) vergleichbare Halbkuppel

Konsole Vorspringendes Tragelement, Kragstein, auf dem z. B. Bogen, Gesims, Balken, Dienste oder Gewölbe ruhen

Korbbogen s. **Bogen**

Kreuzgang Mit der Kirche Kern eines Klosters oder eines Stiftes; um einen Rechteckinnenhof angelegter Gang, in **Arkaden** geöffnet

Kreuzgratgewölbe s. **Gewölbe**

Krypta Raum, meist unter dem **Chor** der Kirche. Frühe Krypten waren mitunter stollenförmig angelegt (**Ringstollenkrypta**).

Kuppa Schale eines Kelches

Kuppel Gewölbe- bzw. Dachform über rundem (seltener ovalem) oder quadratischem Grundriß. Ihre Mantelfläche ist in der Regel ein Kugelabschnitt. Zur Überhöhung des Raumes kann die Kuppel auf einen zylinderförmigen **Tambour** (meist mit Fenstern) gestellt werden. Licht kann auch durch eine über der Scheitelöffnung aufgesetzte **Laterne** in die Kuppel gelangen.

Labyrinth Aus der antiken Sagenwelt übernommene geometrische Figur. Nur ein Weg aus der Fülle miteinander verschlungener Bahnen führt ins Zentrum oder zum Ausgang.

Laibung s. **Gewände**

Lanzettfenster Langes, schmales, mit überhöhtem Spitzbogen abschließendes Fenster

Laterne s. **Kuppel**

Laudes Lobgesänge der Liturgie

Laufgang Von Säulen abgeschlossener Gang in den oberen Teilen eines Bauwerkes; z. B. außen als **Galerie**, innen im **Triforium**

Lehrgerüst Hölzernes Hilfsgerüst beim Bau eines Bogens oder Gewölbes

Lettner s. **Ambo, Chor**

Lisene Schwach vortretende senkrechte Mauerverstärkung zur Gliederung von Fassaden, vor allem in der Romanik. Oben meist durch Bögen oder **Rundbogenfriese** verbunden

Mäander Rechtwinklig gebrochenes fortlaufendes Ornament, genannt nach dem kleinasiatischen Fluß Maiandros

Mosaik Geometrisches Muster oder Bilder aus kleinen, bunten, natürlichen oder künstlichen Steinen, die in ein Mörtelbett gesetzt werden. Als Wand-, Gewölbe- oder Fußbodenschmuck.

Netzgewölbe s. **Gewölbe**

Nische Eintiefung in einer Mauer, halbrund, recht- oder viereckig, oben geschlossen

Nodus Knauf eines Kelches

Obergaden, Lichtgaden Fensterzone in dem über die Seitenschiffdächer erhöhten Teil des Mittelschiffes einer **Basilika**

Okulus Kleines Rundfenster

Opus alexandrinum Aus der Antike übernommene Technik des Fußbodenmosaiks mit unterschiedlich großen Platten und Plättchen

Paß Aus Dreiviertelkreisen zusammengesetzte gotische Maßwerkfigur. Je nach Anzahl der Kreisteile wird unterschieden in **Dreipaß,** Vierpaß usw.

Patene Hostienteller

Pendentif s. **Gewölbe**

Pestkreuz s. **Gabelkruzifixus**

Pfeilerbasilika s. **Basilika**

Pfeil = Stich, Höhe des Scheitels eines Bogens oder Gewölbes vom Kämpfer an gemessen

Pilaster Wandpfeiler mit Basis und **Kapitell**

Plattenfries s. **Fries**

Polygonal Vieleckig

Prätorium Haus des Kommandanten (praetor) eines befestigten römischen Lagers (castrum)

Pultdach s. **Dach**formen

Pyramidendach s. **Dach**formen

Querhaus Quer zum Langhaus einer Kirche verlaufender Bauteil. Die Durchdringung von Langhaus und Querhaus ergibt die **Vierung.**

Rautendach s. **Dach**formen

Retabel Altaraufsatz aus Stein, Metall, Holz

Ringanker Ringförmig einen Gebäudeteil umschließende konstruktive Vorrichtung zur Aufnahme von Zugspannungen, die durch Schubwirkung (z. B. eines Gewölbes) entstehen

Ringstollenkrypta s. **Krypta**

Rippen Vorstehende, verstärkende, gurtähnliche Bögen eines Gewölbes

Rundbogenfries s. **Bogen, Fries**

Säulenbasilika s. **Basilika**

Sakristei Nebenraum eines Chors, dient zum Ankleiden des Priesters und zur Aufbewahrung von Kultgeräten

Schaftring, Wirtel Ringförmige Verstärkung eines Säulenschaftes

Schallarkade Maueröffnung an Glockentürmen in Höhe des Glockenstuhles

Schalltopf Eingemauertes Keramikgefäß zur Verbesserung der Akustik

Schiff Bei Kirchen Innenraum von Langbauten; man unterscheidet Mittelschiff und Seitenschiffe

Schildbogen Bogen an der Wand- bzw. Fensterseite eines Gewölbes

Schlußstein Scheitelstein eines Bogens; auch Schnittpunkt sich treffender oder kreuzender **Gewölberippen**

Schrein Behälter; kunstvoll verziert als Reliquienschrein

Schwarzlot Schmelzfarbe (opakes schwarzes Email) in der Glasmalerei für Detailzeichnungen genutzt

Sepulcrum Grabstätte, Grabmal, im Altar als kleines Gefäß für Reliquien

Sohlbank Fensterbank, unterer Abschluß eines Fensters

Spitzbogen s. **Bogen**

Spolien Wiederverwendete Bauteile eines älteren verfallenen oder abgerissenen Gebäudes

Sprengbogen (meist hölzerne) Konstruktion zur Aufnahme großer Lasten bzw. zur Überbrückung großer Spannweiten

Sterngewölbe s. **Gewölbe**

Strebebogen Schräg ansteigender Bogen, der den Gewölbeschub des Hochschiffes einer gotischen Basilika auf einen **Strebepfeiler** ableitet

Stütze Stützendes Bauglied, das je nach seinem Querschnitt als Säule oder Pfeiler bezeichnet wird

Substruktion Unterbau eines Bauwerkes auf unebenem oder wenig tragfähigem Baugrund

Tabernakel Gehäuse zur Aufbewahrung der Hostien; auch von Stützen getragener Überbau eines Altars oder Grabes (**Ciborium**)

Tambour s. **Kuppel**

Tonnengewölbe s. **Gewölbe**

Traufgesims Gesims unter der Dachtraufe

Treppenspindel Durchlaufende senkrechte Stütze (Spindel), um die bei einer Wendeltreppe die Stufen spiralförmig ansteigen

Triforium Laufgang in einer Basilika zwischen **Arkaden** und Fensterzone oder zwischen **Empore** und Fensterzone

Trikonchos Dreikonchenbau, meist als **Chor** an einer **Basilika** (aber auch an **Zentralbauten**), bestehend aus drei halbrunden, **kleeblatt**förmig angeordneten Konchen (**Apsiden**)

Triptychon Dreiteiliges Bild, z. B. **Flügelaltar**

Triumphbogen Hier Bogen zwischen Mittelschiff eines Langhauses bzw. **Vierung** und Chor

Trompen s. **Gewölbezwickel**

Tumba Rechteckiges Grabmal mit Grabplatte

Tympanon Hier Bogenfeld über einem Kirchenportal, oft mit Relief geschmückt

Typar Siegestempel

Vierung s. **Querhaus**

Weicher Stil Stilstufe der deutschen Plastik, ca. um 1400–1430

Westwerk Im Westen an eine Bischofs- oder Klosterkirche angebauter Raumteil mit Kaiserempore. Von außen wie monumentaler Turm wirkend

Wirtel s. **Schaftring**

Wurzel Jesse Darstellung des Stammbaumes Christi, nach Jesaias 11,1

Zentralbau Baukörper mit (annähernd) gleich langen Hauptachsen. Grundform ist ein Kreis, Quadrat, regelmäßiges Vieleck (z. B. **Dekagon**)

Zwerggalerie Zierform des romanischen Stils (verbreitet im Rheinland); meist an **Apsiden** in Höhe des Dachansatzes angebrachter **Laufgang**, mit kleinen Säulen gegliedert

Zwickel Dreiseitig begrenzte Fläche, z. B. zwischen Bogen und Rahmung oder bei **Gewölben**. S. auch **Gewölbezwickel**, **Pendentif**

Literatur (Auswahl)

Die Literatur zu Geschichte und Kunst Kölns füllt mit Leichtigkeit eine umfangreiche Bibliothek und als Literaturverzeichnis problemlos einen eigenen Band. Wichtiges Hilfsmittel bleiben ›Die Kunstdenkmäler der Rheinprovinz, hrsg. von Paul Clemen, Bd. VI und Bd. VII in je vier Abteilungen, Düsseldorf 1906–38, und die Bände der Reihe ›Stadtspuren‹, die Hiltrud Kier herausgibt. Neben den ›Mitteilungen aus dem Stadtarchiv von der Stadt Köln‹ sind die ›Jahrbücher des Kölnischen Geschichtsvereins‹ und die von Hans Blum zusammengestellten Bibliographien zur Geschichte Kölns die nützlichsten Instrumente für den historischen Bereich. Die knappen Monographien, die in der Reihe ›Aus der Kölner Stadtgeschichte‹ erschienen sind, haben Themen vom römischen Köln bis zum Dritten Reich aufgegriffen.

Für die folgende Auswahl habe ich zusammengestellt, was einzelne der im Buch angesprochenen Punkte und Themen vertiefen kann und möglichst auch noch leicht zu erhalten ist.

Abt, Josef und Wolfgang Vomm: Der Kölner Friedhof Melaten. Köln 1980

Binding, Günther und Barbara Kahle: 2000 Jahre Baukunst in Köln. Köln 1983

Binding, Günther: Städtebau und Heilsordnung. Künstlerische Gestaltung der Stadt Köln in ottonischer Zeit. Düsseldorf 1986

Böll, V. (Hrsg.): Böll und Köln. Köln 1990

Borger, H.: Die Kölner Museen. Köln 1990

Borger, Hugo: Das Römisch-Germanische Museum Köln. München 1977

Borger, Hugo und Frank Günter Zehnder: Köln. Die Stadt als Kunstwerk. Stadtansichten vom 15. bis 20. Jahrhundert. Köln 1982

Dietmar, C.: Die Chronik Kölns. Dortmund ²1992

Fuchs, P. (Hrsg.): Chronik zur Geschichte der Stadt Köln. 2 Bde. Köln 1990/91

Fußbroich, Helmut: Gedenktafeln in Köln. Spuren der Stadtgeschichte. Köln 1985

Hall, H. (Hrsg.): Köln – seine Bauten 1928–1988. Köln 1991

Hüllenkremer, Marie (Hrsg.): Kunst in Köln. Köln 1987

Kier, Hiltrud: Die Kölner Neustadt. Düsseldorf 1978

Kier, Hiltrud und Werner Schäfke: Die Kölner Ringe. Geschichte und Glanz einer Straße. Köln 1987

Louis, Reinold: Kölnischer Liederschatz. Köln 1986

Meuthen, Erich: Kölner Universitätsgeschichte Bd. I. Die alte Universität. Köln 1988

Noelke, Peter (Hrsg.): Kölner Museumsführer. Köln 1987

Römer's Restaurant Report 1993. Köln 1992

Schäfke, Werner (Hrsg.): Oh! De Cologne. Die Geschichte des Kölnisch Wasser. Köln 1985

Schäfke, W.: Kölns romanische Kirchen. Architektur, Ausstattung, Geschichte. Köln ⁸1991

Schäfke, W. (Hrsg.): Der Name der Freiheit 1288–1988. Aspekte Kölner Geschichte von Worringen bis heute. 2 Bde. Köln 1988

Schilling, Birgit: Brunnen in Köln. Köln 1988

Schlieter, Erhard und Rudolf Barten: Köln, Café, Kuchen. Köln 1987

Schwering, Max-Leo: Handwerk in Köln. 1984

Skulptur in Köln. Bildwerke des 20. Jahrhunderts im Stadtbild (Museum Ludwig). Köln 1988

Westfehling, U.: Glückliches Köln. Graphische Kunst aus 10 Jahrhunderten. Köln 1992

Wolff, Gerta: Das Römisch-Germanische Köln. Köln ⁴1993

Wolff, Arnold (Hrsg.): Der gotische Dom in Köln. Köln 1986

Zehnder, Frank Günter: Sankt Ursula. Legende – Verehrung – Bilderwelt. Köln 1985

Abbildungsnachweis

Farb- und Schwarzweißabbildungen

Rudolf Barten, Köln Farbabb. 12

Michael Bengel, Köln Abb. 62

Helmut Buchen, Köln Farbabb. 6–8; Abb. 8, 9, 11, 17, 57

Fridmar Damm, Köln Umschlagklappe vorn, Farbabb. 2, 3, 19–23, 28–32; Abb. 7

Furo-Fotografie, Köln Abb. 25, 26, 42, 78, 88

Wolfgang Fritz, Köln Abb. 63, 64, 79, 80

Rainer Gaertner, Bergisch Gladbach Umschlagvorderseite, Farbabb. 1, 4, 5, 9, 11, 24, 27; Abb. 2

Peter Klaes, Radevormwald Farbabb. 33

Celia Koerber-Leupold, Erftstadt-Bliesheim Farbabb. 15; Abb. 3, 12, 22, 37, 41, 43–49, 51–54, 55, 56, 58, 59, 65–68, 70–74, 83, 84, 87

Wolfgang F. Meier, Köln Farbabb. 13, 14, 16, 17; Abb. 4, 6, 10, 13–16, 18–21, 23, 24, 27–36, 48, 50, 60, 61, 75, 77, 81, 85

Marion Mennicken, Köln Abb. 82, 86

Rheinisches Bildarchiv, Köln Umschlagklappe hinten, Farbabb. 35, Abb. 1, 69

Heinz-Josef Schmitz, Hürth Abb. 5

Gereon W. Verweyen, Sürth Abb. 76

Stuttgarter Luftbild Elsässer GmbH, Stuttgart Farbabb. 25 (Freigabe-Nr. 9/81302), Umschlagrückseite (Detail)

Abbildungen im Text

Antiquariat Hans Buchholz, Köln Abb. S. 84, 248, 352

Fr. Bock, Rheinlands Baudenkmale des Mittelalters. Ein Führer zu den merkwürdigsten mittelalterlichen Bauwerken am Rheine und seinen Nebenflüssen, Köln und Neuss, o. J. Abb. S. 262, 263

Fr. Bock, Der Kunst- und Reliquienschatz des Kölner Domes, Köln und Neuss, 1870 Abb. S. 129

Paul Clemen, Die Kunstdenkmäler der Rheinprovinz Die kirchlichen Kunstdenkmäler der Stadt Köln Abb. S. 152, 153, 201, 218, 287, 335

Die profanen Denkmäler der Stadt Köln Abb. S. 209, 215

Leonard Ennen, Der Dom zu Köln von seinem Beginne bis zu seiner Vollendung, Festschrift des Central-Dombauvereins, Köln 1880 Abb. S. 105

Festschrift zur Eröffnung des neuen Stadt-Theaters zu Cöln, Köln 1902 Abb. S. 83

Römisch-Germanisches Museum, Köln 1965 Abb. S. 22

Peter Fuchs, Rathaus zu Köln, Köln 1973 Abb. S. 207

Hessische Landes- und Hochschulbibliothek, Darmstadt Abb. S. 32

Historisches Archiv der Stadt Köln Abb. S. 91

Koelhoffsche Chronik Abb. S. 38, 41, 68, 142

Kölnisches Stadtmuseum Abb. S. 9, 35, 45, 47, 73, 75, 76, 78, 79, 82, 83, 102, 134, 143, 144, 155, 156, 200, 203, 219, 220, 242, 244, 248, 253, 260, 262 o., 270, 274, 275, 281, 312, 316, 317, 328, 329

Wolfgang F. Meier, Köln Abb. S. 43

Günter Merkenich, Köln Abb. S. 94, 195, 251, 308/09

Neuester Illustrirter Führer durch Köln und Umgebung, zusammengestellt von A. C. Greven, Köln 1888 Abb. S. 324

Wilhelm Nyssen, Verborgenes Licht, Köln 1983 Abb. S. 222 re.

Rheinische Kunststätten, hrsg. vom Rheinischen Verein für Denkmalpflege und Landschaftsschutz, Köln Köln, St. Heribert, Köln-Deutz Abb. S. 342

Köln, St. Mariä Himmelfahrt Abb. S. 138

Köln, St. Maria Lyskirchen Abb. S. 245

Köln, St. Peter und St. Cäcilien Abb. S. 336

Rheinisches Bildarchiv, Köln Abb. S. 13, 17, 20, 25, 44, 108, 111, 136, 148, 194, 206, 212, 216, 223, 246, 249, 283, 332

Helga Schmidt-Glassner, Stuttgart Abb. S. 39

Hugo Schmölz Abb. S. 88/89, 149

Schmölz & Ulrich, Köln Abb. S. 266, 279

Wilhelm Schorn und Albert Verbeek, Die Kirche St. Georg in Köln, Berlin 1940 Abb. S. 313

Otmar Schwab Abb. S. 221

Emil Steffan, Entwurfszeichnung 1951, Architekturmuseum Frankfurt DAM Abb. S. 323

Peter Anton Tholen, Neue baugeschichtliche Ergebnisse in den frühen Kirchen Kölns. Wallraf-Richartz-Jahrbuch 12/13, 1943, 7–30 Abb. S. 327

Hans Vogts, Die Kölner Patriziergeschlechter des Mittelalters als Bauherren und Förderer der Kunst Abb. S. 30

Johann Peter Weyer, Sammlung von Ansichten öffentlicher Plätze, merkwürdiger Gebäude und Denkmäler in Köln, Köln 1827 (Kölnisches Stadtmuseum) Abb. S. 269, 276, 310, 318, 331, 334

Rudolf Wesenberg, Frühe mittelalterliche Bildwerke Abb. S. 222 li.

Willy Weyres, Neue Kirchen im Erzbistum Köln 1945–1956, Düsseldorf 1957 Abb. S. 285

Arnold Wolff Abb. S. 96, 97

Alle anderen Abbildungen stammen aus den Archiven von Autor und Verlag

Karten in den Umschlagklappen: DuMont Buchverlag

Praktische Reisehinweise

Anreise und Übernachten

Alle Wege führen nach Köln. Eisenbahn, Autobahn, Flugverkehr, Straßen aller Art, Radwege und Fußwege führen nach Köln. Und für reiche Gelegenheit an Schiffsverkehr sorgt der Rhein. In Köln selbst bieten zahlreiche Parkhäuser, gut über die Stadt verteilt, Möglichkeiten, das Auto abzustellen. Versuche, es für Besichtigungen zu verwenden, entwickeln sich durch die Parkplatzsuche sonst leicht zu einer Stadtrundfahrt. Daher sind die Rundgänge auch für Fußgänger angelegt.

Das neue *Parkleitsystem* zeigt dem Autofahrer innerhalb des Bereichs Dom, Neumarkt und Ringe, wo und wieviel Plätze in Parkhäusern und Tiefgaragen frei sind.

Für größere Strecken in der Stadt bieten die Kölner Verkehrsbetriebe ein dichtes Netz von Straßenbahnen, ober- und unterirdisch, und Buslinien. Die Kartenverkaufsstelle am Hauptbahnhof und das Kundenzentrum der KVB/KBE Neumarkt 25 geben über Verbindungen und Fahrkartenregelungen Auskunft (Übersichtsplan Straßenbahn/U-Bahn).

Das Übernachten wird in Köln in einem breiten Spektrum von Möglichkeiten angeboten. Das reicht von den Jugendherbergen über einfache Hotels und Privatzimmer bis zu den großen Luxushotels, deren Zahl sich in den letzten Jahren erstaunlich vermehrt hat. Trotzdem sollte man sich rechtzeitig um seine Übernachtungsmöglichkeit kümmern. Durch die Fülle von Messen wird oft langfristig fast die ganze Hotelkapazität ausgelastet.

Hier ist die Zimmervermittlung des Verkehrsamtes der beste Ansprechpartner. Das **Verkehrsamt der Stadt Köln**, Unter Fettenhennen, 50667 Köln 1, ✆ 0221/221-3345, gegenüber der Westfassade des Domes hilft auch sonst mit Auskünften aller Art, veranstaltet Stadtrundfahren und gibt manche informative Broschüre heraus, u. a. über Parkhäuser, zu Fuß durch Köln, Einkaufen, Karneval sowie den Veranstaltungskalender ›Köln-Monatsvorschau‹.

Umfassende Informationen und reiches Adressenmaterial enthält auch die Broschüre ›Zu Hause in Köln‹ (hrsg. vom Presse- und Informationsamt der Stadt Köln).

Essen und Trinken

Manche finden ihn hinreißend, andere finden ihn umwerfend, und zwischen beiden Parteien des öffentlich und privat heftig ausgetragenen Streites ist es noch immer nicht zu einer friedlichen Einigung gekommen. Wir reden vom Duft der ›Rievkooche‹, der Reibekuchen, der Puffer, Kartoffelpuffer..., von jener köstlichen Zwischenmahlzeit, die den täglichen Kalorienbedarf problemlos abdeckt, dem Duft, den der Edelpavillon vor dem Haupteingang des Hauptbahnhofs bzw. vor dem Nordportal des Domes den Besuchern und Bewohnern Kölns um die mehr oder weniger entzückte Nase streichen läßt.

Als Einstieg in die Deftigkeit und kulinarische Qualität der Kölner Küche sind die ›Rievkooche‹ damit vorzüglich geeignet. Auch die Lokale, in denen man sie finden kann, sind in gleicher Weise umstritten. Für die Anhänger einer Kochkunst, die die schlanke Linie ihrer Kunden durch möglichst kleine Portionen und hohe Preise unterstützt, gibt es kaum etwas Erschreckenderes. Für die Fans herzhafter Gemütlichkeit und schmackhafter Hausmannskost gibt es kaum etwas, das sie mehr begeistert. Deftigkeit – für die Gestalt des Kölner Bauern im Dreigestirn des Kölner Karnevals sogar zum Ehrentitel erhoben – ist für diese Seite der kulinarischen Qualitäten Kölns das richtige Wort. Wie bei manchen Bauten Kölns im 16. und 17. Jahrhundert mit deutlichen Anklängen an niederländische Architektur ist hier auch in der Küche zu spüren, daß man Köln als die südlichste Stadt der Niederlande (unter Einschluß Belgiens) bezeichnen könnte. Dabei kommt ebenso Traditions- wie Kalorienreiches auf den weißgescheuerten Buchenholztisch. Eisbein mit Sauerkraut oder der rheinische Sauerbraten bewahren Techniken der Haltbarmachung von Fleisch, Pökeln und Einlegen, die erst Kühlhaus und Kühlschrank aus dem alltäglichen Gebrauch des Haushaltes verdrängt haben. Und das gilt auch für das Sauerkraut selbst, das seinen eigenständigen Geschmack der natürlichen bakteriellen Milchsäureproduktion verdankt, die den Weißkohl im kühlen Keller haltbar werden ließ – längst bevor man an Einkochen und andere Methoden dachte.

Man kann den *Sauerbraten* wie folgt auch zu Hause vor- und zubereiten: Das Kilo Fleisch vom Rind (seltener, aber traditionsreich und gut vom Pferd) wird mit einer Marinade übergossen. Diese wird zuvor aus einem halben Liter Wasser und einem viertel Liter rotem Weinessig, aufgekocht mit etwas Salz, Zwiebelringen, ein paar Nelken, Wacholderbeeren, Pfefferkörnern, ein, zwei Lorbeerblättern, wenig Koriander und Majoran zubereitet und abgekühlt. Mehrfach gewendet, wird das Fleisch nach drei Tagen herausgenommen, gut abgetrocknet und von allen Seiten im Eisentopf scharf angebraten. Dazu gehören einige kleingeschnittene Zwiebeln. Dann wird mit etwas Marinade gelöscht und je nach Geschmack mit Wasser ergänzt. Ein halbes Pfund Rosinen wird abgebrüht, um die Beläge zu entfernen, und kocht dann mit. Die Soße, die man zum Schluß etwas andicken kann, wird mit Salz und Pfeffer abgeschmeckt und ausreichend mit Zucker oder Honig gesüßt. Dazu gehören Kartoffelklöße und Apfelmus.

Modernen Transportmitteln verdanken die Kölner dagegen eine andere Lieblingsspeise, die *Miesmuscheln,* die ganz im Gegensatz zu ihrem etwas irritierenden Namen in oft etwas unterschiedlicher Zubereitung vorzüglich schmecken und heutzutage auch in Köln frisch am Fangtag auf den Teller gelangen. Damit sind wir schon bei einer der kleineren Mahlzeiten, die in Köln zum Kölsch geboten werden. *Kölsch* ist das helle obergärige Bier, das nach allgemeiner Überzeugung leicht und gut bekömmlich; in den entsprechenden Brauereiwirtschaften wird es dem Gast ohne langes Fragen serviert, eine schlichte Selbstverständlichkeit. Getrunken wird das Erzeugnis zahlreicher unterschiedlicher Braurezepturen – schließlich zählt man im Großraum Köln 24 Brauereien, die nur hier Kölsch produzieren dürfen – aus der Stange, einem schlanken zylindrischen Glas. Der Kölner Brauereiverband wirbt zwar mit einer Tradition von 1111 Jahren Kölsch, und Bier wird sicher noch viel länger in Köln gebraut und getrunken, das obergärige Kölsch setzt sich aber erst in unserem Jahrhundert durch, und erst in den letzten Jahren ist es auch gelungen, es für den Flaschenverkauf haltbar zu machen.

Wie die ›Stange‹ als Glas zum Kölsch gehört, so gehört auch der *Köbes* zum Verteilen der guten Gabe, die er aufgereiht im *Kranz,* der ein Tablett sinnvoll ersetzt, mit sich führt. ›Köbes‹ ist die Koseform für Jakob. Dieser einst – in Erinnerung an die Wallfahrt nach Santiago de Compostela – auch in Köln häufige Name ist an dieser eigenen Art des Kellnerns haftengeblieben. Der Köbes trägt auch seine eigene Tracht: eine blaue Strickjacke, eine Leinenschürze in der gleichen Farbe und davor geschnallt die lederne Geldtasche. Darüber wölbt sich meist das bestechende Zeugnis dafür, daß man die zu Markte getragene Ware des Unternehmens, das man vertritt, auch selbst zu schätzen weiß.

Weitere kleinere Mahlzeiten zum Kölsch sind das *Krüßche wärm,* das keine Gulaschsuppe sein sollte, sondern aufgewärmten und kleingeschnittenen Braten bietet. Dazu gehört dann bereits ein *Röggelchen,* das paarweise aus einer Mischung von Weizen- und Roggenmehl hergestellt wird.

Man kann sie auch mit Blutwurst belegt erhalten, zu der Zwiebelringe eine nicht nur dekorative Ergänzung sind. Mit kölnischem Gespür für Ironie wird diese Komposition auch als Kölscher Kaviar mit Musik bezeichnet. Die Blutwurst – als Flönz oder im Rahmen einer kurzfristigen Sprachführung für Neubürger Kölns als ›Blootwoosch‹ auszusprechen – dient auch in der Pfanne gebraten mit Kartoffeln und Apfelmus zusammengestellt zu ›Himmel und Ääd‹ als beliebtes Gericht.

Weder warm noch gar heiß wird der ›Halve Hahn‹ serviert. Diese Kölner Variante ist meist auch preiswerter als das Halbe Hähnchen, für das er ausgegeben wird. Die Fopperei, die der Eingeweihte mit Fremden mit Hilfe des Halven Hahn auch heute noch gerne betreibt – der Reingefallene darf es ja beim nächsten wiederholen –, hat Tradition, inzwischen seit mehr als einem Jahrhundert. Der ›Halve Hahn‹ wurde geboren, als Wilhelm Vierkötter am 18. April 1878 seinen 80. Geburtstag feierte. Seiner ahnungslosen Runde von Freunden bestellte er zur Feier des Tages je einen halben Hahn, hatte aber das, was heute als Halver Hahn geliefert wird, bereits mit Köbes und Wirt abgesprochen: ein Röggelchen mit kräftigem mittelaltem Holländer Käse. Dazu etwas Butter, etwas Senf und vielleicht Zwiebeln, so bleibt der Halve Hahn eine kräftige Ergänzung zum Kölsch. Der gelungene Scherz mit der gefoppten Geburtstagsgesellschaft sprach sich rasch herum, eine neue Bezeichnung erschien von nun an auf den Speisekarten.

Wirtschaften und *Brauhäuser*, in denen diese Genüsse geboten werden, zählt Köln noch eine ganze Reihe. Neben Köbes und weißgescheuerten Buchenholztischen gehörte früher auch der *Beichtstuhl* zum Erscheinungsbild, ein Gehäuse in strategisch günstiger Lage, das Wirt oder Wirtin einen Überblick ermöglichte und von manchem Gast auch für ein persönliches Wort oder für persönlichen Kredit genutzt wurde.

An vielen Stellen des Stadtzentrums kann man so eine geruhsame Pause einlegen:
Alt Köln, Trankgasse 7–9
Bei d'r Tant, Cäcilienstraße 28

Bier-Esel, Breite Straße 114
Bräuerei zur Malzmühle, Heumarkt 16
Brauhaus Päffgen, Friesenstraße 64–66
Brauhaus Sion, Unter Taschenmacher 5–7
Früh am Dom, Am Hof 12–14
Gaffel am Zeughaus, Komödienstraße 40
Gaffel-Haus, Alter Markt 20–22
Gertrudenhof, Apostelnstraße 2a
Haus Töller, Weyerstraße 96
Küppers Brauhaus, Alteburger Straße 157
Schreckenskammer, Ursulagartenstraße 11–15
Weinhaus Lenz, Ursulaplatz 9–11
Weinstube Bocksbeutel, Lindenthalgürtel 29

Gepflegte deutsche und internationale Küche wird ebenfalls an vielen Stellen in der Stadt angeboten:
Börsenrestaurant, Unter Sachsenhausen 10–26
Chin's, Im Ferkulum 18–22
Dom-Hotel, Domkloster 2a
Der Messeturm, Kennedyufer
Jan von Werth, Christophstraße 44
La Lavallier, Am Hof 20–26
Örgelchen, Drususgasse 7–11
Ratskeller, Alter Markt
Symphonie, Kurt-Hackenberg-Platz 1
Weinhaus im Walfisch, Salzgasse 13

Die Nähe Frankreichs, die lange französische Besetzung Kölns oder auch nur die Freude der Kölner an gutem Essen mag zur starken Vertretung der französischen Küche in Köln geführt haben. Hier muß auch eine Adresse außerhalb des Stadtzentrums erwähnt werden: Der ›Goldene Pflug‹ in Köln-Merheim, Olpener Straße 421.
Im Stadtzentrum liegen:
Bado, Komödienstraße 50–52
Bistrot B, Komödienstraße 52
Chez Alex, Mühlengasse 1–3
D'r Wackes, Benesisstraße 59
Die Bastei, Konrad-Adenauer-Ufer 80
St. Georg, Magnusstraße 3

Stapelhäuschen, Fischmarkt 1–3
Le Moissonier, Krefelder Str. 25

Natürlich geht die Spezialisierung in nationalen Kochkünsten noch erheblich weiter. Argentinische Steakhäuser, spanische Bodegas, ungarische, böhmische, jugoslawische und griechische Küche findet man ebenso wie japanische und chinesische Angebote. Aber überraschend, oder eigentlich auch wieder nicht, ist die Fülle italienischer Restaurants. Ob sich hier die römische Vergangenheit rührt oder die zahlreichen Zuwanderer aus Italien seit Jahrhunderten hierfür den Boden bereiteten, kann man vergnüglich in einem der vielen Restaurants diskutieren, die Köln einen Grund mehr dafür geben, sich als nördlichste Stadt Italiens zu fühlen:

Al Gufo, Schaafenstraße 7
Alfredo, Tunisstraße 3
Bei Bepi, Breite Straße 85
Bella Italia, Schildergasse 104
Chez Mario, Eigelstein 36
Osteria Pasta e Vino, Marzellenstr. 66
Rino Casati, Ebertplatz 3–5
Sansone, Komödienstraße 58

Und wer es ganz schnell hinter sich bringen möchte, für den wird in zentralen Geschäftslagen auch amerikanische Eßware bereitgehalten.

Für ein zweites Frühstück am späten Vormittag oder für ein nachmittägliches Stück Kuchen bietet Köln ebenfalls einige reizvolle Gelegenheiten. Und das ist nicht nur die teils überdachte Terrasse des *Café Reichard* mit ihrem unvergleichlichen Blick auf die Westfassade des Domes, auch das *Café am Berlich* (Konditorei Lemm) bietet mit seiner zusätzlichen Bevölkerung an Vögeln und Affen eine ungewöhnliche Atmosphäre. Andere Cafés brillieren mit Pralinen, Printen oder Kuchen:

Cremer, Breite Straße 54
Eigel, Brückenstraße 1–3
Faßbender, Bazaar de Cologne, Mittelstraße 12–14

Franck, Rudolfplatz 12
Fromme, Breite Straße 122–124
Füllenbach, Ebertplatz 14–16
Jansen, Obenmarspforten 7
Printen Schmitz, Breite Straße 87
Reichard, Unter Fettenhennen 11
Riese, Schildergasse 103
Schönenberg, Severinstraße 130
Scholl, Komödienstraße 17
Steudter, Kaiser-Wilhelm-Ring 44
Wahlen, Hohenstaufenring 64
Zimmermann, Herzogstraße 11

Kunst, Antiquitäten und Antiquariate

Die Vermittlung von Kunst vergangener Zeiten beginnt meist direkt vor dem Dom. Pflastermaler sind dort zu fast jeder Jahreszeit aktiv und legen den Passanten ihre Leidenschaft für die Großen der Vergangenheit im Raster der Platten vergrößert zu Füßen. Ein Blick kostet den Neugierigen auch nur Kleingeld. Das kann an anderen Stellen in der Stadt leicht anders aussehen. Natürlich nicht im Wallraf-Richartz-Museum, auch dort ist der Blick auf Alte Meister mehr als preiswert.

Die regelmäßigen Auktionen des *Hauses Lempertz* könnten da schon zu anderen Geldausgaben verführen. Alte Meister und Klassische Moderne kommen hier vor internationalem Publikum auf den Markt. Andere Auktionshäuser ergänzen das Bild. Und bei einigen der Händler findet man auch zwischen den Auktionen ein Angebot von Bildern des Mittelalters bis zur klassischen Moderne. Und, abwechselnd mit Düsseldorf, bietet die *Westdeutsche Kunst- und Antiquitätenmesse* dazu jedes Jahr für ein Publikum weit über das Rheinland hinaus ein reiches Angebot.

Dazu gehören dann allerdings nicht nur Bilder. Das Angebot reicht wie bei den Auktionen und abseits der wenigen darauf spezialisierten Händler von Möbeln und Teppichen über Kunstgewerbe jeder Art bis in die archäologischen Tiefen der Vergangenheit und in den fernen Orient. Und eigentlich jede denkbare Sammelleidenschaft trifft in Köln auf Händler mit interessantem Angebot. Für die Leidenschaft der Bücherliebhaber sind die Auktionen *Rolf Venators*, an dessen Unternehmen sich inzwischen das Haus Lempertz, an die eigene Vergangenheit anknüpfend, beteiligt hat, jedes Jahr ein herbstlicher Treffpunkt. Er wird inzwischen durch eine eigene Antiquariatsmesse im Gürzenich ergänzt. Neben Sammellust, Liebhaberei und den notwendigen Kenntnissen braucht man also nur noch etwas Geld, um eine Sammlung aufzubauen. Und wenn es den Kölner Stadtvätern gelingt, eine Spielbank in Köln anzusiedeln, ist ja auch das kein unüberwindliches Problem mehr – zumindest für die glücklichen Konzessionäre. Aber auch jetzt rechnet man auf dem Kunst- und Antiquitätenmarkt mit jährlichen Umsätzen von 150–200 Millionen DM. Eine Schlagader dieses Marktes ist die *St.-Apern-Straße* (s. S. 256) mit ihrer Vielzahl von Geschäften und Galerien.

Und schließlich sollte man auch die regelmäßigen *Flohmärkte* auf dem Neumarkt, in der ›Schweizer Ladenstadt‹ und in der Altstadt nicht vergessen. Es gibt dort auch schon einmal Objekte zu finden, die ihren Weg in der Vitrine eines Museums beenden, auch wenn nicht jeder Picasso, den man entdeckt, echt sein kann.

Auktionshäuser
Hüll Auktionshaus
Berrenrather Str. 138
℡ 44 40 26

Kunsthaus am Museum Carola van Ham
Drususgasse 1–5
℡ 2 57 20 57

Kunsthaus Lempertz Contempora
Neumarkt 3
℡ 2 57 53 60

Sotheby's
St.-Apern-Str. 48
℡ 2 57 49 56

Venator und Hanstein KG
Cäcilienstr. 48
℡ 2 57 54 19

Auction Team Köln
Bonner Str. 528–530
℡ 38 70 49

Antiquitäten und Gemälde findet man z. B. bei:
Kunsthandlung Boisserée
Drususgasse 7–11
℡ 2 57 85 19

H. W. Baum
Kupfergasse 14
℡ 2 57 73 20

›blaue Galerie‹ U. Theisen
Auf dem Berlich 13
℡ 2 57 80 10

Brockmann-Lemke KG
Appellhofplatz 17–19
℡ 21 18 33

Galerie Klaus Edel
Neumarkt 1c
℡ 2 57 54 35

Georg Fahrbach
Neumarkt 1c
℡ 2 57 54 25/26

Aloys Faust
Am Hof 34–36
℡ 2 58 20 38

Roderich Feyen
St.-Apern-Straße 54
℡ 2 57 70 42

Hans Jürgen Gordon
Zeughausstraße 10 (Eingang Mohrenstraße)
∅ 2575067

Goyert
Hahnenstraße 18
∅ 2570330

Bernhard von Hünerbein
Lintgasse 22
∅ 2577978

Hans Günther Klein
St.-Apern-Straße 2
∅ 2576133

Antonio Krings
Richmodstraße 27
∅ 2577286

Osner Galerie
Pfeilstr. 29
∅ 2573341

Karl-H. Pohl
Lintgasse 5
∅ 2577605

Seegert Galerie
St.-Apern-Str. 70
∅ 2577057

Axel Weber
Gertrudenstraße 29
∅ 576087

Antiquariate (in Auswahl)
Hans Buchholz
Neven-DuMont-Str. 17
∅ 2576251

Gundel Gelbert
St.-Apern-Straße 4
∅ 2576131

Roman Heuberger
Düppelstraße 20
∅ 884914

Werner Heybutzki
Pfeilstraße 8
∅ 256531

Dorothea Lehmann
Weyertal 30
∅ 419674

Constantin Post
Auf dem Berlich 26
∅ 2576226

Sasserath & Winges
Hahnenstr. 2
∅ 255979

Siegfried Unverzagt
Limburger Str. 10
∅ 251515

Venator und Hanstein KG
Cäcilienstraße 48
∅ 2575419

Kunst gehört in Köln zum Alltag. Waren es in römischer Zeit Mosaikfußböden und Wandmalereien, Weihesteine und Skulpturen im privaten und öffentlichen Raum, im Mittelalter Darstellungen und Skulpturen an den Häusern, in der Neuzeit prunkvolle Inneneinrichtungen und ein bereits reich bestückter Gemäldemarkt im Kreuzgang des Minoritenklosters – Vorspiel zum späteren Wallraf-Richartz-Museum an dieser Stelle –, so sind es nun Brunnen und Denkmäler, Kunst am Bau, illusionistische und manchmal auch agitatorische Wandmalereien.

In der jüngsten Zeit gehört dazu die als privates Wertgutachten verteilte Banane Andy Warhols, die man neben die Eingänge von Galerien und Museen gesprayt findet. Aber der Umgang mit diesen anonymen Kunststiftungen ist in Köln wie anderswo zwiespältig. Harald Naegeli, der als Sprayer in Zürich bekannt wurde, war z. B. 1980/81 auch mehrfach in Köln tätig. Kaum eine Spur ist noch zu entdecken, und vom Totentanz, mit dem er seine Arbeit in Köln abschloß, ist auch der

Tod im Westportal der Cäcilienkirche, der erst sogar konservatorisch gesichert wurde, inzwischen verschwunden. Das waren zwar bedrohliche Themen, aber noch mehr erregt zur Zeit ein Wandmaler die Gemüter, der politische Themen aufnimmt.

Eine Kunstfigur ist auch mancher Passant, mancher Bürger dieser Stadt, der möglichst unbürgerlich auftritt. Darunter begegnet man Selbstinszenierungen, die den Bürgersteig in eine Starbühne verwandeln. Und man muß noch nicht einmal Eintritt dafür bezahlen. Der Kölner Fotograf Martin Claßen hat jüngst eine Auswahl in einem Fotoband vereint.

Solche Gestalten sind eine der Ausstrahlungen der Kölner Kunstszene ins Straßenbild. Jeweils lebendige Werbung und lebender Hinweis auf den flott formulierten Anspruch ›Kunstmetropole Köln‹ oder den Anspruch ›Europas Antwort auf New York‹ im Bereich der modernen Kunst zu sein. Ohne Anlaß ist das nicht. Die Sonderbund-Ausstellung des Jahres 1912, die Werkbund-Ausstellung des Jahres 1914, die Aktivitäten der Dada Zentrale W/5 in den ersten Jahren nach dem Ersten Weltkrieg, danach die ›Gruppe der Progressiven, Köln‹, die sich selbst als ›neue Kölner Malerschule auf proletarischem Goldgrund‹ ironisierte, mit Franz Seiwert und Heinrich Hoerle als den zentralen Gestalten, August Sander als Fotograf ... und viele andere und vieles andere mehr, das in der indifferenten Toleranz der Kölner Bürger sein meist kleines Publikum fand, sind nachwirkendes Vorspiel zur Entwicklung des letzten Vierteljahrhunderts.

Mit dem ersten Kunstmarkt des Jahres 1967 im Gürzenich – der zweite fand nach dem großen Erfolg des ersten bereits in der noch jungen Kunsthalle statt – und der Dauerleihgabe und späteren Schenkung der Sammlung Ludwig 1968 an das Wallraf-Richartz-Museum gelang der Moderne in Köln der Durchbruch. Die Wogen der öffentlichen Meinung schlugen hoch, Begeisterung und Abwehrreaktionen hielten sich die Waage, was erfolgreich für breite Publizität und Werbung sorgte. Die vom elitären Kunstmarkt Aus-

geschlossenen fanden Raum zur Darstellung und Selbstdarstellung auf dem Neumarkt. Die Zahl der Galerien wuchs, und der Kunstmarkt wanderte in die Obhut der Messe, bekam Konkurrenten und hat sich nun als *Art Cologne* etabliert. Die nächsten Termine sind 11.–17. November 1993 und 10.–16. November 1994.

Das 1986 eröffnete *Museum Ludwig* hält den Namen des stiftenden Ehepaares fest, dessen Schenkungen wesentliche Akzente für diese Entwicklung bedeuteten. Kulturdezernent *Kurt Hackenberg*, der 1965 bis 1979 Initiativen aufnahm und ergriff, ohne die diese Entwicklung Kölns nicht denkbar ist, erhielt einen Platz für seinen Namen. *Josef Haubrich*, dessen großzügige Schenkung an Werken des Expressionismus 1946 am Anfang dieser Entwicklung stand, bekam die Kunsthalle gewidmet.

Dagegen steht ein anderer Firmenname, *Stollwerck*, für die freie, unabhängige Entwicklung eines autonomen Kulturzentrums. Die Jahre vor dem endgültigen Abriß der ehemaligen Fabrikgebäude zeigten die ursprüngliche Kraft der Kölner Szene, immer wieder mit Ingo Kümmel als Organisator. Ob die als Ersatz angebotenen Rhenaniahallen am Rheinauhafen die gleiche Ausstrahlungskraft besitzen werden, bleibt noch abzuwarten.

Der lebendigste, abwechslungsreichste, geschäftigste und geschäftlichste Bereich moderner Kunst sind die **Galerien**. Zwei der Galeristen, Rudolf Zwirner und Hein Stünke waren es, die Kurt Hackenberg von der Idee des Kunstmarktes überzeugten. Andere, wie Michael Werner oder Paul Maenz gehören zu den großen Bewegern der Kunstszene und des Marktes. Die etwa hundert Galerien Kölns, neben all den Ausstellungsräumen in Hinterhöfen, Wirtschaften und alternativen Kunststätten auch in der Peripherie, zeigen zu den gemeinsamen Premierentagen im Frühjahr und zur Art Cologne, welche Spannbreite an moderner Kunst sie aufbieten können. Wer noch mehr Adressen kennenlernen möchte und mit unterhaltsamer Lektüre eine Einführung in die Szene wünscht, greife zum von Marie Hüllenkremer 1987 herausgegebenen Band ›Kunst in Köln‹.

Einen Rundgang durch alle Galerien wird man wohl kaum auf sich nehmen wollen, aber viele lassen sich zu Fuß erreichen. Im ›belgischen Viertel‹, das westlich des Ringes nach seinen Straßennamen zusammengefaßt worden ist, und spiegelsymmetrisch dazu rings um die St.-Apern-Straße, die eigentlich das Zentrum des Antiquitätenhandels ist, sind die meisten der Kölner Galerien zu finden.

Inge Baecker
Zeughausstraße 13
✆ 2570401

Galerie Berndt
Albertusstr. 9
✆ 2574831

Boisserée
Breite Straße 2
✆ 2578519

Daniel Buchholz
Albertusstr. 26
✆ 2574946

Gisela Capitain
Apostelnstr. 19
✆ 256676

Gmurzynska
Goethestraße 65a (Marienburg)
✆ 37644–0

Karsten Greve
Wallrafplatz 3; Albertusstr. 18
✆ 2578737 und 2571012

Max Hetzler
Venloer Str. 21
✆ 527853

Heinz Holtmann
Richartzstr. 10
✆ 2578607

Jöllenbeck
Maastrichter Straße 53
✆ 515852

Hiltrud Jordan Galerie
Friesenstr. 68
✆ 136688

Rudolf Kicken
Bismarckstr. 50
✆ 515005

Lempertz Contempora
Neumarkt 3
✆ 236862

Naive-Kunst-Galerie Marianne Kühn
Roteichenweg 5
✆ 688338

Orangerie Reinz
Helenenstraße 12
✆ 2575038

Pentagon-Möbelgalerie
Hansaring 63–67
✆ 137335

Reckermann
Albertusstraße 16
✆ 2574868

Ruchti
Hamburger Straße 10
✆ 124546

Galerie Der Spiegel
Bonner Straße 328
✆ 385799

Monika Sprüth Galerie
Wormser Str. 23
✆ 380415/16

Carl Stützer
Kamekestraße 21
℡ 51 82 14

Teufel
Auf dem Rothenberg 13
℡ 23 00 57

Michael Werner
Gertrudenstraße 24–28
℡ 92 54 62–0

Dieter Wilbrand
Lindenstraße 20
℡ 24 49 04

Die Öffnungszeiten der Galerien sind dem Publikum und dem Lebensrhythmus der Künstler angepaßt. Kaum eine öffnet vor 10 Uhr, eine Mittagspause zwischen 13 und 15 Uhr ist selbstverständlich, und um 18 Uhr wendet man sich wieder anderen Dingen zu. Samstags ist der Vormittag genehm.

Daneben gibt es einige erstaunliche private Aktivitäten, wie z. B. die *Kunststation St. Peter* des Pfarrers Friedhelm Mennekes im Anschluß an die von den Jesuiten betreute Pfarre St. Peter neben dem Schnütgen-Museum oder die *DuMont-Kunsthalle* an der Boltensternstraße in Riehl, in der mit der Ausstellung von Werken 26 Kölner Künstler ›Made in Cologne‹ Ende 1988 ein erster Akzent gesetzt wurde.
Und schließlich noch eine städtische Aktivität im Bereich der Kunstvermittlung, deren Wirken eine erfolgreiche Alternative und Ergänzung zu den Galerien darstellt: die *Artothek*. Hier, gegenüber der Südfassade des Domes, werden nicht nur kleine Ausstellungen in rascher Folge veranstaltet, sondern es werden auch Kunstwerke an die Bürger der Stadt ausgeliehen. So wird intensive Auseinandersetzung möglich gemacht (Haus Saaleck, Am Hof 50, ℡ 221–23 32, mo–do 13–19 Uhr, fr 10–17 Uhr).

Kunstvermittler
Art Agentur
Liesel Hollmann-Langecker
Venloer Str. 461
℡ 54 41 00 / 54

Trans Art Kunstberatung GmbH
Jeane Freifrau von Oppenheim
Lindenallee 47B
50968 Köln
℡ 25 74 9 37

Museen

Einige der großen Museen berühren bereits die Rundgänge durch die Stadt. Sie werden hier noch einmal mit Adresse und Öffnungszeiten verzeichnet. Aber daneben gibt es eine Fülle weiterer Museen, die einen Besuch lohnen.

Agfa Foto-Historama
Bischofsgartenstraße 1
50667 Köln
℡ 221–24 11
Öffnungszeiten: di–do 10–20, fr–so 10–18 Uhr.
Diese einzigartige Sammlung zur Geschichte der Fotografie ist zur Zeit als Dauerleihgabe der Agfa-Gevaert AG in Räumen des Neubaus für Wallraf-Richartz-Museum und Museum Ludwig untergebracht. Köln, das mit der Photokina die größte Messe zu diesem Thema beheimatet, hat mit dieser Sammlung von Originalen vieler wichtiger und früher Fotografen und einer großen Kollektion von Geräten den historischen Hintergrund zur Flut der Bilder erhalten, die unsere Zeit prägen.

Beatles-Museum
Heinsbergstraße 13
50674 Köln
℡ 21 25 98
Öffnungszeiten: mi, do, fr und sa 10.00 bis 19.00 Uhr, feiertags und im August geschlossen.

EL-DE-Haus (s. S. 254)
Zellentrakt des ehemaligen Kölner Gestapo-
Gebäudes
Appellhofplatz 23–25
50667 Köln
∅ 0221/221-6332
Öffnungszeiten: di–so 10–17 Uhr.

Erzbischöfliches Diözesan-Museum (s. S. 129)
Roncalliplatz 2
50667 Köln
∅ 244546
Öffnungszeiten: mo–sa 10–17 Uhr, so und feier-
tags 10–13 Uhr, do geschlossen. (Also eine gute
Alternative für den Montag, an dem sonst fast alle
Museen geschlossen sind!)

Geldgeschichtliches Museum
der Kreissparkasse Köln
Neumarkt 18–24
50667 Köln
∅ 227–2370
Öffnungszeiten: mo–mi 8.30–16 Uhr, do 8.30–
18.00 Uhr, fr 8.30–15.30 Uhr.

Geologisches Museum
Geologisches Institut der Universität Köln
Zülpicher Straße 49
50674 Köln
∅ 470–2262
Öffnungszeiten: mi 14–18 Uhr.

Goldene Kammer von 1643 in St. Ursula
Ursulaplatz
∅ 133400
Öffnungszeiten: mo 11–12, mi 15–16 Uhr, do
11–12, fr 15–16, sa 16–17 Uhr.

Heimatmuseum im Haus des Kölner Karnevals
Festkomitee des Kölner Karnevals von 1823
Antwerpener Straße 55
50672 Köln
∅ 574000
Öffnungszeiten: nach Voranmeldung.
Zur reichen Tradition des Kölner Karnevals ist

hier eine gut präsentierte Sammlung zusammengetragen worden.

Historisches Biermuseum
Küppers Kölsch AG
Alteburger Straße 145–155
50968 Köln (Bayenthal)
∅ 37790
Öffnungszeiten: sa 11–16 Uhr und nach Vereinbarung.

Josef-Haubrich-Kunsthalle
Josef-Haubrich-Hof 1
50676 Köln
∅ 221–2335
Öffnungszeiten: täglich von 10–17 Uhr, di und fr
10–20 Uhr.
Wechselausstellungen alter und neuer Kunst und
Kultur, Fotografie.

Käthe Kollwitz Museum (s. S. 280)
Kreissparkasse Köln
Neumarkt 18–24
Neumarkt-Passage, zweiter Lichthof
50667 Köln
∅ 227–2363/2899
Öffnungszeiten: di–so 10–17 Uhr, do 10–20 Uhr.

Keramion
Museum für zeitgenössische keramische Kunst
Bonnstraße 12
50226 Frechen
∅ 02234/505286
Öffnungszeiten: di, mi und do 10–17 Uhr, sa
14–17, so 10–16 Uhr und nach Vereinbarung.

Kölnischer Kunstverein
Josef-Haubrich-Hof 1
50676 Köln
∅ 217021
Der traditionsreiche Nachbar der Josef-Haubrich-Kunsthalle für wechselnde Ausstellungen
feierte 1989 sein 150jähriges Jubiläum. Neben
wichtigen Ausstellungen zur Geschichte der
Kunst in Köln haben die Ausstellungen des

Kunstvereins entscheidend zur Stellung Kölns als moderne Kunstmetropole beigetragen.

Kölnisches Stadtmuseum (s. S. 252)
Zeughausstraße 1–3
50667 Köln
✆ 2 21–23 98 und 23 52
Öffnungszeiten: di–so 10–17, jeden ersten Do im Monat bis 20 Uhr.

Optischer Telegraph
Egonstraße 152
51061 Köln (Flittard)
✆ 66 23 88
Öffnungszeiten: nach Voranmeldung.
Station 50 der optischen Telegraphenlinie von Berlin bis Koblenz, die die Preußische Regierung 1832/33 für militärische Zwecke einrichtete; ein wichtiges technisches Denkmal (Außenstelle des Kölnischen Stadtmuseums, Abb. 59).

Zündorfer Wehrturm
Hauptstraße 181
51143 Köln (Porz)
✆ 2 21–23 52
Öffnungszeiten: di–so 10–17 Uhr.
In dieser Außenstelle des Kölnischen Stadtmuseums im Bereich des Freizeitgebietes der Groov ist 1988 eine Ausstellung ›Porz – die Geschichte eines Kölner Stadtteils‹ eingerichtet worden.

Mineralogisches Museum
Mineralogisch-Petrographisches Institut der Universität zu Köln
Zülpicher Straße 49
50674 Köln
✆ 4 70–33 68
Öffnungszeiten: mi 14–20 Uhr (während des Semesters).

Motorenmuseum
Klöckner-Humboldt-Deutz AG
Deutz-Mülheimer Straße 111
51063 Köln (Mülheim)
✆ 8 22–29 18 und 29 15
Öffnungszeiten: mo–fr 9–16 Uhr.

Museum Ludwig (s. S. 196)
Bischofsgartenstraße 1
50667 Köln
✆ 2 21–23 70
Öffnungszeiten s. Wallraf-Richartz-Museum

Museum für Angewandte Kunst (s. s. 305)
An der Rechtschule
50667 Köln
✆ 2 21–38 60
Öffnungszeiten: di–so 10–17 Uhr und jeden ersten Do im Monat bis 20 Uhr.

Museum für Holographie & Neue visuelle Medien
Pletschmühlenweg 7
50259 Pulheim
✆ 0 22 38 / 5 10 54
Öffnungszeiten: fr 14–20 Uhr, sa, so und feiertags 11–18 Uhr für Gruppen auch nach telefonischer Vereinbarung.
Außerhalb des Stadtgebietes von Köln werden hier seit 1979 Objekte zur Geschichte der Holographie gesammelt und ausgestellt.

Museum für Ostasiatische Kunst
Universitätsstraße 100
50931 Köln
✆ 40 50 38
Öffnungszeiten: di–so 10–17 Uhr und jeden ersten Donnerstag im Monat bis 20 Uhr.
Bei seiner Gründung im Jahre 1909 war es das erste seiner Art in Europa. 1977 konnte es sein neues Gebäude am Aachener Weiher beziehen, das der japanische Architekt Kunio Mayekawa entworfen hatte. Es besitzt heute die umfangreichste Sammlung zur Kunst Chinas, Koreas und Japans auf deutschem Boden.

Rautenstrauch-Joest-Museum (s. S. 322)
Ubierring 45
50678 Köln
✆ 3 36 94–13
Öffnungszeiten: di–so 10–17 Uhr und jeden ersten Donnerstag im Monat bis 20 Uhr.

Römisch-Germanisches Museum (s. S. 159)
Roncalliplatz 4
50667 Köln
∅ 221–2304 u. 4438
Öffnungszeiten: di–so 10–17 Uhr und jeden ersten Donnerstag im Monat bis 20 Uhr.

Prätorium (s. S. 211)
Kleine Budengasse
50667 Köln
∅ 221–2304
Öffnungszeiten: di–so 10–17 Uhr.

Mikwe
Kultbad der mittelalterlichen Judengemeinde
Rathausplatz
50667 Köln
∅ 221–2304
Schlüssel während der Bürozeiten beim Pförtner des Rathauses. Führung jeden ersten Sonntag im Monat 10.30 Uhr.

Römische Grabkammer (s. S. 347)
Aachener Straße 328
50933 Köln (Weiden)
∅ 02234/73399
Öffnungszeiten: di–do 10–13 Uhr, fr 10–17 Uhr, sa und so 13–17 Uhr, mo und feiertags und vom 22. 12.–5. 1. sowie flexibel im Sommer 14 Tage geschlossen.

Sammlung Kasimir Hagen
Pariser Platz 1
50765 Köln (Chorweiler)
∅ 221–1401
Öffnungszeiten: di 13–19 Uhr, do 10–19 Uhr und n. Vereinbarung.

Schatzkammer des Kölner Doms
Eingang im nördlichen Querhaus
∅ 244546
Öffnungszeiten: mo–sa 9–17 Uhr (November bis März nur bis 16 Uhr), so und feiertags 12.30–17 Uhr.

Schnütgen-Museum (s. S. 336)
Cäcilienstraße 29 (in der Kirche St. Cäcilien)
50667 Köln
∅ 221–3620
Öffnungszeiten: di–so 10–17 und jeden ersten Donnerstag im Monat 10–20 Uhr.

Schokoladenmuseum
Rheinauhafen 1a
50678 Köln
∅ 931888–0
Öffnungszeiten: mo–fr 9–19 Uhr (do bis 20.30), sa, so und feiertags 10–19 Uhr.
Imhoff-Stollwerck-Museum für Geschichte und Gegenwart der Schokolade.

Theaterwissenschaftliche Sammlung der Universität Köln
Schloß Wahn
Burgallee 2
51127 Köln (Porz-Wahn)
∅ 02203/64185
Öffnungszeiten: *Bibliothek* di–fr 9–17 Uhr, *Archive und Bildsammlungen* nach Voranmeldung, August geschlossen.
Die theatergeschichtlichen Studiensammlungen des Instituts für Theater-, Film- und Fernsehwissenschaft der Universität zu Köln gehen auf die Sammlungen Carl Niessens zurück, der im Institut erstmals 1931 aus seiner Sammlung eine Ausstellung zeigte.

Waldmuseum ›Haus des Waldes‹
Gut Leidenhausen
51147 Köln (Porz)
∅ 02203/39986
Öffnungszeiten: so und feiertags 10–17 Uhr.
Das Haus des Waldes ist Teil des Erholungsgebietes Leidenhausen mit Wildpark und Greifvogelschutzstation.

Wallraf-Richartz-Museum (s. S. 196)
Bischofsgartenstraße 1
50667 Köln
∅ 221–2372
Öffnungszeiten: di–do 10–20 Uhr, fr–so 10–18 Uhr.

Adressen von A bis Z

Archive

Deutsches Tanzarchiv Köln
Subbelrather Straße 247
50825 Köln
✆ 5 48 84 13

Historisches Archiv des Erzbistums Köln
Gereonstr. 2–4
✆ 1 60 03–50
Mo–fr 9–13 Uhr, 14–16 Uhr, mi nachm. und sa geschlossen.

Historisches Archiv der Stadt Köln
Severinstraße 222–228
✆ 2 21–23 26
Mo–fr 9–16.30 Uhr, sa 9–13 Uhr
Auskünfte und Beratung: 2 21–23 29

Köln-Archiv
Maastrichter Str. 49
✆ 51 81 51

Rheinisches Bildarchiv
(Kunstgeschichte und Architektur;
Schwerpunkt: Rheinland)
Unter Sachsenhausen 37, ✆ 2 21–23 54
Di–do 10–12 Uhr, 13–16.30 Uhr, fr 10–12.30 Uhr.

Universitätsarchiv Köln
Albertus-Magnus-Platz
50931 Köln
✆ 4 70 33 40–42
Mo–fr 9–12 Uhr, 13–16 Uhr.

Aussichtspunkte

Südturm des Domes
Die Aussichtsplattform in 97 m Höhe ist über rund 500 Stufen zu erreichen; von diesem zentralen Punkt unvergleichliche Rundsicht über die Stadt.

Colonius
Fernmeldeturm an der Inneren Kanalstaße zwischen Venloer und Subbelrather Straße. Gesamthöhe 266 m; Restaurant (Drehplattform) und Aussichtsetage (Cafeteria) auf 166 m bzw. 170 m Höhe; bei guter Sicht Siebengebirge und Eifel erkennbar.

Messeturm
Messeanlagen am Kennedyufer. Nur mit Restaurantbesuch möglich; bester Blick über den Rhein auf das Stadtpanorama mit Dom und Altstadt, besonders auch abends. Höhe 70 m.

Bastei
Konrad-Adenauer-Ufer, Höhe Theodor-Heuss-Ring. Restaurant; Blick von Norden Richtung Hohenzollernbrücke und Dom.

Auch von den Kölner *Brücken* bieten sich dem Fußgänger bzw. Radfahrer wechselnde Perspektiven auf beide Ufer des Rheins.

Auto-Clubs

ADAC
Allgemeiner Deutscher Automobilclub
Luxemburger Straße 169
50939 Köln (Klettenberg)
✆ 47 27 47

ACE
Auto-Club Europa
Geschäftsstelle und Pannenleitstelle
Hans-Böckler-Platz 1
✆ 52 72 00

Bibliotheken

Diözesan-Bibliothek
Kardinal-Frings-Str. 1–3 (Maternus-Haus)
∅ 16 42–8 62 81
Mo–fr 9–18 Uhr

Germania Judaica
Josef-Haubrich-Hof
∅ 23 23 49
Di–do 11.30–20 Uhr, mi und fr 9–18 Uhr, sa und mo geschlossen

Kunst- und Museumsbibliothek
Lesesaal I: Wallraf-Richartz-Museum/
Museum Ludwig, Bischofsgartenstraße 1
∅ 2 21–23 80
Di–fr 10–17 Uhr
Lesesaal II: Unter Sachsenhausen 37
∅ 2 21–23 88
Di–do 10–12 und 13–16.30 Uhr,
fr 10–12.30 Uhr

Universitäts- und Stadtbibliothek
– Hauptabteilung –
Universitätsstr. 33
∅ 4 70–22 14, 4 70–22 60

Zentralbibliothek
Josef-Haubrich-Hof 1
∅ 2 21–38 28
Di und do 11.30–20 Uhr, mi und fr 9–18 Uhr, sa 10–15 Uhr, mo geschlossen

Campingplätze

Bootshaus Berger
Uferstraße 53a
50996 Köln (Rodenkirchen)
∅ 39 24 21
geöffnet 1. 3.–31. 10.

Städtischer Familienzeltplatz
Weidenweg
51105 Köln (Poll)
∅ 83 19 66
geöffnet 1. 5.–30. 9.

Diplomatische Vertretungen

Belgien
Generalkonsulat
Cäcilienstraße 46
∅ 21 53 64

Griechenland
Generalkonsulat
Tunisstraße 19
∅ 13 20 08

Italien
Generalkonsulat
Universitätsstr. 81
50931 Köln (Lindenthal)
∅ 4 00 87–0

Niederlande
Honorarkonsulat
Sechtemer Straße 12
50968 Köln (Bayenthal)
∅ 37 14 23

Österreich
Honorarkonsulat
Glockengasse 1
∅ 24 74 75

Polen
Botschaft
Lindenallee
50968 Köln (Marienburg)
∅ 38 02 61

Konsularabteilung
Leyboldstraße 74
50968 Köln (Marienburg)
∅ 38 70 13

Flughafen

Köln/Bonn GmbH
Köln (Porz)
∅ 40–1

Omnibus-Linie 70 ab Dom/Hbf., täglich ab 6–7
Uhr alle 30 min, von 7.20–20 Uhr alle 20 min, von
20.30–22.30 Uhr alle 30 min.

Fundbüros

Herkulesstraße 42
50823 Köln (Ehrenfeld)
∅ 221–6312/6313
Mo–fr. 7.30–12 Uhr

Bundesbahnfundbüro
(Bundesbahndirektion Köln)
Döppersberg 37
42103 Wuppertal-Elberfeld
∅ 0202/355542

Fundbüro der Kölner Verkehrsbetriebe AG
Scheidtweiler Straße 38
50933 Köln (Braunsfeld)
∅ 547–3671
Mo–do 7–15.30 Uhr, fr 7–13.30 Uhr

Jugendherbergen

Siegesstraße
50679 Köln (Deutz)
∅ 814711

Jugendgästehaus Köln-Riehl
An der Schanz 14
50735 Köln
∅ 767081

Konzerte

Klassik

Kölner Philharmonie
Bischofsgartenstraße 1
50667 Köln
U-Bahn-Haltestelle Dom/Hbf.
∅ 204080 (Direktion), 233854 (Köln-Ticket)

Oper / Schauspielhaus
Offenbachplatz 1
50667 Köln
U-Bahn-Haltestelle Appellhofplatz
∅ 212581 (Oper),
212651 (Schauspielhaus)

Rheinische Musikschule der Stadt Köln
Vogelsanger Straße 28
50823 Köln (Ehrenfeld)
Bus-Linie 151
∅ 527031

Staatliche Hochschule für Musik
Dagobertstraße 38
50668 Köln
U-Bahn-Haltestelle Ebertplatz
∅ 124033

Gürzenich
Martinstraße 29–37
U-Bahn-Haltestelle Heumarkt
∅ 2212385

Deutschlandfunk Dlf
Raderberggürtel 40
50968 Köln (Raderthal)
Bus-Linie 133
∅ 3707–1

Deutsche Welle
Raderberggürtel 40
50968 Köln (Raderthal)
Bus-Linie 133   ∅ 220–1

Westdeutscher Rundfunk WDR
Appellhofplatz 1
U-Bahn-Haltestelle Appellhofplatz
∅ 2 20–1

Rock / Jazz

Alter Wartesaal
Am Hauptbahnhof
U-Bahn-Haltestelle Dom/Hbf.
∅ 13 30 61

Em Streckstrump
Buttermarkt 37
Straßenbahn-Haltestelle Heumarkt
∅ 21 79 50

Luxor
Luxemburger Straße 40
Straßenbahn-Haltestelle Barbarossaplatz
∅ 21 95 03–06

Sartory
Sartory-Betriebe KG
Friesenstraße 44
U-Bahn-Haltestelle Friesenplatz
∅ 13 48 13 und 13 47 32

Sporthalle
Messegelände
Deutz-Mülheimer Straße
50679 Köln (Deutz)
∅ 88 20 31

Stadtgarten
Venloer Straße
U-Bahn-Haltestelle Friesenplatz
∅ 51 60 39

Kartenverkauf

Kartenvorverkauf Köln-Ticket (Philharmonie)
Bischofsgartenstraße 1
50667 Köln
∅ 23 38 54

Kartenvorverkauf Theater- und Konzertkassen
Kaufhof: Schildergasse, ∅ 21 66 92 und 21 76 92
Neumarkt: U-Bahn-Station, ∅ 21 42 32
Rudolfplatz: An d'r Hahnepooz, ∅ 24 69 45
Saturn: Hansaring 97, ∅ 12 19 12

Konzertkasse des WDR
Reichardhaus/Unter Fettenhennen
Innenstadt
Mo–fr 11–13 Uhr und 15–17.30 Uhr

Kultur

Akademie för uns kölsche Sproch
Habsburgerring 2–12
Rudolfplatz
50674 Köln
∅ 2 26 24 30 und 21 24 29

BBK
Berufsverband Bildender Künstler NRW
Bezirksverband Köln e. V.
Stapelhaus, Frankenwerft 35
50667 Köln
∅ 21 41 22

Bundesverband deutscher Galerien
St.-Apern-Str. 17–21
50667 Köln
∅ 23 72 95

Cinemathek Köln e. V.
Wallraf-Richartz-Museum/Museum Ludwig
50667 Köln
∅ 21 11 36
Filmhaus (Filmwerkstatt)
Luxemburger Str. 72

Deutsche Gesellschaft für Photographie e. V.
Rheingasse 8–12
50676 Köln
∅ 2 40 20 37

Deutscher Bühnenverein (DBV)
Bundesverband Deutscher Theater
Quatermarkt 5
50667 Köln
✆ 23 37 71

**Festkomitee des Kölner Karnevals
von 1823 e. V.**
Antwerpener Str. 55
50672 Köln
✆ 5 74 00–0
Kartenorganisation: ✆ 5 74 00–25

Förderverein Romanische Kirchen Köln e. V.
Habsburgerring 2
50674 Köln
✆ 2 26–29 88

GEDOK
*Gemeinschaft der Künstlerinnen und
Kunstfreunde e. V.*
Volksgartenstr. 10
50677 Köln
✆ 3 31 83 20

Handwerkskammer zu Köln
Heumarkt 12 (Paradiesgasse/Börsengäßchen)
50667 Köln
✆ 20 22–1 und 24 11 75

**Kölnische Gesellschaft für Christlich-Jüdische
Zusammenarbeit e. V.**
Kämmergasse 1
50676 Köln
✆ 2 26 24 30 und 21 24 29

Kölner Gesellschaft für neue Musik e. V.
Postfach 19 02 68
50499 Köln
✆ 1 39 04 54

Kölnischer Kunstverein
Josef-Haubrich-Hof 1
50676 Köln
✆ 21 70 21
Di–so 10–17 Uhr

Kulturamt der Stadt Köln
Richartzstraße 2–4
50667 Köln
✆ 2 21–0

Landschaftsverband Rheinland
Verwaltung der Kulturpflege
50679 Köln (Deutz)
Kennedyufer 2
✆ 82 83–27 56

**Literarische Gesellschaft Köln/Freunde
der Stadtbücherei e. V.**
Zentralbibliothek
Josef-Haubrich-Hof 1
50676 Köln
✆ 2 21–39 03

Stiftung City-Treff
Habsburgerring 2–12
Rudolfplatz
50674 Köln
✆ 2 26 24 33/35
Öffnungszeiten des Cafés:
täglich außer sa 10–23.30 Uhr

Universität zu Köln
Rektorat, Verwaltung und Pressestelle
Albertus-Magnus-Platz
50931 Köln (Lindenthal)
✆ 4 70–1

Volkshochschule der Stadt Köln
Zentrale, VHS-Studienhaus am Neumarkt
Josef-Haubrich-Hof 1
50676 Köln
✆ 2 21–36 01

Zentral-Dombau-Verein
Mohrenstr. 1
50670 Köln
✆ 13 53 00

Kulturinstitute

Amerika-Haus
Apostelnkloster 13–15
50672 Köln
✆ 24 67 78

Arabisches Kulturzentrum
Wolfstraße 16
50667 Köln
✆ 24 67 78

Belgisches Haus
Cäcilienstraße 46
50667 Köln
✆ 21 88 57

British Council (›Die Brücke‹)
Hahnenstraße 6
50667 Köln
✆ 23 66 77

Deutsch-Finnische Gesellschaft e. V.
c/o Finnische Abteilung des Instituts für Nordische
Philologie der Universität Köln
Universitätsstraße 41
50931 Köln (Lindenthal)
✆ 4 70 41 15

Französisches Kulturinstitut
(Institut Français)
Sachsenring 77
50677 Köln
✆ 32 70 45

Italienisches Kulturinstitut
(Istituto Italiano di Cultura)
Universitätsstraße 81
50931 Köln (Lindenthal)
✆ 40 29 23 und 40 35 63

Japanisches Kulturinstitut
Universitätsstraße 98
50674 Köln (Lindenthal)
✆ 40 10 71

Osteuropäisches Kultur- und
Bildungszentrum
IGNIS
Elsa-Brandström-Straße 6
50668 Köln
✆ 72 51 05

Messen

Köln Messe
Messeplatz 1
50679 Köln (Deutz)
✆ 82 11

Notfälle

Apotheken –	
Nacht- und Sonntagsdienst	1 15 00
Arztrufzentrale	72 07 72
Ärztlicher Bereitschaftsdienst –	
Tier- und Zahnärzte	1 15 00
Feuerwehr	1 12
Rettungsdienste	1 12
Notarzt	1 12
Polizei/Notruf	1 10

Rheinschiffahrt

Köln-Düsseldorfer
Deutsche Rheinschiffahrt AG
Frankenwerft 15
✆ 20 88–0
Schiffsanlegestelle Köln
Auskunft und Fahrscheine Ausflugsschiffe
✆ 21 18 64

Weber-Schiff GmbH
Rheinauhafen, Halle 8
Fahrgastschiffahrt 31 30 21
Bootsbedarf 31 30 22

Rheinseilbahn und Sesselbahn

Station Zoo: Riehler Str. 180
Station Rheinpark: Auenweg
Täglich ab 10.30 Uhr, Ostern bis Ende Oktober
∅ 76 42 69

Romanische Kirchen

St. Andreas
Komödienstr. 4–8
∅ 13 51 15

St. Aposteln
Neumarkt 30
∅ 21 28 00

St. Cäcilien (Schnütgen-Museum)
Cäcilienstr. 29
∅ 22 12 3 10

St. Georg
Georgsplatz 17
∅ 20 10–2 98

St. Gereon
Gereonsdriesch 2–4
∅ 13 49 22

St. Kunibert
Kunibertskloster 2
∅ 12 12 14

St. Maria im Kapitol
Marienplatz 19
∅ 21 46 15

St. Maria Lyskirchen
An Lyskirchen 12
∅ 21 17 13

Groß St. Martin
An Groß St. Martin 9
∅ 24 24 78

St. Pantaleon
Am Pantaleonsberg 2
∅ 31 66 55

St. Severin
Im Ferkulum 29
∅ 31 68 70

St. Ursula
Ursulaplatz 24
∅ 13 34 00

Öffnungszeiten (Besichtigung)
Mo–sa 10–12 Uhr, 15–18 Uhr, so 15–18 Uhr.
Alle Kirchen sind samstagnachmittags, sonn- und feiertagvormittags wegen Gottesdiensten nur beschränkt zugänglich! Ausnahme: *St. Cäcilien* (Schnütgen-Museum) täglich außer mo 10–17 Uhr.

Sport

Eis- und Schwimmstadion
50668 Köln
Lentstraße 30
∅ 72 60 26

Pferderennbahn
Rennbahnstraße 152
50737 Köln (Weidenpesch)
∅ 74 80 74

Sporthalle
Messegelände
Deutz-Mülheimer Straße

50679 Köln (Deutz)
∅ 882031

Stadion Müngersdorf
Aachener Straße 703
50933 Köln
∅ 4983–224

Stadion Süd
Am Vorgebirgstor
50969 Köln (Zollstock)
∅ 362043

Deutsche Sporthochschule Köln
Carl-Diem-Weg 2
50933 Köln (Müngersdorf)
∅ 4982–1

Stadtrundflüge

Flughafen Köln/Bonn
Auskunft: Flughafenverwaltung
51147 Köln (Porz)
∅ 02203/40–1

Theater

Bühnen der Stadt Köln

Kammerspiele
Ubierring 45
∅ 212651, 327990 (Abendkasse)

Oper / Schauspielhaus
Offenbachplatz
∅ 212581 (Oper), 212651, 2218252 (Abendkasse)

Schlosserei im Schauspielhaus
Eingang Krebsgasse
∅ 212651, 2218321 (Abendkasse)

Kartenvorverkauf der Städtischen Bühnen
Offenbachplatz
50667 Köln
∅ 212581/212651

Kabarett ›Die Nachtwächter‹
Gertrudenstraße 24
∅ 242101

Kabarett ›Senftöpfchen Theater‹
Brügelmannhaus in der Altstadt
Große Neugasse 2–4
∅ 237980

KUMEDE
Theater des Heimatvereins Alt-Köln
Aula der Königin-Luise-Schule
Eingang Ecke Magnus-/Albertusstraße
∅ 321738

Puppenspiele der Stadt Köln
Kölner Hänneschen-Theater
Eisenmarkt
∅ 212095

Theater am Dom
Kölner Ladenstadt
∅ 219921–22

Theater am Sachsenring
Sachsenring 3
∅ 315015

Theater ›Der Keller‹
Kleingedankstraße 6
∅ 318059

Volkstheater Millowitsch
Aachener Straße 5
∅ 251747

**Kartenvorverkauf Theater- und
Konzertkassen**
Neumarkt: U-Bahn-Station, ∅ 214232
Weitere Vorverkaufsstellen: s. S. 376

Wochenmärkte

Marktamt der Stadt Köln
Marktstr. 10
50968 Köln
℘ 2214475

Wochenmarkt Köln-Nippes
Wilhelmplatz
Mo–sa 7–13 Uhr

Altstadt-Mitte
Alter Markt
Fr 8–18.30 Uhr

Zoologischer Garten

Riehler Straße 173
50735 Köln (Riehl), ℘ 763066
Zoo: Sommer 9–18 Uhr, Winter 9–17 Uhr.
Aquarium: ganzjährig, 9.30–18 Uhr.

Raum für Reisenotizen

Raum für Reisenotizen

Register

Personen

Abel, Adolf   87, 346
Adalbert, hl.   30
Adalrad, Abt   201
Adenauer, Konrad   86, 88, 147, 150, 313, 352
Adolf IV., Graf von Berg   349
Adolf V., Herzog von Limburg   40, 325
Adolf von Altena, Erzbischof   37
Aducht, Familie   46
Aducht, Mengis von   281
Aegidius, röm. König   23
Aetherius   142
Agilolf   110
Agrippa, Marcus Vipsanius   12, 14, 16
Agrippina d. Ä.   13
Agrippina d. J.   12, 13
Albermann, Wilhelm   206, 305, 307
Alberti, Matteo, Graf   152, 153, 349
Albertus, Magnus   18, 39, *42ff.*, 106, *131*, 198, 288, 347, 351
Albinius, hl.   328
Alemannen   25
Amand, hl.   *344*
Ammianus, Marcellinus   22
Andreas, Apostel   135
Andriessen, Mari   147
Anno I., Bischof   317
Anno II., Erzbischof   31, 32, 33, 95, 106, 110, 201, 219, 259, 261, 262, 311, 348
Antonina, hl.   *315*
Antoniter   *283*
Aper, hl., Bischof von Toul   256
Arbogast, Comes   23
Arffe, van der Ritter   346
Arnold, Dombaumeister   101, 107, 108, 110
Arnold von Siegen   314, 315
Arnold von Wied, Erzbischof   201

Asclinius, hl.   317
Augusta, Gemahlin Wilhelms I.   86
Augusti Quintus Tarquitus Catulus   211
Augustus, Kaiser   18
Aurelian, Kaiser   20, 286
Aussem, Paul, Weihbischof   140
Avenarius, Tony   272
Auwera, Johann Wolfgang von der   350

Baecker, Galerie   256
Balke, Klaus   217
Band, Karl   90, 131, 158, 207, 208, 215, 252, 315, 336
Barlach, Ernst   284
Bartholomäusmeister   285
Bartning, Otto   342
Bataver   14, 15
Baudri, Weihbischof   305
Baumeister-Bühler, Elisabeth   314
Beckenkamp, B.   76
Bendgens, Rolf   332
Benediktinerinnen   217
Berbuer, Karl   314
Berckheyde, Job Adriaensz   78
Bernhard, Josef   90, 91, 286, 341, 343
Bertram, Johann   224
Beuys, Joseph   258
Biercher, Matthias   254, 306
Birklin, Familie   46
Bittner, Klaus   256
Blank, Eugen   307
Blankart, Frau von   241
Böhm, Dominikus   342, 343
Böhm, Gottfried   284, 285, 343, 349
Bohn, Hugo   11
Boisserée, Melchior   81, 224
Boisserée, Sulpiz   81, *104*, 224
Boltz, Valentin   139, 140

Orte

Köln: Gebäude, Straßen, Plätze

Von Werner Schäfke sind in unserem Verlag folgende DuMont Kunst-Reiseführer erschienen:

Kölns romanische Kirchen

Architektur, Ausstattung, Geschichte
288 Seiten mit 33 farbigen und 74 einfarbigen Abbildungen, sowie 70 Zeichnungen und Plänen, Register
»Die Entstehungsgeschichte und die Architektur der zwölf Gotteshäuser werden ausführlich beschrieben. Für den, der Kölns neue alte Kostbarkeiten kundig kommentiert bewundern will, ist das Buch ein guter Begleiter.«   *Die Zeit*
»Ein Buch, das in ausgezeichneten Bildern und lebendigem Text Kölns einmaligen Reichtum an mittelalterlicher Architektur sowie die verantwortungsvolle Tätigkeit moderner Denkmalpfleger veranschaulicht.«   *Die Kunst*

Der Rhein von Mainz bis Köln

Eine Reise durch das Rheintal – Geschichte, Kunst und Landschaft
488 Seiten mit 36 farbigen und 141 einfarbigen Abbildungen, 123 Plänen und Zeichnungen, 8 Seiten praktischen Reisehinweisen, Register
»Informativen Kurzkapiteln über Rheinromantik, Landschaft, Wein, Geschichte und Kunst am Mittelrhein folgt die Beschreibung der Landschaft und ihrer Kunstdenkmäler zunächst links, dann rechts des Flusses. An jeder der 80 Stationen dieser Reise durch das Rheintal kommt der Autor schnell zur Sache, verknüpft Gegenwärtiges mit Vergangenem, vermittelt das Wissen am sichtbaren Objekt – sachlich, kompakt, verständlich.«   *Rhein-Zeitung, Koblenz*

Englische Kathedralen

Eine Reise zu den Höhepunkten englischer Architektur von 1066 bis heute
340 Seiten mit 36 farbigen und 108 einfarbigen Abbildungen, 122 Zeichnungen und Plänen, 9 Seiten praktischen Reisehinweisen, Glossar, Register

Frankreichs gotische Kathedralen

Eine Reise zu den Höhepunkten mittelalterlicher Architektur in Frankreich
294 Seiten mit 36 farbigen und 98 einfarbigen Abbildungen, 93 Plänen und Zeichnungen, praktischen Reisehinweisen, Literaturangaben, Register

Die Normandie

Vom Seine-Tal zum Mont Saint-Michel
304 Seiten mit 37 farbigen und 98 einfarbigen Abbildungen, 91 Zeichnungen und Plänen, 22 Seiten praktischen Reisehinweisen, Register

Nordwestspanien

Landschaft, Geschichte und Kunst auf dem Weg nach Santiago de Compostela
320 Seiten mit 37 farbigen und 98 einfarbigen Abbildungen, sowie 93 Zeichnungen und Plänen, 8 Seiten praktischen Reisehinweisen, Register

DuMont Kunst-Reiseführer